中公文庫

新しい学（上）

ジャンバッティスタ・ヴィーコ
上村忠男訳

中央公論新社

凡例

一、翻訳の底本には、*Principj di Scienza nuova di Giambattista Vico d'intorno alla comune natura delle nazioni*. In questa terza impressione dal medesimo autore in gran numero di luoghi corretta, schiarita, e notabilmente accresciuta, Tomo I e II（Napoli, Stamperia Muziana, MDCCXLIV）を使用し、Giambattista Vico, *La Scienza nuova seconda*, giusta l'edizione del 1744 con le varienti del 1730 e di due redazioni intermedie inedite, a cura di Fausto Nicolini（Quarta edizione riveduta e arrichita di postille inedite d'un discepolo: Bari, Gius. Laterza & figli, 1953）を併用した。ちなみに、原著初版にかんしては、ファクシミリ版が一九八九年にイタリア書房から出ているほか、CNR（Centro Nazionale delle Ricerche）の叢書《Lessico Intellettuale Europeo》の第六二巻として、Marco Veneziani の監修になるファクシミリ版が一九九四年にフィレンツェの Leo S. Olschki Editore から出ている。

一、部や章の見出しが［　］でくくってあるのは、それが編者ファウスト・ニコリーニによる補足であることを示している。

一、段落番号はニコリーニによって付けられたものである。

一、ギリシア語・ラテン語の語彙については長音と短音の区別に配慮したが、固有名詞にかんしてはとくに長短を区別しなかった。

一、ゴシック体の部分はニコリーニの校訂本において隔字体になっている部分である。

一、〔　〕の部分は訳者による補足である。

目次

下巻

訳者まえがき

ジャンバッティスタ・ヴィーコ（Giambattista Vico）は、一六六八年、ナポリの小さな本屋の息子に生まれた。貧しいながらも教育熱心な親の配慮で早い時期から初等教育をほどこす文法学校に通っていたが、七歳のころ、自宅の階段から転落して頭蓋骨を損傷し、治療に三年を要する。十歳で復学するが、教室での授業の程度が低すぎて、自学自習状態に。十二歳のとき、イエズス会の学校に移るが、半年後には他の生徒との競争のさいに不正がなされたことに腹を立てて退学。このようなしだいで、その後も一度はふたたびイエズス会の学校に戻ったものの、実質的には修業時代のほとんどを独学で通している。

一六八六年からの九年間、ナポリの南、チレント半島のヴァトッラという僻地において、そこの領主の居城で息子たちの家庭教師をしたのち、一六九九年、王立ナポリ大学の雄弁術（修辞学）教授に就任。もっとも、本人の希望は法学教授になることであったようで、一七二四年、同大学のローマ法教授のポストが空いて公募があったときには応募したが、不合格におわっている。一七三五年、王国修史官に任命される。一七四四年一月二三日に死去。享年七十五。

主要な著作に以下のものがある。

㈠『われらの時代の学問方法について』*De nostri temporis studiorum ratione*――ヴィーコが一七〇八年にナポリ大学でおこなった開講講演に加筆のうえ、翌九年に出版された著作。アントワーヌ・アルノーとピエール・ニコルの『ポール＝ロワイヤルの論理学』に代表される新時代のデカルト主義的な学問方法の問題点が批判に付されている。

㈡『ラテン語の起源から導き出されるイタリア人の太古の知恵』第一巻『形而上学篇』*De antiquissima Italorum sapientia ex linguae latinae originibus eruenda. Liber primus sive metaphysicus*――イタリア人の太古の知恵を起源におけるラテン語の言い回しを介して探り当てるという体裁のもと、第一真理や最高神性、人間の精神とその諸能力などにかんするヴィーコ自身の見解を披瀝しようとしたもので、"verum et factum convertuntur"（真なるものと作られたものとは相互に置換される）、すなわち、真理の規準は当の真理そのものを作り出したということであるとする知識理論や、形而上学的点とコーナートゥスの理論などが開陳されている。一七一〇年刊。

㈢『普遍法』*Diritto universale*――〈神と人間にかんすることどものあらゆる明らかにされた知識の基礎をなす単一の原理〉を、フィロソフィアとフィロロギアを統合した〈新しい学〉の方法にもとづいて確立しようとの意図のもとに書かれた著作。『普遍法の単一の原理ならびに単一の目的』*De universi iuris uno principio et fine uno*と『法律家の一貫性』*De constantia iurisprudentis*ならびに両書への『註解』*Notae in duos libros*からなる。一七二〇―二二年刊。

(四)『新しい学』*La Scienza nuova*――ヴィーコの主著であるが、これには三つの版がある。第一版は一七二五年に『諸国民の自然本性についての新しい学の諸原理――それをつうじて万民の自然法のいまひとつ別の体系が見いだされる』*Principj di una scienza nuova intorno alla natura delle nazioni per la quale si ritruovano i principj di altro sistema del diritto naturale delle genti*というタイトルで出版されたが、これは実質上『普遍法』、とくにその第二巻『法律家の一貫性』をまとめ直したものというおもむきが強い。しかし、やがてヴィーコはこれを全面的に書き直した第二版『諸国民の共通の自然本性についての新しい学の諸原理の五つの巻』*Cinque libri de' principj d'una scienza nuova d'intorno alla comune natura delle nazioni*を一七三〇年に出版する。そして、これのさらなる増補改訂版『諸国民の共通の自然本性についての新しい学の諸原理』*Principj di Scienza nuova d'intorno alla comune natura delle nazioni*が、一七四四年、ヴィーコの死後半年後に公刊される。

(五)『本人の書いたジャンバッティスタ・ヴィーコの生涯』*Vita di Giambattista Vico scritta da se medesimo*――いわゆる『自伝』である。一七二五年、『新しい学』第一版刊行後に依頼を受けて執筆され、一七二八年に一部追補のうえ、アンジェロ・カロジェラ（Angelo

Calogerà）の編集になる『学芸文選』*Raccolta di opuscoli scientifici e filologici* 第一巻に収載された。なお、この時期以降の部分にかんしても、ヴィーコは『新しい学』第二版刊行後の一七三一年に「追加」を書いている。これは生前には公表されないでおわったが、十九世紀の初めにヴィッラローザ侯爵カルロ・アントニオ・デ・ローザ（Carlo Antonio de Rosa）によって侯爵自身の手になる「ヴィーコの晩年」にかんするさらなる追加を付して出版された。今日、ヴィーコの『自伝』といわれる場合には、このヴィーコおよびヴィッラローザ侯爵による追加部分をふくめていわれるのが普通である。

本書は、以上のうち、『新しい学』一七四四年版を翻訳したものである。編集を担当してくださった法政大学出版局編集部の奥田のぞみさんに感謝する。

新しい学（上）

ABK
ABC
Lcm. Ant. Vaccaro I.
Sesone, Sculp.

諸国民の共通の自然本性についての新しい学の諸原理

（第三版、ナポリ、一七四四年）

PRINCIPJ

DI

SCIENZA NUOVA

DI

GIAMBATTISTA VICO

D'INTORNO ALLA COMUNE NATURA
DELLE NAZIONI

IN QUESTA TERZA IMPRESSIONE
Dal medeſimo Autore in un gran numero di luoghi
Corretta, Schiarita, e notabilmente Accreſciuta.

TOMO I.

IN NAPOLI MDCCXLIV.
NELLA STAMPERIA MUZIANA
A ſpeſe di Gaetano, e Steffano Elia.
CON LICENZA DE' SUPERIORI.

『新しい学』第三版扉

著作の観念

扉頁の前に置かれている絵の説明

これは著作の序論としての役割を果たす

1　テーバイのケベス[1]が道徳的なことがらにかんして作成したのと同じような国家制度的なことがらにかんする図版をわたしたちもここに提示するので見てもらいたい。この図版は、読者にとって、この著作の観念を、これを読むまえに自分のうちに宿しておき、また読んでしまったのちにも、想像力の援助を得て、よりたやすく想い起こすのに役立つはずである。

2　地球儀、すなわち、自然の世界の上に立っている、頭に翼を生やした女性は、形而上学である。これが形而上学という名辞の意味であるからである。見ている眼を内部にもった光り輝く三角形は、摂理の顔をした神[1]である。この摂理の顔を介して、形而上学は、これまで哲学者たちが神を観照するさいに媒介にしてきた自然界のことどもの秩序を越えて、恍惚とした面持ちで神を観照している。これは、形而上学は、この著作においては、これまでよりもさらに上方へと高まりあがって、神のうちに「本来の」形而上の世界である人間の知性たちの世界[2]を観照し、神の摂理の存在を国家制度的世界または諸国民の世界[3]である人間の精神たちの世界[4]において論証しようとするからである（この人間の精神たちの世界は、絵がここで下に陳列されているもろもろの象形文字によって表象している事物を要素として成り立っている）。だからこそ、地球儀、すなわち、形而下または自然の世界は、ただ一部分においてのみ、祭壇に支えられているのである。なぜなら、哲学者たちはこれまでずっと神の摂理を自然界の秩序のみをつうじて観照してきたので、ただたんにそれの一部分をしか論証してこなかったのであった。すなわち、神こそは自然を自由かつ絶対的に支配している知性であるというわけで――それというのも、神は、その永遠の計らいによって、自然的なかたちでわたしたちに存在をあたえてきたのであり、また自然的なかたちでわたしたちを保存しているからである――、そのように認識された神に、人間たちによって崇拝が犠牲やその他の神聖な儀式とともに捧げられてきたさいに媒介となった部分がそれである。そして、その自然本性がつぎのような主要な特性、すなわち、社会生活を営もうとするという特性をもっている、人間たちによりいっそう固有の部分をつうじては、かれらは神を観照することをなんらしてこなかったのである。しかし、この部分にたいしても神は摂理を立てて〔先を見通して〕、人間にかんすることどもをつぎのように順序づけ配置してきたのであった。すなわち、原罪によって完全無欠な正義から堕落した人間たちは、〔正義とは〕ほとんどいつも異なったことばかりを、またしばしば正反対のことさえをもおこなおうと意図する。そして、利益を得るのに役立ちさえするなら、野獣同然の孤独な生活を送るのも厭わない。しかも、このかれらの〔正義とは〕異なり、また正反対の道そのものを通って、当の利益自体によって、人間らしく、正義にのっとって生き、社会生活を維持する方向へと引き寄せられていく。こうして、社会生活を営もうとするかれらの自然本性を発揮するにいたるよう、人間にかんすることがらを順序づけ配置してきたのである。これが、人間は自然本性からして国家的な存在である、ということの真の意味であり、かくては自然のうちに法が存在するということ、このことがこの著作においては論証されるだろう〔341, 342, 343〕。神の摂理のこのような機序こそは、この学が主として推理しようとすることがらのひとつである。したがって、この学は、この面からすれば、**神の摂理についての悟性的に推理された国家神学**[5]であることになる〔342〕。

3　地球儀を取り巻いている黄道帯の中で、獅子と処女の二宮だけが、他の宮以上に堂々と、あるいはいわゆる遠近法にしたがって、姿をきわだたせている。これは、この学がその諸原理のうちでもまずもってはヘラクレスを観照するということを表示しようとしている。古代の異教諸国民はいずれもがそれぞれ自分たちを創建したヘラクレスなる存在について語っているのが見いだされるからである〔47〕。それも、かれをその最大の功業、すなわち、口から炎を吐き出してネメアの森に火を点じた獅子を殺したという功業の面から観照するということを表示しようとしているのであって、この獅子の皮で飾られてヘラクレスは星辰にまで高めあげられたのであった〔733〕。ここ〔本書〕では、その獅子は地上を覆っていた古代の大森林であったことが見いだされるのであり〔540〕、この大森林にヘラクレスは火を発生させて、これを耕地に変えたわけで、かれは戦争の英雄たち以前に出現していたにちがいない政治の英雄たちを象徴する〔詩的〕記号[1]であったことが見いだされるのである〔82〕。また、それはさらには時間の起源を提示しようともしている。時間は、ギリシア人——わたしたちは異教の古代についてわたしたちがもっている知識のすべてをギリシア人から得ているのである——のもとでは、オリュンピア競技にともなうオリュンピア紀から始まっているが、このオリュンピア競技の創始者がこれまたヘラクレスであったと言い伝えられている。だから、オリュンピア競技はネメアの人々によって始められたもので、殺した獅子を持ち帰ったヘラクレスの勝利を祝うために導入されたものであったにちがいないのである〔87, 733〕。こうして、ギリシア人の時間は、かれらのあいだで田野の耕作が始まった時点から始まったのであった〔87, 407, 732 ほか〕。——つぎに、麦穂の冠をかぶって天文学者たちのところに行く、というように詩人たちによって描かれている処女は、詩人たちがかれらの世界の最初の時代であったとはっきり語っている黄金の時代からギリシア史が始まったことを意味している。この黄金の時代には、何世紀にもわたって、歳年は小麦の収穫によって数えられていたのであって、小麦こそは世界で最初の黄金であったことが見いだされるのである〔69〕。そして、このギリシア人の黄金の時代にローマ人にとってのサトゥルヌスの時代が同一段階のものとして対応しているのであって、サトゥルヌスは、〈サトゥス〉satus、すなわち、種が播かれた土地ということから、こう呼ばれたのであった〔73〕。また、この黄金の時代には神々は地上で英雄たちと交わっていた、とも詩人たちは忠実にわたしたちに伝えている〔713〕。そう、忠実にである。というのも、やがて論証されるように、単純素朴で粗野な異教世界の最初の人間たちは、もろもろの恐るべき迷信でいっぱいになったこのうえなくたくましい想像力の強力な惑わしにあって、自分たちが真実地上で神々を見ているものと信じこんでいたからである〔375〕。また、それがやがて、オリエント人のもとでも、エジプト人のもとでも、ギリシア人のもとでも、ローマ人のもとでも、互いに相手のことをなにひとつ知らないでいたにもかかわらず、〔かれらが人間として抱いていた〕観念の一様性によって、等しく、地上から、神々は惑星に、英雄たちは恒星にまで高めあげられていったことも、ここ〔本書〕でのちに見いだされるとおりである〔729-730〕。このようにして、サトゥルヌスはギリシア人にとってのクロノスであるが、クロノスは同じくギリシア人にとっては時間をも意味していて、このサトゥルヌスないしはクロノスから、年代学、すなわち時間の学説に、いまひとつ別の新たな原理があたえられることになるのである〔732〕。

4　祭壇が地球儀の下にあってこれを支えていることについても、これを不適切であるとおもってはならない。なぜなら、世界の最初の祭壇は異教徒たちによっていずれも詩人たちのいわゆる第一天に建立されていたことが見いだされるからである〔549〕。詩人たちは、かれらの物語〔神話伝説[1]〕のなかで、生育期にあった人類の幼児とでも言うべき最初の人間たちが——今日でも、幼児たちは、天は家の屋根とほとんど同じ高さのところにあると思いこんでいるように——天は山々の台地よりも高くはないと思いこんでいた時代に、天神は地上にあって人間たちに君臨し、人類にいくつかの大いなる恩恵を残したと、これまた忠実にわたしたちに伝えているのである〔64〕。それがその後、ギリシアの人々の知性がしだいに展開していくにつれて、ホメロスがかれの時代に神々がそこに住んでいたと語っているオリュンポス山のように、高山の頂上にまで高めあげられていった。そして最後には、今日天文学がわたしたちに論証してみせているように、天界にまで高めあげられ、オリュンポス山も恒星天にまで高めあげられるにいたったのであった。これと同時に、祭壇も天に運ばれていって、ひとつの天宮を形成する〔712〕。また、それの上に置かれている火は、ご覧のように、獅子の隣の宮座に移される（獅子は、いましがたも注意しておいたように、ヘラクレスがそこに火を発生させて耕地に変えたネメアの森であったのである）。そして、その獅子の皮も、ヘラクレスの勝利を記念して、星辰にまで高めあげられたのであった。

5　神の摂理の光線は、形而上学が胸の飾りにしている凸面の宝石を照らしている。これは、傲慢な才気によっても卑賤な肉体的快楽によっても汚濁されていない清澄で純粋な心をここ〔本書〕では形而上学はもつべきであることを指し示している。前者の傲慢な才気によってゼノンは運命を生み出し、後者の卑賤な肉体的快楽によってエピクロスは偶然を生み出した。そして、両者は、このために神の摂理の存在を否定してしまったのであった〔130〕。さらにはまた、それは、これまで哲学者たちがおこなってきたように、神の認識が形而上学のところで終止してしまって、形而上学が自分だけ私的に知的なことがらによって照らし出され、ひいては、ただたんにおのれひとりの道徳的なことがらだけを統御するようなことになってはならないことをも指し示している。もしそれだけでよいのなら、平らな宝石で表示されていただろう。ところが、宝石は凸面で、光線はそこで反射して外部に拡散している。これは、摂理を立てている神を形而上学は**公共的な**道徳的なことがら、すなわち、諸国民がこの世に登場し自己を保存してきたさいに手立てになっている**国家制度的な**習俗のうちに認識するのでなければならない、ということなのである。

6　同じ神の摂理の光線が形而上学の胸のところで反射して、拡散しながら、わたしたちのもとに届いている異教世界最初の著作家であるホメロスの像〔903〕にまで達しているのは、その光線が、形而上学――それは、そのような〔異教世界を創建することになった最初の〕人間たちがそもそも人間的に思考することを最初に開始したとき以来、人間的な諸観念の歴史にもとづいて形成されてきたのであるが〔347, 391〕、その形而上学の力によって、わたしたちのもとで、ついに、全身がこのうえなく強靭な感覚とこのうえなく広大な想像力のかたまりであった異教世界の最初の創建者たちの愚鈍な知性〔338, 375 ほか〕にまで降りていくにいたったからである。そして、かれらは人間の知性および分別力[1]を用いうる、唯一の、しかもまったく愚かで呆けた能力しかもっていなかったという、この同じ理由からして、これまで考えられてきたのとは異なるばかりか、まったく正反対に、詩の諸原理〔起源〕は、疑いもなく異教徒たちにとっての世界で最初の知恵であった詩的知恵[2]、または神学詩人たち[3]の知識の、これまた同じ理由でこれまで知られずにきた諸原理〔起源〕のうちに見いだされるのである〔376–384〕。――また、ホメロスの像がひび割れた台座の上に立っているのは、真のホメロスの発見を意味している（真のホメロスの発見については、最初に出版された『新しい学』[4]でもわたしたちは感知してはいたが理解するまでにはいたっていなかったのであって、今回、これらの諸巻においてはじめて反省にもたらされ、十分に論証されているものである〔780 以下〕）。この真のホメロスは、これまで知られずにきたため、諸国民の物語〔神話伝説〕時代[5]の真実のことがら、そしてさらに多くはこれまですべての者たちによって知ることを断念されてきた暗闇時代[6]のことがら、ひいてはまた歴史時代[7]の諸事蹟の最初の真実の起源をわたしたちに隠匿したままにしてきたのであった。すなわち、ローマの古事についての最も学識ある著述家、マルクス・テレンティウス・ウァッロ[8]がいまはすでに失われてしまった『神と人間にかんすることがら〔の古事記〕』と銘打たれた大著においてわたしたちに書きのこした〔と伝えられている〕世界の三つの時代の真実のことがらがそうである〔52〕。

7　さらに、ここで触れておくなら、この著作では、これまで欠如していたあるひとつの新しい批判術[1]を用いて同じ異教諸国民の創建者たちにかんする真理の探究に入ることによって〔392〕（これまで批判がかかわってきた著作家たちがそれらの諸国民の内部に登場するまでには〔それらの諸国民が創建されてから〕優に千年以上が経過していたにちがいないのである）、ここに哲学は文献学[2]、すなわち、諸民族の言語、習俗、平時および戦時における事蹟についての歴史のすべてなど、人間の選択意志[3]に依存することがらすべてにかんする学問〔139〕の検査に乗りだす（なにしろ、それの提供する原因は残念ながら曖昧ではっきりとしておらず、また結果も無限に多様であるため、これまでそれについて推理することには、わたしたちはほとんど恐怖を抱いてきたのだった）。そして、そこに諸国民すべての歴史が時間の中を経過するさいの根底に存在している**永遠の理念的な**歴史[4]の素描を発見することによって〔349, 393 ほか〕、それを知識の形式にまで連れ戻す(5)〔390〕。そうであるから、このいまひとつの主要な面からすれば、この学は権威の哲学(6)であることになる〔350, 386–390〕。それというのも、ここで見いだし直される詩のいまひとつ別の新たな諸原理に続いてやってくる、同じくここで発見される神話学のいまひとつ別の新たな諸原理〔400–403〕によって、物語〔神話伝説〕というのはギリシアの最も古い諸氏族の習俗の真実にして厳格な歴史であったこと、そして、第一には、神々の物語はなおも最も粗野な状態にあった異教世界の人間たちが人類にとって必要または有益なことどものすべてを神であると信じていた時代の歴史であったことが論証されるからである。なお、そのような詩の創作者は最初の諸民族自身であったのであって、最初の諸民族はすべて神学詩人たちからなっていたことが見いだされるのである。疑いもなく神々の物語によって異教諸国民を創建した当の者たちであると伝承がわたしたちに語っている、例の神学詩人たちからである。また、ここでは、この新しい批判術の諸原理を用いて、人間的な必要または利益の、異教世界の最初の人間たちによって気づかれたどのような特定の時点および特殊な機会に、かれらは、かれら自身がみずから作り出して信じこむにいたった恐るべき宗教をもって、まずはどの神々を、ついではどの神々を想像していったのかが、省察される。そのような自然神統記、すなわち、最初の人間たちの頭の中で自然的に作られていった神々の系譜〔69〕は、神々の詩的歴史についての悟性的に推理された年代学をあたえてくれるのである。こうしてまた、第二には、英雄物語も、すべての諸国民においてそれらの国民が野蛮状態にあった時代に花開いていたのが見られる英雄たちとかれらの英雄的習俗の真実の歴史なのであった〔634-661〕。だから、ホメロスの二つの詩はなおも野蛮状態にあったギリシアの諸氏族の自然法の二大宝庫であることが見いだされるのである〔904〕。なお、その時代はギリシア史の父と称されるヘロドトスの時代までギリシア人のあいだで続いていたことが、この著作において確定される〔98〕。じっさいにも、ヘロドトスの著作はいずれも大部分が物語で埋まっており、文体もホメロス的なところを多分にとどめている。そして、かれのあとに続いてやってきて、詩的な語法と通俗的な語法との中間を行くような語法を使っている歴史家たちもすべて、なおもこの勢力圏内にとどまっていたのであった。しかし、ギリシア最初の厳格にして厳粛な歴史家であるトゥキュディデスは、かれの叙述の冒頭で、かれの父の時代（つまりはヘロドトスの時代――トゥキュディデスがまだ幼かったころにヘロドトスは老年であった）まで、ギリシア人は、外国の古事はおろか――これらについては、わたしたちは、ローマ人の古事を別とすれば、すべてギリシア人から知識を得ているのだが――、自分たち自身の古事についてすら全然なにも知らないでいた、と明言している〔101〕。絵が背景に描きだしている濃い暗闇がその古事であって、この暗闇から、形而上学のところで反射してホメロスに射しこんでいる神の摂理の光線の明かりに照らし出されて、いくつかの象形文字が姿を見せているが、これらはすべて、この諸国民の世界のこれまではたんに結果〔現象〕をつうじてのみ知られてきたにすぎない諸原理を表示しているのである。

8　これらのうちで祭壇が最も大きくきわだった姿を現わしているのは、さきに若干触れておいたように〔2〕、また少しあとでもっと詳しく述べるように〔9〕、国家制度的世界はいずれの民族のもとでも宗教とともに始まっているからである。

9　祭壇の上の右手に卜杖、すなわち、卜占官たちが前兆を受け取って吉凶をうかがうさいに用いる杖がまず姿を見せている。これは神占を指しているつもりである。神占からいずれの異教徒たちのもとでも神にかんする最初のことがらは始まっているのである。なぜなら、神の本性にたいしては、それの有している摂理の属性のゆえに、人類全体によってどこでも普遍的に、ラティウム〔古代ローマ〕の人々が〈ディーウィーナーリー〉divinari、すなわち〈将来を気づかせる〉と言っていた同一の観念から、〈神性〉divinitas という名称があたえられてきているからである〔365〕。ただし、そのさい、その神の摂理はヘブライ人のもとでは真実のもの〔ありのままのもの〕であったのにたいして、異教徒たちのもとでは形象化されたかたちで受け取られていた。ヘブライ人は、神は無限の知性であり、ひいては永遠の一点においてすべての時間を見ていると信じていた。こうして、ヘブライ人のもとでは、神は神みずから、あるいは知性存在である天使たちを介して、あるいはまたその知性に神が語りかけていた預言者たちを介して、その民に将来のことどもを気づかせた。ところが、これにたいして、異教徒たちは物体が神々であると想像していたため、神々は可感的な徴候を用いてかれら異教の民たちに将来のことどもを気づかせることになったのであった。そして、この基本的な相違に、ヘブライ人の自然法と、ローマの法学者たちが人間の習俗を用いて神の摂理によって制定されたと定義していた万民の自然法とのあいだの、この学によって論証される他のすべての本質的な相違は由来しているのである。——したがってまた、その卜杖によって、異教の世界史の起源も同時に示唆されているわけであって、異教の世界史は世界大洪水から始まったこと〔369〕がもろもろの自然学的ならびに文献学的な証拠によって論証されるのである。そして、世界大洪水後、一世紀が経ったところで、——物語〔神話伝説〕的歴史もまた語っているように——天神が地上に君臨して人類に多くの偉大な恩恵をほどこしたのであり、オリエント人、エジプト人、ギリシア人、ローマ人、そしてまたそれ以外の異教諸国民のあいだの観念の一様性によって、その諸国民の数と同じだけの数のゼウスの宗教が等しく生じることになったのであった〔47〕。なぜなら、大洪水からそれだけの時間が経ったところで、天が雷光を発し、雷鳴を轟かせたにちがいないことが立証されるのであり〔377〕、いずれもがそれぞれのゼウスのものである〔と信じられた〕それらの雷光と雷鳴とから、それらの諸国民は前兆を受け取りはじめたからである（なお、ゼウスがこんなにも数多く存在していることは――このためにエジプト人は自分たちのゼウスであるアンモンがすべてのうちでいちばん古いと言っているのでもあるが〔47〕――、これまで文献学者たちにとっては不可解な謎以外のなにものでもなかったのである）。また、同じ証拠によって、異教の諸国民が創建されたさいの基礎になった宗教よりもヘブライ人の宗教のほうが古いこと、ひいてはキリスト教の真実性が論証されるのである。

10　同じ祭壇の上には、卜杖と並んで、水と火が見える（水は小さな壺の中に入っている）。これは、異教徒たちのもとでは、神占が原因となって、ラティウムの人々が〈プロークーラーレ・アウスピキア〉procurare auspicia、すなわち、前兆を正しく理解して、ユピテル〔ゼウス〕の神聖なお告げまたは指図を首尾よく実行するために、生贄を捧げる、と言っていた、かれらの共通の習俗から、犠牲の儀式が生じたからである〔250, 371, 382〕。そして、これらが異教徒たちのもとにおける神にかんすることがらであったのであって、これらの神にかんすることがらから、やがて、かれらの人間にかんすることがらのいっさいが到来することとなったのである。

11　それら〔人間にかんすることがら〕のうち、第一のものは婚姻であった〔336〕。これは、祭壇の上の火によって点されて壺に寄りかかっている松明でもって表示されている。婚姻こそは、すべての政治学者たちが一致して認めているように、家族の苗床なのであって、その家族がつぎには国家の苗床となるのである。このことを指し示すために、松明は、人間にかんすることがらの象形文字であるにもかかわらず、祭壇上の宗教儀式の象形文字である水と火の中間に置かれているのである。じっさい、古代のローマ人は〈アクアー・エト・イーグニー〉aqua et igni〔水と火によって〕結婚式を挙げていたのだった〔549〕。そして、かれらがこのような仕方で結婚式を挙げていたのは、これら二つの共通のものこそは、しかも、火よりも先に、まずは枯れることのない水こそが、生活に最も必要なものとして、神の計らいによって、人間たちをして社会的関係を結んで生きていくように導いていったものであったことが、やがて理解されるにいたったからなのであった〔371〕。

12　人間にかんすることがらの第二のものは埋葬である〔337〕。そうであるために、〈フマーンドー〉humando、〈埋葬する〉から、ラティウムの人々によって、初めて、そして正しくも、〈フーマーニタース〉humanitasという言い方はなされるようになったのだが〔537〕、これは森の中に別に置かれている骨壺でもって表象されている。埋葬は人間が夏にはリンゴを食べ冬にはドングリをかじっていた時代以来おこなわれていたことを指し示しているのである。また、骨壺にD. M.と刻まれているのは〈埋葬された者たちの善良な霊魂に〉という意味である。[1]このモットーは、人間の霊魂は肉体といっしょに死滅はしないのであって不滅であるという、のちにプラトンによって真実であることが論証されることになった見解〔130〕において、人類全体が当初から共通の合意を見ていたことを述べている。

13 その骨壺は、同じくまた、当の異教徒たちのあいだにおける田野の分割の起源をも示唆している。そして、都市とその市民、さらにはまた諸国民の区分の起源は、この田野の分割の起源のうちに求められるべきなのである。なぜなら、つぎのことが見いだされるからである。すなわち、まずはハム、つぎにはヤフェト、そして最後にセムの子孫は、それぞれ、かれらの父祖ノアの宗教を否定し、捨て去って――その宗教のみが、当時のような自然状態のもとにあっては、婚姻とともに、かれらを家族というかたちでの社会的関係のなかに保っておくことができたのであったが――、この地上の大森林の中を、野獣的放浪[1]を重ねつつ、さまよい歩いていた。嫌がって言うことをきかない女たちを追っかけまわし、古代の大森林にはあふれ返っていたにちがいない野獣どもから身を避けて。また、散り散りばらばらに、食物と水を探し求めて〔369〕。そして、こうしたことすべての結果、長い歳月のうちには野獣どもと変わらない状態に陥ってしまっていた。そこで、かれらは、神の摂理によって設けられた特定の機会に(それらがどのような機会であったかはこの学によって省察され発見される)、自分たちがみずから作り出した想像の産物でありながら実在のものと信じこむにいたった天神ゼウスという一個の神性のあたえる、ものすごい恐怖によって震撼され覚醒されて、ついにはそのうちの一部の者たちが立ち止まり、一定の場所に身を隠す。そして、かれらがその存在を感じとった神性にたいする恐怖から、その場所に決まった女と隠れ住んで、敬虔かつ慎み深い肉体的結合によって婚姻を執りおこない、父親の確かな子供たちをもうけ、かくては家族を創建するにいたる。こうしたことが見いだされるのである。そして、このようにして一定の場所に長期間にわたって定住するようになったことと、先祖を埋葬するようになったこととによって、ここに土地の最初の分有支配が確立されることになるのであった〔387–389〕。なお、この領地の支配者たちは〈ギガンテス〉と呼ばれたが、このギリシア語は〈大地の息子たち〉、すなわち、埋葬された者たちの子孫、という意味なのである〔370, 531〕。また、つぎには、かれらは自分たちのことを貴族であると考えるようにもなった〔370, 531〕。かれらは、人間にかんすることがらのこの最初の状態のもとにあっては至極もっともな観念にもとづいて、貴族性なるものを、自分たちが神性にたいする恐怖とともに人間らしく生まれたという事実のうちに求めたのであった。じっさい、人間らしく生まれることのこのような様式からこそ、そしてそれ以外のどこからでもなく、人類は出現したのであって、こうして人類は〈ウマーナ・ジェネラツィオーネ〉umana generazione〔「人間として生まれたもの」の意〕と呼ばれるようになったのである。また、このようにして多数の家族に枝分かれしていった家々も、同じくこのような生まれ方をしたことから、最初の〈ゲンテース〉gentes〔氏族すなわち家系をともにする者たち〕と呼ばれるようになったのであった。そして、ここでは、この太古の時点から（それというのも、素材がそこから始まっているので）、この学のいまひとつの主要な面である万民〔氏族〕gentiの自然法についての学説は始められるのである（ちなみに、そのようなギガンテスは、もろもろの歴史書の提供している権威のほかにも、自然学的ならびに道徳学的な理由からして、度外れた力と背丈をもっていたこと〔巨人であったこと〕が見いだされる。これにたいして、世界および全人類の始祖アダムの創造者である真の神を信じていた者たちの場合にはそれらの理由は該当しないので、ヘブライ人は世界が始まったとき以来適正な体格を保ってきたのであった〔170, 372〕）。かくては、神の摂理についてのものである第一の原理と、厳粛に式を挙げて執りおこなわれる婚姻にかんするものである第二の原理に続いて、埋葬とともに始まった霊魂の不滅性についての普遍的な信仰――これが、この学がみずからのあつかう無数の多種多様なことがらすべての起源について推理するさいの根拠となる三つの原理のうちの第三の原理なのである〔333〕。

14　骨壺の置かれている森から一本の鋤が突き出ているが、これは最初の氏族の家父長たちが史上最初の強者たちであったこと〔372, 516〕を述べている。そして、ここから、さきほども言及したように〔3〕、ヘラクレスたちが――その存在については、ウァッロは優に四十もの数を挙げており、またエジプト人は自分たちのものがすべてのうちでいちばん古いと言っていたのだが――最初の異教諸国民の創建者であったことが見いだされるのである。なぜなら、それらのヘラクレスたちこそは、世界で最初に土地を鎮め、それらを耕地に変えた人物であったからである。したがって、異教諸国民の最初の家父長たちは、まずもって、ゼウスの神聖な命令であるとかれらの信じていた前兆を守るという、かれらなりにこれこそが敬虔さであると信じていた態度のおかげで、**正義の者たち**であった〔516〕（ラティウムの人々のもとでのゼウスの呼称〈ヨーウス〉Ious から、正しいもののことは古くは〈ヨウス〉ious と言われていたのであって、これがのちに短縮化して〈ユース〉ius と言われるようになったのである〔398〕。このようなわけで、正義はどの国民のもとでもおのずと敬虔とともに教えられているのである）。また、前兆を正しく理解し、かくては自分たちがゼウスの命令を受けて、生活のなかで実行しなければならないことがらについて、十分に助言を得られるようにするために、生贄を捧げたことによって、**知恵ある者たち**でもあった。そして婚姻によって**節度ある者たち**ともなっていたのであるが、そのかれらはまた、ここで示唆されているように、**力強き者たち**でもあったのである。それゆえ、ここでは、いまひとつ別の新たな諸原理が道徳哲学にはあたえられることになる〔502 以下〕。そうした道徳哲学においては、哲学者たちの深遠な知恵[1]が立法者たちの通俗的な知恵[2]と気息を通じ合うことにならざるをえないのである。そして、それらの諸原理によって、すべての徳はみずからの根を敬虔と宗教のうちに置くことになる。敬虔と宗教とによってのみ徳は実効ある働きをなすことができるのであり、その結果、人間たちは神が欲することのすべてを善きことととして自分たちに提示せざるをえなくなるのである。また、家政学にもいまひとつ別の新たな諸原理があたえられることになる〔520以下〕。そうした家政学においては、息子たちは、〔事実上は〕かれらの父親たちの権力下にありながら、〔権利上は〕諸家族からなる〔それなりに法的な〕状態のもとにあるものと見なされねばならないのであり、その結果、かれらのありとあらゆる努力にもかかわらず、敬虔と宗教とのなかでしか、自己を形成し、立ち止まらせるすべはないのである。そして、なおも国家とか法律のなんたるかを理解する能力がない場合には、父親たちを神の生ける像として崇め怖れることになるのである。また、そうした家政学においては、かれらはやがておのずと、自分たちの父親の宗教を継承して、自分たちに家族の維持を可能にしてくれる祖国を防衛する方向へと向かっていき、こうして宗教と祖国の維持存続のために制定された法律に服従するようになるのが見いだされることにもなる。神の摂理は人間にかんすることどもをつぎのような永遠の計らいによって秩序づけているからである。すなわち、まずは宗教によって家族が創建され、これにもとづいて、つぎに法律によって国家が生起するように、というのがそれである。

15　鋤は柄をいささかいかめしく祭壇の正面に立てかけているが、これは鋤で掘り返された土地が異教世界の最初の祭壇であったこと〔4, 549, 775〕をわたしたちに理解させようとしているのである。そして、同じくまた、英雄たちがかれらの同盟者たち（この同盟者たちについては、祭壇の台の脇にもたれかかっているのが見える舵によって表示されているのをすぐあとで見ることになるだろう〔19〕）にたいしてもっていると信じていた、生まれの優越性〔917〕をも指し示そうとしている。やがて論証されるように、この生まれの優越性のうちに、英雄たちはかれらが所有していた神にかんすることがら、すなわち、神聖な前兆についての解釈権、知識、そしてさらには管轄権の根拠を置いていたのであった。

16　鋤は歯の先端だけを見せていて、彎曲した部分を隠している（鉄の利用が知られる以前には、鋤は土地をたたき割って掘り返すことができるほど堅い彎曲した木であったにちがいないのであった。また、この彎曲した部分をラティウムの人々は〈ウルブス〉urbs と言っており、ここから〈彎曲した〉を意味する古語の〈ウルブム〉urbum は出てきたのである〔550〕）。これは、最初の都市――それらはいずれも耕作された田野に建設されている――が誕生したのは、家族が長期間にわたって宗教的な森の神聖な恐怖の場所に引き籠もって隠れ住んでいたことによってであったことを表示しようとしている。そのような恐怖の場所は、古代のすべての異教諸国民のもとに見いだされる。それらの場所をローマの諸氏族は、かれらのすべてに共通の観念によって、〈ルークス〉lucusと呼んでいた。すなわち、〈樹木の密生した森の中の焼き払われた場所〉のことである（ちなみに、モーセは、それらの焼き払われた場所そのものを、神の民がその征服地を広げていくところではどこでも焼き払わねばならぬ、と宣したのであった〔481〕）。このようにして森の中に焼き払われた場所がつくられたのは、すでに人間らしい生き方に到達している者たちがなおも物と女性の忌まわしい共有状態にとどまっている放浪者ども〔553〕とふたたび交ざり合うことのないようにとの、神の摂理の計らいによっている。

17　同じ祭壇の右側に舵が見えるが、これは人々の移動が航海によって始まったことを表示している。また、それはあたかも祭壇の足元に拝跪《はいき》しているかのような恰好をすることによって、のちに当の移動を開始することになった者たちの祖先がだれであったか、を表示している。すなわち、その祖先というのは、まずもっては、不敬虔な者たちであって、なんらの神性の存在をも認識することがなかったのであった。ついでは、かれらは非道な者たちでもあって、かれらのあいだでは親子関係が婚姻によって区別されていなかったため、しばしば息子は母親と、父親は娘と同衾していた。そして最後には、かれらは、野獣のごとく、もろもろの事物の破廉恥な共有状態のもとにあって、社会的関係のなんたるかがわかっておらず、全員が孤独で、力が弱く、貧しくて、不幸であった。というのも、生命を安全に保持していくのに必要とされる財産をまったく欠いていたからである。そのために、かれらは、そのような野獣的共有状態が生み出す争いのなかで味わわされた災厄から逃れ、身の安全と救済を求めて、敬虔で、純潔で、力強く、かつまたすでに家族社会に団結していたために権力をも所有するにいたっていた者たちの耕作地に駆けこんできた〔553〕（ちなみに、古代異教世界のいたるところで都市が〈アーラ〉ara〔祭壇〉と言われていたのは、やがて見いだされるように〔775〕、それらの耕作地からなのであった）。それらの耕作地こそは異教諸国民の最初の祭壇であったにちがいなく、それの上に点された最初の火は森林を開いて耕地にするために放たれた火であったにちがいないのであった。また、同じくそれの上に祭られた最初の水は、文明を創建すべき任務を負っていた者たちが、もはや水を求めて野獣的放浪をするようなことがなくなって、限定された土地に十分長い期間定住し、放浪の習癖をやめることができるようになるために必要であった、尽きることのない泉の水であったにちがいないのである。また、これらの祭壇は世界で最初の避難所でもあったことが見いだされる（そうした避難所をリウィウスは一般的に〈都市創建者たちの古き計らい〉と定義している。(1) 森の中の焼き払われた場所に開かれた避難所の内部にロムルスはローマを創建した、と語り継がれてきていることからしてである）。そこで最初の都市はほとんど全部が〈アーラ〉と言われるようになったのであった。この小さな発見は、つぎのようなもっと大きな発見とともに、地理学にいまひとつ別の新たな諸原理〔741以下〕をあたえるものとわたしたちは言いたい。ギリシア人のもとでは――すでに述べたように、わたしたちは異教の古事についてわたしたちがもっている知識のすべてをギリシア人から得ているのである――、最初のトラキアまたはスキュティア、すなわち最初の北方、最初のアジアと最初のインド、すなわち最初の東方、最初のモーリタニアまたはリビア、すなわち最初の南方、最初のエウロパまたは最初のヘスペリア、すなわち最初の西方、そしてこれらとともに最初のオケアニア〔大洋〕は、**すべてギリシア自体の内部で**生まれたものであった。それがのちにギリシア人が世界に出かけていったとき、位置の類似性から、世界の四つの部分とその部分を取り巻いている大洋とにそれらの名称をあてがったのだった。そして、地理学と年代学とは歴史の両眼なのであって、これら地理学にあたえられるいまひとつ別の新たな諸原理は、年代学にあたえられるものであることを指摘しておいたいまひとつ別の新たな諸原理とともに、前述の永遠の理念的な歴史を読むために必要不可欠のものであったのである。

18　さて、これらの祭壇に不敬虔で放浪を重ねていた弱者たちが屈強な者たちに生命を脅かされて駆けこんできたので、敬虔な強者たちは凶暴な者たちについてはこれを殺し、弱者たちについてはこれを受け入れて保護してやったのだが、そのさい、弱者たちは生命をのぞいてほかにはなにも有していなかったので、かれらはその弱者たちを奴僕という資格で受け入れ、生活を支えていくための手段を供給した〔553〕〈家族〉familia というのは主としてこれらの〈奴僕たち〉famuli からそう呼ばれるようになったのであって〔552〕、この奴僕こそはのちに戦争で捕虜になったところから登場することとなった奴隷の祖型なのである〔556〕。そして、ここから、あたかも一木の幹から多くの枝が生え出るようにして、いま見たような避難所の起源、家族の起源（のちに詳しく説明するように〔25〕、その家族から都市は誕生したのであった）、都市に人々が集中するようになったことの起源（これは人々が不正義で凶暴な者どもから身の安全を守りつつ生活するためなのであった〔553〕）、支配権の起源（これは本来自分の領地の内部にあって行使されるべき性質のものであった〔722〕）、支配権を自分の領土の外にまで拡大していったことの起源（このような支配権の拡大は、君主と政府の最も光り輝ける徳である公正さ、剛毅さ、度量の広さを発揮することによってなされるのである〔1024〕）、氏族の紋章の起源（その最初の紋地は最初の種が播かれるべき土地であったことが見いだされる〔484-488〕）、名声と栄光の起源〈奴僕〉famuli は〈名声〉fama からそう呼ばれるようになったのであり、栄光は人類に役立っているということで永遠に保存されるのである〔555〕）、真の貴族性の起源（これは道徳的諸力の行使から自然に生じるものである〔531〕）、真の英雄主義の起源（これは、傲慢を鎮め、危険に陥っている者たちに援助の手を差し延べることにあるのであって、この英雄主義においてローマ人は地上のあらゆる民族に勝っていたために世界の主人になったのであった〔553, 666〕)、そして最後には、戦争と平和の起源(戦争がこの世に始まったのは自己防衛のためであり、この点にこそ剛毅さの真の徳は存するのである〔562, 959–964, 1023〕)が生じてくる。そして、これらの起源すべてのうちには国家の永遠の設計図が描かれているのが見いだされるのである。政府は、たとえ暴力と欺瞞によって獲得されたものでも、存続していくためには、この設計図に立脚していなければならないのであり、また、反対に、これらの徳ある起源によって獲得された政府でも、やがて欺瞞と暴力がはびこりはじめると、滅びてしまうことにもなるのだ〔522, 1011–1013〕。また、このような国家の設計図は、この諸国民の世界の二つの永遠の原理、すなわち、諸国民を構成している人間たちの知性と肉体とに基礎を置いている〔630〕。それというのも、人間たちはこれら二つの部分からなっており、そのうちの一方は高貴であって、そのようなものとして指揮をとっていくべき存在であり、もう一方は卑賤であって、奉仕すべき存在である。また、人間たちの自然本性的なあり方は堕落した状態にあることからして、哲学の援助がないかぎり――しかも、これとて、ごく少数の者たちにしか助けにはならないのである――、人間たちの一般は、それぞれ私的に、知性が肉体に奉仕するのではなくて肉体を指揮していると言えるような状態になることができない。そこで、神の摂理は人間にかんすることがらをつぎのような永遠の計らいによって秩序づけたのであった。すなわち、国家においては、知性を用いる者たちが指揮をとり、肉体を用いる者たちは服従するように、というのがそれである[1]。

19　舵が祭壇の足元に拝跪しているのは、そうした奴僕たちは、神々をもたない者たちであったので、神にかんすることがらを貴族たちと共有しておらず、その結果、人間にかんすることがらをもまた共有していなかったからである。なかでも、ラティウムの人々が〈コンヌービウム〉connubium と呼んでいた厳粛な結婚の儀式を執りおこなう理由が奴僕たちには共有されていなかった。この結婚の儀式の最大の厳粛さは、前兆のうちに置かれていた。前兆にもとづいているということで貴族たちは自分たちを神の血を引く者であると考え、奴僕たちについては男女の非道な肉体的交わりから生まれたので野獣の血を引いているというように見なしていたのだった。相手よりも生まれが高貴であるという、このような相違のうちに、エジプト人のもとでもギリシア人のもとでもローマ人のもとでも等しく、古代ローマ史が十分すぎるほど詳細にわたしたちに語り伝えている自然的英雄主義[1]なるものは存立の根拠を得ていたことが見いだされるのである〔553以下、917〕。

20　最後に、舵が鋤と離れたところにあり、鋤のほうは祭壇の面前にあって、舵にたいして敵対的な表情をむき出しにし、とがった先端で脅しをかけているのは、奴僕たちは、すでに見たように、土地の所有にあずかっておらず、土地はすべて貴族たちの領有下にあったため、いつまでも主人たちに奉仕していなければならないのに嫌気がさして、長い歳月ののち、ついに土地を要求して反乱を起こし、英雄たちを敵手にまわして農地争いに突入したからである〔583〕（この農地争いは、ローマ史についての最近の著作に読むことのできるものよりもはるかに古く、性格も大きく異なっていた）。そして、ここにいたって、蜂起はしたものの英雄たちにうち負かされた（ピエル・クネオ[1]の『ヘブライ人の国家』が考察しているところによれば、しばしばエジプトの農夫たちも一揆を起こしては神官たちにうち負かされていたというが、これと同じようにして英雄たちにうち負かされた）奴僕の群れの首領の多くは、抑圧されまいとして、そして身の安全と救済を求めて、一党の仲間といっしょに、海の運命の神に身を託し、地中海の沿岸に無主の土地を見つけ出すべく、西方に向かっていった（西方では、当時は、海岸部には人は住んでいなかったのである）〔299-300, 560〕。これが、すでに宗教によって文明化されていた諸国民による、エジプトとオリエント、そしてオリエントではとりわけフェニキアからなされた移動の起源なのである。同様の移動は、同じ理由によって、のちにギリシア人のもとでも起こっている。このようにして、人口が膨脹して外へ溢れ出していったからではなく（こうした人口の氾濫現象は海をつうじては起こりえない）、遠方の獲得物を通常の植民によって保存したいという熱い願望があったからでもなく（なぜなら、オリエント、エジプト、ギリシアから西方に領地を拡大した帝国があったとは、どの書物にも記載されていないからである）、交易が原因であったわけでもなく（なぜなら、西方は、その時代にはなおも海岸部には人は住んでいなかったことが見いだされるからである）、**英雄法**こそが、そうした（すでに宗教によって文明化され、定住の習性を身につけていた）諸国民の、そのような人間の一群に、自分の生地を棄てることを余儀なくさせたのであった（自分の生地を棄てるなどということは、本来、なんらかの緊急の必要があってはじめてなされることなのだ）。そして、このような植民によって（これらの植民は、それゆえ、〈英雄法に起因する渡海植民〉[2]と名づけられる）、人類は海をつうじてもわたしたちの世界の外にまで拡がっていったのであった。ずっと以前には、野獣的放浪によって、陸地をつうじて外部に拡がっていったように。

21　鋤の前方に飛び出すようにして一枚の板が姿を見せている。そして、それの上には、古代ギリシア文字に似ていたとタキトゥスの語っている古代ラテン文字のアルファベット[1]と、下のほうに今日に残っている新しいアルファベットとが記されている。この板はいわゆる通俗語と通俗文字の起源を指し示している。それらは諸国民が創建されてからずっとのちになって出現したこと、それも文字の起源のほうが言語の起源よりもはるかに遅かったことが見いだされるのである〔428以下〕。このことを表示するために、板はもろもろの建築様式のうちでもずっと新しい様式に属するコリント様式の円柱の破片の上に横たわっているのである。

22 板は鋤に近く、舵からははるか遠いところに横たわっているが、これは諸国語の起源を表示している。諸国語は、最初はそれぞれ、さきに述べたように地上の大森林に散り散りばらばらになっていた諸国民の創建者たちがついに野獣的放浪を停止させられたときにたまたま居合わせた、そのかれら自身の土地において形成されたのであった。そして、ずっとのちになってから、いましがた触れた地中海および大洋においてなされた人々の移動にともなって、それら諸国語とオリエントやエジプトやギリシアの言語が混ざり合うにいたったのである〔63〕。なお、ここにおいて、土地固有の言葉の起源と疑いもなく外国起源の言葉の起源とを区別するための語源学のいまひとつ別の新たな諸原理があたえられることになる（これについては、この著作全体をつうじてきわめて頻繁に実例の引照がなされるだろう）。じっさいにも、両者のあいだにはつぎのような重要な相違が存在しているのである。すなわち、土地固有の言葉の語源は、それらの言葉によって表示されている事物の、つぎのような観念の自然的な順序、すなわち、最初は森林、つぎに耕作地と小屋、その後に小さな家屋と村落、それから都市、最後に学院と哲学者たちという順序にもとづいた歴史である〔145, 162, 355

ほか」（このような観念の自然的な順序にもとづいて、それらの最初の起源からのもろもろの前進の歩みは歩まれるのである〔239–240〕）。これにたいして、外国起源の言葉の語源は、たんにある言語がもうひとつの言語から受け取った言葉の歴史であるにすぎない〔304〕。

23　板がアルファベットの最初の三文字だけを示して、ホメロスの像と向かい合って横たわっているのは、文字は、ギリシア文字についてギリシアの伝承にあるように、全部が一挙に発明されたわけではないからである。少なくともホメロスの時代には全部は発明されていなかったことが必定であるからであって、ホメロスはかれの詩のどれひとつをも書いては遺していないことが証明されるのである。しかし、諸国語の起源については、のちにさらに詳しい説明があたえられるだろう。

24　最後に、すべてのうちで最も明るい平面に（そこがそのように明るいのは、そこには人間にかんする最もよく知られていることがらを表示した象形文字が陳列されているからである）、創意に富む画家は、ローマの束桿《そっかん》、その束桿にもたれかかった剣と財嚢、秤とヘルメスの杖を綺想豊かな配列のもとに登場させている(1)。

25　それらの象形文字のうち第一のものが束桿であるのは、最初の国家的支配権は家父長たちの家父長権が団結することによって誕生したからである。家父長たちは、異教徒たちのもとにあっては、前兆を占う**賢者**であり、生贄を捧げて前兆を手に入れる、すなわち、正しく理解するための**祭司**であり、前兆から察して神々が欲していると思われたことを命令する、したがって神以外のだれにも服従することのない**王**、そしてたしかに**一頭支配者**〔君主〕なのであった〔250〕。したがって、束桿は卜杖の束なのであった。そして、それらの卜杖こそは〔王権を象徴する〕世界で最初の笏であったことが見いだされるのである。家父長たちは、前述の土地騒乱のなかで、自分たちにたいして蜂起した奴僕の群れに抵抗すべく、自然と団結するにいたった。そして、最初の統治評議会、つまりは家族の王たちからなる評議会〔元老院〕の組織を結成し、長を選出した〔590, 694〕。この長が英雄都市の最初の王であったのだ。そうした王のことについては、古代史もまた、最初の諸民族の世界においては、王は自然的なかたちで創造された、ときわめて不明瞭にではあるがわたしたちに語っている。ここ〔本書〕では、そうした王についての省察がなされ、かれらの生成の様式が見いだされるのである〔583–585〕。——さて、統治評議会は、蜂起した奴僕の群れを満足させ、ふたたび服従させるために、かれらにひとつの農地法をあたえた。これはこの世に生まれた最初の政法〔市民法〕であったことが見いだされる〔597〕。そして、自然なことにも、都市の最初の平民は、その法律によって鎮静化させられた奴僕たちで構成されることとなったのであった。ただし、そのさい、貴族から平民にあたえられたのは、田畑の**自然的所有権**であり、**市民的所有権**は貴族のもとに残されていた。貴族だけが英雄都市の市民を構成していたのである。また、その一方で、この貴族の市民的所有権からは、最初の国家的権力または人々の上位に立つ権力をなしていた組織のものである**卓越的所有権**(1)が誕生することになった。これら三種類の所有権はすべて、どの国民のもとでも、言葉こそ異なれ同じひとつの観念によって、〈ヘラクレイダイ〔ヘラクレスの子孫たち〕の国家〉、あるいは〈クーレーテス〉Curetes、すなわち、公共の集会で武装していた者たちの国家と言われていたことが見いだされる国家の誕生とともに形成され、区別されていったのであった〔592–593〕。また、ここからは、かの有名な〈ユース・クイリーティウム〉ius quiritium〔ローマ市民権〕の起源も明確になる。これをローマ法の解釈者たちは、のちには事実そうであったため、ローマ市民に固有のものであると信じてきたが、ローマの古い時代には英雄的諸氏族すべてに共通の自然的な権利であったことが見いだされるのである〔595〕。さらにはまた、ここからは、ひとつの大きな源泉から多くの河川が流れ出すように、つぎのようなさまざまな起源がほとばしり出てくる。——都市の起源。都市は、息子たちだけでなく奴僕たちからもなる家族にもとづいて成立したのであって、だからこそ、それらは自然的に二つの共同体に基礎を置いているのが見いだされるのである。すなわち、ひとつは指揮をとる貴族たちの共同体、もうひとつは服従する平民たちの共同体である。これら二つの部分から、すべての国家的統治の政体または法は構成されているのである。そして、それら最初の都市は、息子たちだけからなる家族にもとづいては、そのようなものとしても、また他のいかなる性質のものとしても、けっしてこの世に生まれ出ることはできなかったことが証明されるのである〔597〕。――国家的支配権の起源。国家的支配権は、諸家族の並存状態のもとでの私的な家父長的‐絶対主権的支配権が団結したところから誕生したのであった〔583〕。――戦争と平和の起源。すべての国家は武器をとることによって誕生して、法律によって構成されたのであった。人間にかんすることがらのこのような自然本性的なあり方については、戦争がおこなわれるのは人々が平和のうちに安全に生活することができるようになるためであるという永遠の特性がいまに残っている〔562, 959–964〕。――封土の起源。なぜなら、一方の農民的封土によって平民は貴族に服従し、もう一方の貴族的ないし軍事的封土によって、それぞれの家族のなかで絶対主権者であった貴族は、かれらの英雄的秩序の有するさらに大きな絶対主権に服従するにいたったからである〔600–601〕。そして、野蛮時代の王国はいつも封土にもとづいてこの世に生じていることが見いだされるのであり〔603〕、ここから、ウァッロが言及していた最初の野蛮時代よりもわたしたちにはさらに暗黒のままにとどまっている最近の野蛮時代(2)〔1057以下〕に生じたヨーロッパの新しい諸王国の歴史が明確になるのである。――また、それらの最初の田畑は、ギリシア人のもとでは〈ヘラクレスの〉と言われた十分の一税〔541〕、あるいはまたセルウィウス・トゥリウス[3]によってローマ人に命じられたことが見いだされる税金〔107, 111, 619–623〕、あるいはまた戦争のさいには平民が貴族に自分で費用を負担して奉仕する義務をもともなっていた（これもまた古代ローマ史にはっきり記されている）貢租を支払うという条件のもとで、貴族から平民にあたえられたのであった。そして、ここに、のちに人民的国家〔民主政体〕の基礎として残ることになった財産登録制度の起源が発見されるのである。なお、この財産登録制度にセルウィウス・トゥリウスの税法（このほうは、やがて見いだされるように、古代の貴族国家の基礎をなしていた）がどのようにして変化したのかを見いだし直すにあたっては、この探究にわたしたちはローマのことがらにかんするすべての探究のうちでも最大の労力を要した。これまではだれもが、セルウィウス・トゥリウスが人民的自由の時代の財産登録制度を命じたかのように考えるという過ちに陥ってきていたのである。

26　同じ発端から、またつぎの諸起源が出てくる。——商業の起源。商業はわたしたちが述べたような仕方で都市が始まるのといっしょに不動産について始まったのであって、〈コンメルツィ〉commerzi〔商業〕というのは、英雄たちが——さきに述べたように、自分たちに奉仕する義務を負うという掟のもとで——奴僕たちに田畑というかたちであたえた、この世に生まれた最初の〈メルチェーデ〉mercede〔報酬〕からそう呼ばれるようになったのであった〔606〕。——国庫の起源。国庫の祖型は国家が誕生するのといっしょにできてはいたが、それがのちに〈金銭〉を意味する〈アエス・アエリス〉aes aeris からまさしく〈アエラーリウム〉aerarium と呼ばれるようになったのは、国家が戦争のさいに平民に金銭を支給する必要が出てきたことによっているのであった〔603, 622〕。――植民の起源。植民は、まず初めには、英雄たちに奉仕してかれらの生活を支えていた農民たちの群れがそうであり、つぎには、前述の物的かつ人的な負担を条件に英雄たちの田畑を自分で耕作していた封臣たちの群れがそうであったことが見いだされる〔20〕。これらの植民は、すでに述べた渡海植民と区別して、〈英雄法に起因する内陸植民〉[1]と呼ばれる。――そして最後には国家の起源。国家は厳格このうえない貴族国家の形態をとってこの世に誕生したのであり、そこでは平民たちは市民法にいっさい参与してはいなかったのである〔583 以下〕。したがってまた、ローマ王国は貴族王国であったことが確認される。それがやがてタルクイニウス・スペルブス[2]の暴政下に落ち、この暴君は貴族たちに最悪の統治をおこなって、元老院を壊滅状態に陥れてしまった。そこで、ここにユニウス・ブルートゥス[3]が登場して、ルクレティアの事件[4]のさいに、平民をタルクイニウスの一党に反抗して決起させる機会をつかみ、ローマを暴政から解放したうえで、元老院を再建し、国家をその原理〔起源〕にもとづいて再組織する。そして、終身の一人の王に代えて一年交替の二人の執政官を置くことによって、人民的自由を導入するのではなくて、主人的自由を再確立したのであった〔662–665〕。この主人的自由の体制はプブリリウス法[5]のときまで存続した（〔この法を制定した〕独裁執政官のプブリリウス・フィロは――このことのゆえにかれは〈人民的な独裁執政官〉と言われるのだが――、この法とともにローマ国家は政体上人民的になった、と宣言したのである）。そして、それはポエテリウス法[6]とともについに息絶えた。ポエテリウス法は、貴族が負債平民にたいして有していた私的収監の荘園的封建的権利から平民を完全に解放したのである〔104–115〕。ローマ史の二つの最大の要点を含んでいるこの二つの法律については、政治学者も、法学者も、ローマ法の博識な解釈者たちも、十二表法はローマに人民的自由を組織するために自由なアテナイからやって来たのだという作り話――これが作り話であることは何年も前に出版された『普遍法の原理』において暴露されている[7]――に惑わされて、これまで全然考慮を払ってこなかった〔284–285〕。しかしまた、これら二つの法律は、人民的自由はローマ人自身の自然的習俗によって内的に組織されたものである、と言明しているのだ。それゆえ、法律は国家の政体に合わせて解釈されるべきなのであるから、以上のローマ的統治の諸原理からはローマ法学にいまひとつ別の新たな諸原理があたえられることになる。

27　束桿にもたれかかっている剣は、英雄法が力の法であったこと、しかしまたその力には宗教が先行していたことを指し示している。裁判にかんする法律がなおも案出されていないところでは、あるいはまたすでに案出されてはいてももはや無きに等しいところでは、ただひとり宗教のみが力と武器を正しい道に抑止しておくことができるのである。この力の法はまさしくアキレウスの法である。ホメロスが英雄的徳の範例としてギリシアの人々に歌った、あの正邪の判別のいっさいを武器に置いていた英雄の法なのである〔923〕。――そして、ここにおいて、決闘の起源が明らかになる。決闘が最近の野蛮時代〔中世〕におこなわれていたことは確かな事実であるが、それはまた最初の野蛮時代にも同様に実践されていたことが見いだされるのである。その時代には、力のある者たちはなおも相互間の損害や不正の決着を裁判の法律に委ねることができるほど馴化されてはおらず、神明裁判のごときものをおこなっていたのであった。神を証人に立て、神に損害の審判人になってもらって、戦いの結果がどう出ようと、その結果によってあたえられる決定には絶対服従したのである。そして、たとえ凌辱された側が敗れても、敗れた以上は凌辱された側に罪があると見なしたのだった。法〔道理〕のなんたるかが理解されていなかった野蛮で粗暴な時代に、それを神が慶んでいるかどうかによって判断し、そうした私的な戦いがついには人類を絶滅させるにいたるような戦争の種子になることのないようにしよう、との神の摂理の高き計らい。そもそも、そのような野蛮な自然的感覚の源泉はなにかと言えば、それは人間たちのもっている神の摂理についての生得的な観念以外のなにものでもありえない。

そして、たとえ善良な者たちが抑圧され、邪悪な者たちが栄えているのが見られる場合でも、人々はその神の摂理には黙って従わねばならないのである。これらの理由から決闘は一種の神的な浄化作用であると信じられたのであった。そして、今日、刑事ならびに民事の裁判を法律によっておこなうよう命じるにいたっているこの文明の時代に決闘が禁止されているのと同じだけの根拠をもって、野蛮時代にはそれは必要不可欠のものであると信じられていたのである〔959–964〕。このようにして、つぎにはまた国家権力がおこなう公的な戦争の起源も、そのような決闘、または私的な戦いのうちに見いだされることになる。この場合にも、国家権力が服従するのは神でしかなく、神が勝敗の結果によって決定をくだすからである。人類が国家的統治の確実性のうえに安泰でいられることをおもんぱかってである。これが戦争のいわゆる〈外的正義[1]〉の原理である〔350, 964〕。

28　同じく束桿に寄りかかっている財嚢は、金銭を媒体にしておこなわれる商業は遅い時代、国家的支配権がすでに確立されたあとにしか、始まらなかったことを示している。じじつ、ホメロスの二つの詩には、鋳造貨幣のことはどこにも出てこない。また、その同じ象形文字は当の鋳造貨幣の起源をも示唆している。それは貴族の盾の紋章に由来するものであったことが見いだされるのであり、それらの紋章のほうは、これはこれで――さきに初期の紋地について少しばかり触れておいたように――ある家族に特別に属する貴族性の権利資格を表示していたことが明らかになるのである。そして、ここからやがて、公的なインプレーサ〔徽章〕、すなわち民族の旗が誕生することになったのであり、このインプレーサがつぎには軍旗となって翻り（軍旗は沈黙の言葉として軍紀を守る役目を果たす）、最後にはすべての民族のあいだで貨幣に鋳刻されるにいたったのであった〔487〕。こうして、ここにおいて、貨幣の学〔古銭学〕に、ひいてはまたいわゆる家紋の学〔紋章学〕に、いまひとつ別の新たな諸原理があたえられることになるのである。これは、最初に出版した『新しい学』[1]のうちでわたしたちが満足を見いだしている三つの論点のうちの一つである。

29　財嚢のあとに秤があるのは、英雄たちの政治であった貴族政治ののちに、人間たちの政治[1]、それもまずは人民的政治〔民主政治〕が到来したこと〔927, 994–998, 1006〕を指し示そうとしている。そこでは、人々は理性的な自然本性（これこそは人間の真の自然本性である）が万人に平等に存在することをすでについに理解するにいたっていたので、そのような自然的な平等から出発して、（永遠の理念的な歴史において省察される諸理由、そしてまさしくローマ史のうちに確認される諸理由によって）英雄たちを徐々に人民的国家における政治的な平等へと引っぱっていったのであった。そして、このことが秤によって表示されているのは、ギリシア人が言っていたように、人民的国家においてはいっさいが籤か秤によって進行するからである。——ところが、自由な人民は、権勢家たちの党派的行為のために法律による政治的平等の体制を維持することができなくなり、内乱へと陥っていった。そこで、かれらは救済を求めて、そのような堕落した人民的政体においてはいつの時代のどの民にも通有のものであることが見いだされるあるひとつの自然的な王法[2]によって（ここで〈自然的な〉というのは、ローマの君主制〔一頭支配体制〕の正統性の根拠をアウグストゥスの人格のうちに置くためにローマ人民によって制定されたと言われている例の政治的な王法なるものは――『普遍法の原理』において論証しておいたように[3]――作り話であるからである。この点は、同じくそこで論証しておいた十二表法がアテナイからやってきたというのが作り話であるという点とともに、わたしたちがその著作を書いたのも無益ではなかったと評価している二つの点である）、というよりはむしろ人間たちの時代の万民に共通の自然的な習俗によって、人間たちの政治のもうひとつの種類である君主政治のもとに身を寄せるにいたるということが、ついに自然的な仕方で起こったのであった〔1007–1008〕。このようなわけで、人間性の開花した現在の文明の時代には人間たちの政治であるこれら二つの政治の形態が交互に入れ替って登場している例こそあまた見られるものの、貴族だけが指揮をとって他の者たちはすべて服従するといった貴族政体に両者が移行することは、ことがらの本性上、ありえないのである。ひいては、今日、貴族たちの国家は、ドイツのニュルンベルク、ダルマティアのラグーサ、イタリアのヴェネツィア、ジェノヴァ、ルッカにその例を見る程度で、ごくわずかしか世界に残っていないのだ。——これらが、神の摂理が諸国民の自然的な習俗を用いてこの世に誕生させた政体の三種類である。またこれらは、この自然的な順序にしたがって、一方から他方へと継起していく。そして、これら以外の、人間の配慮によってこれら三つを混合して作りあげられた政体には、諸国民の自然本性が耐えることができない。そのために、そのような混合政体は、タキトゥスによって——かれは、ここで示唆された、そしてのちに詳しく論じられる原因の、たんに結果だけを見て、そう定義しているのだが——、〈賞賛には値するにしても、けっして実行されることはできず、よしんばたまたま成立することがあったとしても、断じて持続することはない〉と定義されたのであった[4]。この発見によって、政治学には、これまで想像されてきたのとは異なるばかりか正反対のいまひとつ別の新たな諸原理があたえられることになる。

30　〔ヘルメスの〕杖が象形文字の最後に来ているのは、最初の諸民族は、力の自然的な法が支配していたかれらの英雄時代には、互いに相手をたえず敵視しつつ、略奪や海賊行為を繰り返していたこと〔638–639〕にわたしたちの注意を向けさせようとしている。じっさい、最初の野蛮時代には、英雄たちは盗賊と呼ばれるのを名誉と考えていた〔634–673〕。また、ふたたび戻ってきた野蛮時代[1]にも、同じく、力のある者たちは海賊と呼ばれるのを名誉と考えていた〔1053〕。というのも、かれらは相互に永遠の戦争状態にあったので、宣戦を布告する必要などはなかったのだ〔641〕。しかし、やがて人間たちの政治――人民的な政治であれ君主政治であれ――が登場するとともに、人間たちの時代の万民法によって、宣戦を布告する使者の制度が導入され、敵対関係を講和条約によって終結させることが始まった〔1023〕。そして、このこともまた、神の摂理の高き計らいによっているのである。すなわち、諸国民は、かれらの野蛮時代には、この世に新たに登場したばかりでこれから発育していかねばならないときには、かれらの境界の内部にとどまっていること。そして、なにしろかれらは凶暴で御しがたいことからして、戦争を起こして互いに殲滅し合うようなことにならないようにすること。しかし、やがて時が経つとともに、かれらは成長を遂げ、それとともにおとなしくなって、互いに相手の習俗を受け入れうるまでになっていることが明らかになったのであるから、そのときには、勝者は敗者の生命を勝利の正しい法にもとづいて救うことが容易になるようにしよう――と、このように神は人間にかんすることがらを計らっているのである。

31　こうして、この**新しい学**、または形而上学は、神の摂理の光に照らして、諸国民の共通の自然本性を省察し、異教諸国民のもとにおける神および人間にかんすることがらの以上のような起源を発見したことによって、ここに、エジプト人が自分たちの時代までに世界が経過してきたとわたしたちに伝えている三つの時代〔52〕をつうじて最高度の平等性と一貫性をもって進行する万民の自然法の一体系を確立する。すなわち、まずは神々の時代。この時代には、異教の人間たちは、自分たちが神々の政治のもとで生きており、いっさいのことがらは神々からの前兆と託宣によって自分たちに命じられるものと信じていた。これら神々からの前兆と託宣こそは俗史の最も古いことがらなのである。つぎには英雄たちの時代。この時代には、どこでもいたるところで、英雄たちが、自分たちは生まれが平民に優っているのだとの信念にもとづいて、貴族国家を形成して支配していた。そして最後には人間たちの時代。この時代には、万人が人間としての自然本性において平等であることがあまねく承認されるようになり、ひいては、最初には人民的国家〔民主政体〕、そして最後には君主政体が登場するにいたった。これらは二つとも、いまも述べたように、人間たちの政治の形態なのである〔916–918, 925–927〕。

32　そのような三種類の自然本性および政治と合致して、この学の語彙を構成することになる三種類の言語が語られていた〔928–931〕。第一の言語は、異教の人間たちが文明に受け入れられはじめたばかりの、家族の時代における言語である。これは、かれらが表現しようと欲していた観念と自然的な関係を有しているような合図とか物体をつうじての沈黙語であったことが見いだされる。第二の言語は、英雄的インプレーサをつうじて語られた。すなわち、類似するもの、比較となるもの、形象、隠喩、自然を描写したものなどがそれであって、これらが英雄たちの支配していた時代に語られていたのが見いだされる英雄語の主体をなしているのである。第三の言語は、人々によって取り決められた語をつうじて語られる人間語であった。この言語については人民が絶対の主人であって、それは人民的国家〔民主政体〕と君主政体に固有の言語であった。なぜなら、そこでは法律に意味をあたえるのは人民であるからであり、それらの意味には貴族もまた平民とともに拘束されざるをえないのである。それゆえ、どの国民のもとでも、法律が通俗的な言語に移されるようになるとともに、法律の知識は貴族の手から離れるにいたったのであった。法律については、以前は、どの国民のもとでも、貴族がそれをあたかも神聖なものであるかのように見なして、それの秘密の言語を保管していたことが見いだされるのである。そして、貴族は、同じくどこでも、祭司を務めていたことが見いだされる。これが、ローマで、人民的自由の体制が興るまで、貴族層のもとに法律が秘匿されていたことの自然的な理由である。――ところで、これら三種類の言語は、同じくエジプト人が自分たちの世界で以前に語られていたと述べていた、かれらの世界でかれら以前に経過した三つの時代に、数の点でも順序の点でも正確に一致する三つの言語〔437−440〕にほかならない。すなわち、まずは沈黙の所作をつうじて語られる**象形語**[1]、あるいは神聖ないしは神秘的な言語。これは宗教に適している。宗教にとってはしゃべるよりも守ることのほうが大切なのだ。つぎには**象徴語**[2]、あるいは類似物をつうじて語られる言語。これが英雄語であったことはいましがた見たとおりである。そして最後には**書簡語**[3]、あるいは通俗的な言語。これはかれらがかれらの生活の通俗的な用事を遂行するのに使用された。なお、これら三つの言語はカルデア人にもスキュタイ人にもエジプト人にもゲルマン人にもその他いずれの古代の異教諸国民にも見いだされる。もっとも、象形文字はエジプト人のもとに最もよく保存されていたが、これはエジプト人が他の諸国民よりもはるかに長期間、外部の諸国民にみずからを閉ざしていたからである〔90, 95 以下〕。シナ〔中国〕人のもとにそれが今日もなお存続しているのが見いだされるのも、同じ理由によっている〔50〕。ひいては、エジプト人こそは世界で最古の国民であるというのがいかに根拠のない空説であるかが、ここに論証されることとなる。

33　ところでまた、ここでは、言語の起源と同様に、これまでこれについては文献学が発見する望みを絶っていた文字の起源が解明される。そして、文字の起源にかんしての従来の仰天するような奇怪な見解のかずかずが検討に付されることになる〔428–472〕。そのような事態が生じた不幸な原因は、やがて見られるように、文献学者たちが諸国民のなかでまず初めには言語が生まれて、その後に文字が生まれたものと思いこんできたことにあった。しかし、じっさいには、ここでも軽く触れたように、そしてこれからの諸巻において十分に証明されるように、文字は言語と同時に誕生し、その三つの種類すべてにおいて同一の歩調をとってきたのであった。これらの起源は、まさしく、最初に出版された『新しい学』において発見されたラテン語の諸原因のうちに確認される。[1]この部分は、わたしたちが同書を出版したことを悔いていない三つの論点のうちの〔前述のものに次ぐ〕もうひとつの論点である。そして、そこで推理されたそれらの原因によって、古代ローマの歴史、政治、法についてのあまたの発見がなされたのであった。これらの発見については、読者よ、これからの諸巻において何度となくお目にかかれることだろう。これを手本にすれば、オリエント諸語やギリシア語、そして現在の言語のなかではとくにそれらの母語のひとつであるドイツ語の学者たちは、かれらやわたしたちの予想を越えたかずかずの古事にかんする発見をおこなうことができるはずである。

34　言語および文字のそのような起源の原理をなしているのは、異教世界の最初の人々は、あるひとつの論証される自然本性上の必然性からして、**詩人**であり、**詩的記号**によって語っていた、ということである〔209, 412–427 ほか〕。そして、この学の親鍵をなすこの発見にいたるまでには、わたしたちには学問生活のほとんどすべてを費やした粘り強い探究が必要とされたのであった。それというのも、そのような最初の人間たちのそのような詩的なあり方は、このわたしたちの洗練されたあり方のもとにあっては、それを心の中で具体的に想像することはまったく不可能であり、ただ辛うじて頭で理解することが許されているにすぎないからである〔338〕。――また、それらの〔詩的〕記号は、一定の**想像的な類**[1]、すなわち、多くはかれらの想像力によって形成された神々とか英雄たちといった生命ある実体の形象でなっており、そこにそれぞれの類に属するすべての種またはすべての個物が還元されていたことが見いだされる。それはまさしく、後期の〔ギリシア〕喜劇に登場するような人間たちの時代の寓話が、叡智的な類[2]、すなわち、道徳哲学によって悟性的推理にもとづいて形成された類を喜劇作家たちが想像的な類に仕立てあげたものであるのと同様である。喜劇の登場人物たちがそれであって、それらの想像的な類はそれぞれの類における人間たちの最善の観念以外のなにものでもないのである。――またつぎには、それらの神や英雄に形象化された記号は、物語（favola）、すなわち真実をありのままに表示した言葉（favella vera）であったことが見いだされる。そして、このことによってアレゴリーの正体が明らかにされる。アレゴリーというのは、類比的ではなくて唯一的な意味を、また哲学的ではなくてギリシアの人々のその時代の歴史を伝えた意味を含むものであったのだ。――くわえて、本質においては物語であるそれらの類は、悟性のきわめて弱い人間たちのものであることからして、きわめて強靭な想像力によって形成されたのであった。このことによって真の意味での詩的警句の正体が明らかにされる。詩的警句というのは、このうえなく大いなる情念をまとい、ひいては崇高性に満ち満ちていて、驚嘆を呼び起こす力をもった考え〔意見〕であったにちがいないのである。――さらには、およそいっさいの詩的言い回しの源泉は、つぎの二つ、すなわち、言葉の貧困と自分を説明し理解してもらうことの必要であることが見いだされる。神々の時代に語られていた、表現したいとおもう観念と自然的な関係をもっているような所作や物体を用いての沈黙語のあとを受けて、これに直接続いて登場した英雄語がきわめて明晰であるのは、このことに由来している。――そして最後には、人間にかんすることがらの以上のような必然的な自然の経過からして、言語は、アッシリア人のもとでも、シリア人のもとでも、フェニキア人のもとでも、エジプト人のもとでも、ギリシア人のもとでも、ローマ人のもとでも、英雄詩から始まって、ついでイアンボス詩[3]に移行し、最後に散文に落ち着くにいたったことが見いだされる。そして、このことによって、古代の詩人たちの歴史に確実性があたえられることになる。また、ドイツ語ではとくに完全に農民たちだけでなっている地方であるシュレージェンに自然に詩人が生まれるのはなぜか、スペイン語、フランス語、イタリア語では最初の著作家たちが韻文で書いていたのはなぜか、その理由が明らかになる。

35　そのような三つの言語からは、さまざまな分節言語のすべてにそれぞれの語が本来表示しているものをあたえる役割を担っている、知性の内なる語彙集[1]が編纂される

〔145ほか〕（この語彙集については、ここ〔本書〕でも必要なときにはいつでも利用されるだろう。また、最初に出版された『新しい学』のなかでは、この語彙集についての観念があたえられている場所で、あるひとつの十分に詳しい例証がおこなわれている。[2] わたしたちは言語が形成された時代の家族および最初の英雄都市の状態のもとで家父長たちが有していた特性をこの学の力によって省察した。ところでまた、家父長のことは、言語によって、それらの特性のうち、あるところではあるものを、別のところでは別のものをとらえて、さまざまな呼び方がされている。そこ〔最初に出版された『新しい学』〕では、わたしたちの省察したかれらの永遠の特性にもとづいて、死んでしまったものも生きているものも含めて十五の相異なる言語において家父長という語が本来表示しているものを確定することに成功したのだった。これは同書のうちでわたしたちが満足におもっている〔三つの論点のうちの〕第三の論点である）。そのような語彙集は、諸国民すべての歴史が時間の中を経過するさいの根底に存在している永遠の理念的な歴史を語っている言語を知るのに必要であること、また、万民の自然法、ひいては各個別法学において推理されていることがらに確証をあたえるべき権威〔事実的根拠〕を知識の資格のもとに取り出してくることができるためにも必要であることが見いだされる。

36　諸国民のたどる経過のなかで変化していく**三種類の**国家制度的なあり方にしたがっ

て**三種類の**政治がおこなわれる、そのような**三つの**時代に固有の、そのような**三つの**言語とともに、同じ順序を踏んで、それぞれの時代に、それにふさわしい法学〔法賢慮〕が歩みを進めていたことが見いだされる〔937–941〕。

37　それらのうちの第一のものは異教徒たちに神々が命令をしていた時代におこなわれていた**神秘神学**であったことが見いだされる。そして、この神学に通暁していたのが、異教の文明を創建したと言われている神学詩人たちなのであった。かれら神学詩人たちが神託の奥義を解釈したのであり、それらの神託はどの国民のもとでも詩的表現をとって応答していたのであった。こうしてまた、物語〔神話伝説〕のうちにはそのような通俗的知恵の奥義が隠されていたことが見いだされる。そして、のちに哲学者たちがかくも熱心に古代人の知恵なるものを探し求めようとするにいたったのはなにが原因であったのか、が省察される。また、どのような機会を得て、かれら哲学者たちはいとも高きことがら〔神学上のことがら〕を哲学において省察する気になったのか、ひいては、かれらの深遠な知恵を物語〔神話伝説〕のなかに導き入れるにいたったのか、が省察されるのである。

38　第二のものは**英雄法学**であったことが見いだされる。これはどこからどこまでも言葉の細かい詮索に終始しており（これに熟達していたのがオデュッセウスであった）、ローマの法学者たちによって〈アエクイタース・キーウィーリス〉aequitas civilis〔政治的衡平〕と呼ばれていたもの、そしてわたしたちが〈ラジョン・ディ・スタート〉ragion di Stato〔国家理性または統治上の道理〕と言っているもの〔320, 949〕を眼目としていた。英雄たちは、道理を尽くすにはなおも不足したところの多い観念しか持ち合わせていなかった。そこで、量質ともに言葉で表現された分だけの権利が自然に自分たちに属しているものと考えていたのである。今日でも、農民や、かれら以外でも粗野な人間たちは、言葉や意見のやりとりをするとき、自分がこう言ったのだから自分にはこれだけの権利がある、と頑固に言い張っているのが観察されるが、英雄たちの振る舞い方もこれと似たものであった。そして、これは、異教の人間たちはなおも良き法律が備えているべき普遍的な原理を受け入れることができないでいたので、かれらの言葉の個別性に立脚したところから法律を普遍的に遵守する方向へと引き寄せられていくように、との神の摂理の計らいによっているのである。また、そのような政治的衡平を貫こうとするところから法律がときにはたんに厳格であるだけでなく残酷なものに転化することがあっても、そのことにかれらは自然に耐えていたが、これも、自分たちの法というのは本来そのような性質のものであるとかれらが自然に考えていたからなのであった。——また、英雄たちが法律を遵守する方向へと引き寄せられていったのには、これにくわえて、あるひとつの最高の私的関心の存在があった。英雄たちがかれらのパトリア（patria〔父たちのもの↓父祖の土地〕）〔584〕の関心と同一視していたものがそれである。英雄たちは、ただかれらだけがそのパトリアの市民であった。それゆえにこそ、かれらは、かれらのパトリアを救うために、なんの疑念もなく、自分とかれらの家族を法律の欲するとおりにパトリアに捧げたのであった。法律はかれらの共通のパトリアの救済とともに、かれらがかれらの家族のうえに確立していた私的な一頭支配的王国の安泰をも、かれらに保証していたのである。――他方、そのような大いなる私的関心は、野蛮時代に固有の最高度の自尊心と結合して、英雄的なあり方を形成していたのであって、ここからかれらのパトリアを救うためのあまたの英雄的行為は出てきたのである。それらの英雄的行為には、たえがたい傲慢さと、底知れぬ貪欲さと、情け容赦ない残酷さとが織り合わさっていた。そして、そうした情け容赦ない残酷さをもって、古代ローマの貴族は不幸な平民をあつかっていたのであった。このことは、リウィウスがローマ的美徳の時代であったと述べており(1)、これまでローマ的人民の自由が最も開花した時代であったかのように夢想されてきた時代のローマ史に公然と記されているとおりである。そして、やがて見いだされるように、そのような公共的な美徳は、人間たちの知性がなおもごく個別的なことがらのみに執着していて、自然なことにも、共通の善を理解することができないでいた時代に、都市が保存されるよう、かくもひどくて醜悪で粗暴な私的悪徳を神の摂理がうまく利用したものにほかならないのであった。このことによって、聖アウグスティヌスがローマ人の徳について論じていることがら[2]を論証するためのいまひとつ別の新たな諸原理があたえられることになる。そして、最初の諸民族の英雄主義についてこれまで学者たちによってもたれてきた意見〔666〕が消散させられることになる。――なお、そのような政治的衡平は英雄的諸国民によって平時にも戦時にも自然におこなわれていたことが見いだされる。そして、その輝かしい例のかずかずは最初の野蛮時代の歴史からも最近の野蛮時代の歴史からも引き出してくることができるのである。とくにローマ人の場合には、それは貴族国家であった期間ずっと実践されていたこと、そしてプブリリウス法とポエテリウス法の時代までがそうであったことが見いだされる。その時代まではいっさいが十二表法にもとづいて執りおこなわれていたのであった。

39　最後の法学は**自然的衡平**[1]の法学であった。これは自由国家のなかで自然に支配する。自由国家においては、人民は、万人において平等である各人の個別的な善のために、それと知らずに、普遍的な法律を制定する方向へと導かれていく。ひいては、それらの法律が平等な利益を要求している諸事件の細部事情に優しく柔軟に対応することを願うのである（これがつまりはキケロの時代から〔それまでの十二表法に代わって〕法務官の告示[2]に転化しはじめていた後期ローマ法の主題をなしていた〈アエクウム・ボヌム〉aequum bonum〔衡平にして善〕なのである）。それはまた君主政体とも自然に適合する。いや、おそらくは君主政体とのほうがいっそうよく適合する。君主政体においては、君主は公事の世話はすべて自身が引き受けて、臣民には各自の私的利益のみに目を向けるよう、臣民たちを慣らしてきている。また、従属諸国民のすべてがいずれも平等に帝国に関心を示すよう、法律によってそれらの諸国民が相互に平等化されることを欲する。それゆえ、ハドリアヌス帝はローマの英雄的自然法を各属州の人間的自然法によって全面的に改革したのであった。そして、法の執行が、サルウィウス・ユリアヌス[3]によって編纂された『永久告示録』（これはほとんどすべてが各属州の告示からなっている）にもとづいてなされるよう、命じたのである〔1023〕。

40　さて、この諸国民の世界を構成している最初の諸要素のすべてをそれらを表示している象形文字によってまとめておくならば、祭壇の上の卜杖と水と火、森の中の骨壺、祭壇にもたれかかっている鋤と祭壇の足元に横たわっている舵は、神占、犠牲、息子たちからなる最初の家族、埋葬、田畑の耕作とそれらの分割、避難所、のちに登場した奴僕たちからなる家族、最初の農地争い、これの結果としての最初の英雄法に起因する内陸植民と、この可能性が欠如している場合の渡海植民、これらの植民にともなう最初の人々の移動、これらがすべて、エジプト人のいわゆる神々の時代（これをウァッロは、さきに述べたように、それまでわからなかったかなおざりにしていたため、〈暗闇時代〉と呼んでいる）に起こったことを表示している。――つぎに、束桿は、最初の英雄国家、三つの所有権（すなわち、自然的、市民的、卓越的所有権）の区別、最初の国家的支配権、最初の農地法によって取り決められた最初の〔英雄たちと平民たちとの〕不平等同盟を表示している。この最初の農地法によって、最初の都市が平民たちの農民的封土を基礎にして構成されることになったのであった。そこにおいては、平民たちの農民的封土は英雄たちの貴族的封土の下位封土をなしていた。一方、英雄たちは、それぞれが絶対主権者でありながら、かれらの英雄的統治秩序の有するさらに大きな絶対主権に服属するにいたったのであった。束桿に寄りかかっている剣は、それらの都市によっておこなわれる、もともとは略奪や海賊行為であったものから始まった公的な戦争を表示している。なぜなら、決闘、または私的な戦いのほうは、ここで論証されるように、もっと以前の、諸家族が並存していた状態のなかで誕生したものであったにちがいないからである。財嚢は、やがて貨幣へと移行していった貴族の紋章または家紋を表示している。それらの貴族の紋章こそは最初の民族の徽章〔国旗〕であったのであり、それがつぎには軍旗に採用され、最後には鋳造貨幣に彫り込まれるにいたったのであった。それゆえ、それらは金銭による動産の交換をも示唆しているのである（それというのも、収穫物や労役といった自然の代価による不動産の交換のほうは、それより前、神々の時代以来、最初の農地法とともに始まっていたからである。そして、その農地法を基礎にして国家は誕生したのであった）。秤は、本来の意味においての法律である平等の法律を表示している。最後に、〔ヘルメスの〕

杖は、宣戦布告がなされ、講和条約によって終結させられる公的な戦争を表示している。——なお、これらの象形文字はすべて祭壇から離れたところにあるが、それは、これらはすべて、エジプト人のいわゆる英雄たちの時代（この時代をウァッロは〈物語時代〉と呼んだ）にその名をあたえることになった英雄的農地争いに端を発して、虚偽の宗教が徐々に姿を消していった時代の国家制度的なことがらであるからである。また、アルファベット文字の板が神にかんすることがらを表示した象形文字群と人間にかんすることがらを表示した象形文字群の中間に置かれているのは、虚偽の宗教は文字の誕生とともに姿を消しはじめたからである。そして、この文字から哲学は始まったのであった。この事情は、真実の宗教、すなわち、わたしたちのキリスト教の場合とは異なっている。わたしたちのキリスト教のほうは、最も崇高な哲学、すなわち、プラトン哲学と逍遥学派の哲学（プラトン哲学と合致するかぎりでの）によって、人間的にも、わたしたちに確証されるにいたっているのである。

41　したがって、この著作の観念は、全体として、つぎのように要約することができる。絵の背後の暗闇は、この学の、不確実で、不定形で、不明瞭な質料〔素材〕である（この質料は、年表とそれのために書かれた註記に提示されている）。形而上学の胸を照らしている神の摂理の光線は、公理、定義、要請であって、これらをこの学は**要素**として受け取って、この学を確立するための**原理**およびこの学を遂行するための**方法**

を論じるのである。これらはすべて第一巻に含まれている。形而上学の胸元で反射してホメロスの像に拡散している光線は、第二巻において**詩的知恵**にあたえられる正しい光である。また、そこから、第三巻においては真のホメロスが明らかにされる。その**真のホメロスの発見**から、この諸国民の世界を構成しているすべてのことがらが明確化されるにいたるのである。それらの起源から出発して、真のホメロスの光に照らし出されて姿を見せている象形文字群が並んでいる順序にしたがって進んでいくことによってである。第四巻で論じられる**諸国民のたどる経過**がこれである。そして、それらは最後にホメロスの像の足元に到達したところで、同じ順序にしたがって歩みを始めなおし、最後の巻である第五巻で論じられるとおり、**ふたたび同じ経過をたどっていく**のである。

42 最後に、著作の観念をあらためて最大限簡潔に述べておくならば、図柄の全体は、異教世界の人間の知性たちが地上から天上へと高めあげられていったさいの順序にしたがって、三つの世界を描きだしている。すなわち、地面にある象形文字はすべて、人間たちが他のすべてのことがらに先立ってまず初めにそこに適合していった諸国民の世界を指示している。真ん中にある地球儀は、つぎに自然学者たちが観察することになった自然の世界を表象している。そして、上部にある象形文字は、最後に形而上学者たちが観照するにいたった知性ならびに神の世界を表示しているのである。[1]

第1巻　原理の確立

年表

この年表は、過去に全世界は神々の時代、英雄たちの時代、人間たちの時代という三つの時代を経過してきたとエジプト人の言っていた、三つの時代区分にもとづいて記述されたものである（一）。

ヘブライ人(二)	カルデア人(三)	スキュタイ人(四)	フェニキア人(五)	エジプト人(六)	ギリシア人	ローマ人	世界暦	ローマ暦
世界大洪水							一六五六	
	ゾロアスター、またはカルデア人の王国(七)						一七五六	
	ニムロド、または言語の混乱(九)			エジプト王朝	ヤフェト。かれに巨人たちは由来する(八) 巨人族の一人、プロメテウスが太陽から火を盗む(一〇) デウカリオン(一一)		一八五六	
アブラハムの召命				大ヘルメス・トリスメギストゥス、すな	黄金の時代、すなわちギリシアの神々の時代(一三)			

				わちエジプトの神々の時代（一二）				
					ヘレン。デウカリオンの息子でプロメテウスの孫でヤフェトの曽孫。このヘレンの三人の息子をつうじてギリシアに三つの方言が広まる（一四）		二〇八二	
					エジプトのキュクロプスがアッティカに十二の植民地を拓き、それらでもってやがてテセウスがアテナイを作りあげる（一五）			
					フェニキアのカドモスがボイオティアにテーバイを建設し、ギリシアに通俗文字を導入する（一六）		二四四八	
神がモーセに成文法をあたえる						サトゥルヌス、すなわちラティウム〔ラツィオ〕の神々の時代（一七）	二四九一	

				小ヘルメス・トリスメギストゥス、すなわちエジプトの英雄たちの時代（一八）	エジプトのダナオスがアルゴス王国からイナコス家を追放する（一九）フリジアのペロプスがペロポネソスを統治する		二五五三	
					ヘラクレイダイがギリシア全土に拡がっていって、そこに英雄たちの時代を作りだす。クーレーテスがクレタ、サトゥルニアすなわちイタリア、そしてアジアに拡がっていって、そこに祭司たちの王国を作りだす（二〇）	原住民	二六八二	
	ニノスがアッシリア人を支配する						二七三七	
			ディドがテュロスからカルタゴ建設におもむ					

			く（二一）					
			テュロスが航海および植民によって有名になる		クレタ王ミノス、諸民族の最初の立法者にしてエーゲ海の最初の海賊		二七五二	
					オルペウス、そしてこの人物とともに神学詩人たちの時代（二二） ヘラクレス。この人物とともにギリシアの英雄時代は頂点に達する（二三）	アルカディア人		
			サンクニアテスが通俗文字で歴史を書く（二四）		イアソン、ポントゥスとの海戦を開始する テセウス、アテナイを創設し、アレオパゴスを制定する	ヘラクレス、エウアンドロスとともにラツィオにおもむく、すなわちイタリアの英雄たちの時代	二八〇〇	
					トロイア戦争（二五）		二八二〇	
					英雄たち、とくにオデュッセウスとアイネイスの遍歴			

						アルバ王国	二八三〇	
サウル王の治世							二九〇九	
				セソストリスがテーバイに君臨する（二六）	アジア、シチリア、イタリアにおけるギリシア植民（二七）		二九四九	
					リュクルゴス、ラケダイモン人に法をあたえる		三一二〇	
					オリュンピア競技がヘラクレスによって開設され、その後中断していたが、イシピロスによって再開される（二八）		三二二三	
						ローマの創建（二九）		一
					ホメロス。かれは通俗文字がまだ発見されていなかった時代に出現した。またエジプトは見ていない（三〇）	ヌマ王	三二九〇	三七
				プサンメティコスがイオニ	アイソポス。通俗的道徳哲学者（三二）		三三三四	

				アとカリアのギリシア人にのみエジプトを開放する（三二）				
					ギリシアの七賢人。その一人ソロンはアテナイに人民的自由の体制を制定し、他の一人ミレトスのタレスは自然学によって哲学に始まりをあたえる（三三）		三四〇六	
	キュロス王、ペルシア人とともにアッシリアに君臨する				ピュタゴラス。その生存中はローマでは名前すら知られずにいた、とリウィウスは述べている（三四）	セルウィウス・トゥリウス王（三五）	三四六八	一二五
					僭主ペイシストラトスの一党、アテナイから追放される		三四九一	
						僭主タルクイニウスの一族、ローマから追放さ	三四九九	一四五

						れる		
					ヘシオドス（三六）、ヘロドトス、ヒッポクラテス（三七）		三五〇〇	
		スキュテイア王イダンテュルソス（三八）			ペロポネソス戦争。トゥキュディデス。かれは、自分の父のときまではギリシア人は自分たち自身の古事についてなにひとつ知らないでいた、そこで自分はこの戦争のことを書こうという気持ちになったのだ、と書いている（三九）		三五三〇	
					ソクラテスが悟性的に推理された道徳哲学を創始する。プラトンが形而上学において活躍する。アテナイが最も開化した文明の諸技芸でもって燦然と照り映える（四〇）	十二表法	三五五三	三〇三
					クセノポンがギリシアの武器をペルシアの中央部まで運び、ペルシア事情		三五八三	三三三

をある程度の確実さをもって知った最初の人となる（四一）			
	プブリリウス法（四二）	三六五八	四一六
アレクサンドロス大王、ペルシア王朝をマケドニアに従属させる。そして、大王に付き添ってペルシアにおもむいたアリストテレスは、これまでギリシア人はオリエントについて架空の話をしていたにすぎないことを知る		三六六〇	
	ポエテリウス法（四三）	三六六一	四一九
	タラントの戦い。ここでローマ人とギリシア人が互いに相手のことを知りはじめる（四四）	三七〇八	四八九
	第二次カルタゴ〔ポエニ〕戦争。	三八四九	五五二

これを起点としてリウィウスのローマ史は確実なものになる。それでもなお、かれはこの戦争にまつわる三つの重大な事情が不明であると告白している（四五）

〔第1部〕年表への註記

ここにおいて質料〔素材〕の配列がなされる

一

43　この年表は、世界大洪水に始まって、ヘブライ人からカルデア人、スキュタイ人、フェニキア人、エジプト人、ギリシア人、ローマ人を経て、第二次カルタゴ〔ポエニ〕戦争にいたるまでの、古代諸国民の世界を展示している。そこには、人口に膾炙し、広く一般に学者たちによって特定の時代や特定の場所に位置づけられてきた人物や事件が姿を見せているが、それらの人物や事件は一般に学者たちによって位置づけられてきた時代や場所には存在しなかったか、そもそもこの世には存在しなかったものばかりなのだ。また、その一方では、これまでそこに埋め込まれたままになっていた長くて濃い闇の中から、人間にかんすることがらのきわめて重要な転機が生じたさいの原因や手段になってきた、このうえなく重要な人物や事件が姿を現わしている。

こうしたことのいっさいがこの註記において論証されるのは、諸国民の文明がどれほどまでに不確実で、不適切で、欠陥だらけの起源、あるいはまた虚妄の起源しかあたえられていないか、を理解してもらいたいからにほかならない。

44　くわえて、この年表は、ジョン・マーシャム[1]の『エジプト、ヘブライ、ギリシア年代記の規準』とは正反対の立場をとっている。同書においてマーシャムは、エジプト人が政治と宗教とにおいて世界のどの国民よりも先んじていたこと、そのエジプト人の宗教儀礼と国家組織とが他の諸民族に輸出され、それが若干の改善をくわえてヘブライ人に受け入れられたことを証明しようとしている。そして、この意見についてはスペンサー[2]もこれを受け入れて、論考『ウリムとトゥミム』において、イスラエルの民は神にかんすることがらの知識のすべてを聖なるカバラーを介してエジプト人から習得したのだろうと推測している。また最後には、ヘールン[3]も『野蛮哲学の古事記』においてマーシャムに喝采を送って、「カルデア人」と題された巻で、モーセは神にかんすることがらの知識をエジプト人から教えられ、これをかれの律法に採り入れてヘブライ人にもたらした、と書いている。一方、こうした意見にたいしてはヘルマン・ウィッツ[4]が『エジプト学、もしくはヘブライ人のそれとの比較におけるエジプト人の神事について』と題された著作において異議を申し立てており、エジプト人についての最初の確かな情報を提供している最初の異教の著作家は哲学者皇帝マルクス・

アウレリウス・アントニウスのもとで活躍したディオン・カッシオス[5]であった、と述べている。もっとも、この点については、タキトゥスの『年代記』によって論駁することができる。同書においてタキトゥスが語っているところによれば、ゲルマニクスは、オリエントを通過したのち、つぎに有名なテーバイの遺跡を見ようとしてエジプトに渡った。そして、そこで当地の神官の一人にいくつかの建造物〔オベリスク〕に記されている象形文字の説明を求めた。すると神官はでたらめを言って、これらの文字はかつて自分たちの王ラムセス〔二世〕が掌握していたアフリカ、オリエント、そして果ては小アジアにまで及ぶ広大無辺の権力の記憶を記したものであり、それは当代のこのうえなく偉大なローマの権力にも匹敵するものであった、と答えたという[6]。しかし、この個所については、たぶん自分の意見に逆らうものであったからであろう、ウィッツは黙して語っていない。

45 しかし、たしかに、そのような〔エジプト人の誇っていた〕尽きることのない古さも、内陸部に住んでいたエジプト人には深遠な知恵を多くはあたえなかったのであった。それというのも、アレクサンドレイアのクレメンスの時代には、かれが『雑纂』のなかで語っているように[1]、エジプト人のいわゆる祭事書が四十二も出回っていたが、それらは哲学においても天文学においても重大な誤りを数多く含んでおり、そのためにディオニュシオス・アレオパギテースの師であるケレモンはストラボンからしばしば物笑いの種にされているのである。[2]　また、医学にかんすることどもはことごとく明白な戯言であり、たんなるいかさまにすぎないことが、ガレノスによって『ヘルメス医学』にかんする著作のなかで明らかにされている。[3]　道徳は乱れていて、売春婦を容認ないし認可していたばかりか、尊敬すらしていた。神学は迷信、奇術、妖術に満ち満ちていた。そして、かれらのピラミッドその他の建造物の壮大さにしてからが、むしろ、なんでも大きなものを喜ぶ野蛮人の心性の産物でこそありえたのであった（今日でも、エジプトの彫刻や鋳造物は粗雑すぎる、と非難されている）。なぜなら、繊細さは哲学の産物であるからである。それゆえ、哲学者たちの国民であったギリシアだけがただひとり、絵画、彫刻、鋳造、板刻術といった、かつて人間の才能が見いだした美術のあらゆる分野で光彩を放っているのだ。これらはいずれも、模倣しようとする物体から表面だけを抽出しなければならないため、極度の繊細さを要するのである。

46　このようなエジプト人の古代の知恵を星辰の高みにまで高めあげたのは、アレクサンドロス大王が海辺に建設したアレクサンドレイアであった。アレクサンドレイアは、アフリカの鋭敏さとギリシアの繊細さを結合することによって、神事において卓越した哲学者たちを生み出したおかげで、高度の神学的知識の栄光に包まれることとなった。そして、アレクサンドレイア図書館は、かつてアテナイ[1]において盛名をとどろかせたアカデメイア、リュケイオン、ストア、キュノサルゲスを全部合わせただけの賞賛を博するにいたった。こうしてアレクサンドレイアは〈学問の母〉と呼ばれるようになり、また、そのような卓越性によって、アテナイが〈アストゥ〉Ἄστυ、ローマが〈ウルブス〉Urbs とだけ呼ばれたのと同じように、ギリシア人たちからたんに〈ポリス〉Πόλις とだけ呼ばれたのである〔いずれも〈都〉の意〕。そしてその後、そこにエジプト最高の神官、マネトー[2]が出現して、ギリシアの哲学者たちが元来はかれらの太古の歴史にほかならなかったかれらの物語〔神話伝説〕についておこなったのと同じように、エジプト史のいっさいをひとつの崇高な自然神学に移し換えたのであった（このことは、ここ〔本書〕でのちに見いだされる〔222, 361〕）。それゆえ、ギリシアの物語〔神話伝説〕にもエジプトの象形文字にも同じことが起こっているのがわかるだろう。

47　高度な知識をかくもきらびやかに誇示しつつ、生来うぬぼれが強くて、ここから〈名誉欲に凝り固まった動物たち〉と揶揄されていたその国民は、地中海の一大商業中心地であり、紅海を経由しての大洋とインド諸国への要衝でもあった都市、そして、その恥ずべき習性のかずかずのうちでも〈目新しい宗教にとびつく〉という習性[1]のあったことがタキトゥスによってある黄金の場所〔金言〕において語られている都市にあって、——かれらが世界の他の諸国民にたいして虚しくも自慢していたかれらの途方もない古さ、ひいてはまた、自分たちは古代には世界の大部分に君臨していたという予断に満ちた思いこみから、――また、異教徒たちのあいだにあって、各民族が互いに相手のことを知らないまま、それぞれに神々と英雄たちについての一様な観念が誕生することとなった、そのような観念の誕生の様式を知らないでいたために（これについてはのちに十分な論証がなされる〔145–146〕）、海上交易のためにその都市に集まってきた諸国民から世界の他の部分に散在しているのを聞き知った虚偽の神々のすべてをかれらのエジプトから出たものと信じるにいたったのであった。また、かれらのゼウス、アンモンは他のどのゼウスよりも古く（異教の諸国民はそれぞれが自分たちのゼウスをもっていた）、他の諸国民のヘラクレスたち（それらのヘラクレスをウァッロは四十も数えあげている）もすべてかれらのエジプトのヘラクレスから名を取ったのだ、とも。これらについても、いずれもタキトゥスによって報告されているとおりである。(2) くわえて、アウグストゥス帝の時代の人であったディオドロス・シクルスは、エジプト人たちをあまりにも贔屓目な判断のかずかずでもって飾り立てていたにもかかわらず、そのかれらエジプト人に二千年以上の古さをあたえはしなかったのである。(3) そして、そのかれのエジプト人にたいするあまりにも贔屓目な判断は、これはこれでジャック・カペル(4)によって『神聖かつエキゾティックな歴史』のなかで覆されている。カペルはそれらをかつてクセノポン(5)がキュロスにあたえたことがあったのと――そしてわたしたちは付け加えたいのであるが、プラトンがペルシア人たちについてしばしば捏ねあげているのと——同様の性質のものであると見なしている。なお、最後に、エジプト人のいとも高き古代の知恵というのがたんなる自慢話にすぎないということをめぐってのこれらいっさいの論証は、ヘルメス理論の書として売り出されてきた『ポイマンドロス』がくわせものであったことが明らかになったことによって確かなものとされている。同書にはプラトン学派の人々によって同一の文言で説明されている理論よりも古い理論は含まれていないことをカゾーボン[6]が明らかにしており、また残りの部分はさまざまなことがらを雑然と寄せ集めただけのものであるとソメーズ[7]は断定している。

48　エジプト人にこのようなかれらの古さについての誤った考えを抱かせるにいたったのは、人間の知性のもっているつぎのような特性、すなわち、それが無限定なものであるという特性であった。このように無限定なものであるために、自分が知らないことがらについては、人間の知性はしばしば、それらが実際にそうであるよりも法外に大きなものであると信じてしまうのだ〔120–121〕。したがって、この点でエジプト人はシナ人に似ていた。シナ人は、エジプト人がプサンメティコスの時代までそうであり、またスキュタイ人がイダンテュルソスの時代までそうであったように、外部の諸国民にいっさい門戸を閉ざしたまま、かくも偉大な国民に成長していったのであった。なお、古さの点ではさすがのエジプト人もスキュタイ人には負けていたと民間伝承にあるが、この民間伝承は、世俗の世界史がそこから始まるとされているあるひとつの〔伝説上の〕(1)できごとから動機を得たものであったにちがいない。その世界史は、ユスティヌスの版本によれば、アッシリア人の帝国に先立って、二人の強大な王、スキュタイ人タナウスとエジプト人セソストリスの出現を端緒として提示している（この二人の王の存在が世界をこれまで実際にそうである以上に古くから存在していたように見せかけてきたのであった）。そして、まずはタナウスが大軍を率い、オリエントを通過してエジプトを征服しに向かったが、エジプトは自然条件からして武力で侵略するのはきわめて困難であった。そこで、つぎにはセソストリスが同じく大軍を率いて、スキュティアを征服しに向かったというのである。しかし、スキュティアは、ペルシア人たちにすら――ペルシア人はその帝国の版図を隣のメディア人の帝国にまで伸ばしていたのであったが――、〈大王〉と呼ばれたダレイオスの時代までは知られずにいたのであった。このダレイオス大王がスキュティアの王イダンテュルソスに宣戦を布告したのである。そして、そのイダンテュルソスたるや、文明のすでに十分開化していたペルシアの時代にあってもなおいまだに野蛮状態を抜け出してはおらず、五つの物体からなる五つの実物《じつぶつ》語《ご》(2)でもって回答するありさまであった。かれは象形文字を使って書くすべすら知らないでいたのだ〔99, 435〕。また、これら二人の強大な王はそれぞれ大軍を率いてアジアを通過したが、そのさい、それをスキュティアの属領にもエジプトの属領にもせず、そのまま自由に放置しておいた。だからこそ、やがてそこに世界で最も有名な四つの帝国のうちの最初の帝国、つまりはアッシリア帝国が興ることができたのであった。

49　つぎに、このような古さ競争には、おそらくカルデア人も加わっていた。カルデア人は、かれらもまた内陸国民であり、やがて論証するように、他の二つの国民よりもさらに古くて、二万八千年にも及ぶ天体観測の記録を保持していると自慢していたのである。ヘブライ人フラウィウス・ヨセフスが二本の円柱――それらは、一本は大理石、もう一本は煉瓦でできていた――に記されていた観察記録を洪水前のものであって、それぞれ洪水に対処するために建立されたもの[1]と誤って思いこみ、また、大理石のほうはシリアで見たことがあると述べているのは、たぶん、このことから来ているのだろう。それにしても、古代の諸国民にとって天体観測の記録を保存しておくことがこんなにも重要であったとは！　後世の諸国民のもとではそれらの意味はまったく死んでしまっているというのに。それゆえ、そのような円柱は軽信の博物館[2]にでも納め置かれるべきたぐいの代物なのである。

50　ところでまた、シナ人は象形文字で書いていることが見いだされている〔83〕。古代にエジプト人がそうであり、またエジプト人以上にスキュタイ人がそうであったのと同様に（スキュタイ人はそれらを書き留めるすべすら知らなかったのであるが）。

また、かれらは、世界の真実の古さがどれほどのものであったのかについての情報を提供してくれたはずの他の諸国民と、何千年にもわたって通商がなかった。そこで、人は就眠中ごく小さな暗い部屋に閉じ込められていると、〔目覚めたとき〕暗闇の恐怖のなかにあって、その部屋を手で触れてみればわかるものよりもはるかに大きなものに思いこみがちであるが、これと同様の思いこみをシナ人とエジプト人、そして両者とともにカルデア人は、かれらの年代学の暗闇のなかでしでかしたのであった。なるほど、イエズス会のミケーレ・ルッジェーロ神父[1]は、〔シナで〕イエス・キリストの生誕以前に出版された書物を読んだことがある、と断言している。また、やはりイエズス会のマルティーニ神父[2]も、『シナ史』において、孔子がいかに古いかを語っている。そして、マルティン・スホーク[3]が『ノアの大洪水』において報告しているところによれば、その孔子は多くの者たちを無神論へと導いていった、とのことである。したがって、『アダム前人』の著者であるイザーク・ド・ラ・ペレール[4]がカトリック信仰を棄て、大洪水が襲ったのはただヘブライ人たちの地のみにすぎなかったと書いたのも、おそらく、この影響なのだろう。しかしまた、ルッジェーロやマルティーニよりも事情に通じていたニコラ・トリゴー[5]は、『キリスト教のシナ遠征』において、シナ人のもとで印刷術が発明されたのはヨーロッパ人に二世紀とは先立たないし、孔子が活躍したのもイエス・キリストに五百年とは先立たない、と書いている。そして、その孔子の哲学は、エジプトの祭事書同様、そこで触れられているわずかの自然学的なことがらにかんしては粗野かつ荒唐無稽なものばかりであり、ほとんど全部が通俗的な道徳、すなわち、法律によってシナの人々に命じられていた道徳に向けられているのである。

51　これらの異教諸国民、なかでもエジプト人が、かれらの古さについて抱いていた虚妄の想念をめぐっての、以上のような推理からこそ、異教の学識〔についての研究〕は始められるべきであったのである。つぎのような重要な原理的出発点、すなわち、どこで、また、いつ、その異教の学識は始まったのか、ということを学問的に解明するためにも。また、いっさいがつぎのこと、すなわち、世界で最初の民はヘブライ人であったのであり、その民の王が真実の神によって世界の創造とともに創造されたアダムであったということから始まっているキリスト教信仰に、人間的なものでもある諸根拠によって支援をあたえるためにも。――また、最初に習得されるべき学は神話学すなわち物語〔神話伝説〕の解釈であるということ。なぜなら、やがて見られるように〔202〕、異教の歴史はすべて物語〔神話伝説〕的な起源をもっているからであり、そして物語〔神話伝説〕は異教諸国民の最初の歴史であったからである。――また、そのような方法でもって、諸国民の起源と同様、諸学問の起源も発見されるはずであるということ。なぜなら、もろもろの学問はそれらの国民から出現したのであって、それ以外のどこから出現したわけでもないからである（このことは、この著作全体をつうじて論証されるだろう）。それらは諸民族の公共的な必要または利益に起因するものであったのであって、その後、そこに一部の知性明敏な個人が反省をくわえることによって完成されたのだった。学者たちのだれもがその起源がわからないと言っている世界史は、ここから始められなければならないのである。

52　そして、このことをおこなうにあたっては、エジプト人の古さがわたしたちには大いに役立つだろう。エジプト人は、かれらのピラミッドにも劣らずすばらしい二つの偉大な古代の遺物を保持している。すなわち、つぎのような二つの偉大な文献学的真理がそれである。そのうちのひとつはヘロドトスによって語られているものであって、かれらはそれまでに経過してきた世界の全時間を第一の**神々の時代**、第二の**英雄たちの時代**、第三の**人間たちの時代**という三つの時代に還元していたのであった[1]。もうひとつは、これと数および順序ともに対応しつつ、三つの言語が語られてきたというものであって、シェファー[2]の『イタリア哲学』において報告されているところによれば、第一は**象形語**、すなわち神聖記号を用いて語られる言語、第二は**象徴語**、すなわち英雄記号を用いて語られる言語、第三は**書簡語**、すなわち人々の約定した記号を用いて語られる言語であったという。この時代区分をマルクス・テレンティウス・ウァッロは受け継いでいないが、かれはその無尽蔵な学識のゆえにローマ人の最も開化した時代であるキケロの時代に〈ローマ人のうちで最高の学識の持ち主〉と賞賛されていたほどなのだから、[3] それは受け継ぐことができなかったのではなくて、受け継ぐことを欲しなかったのだと言わざるをえない。なぜなら、おそらくかれは、これらのわたしたちの原理からすれば古代の諸国民すべてについて真実であることが見いだされることがらをローマ国民のものであると、すなわち、ローマの神と人間にかんすることがらのいっさいはラティウム〔ラツィオ〕で生まれたと理解していたのであった。このために、かれは、時が不公平にもわたしたちから奪ってしまったかれの大著『神と人間にかんすることがら〔の古事記〕』において、それらローマの神と人間にかんすることがらのいっさいにラテン起源をあたえるべく努力したのである（そのウァッロに十二表法がアテナイからローマにやってきたという作り話を信じていたという説があるとは！）。そして、世界の全時代をつぎのような三つ、すなわち、まずはエジプト人の言っていた神々の時代にあたる**暗闇時代**、ついで英雄たちの時代にあたる**物語時代**、そして最後に人間たちの時代にあたる**歴史時代**の三つに分けたのであった。

53　さらに、ディオドロス・シクルスの観察[1]によれば、諸国民は、野蛮な国民であるか文明化された国民であるかを問わず、それぞれ、自分たちこそはどの国民よりも古く、その保持している記憶は創世の時点にまでさかのぼると考えているということであるが（実際には、これはやがて見るようにヘブライ人のみの特権であった）、エジプト人の古さは、そのような**諸国民のうぬぼれ**の、二つのうぬぼれに満ちた記憶によっても、わたしたちに役立つものとなるだろう。それらの二つのうぬぼれに満ちた記憶のうちのひとつは、すでに見たように、かれらのゼウスであるアンモンが世界中のどのゼウスよりも古かったというものであり、もうひとつは、これもまたすでに見たように、他の諸国民のヘラクレスはすべてかれらのエジプトのヘラクレスから名を取ったというものである。すなわち、どの国民のもとでも最初には神々の時代が経過し、その神々の王は同じくどの国民のもとでもゼウスであると信じられていた。そして、そののちに、自分たちを神々の息子であると考えていた英雄たちの時代が経過し、その英雄たちのうちで最大の英雄がヘラクレスであると信じられていた、ということなのである。

二　［ヘブライ人］

54　第一欄はヘブライ人のために建立される。かれらは、のちに提示されるヘブライ人フラウィウス・ヨセフスとラクタンティウス・フィルミアヌス[1]の最も重みのある権威によれば、異教諸国民のだれからも知られずに生活していたという。それにもかかわらず、かれらは、ヘブライ人ピロン[2]の計算によれば、世界がこれまで経過してきた時代についての今日最も厳格な批判家たちによって真実であると認められている計算をすでに正しくおこなっていたのだった。もっとも、ピロンの計算はエウセビオス[3]のそれとは違っているが、その差は千五百年でしかなく、カルデア人、スキュタイ人、エジプト人、そして今日ではシナ人がおこなっているものとの差に比べれば、ごくわずかの隔たりであるにすぎない。このことは、ヘブライ人がわたしたちの世界の最初の民であり、かれらの記憶を創世の時点から聖史のうちに真実ありのまま保存してきているということの、ひとつの確固として揺るぎない論拠であるはずである。

三　［カルデア人］

55　第二欄はカルデア人のために設置される。なぜなら、人の住むことのできる世界のうちで最も内陸部に位置する帝国はアッシリアにあったことが地理学[1]において明らかにされるからであり、諸民族はまず初めには内陸部で国民を形成し、その後に海岸部に移っていったことがこの著作で明らかにされるからである。また、たしかにカルデア人は異教世界で最初の賢者たちでもあった。異教世界の賢者たちの王がカルデア人ゾロアスターであったことは文献学者たちの一致して認めているところである。さらに、世界史がアッシリア人の帝国から始まったこともなんら詮索の余地のないところであるが、このアッシリア人の帝国はカルデアの民のあいだで形成を開始したものであったにちがいないのである。カルデアの民がやがて成長して巨大化し、ニノス王のもとでアッシリア国民に移行していったにちがいないのだ。ニノスは、その帝国を、外部から引き連れてきた民ではなく、カルデア自体の内部で生まれた民によって建設したにちがいなく、ただそのさい、カルデアという名称は廃して、アッシリアという名称を新たにこしらえたのであった。つまり、ニノスが君主の座に上ることができたのも、カルデアにもともと住んでいた平民たちの力があったからこそのことであったにちがいないのであって、たしかにローマ国民の場合がそうであったように、これがほとんどすべての国民に共通する政治の習いであることは、この著作において論証されるとおりである。また、ゾロアスターはニノスに殺されたとも史伝にあるが、これも、やがてわたしたちが見いだすように、英雄語でつぎのような意味、すなわち、カルデア人（ゾロアスターというのはカルデア人の英雄的記号なのであった）のそれまでの貴族制王国が平民（やがて見るように、かれらは英雄時代には貴族とは別の人種を形成していた）によって人民的自由の体制を確立することをつうじて覆され、そのような別の人種を形成していた平民の味方を得てニノスは君主としての地位を確立するにいたったのだという意味で言われているのであった。もしそうでなかったとすれば、アッシリア史にはつぎのような年代学的に見て奇怪なできごとが出現することになってしまうだろうからである。すなわち、ゾロアスターという一人の人間の生存中にカルデアは無法の放浪者たちの土地からかくも偉大な支配権の確立した土地にまで成長し、そこにニノスが強大な帝国を建設したというようなことになってしまいかねないのである。起源についての以上のような原理を欠如させたまま、ニノスが世界史の創始者であるとされてきたところから、これまでアッシリア帝国は、まるで夏の夕立の中で蛙が生まれるようにして、あるとき忽然と生まれたかのような外観を呈してきたのであった。

四　［スキュタイ人］

56　第三欄はスキュタイ人のために建設される。スキュタイ人は、いましがた民間伝承がわたしたちに語ってくれたように〔48〕、古さ競争でエジプト人を負かしていたのである。

五　［フェニキア人］

57　第四欄は、エジプト人に先立って、フェニキア人のために確立される。フェニキア人は象限儀の使用法と北極星の高度観測の知識をカルデア人から学んでエジプト人に伝えた、と民間伝承にある。また、のちに論証するように〔440〕、かれらは通俗記号〔アルファベット文字〕をも伝えたのであった。

六　〔エジプト人〕

58　これまでここにおいて推理されたことすべてからして、マーシャムが『規準』においてあらゆる諸国民のうちで最古の国民であったとしているエジプト人は、この年表では第五番目の場所に置かれるのがふさわしいのである。

七　〔ゾロアスター、またはカルデア人の王国——世界暦一七五六年〕

59　ゾロアスターはオリエント〔東方〕における諸民族の建設者たちの詩的記号であったことがこの著作では見いだされる。反対側のオクシデント〔西方〕にヘラクレスが何人も散在しているのと同じように、オリエント世界の大部分にゾロアスターが何人も散在しているのが見られるのは、このためである。そして、ウァッロが西方のものと同じような相貌をしてアジアにも存在するのを観察したヘラクレスたち（たとえばテュロスのそれやフェニキアのそれ）は、当の東方人にとってはゾロアスターであったにちがいないのであった。ところが、自分たちの知っていることは世界とともに古いと思いたがる学者たちのうぬぼれ〔127–128〕は、そのゾロアスターたちからいとも深遠な知恵に満ちあふれたひとりの個人を作りあげ、そこに哲学的な神託を付着させた。しかし、実際には、それらの神託は〔民族の創建者のものであるにしては〕あまりにも新しい理論、つまりはピュタゴラス派やプラトン派の理論を、さも古いものであるかのように見せかけただけのものでしかなかったのである。しかも、このような学者たちのうぬぼれはこれだけにとどまらず、さらに肥大し膨脹していって、諸国民のあいだでの諸学派の継承関係をも捏ねあげるにいたった。ゾロアスターはカルデアのためにベロススを教育し、ベロススはエジプトのためにヘルメス・トリスメギストゥスを、ヘルメス・トリスメギストゥスはエティオピアのためにアトラスを、アトラスはトラキアのためにオルペウスを教育した。そして最後にそのオルペウスがギリシアにかれの学校を建設したというのである。しかし、ここでまもなく見るように〔93〕、最初の諸国民のあいだでこれらの長い旅がかくも容易におこなわれえたなどとは到底考えられないことなのだ。最初の諸国民はなおも野蛮状態から抜け出したばかりで、どこでも、他の国民には知られないまま、各自の領域の内部で暮らしており、戦争が機会になるとか、交易が原因になるということでもないかぎり、互いに相手のことは知らないでいたのである。

60　ところで、カルデア人については、文献学者たち自身、収集した民間伝承のあまりの多彩さに茫然自失して、かれらが個々人であったのか、家族集団なのか、それともあるひとつの都市民または国民全体を指していたのか、判断しかねている。しかし、これらの疑いはすべてつぎのような原理とともに解消される。すなわち、かれらは最初は個々人であったが、それがやがて家族集団へと成長し、それから一個の都市民全体、そして最後に一大国民を形成するにいたり、これにもとづいてアッシリアの帝国が建設されたのである。また、かれらの知識は、最初は通俗的な占いの知識であったものが（かれらは夜空を流れ落ちていく星の道程から将来を占っていた）、のちに裁判用の占星術へと発展していったのだった。こうしてローマ人のもとには裁判占星術師のことを〈カルデア人〉と呼ぶ言い方が残ったのである。

八　［ヤフェト。かれに巨人たちは由来する——世界暦一八五六年］

61　巨人たちはすべての異教諸国民のもとに自然に存在していたことが、ギリシア神話の内部に見いだされる自然史によって、また、それらの自然学的な証拠とともに、もろもろの国家史の内部から取り出された道徳学的な証拠によって、論証されるだろう

〔369–373〕。

九　［ニムロド、または言語の混乱――世界暦一八五六年］

62　これはひとつの奇蹟であった。瞬時にして多くの異なった言語が形成されたのだ。そして、この言語の混乱によって大洪水以前の聖なる言語の純粋さが徐々に失われていったというように教父たちは考えようとしている。しかし、このことはセムが子孫を繁殖させたオリエントの諸民族の言語についての話であると理解されなければならない。それ以外の世界の諸国民については、事情は異なっていたにちがいないのである。ハムとヤフェトの子孫は、この地上の大森林の中にばらばらに散らばっていって、二百年ものあいだ、野獣的放浪のうちにあったにちがいないからである。そして、こうして孤独な流浪者であったため、そのかれらの生んだ子供たちは、およそいっさいの人間的習俗を剝ぎ取られ、およそいっさいの人間的言葉を奪い去られたまま、野生の動物たちと同様の状態のもとにあって、野生的な教育をほどこされていたにちがいないのである。また、世界大洪水の湿気も乾いて、大地が空気中に乾燥した発散物を送りこんで稲妻を発生させ、これを見て驚愕し恐怖に襲われた人間たちがゼウス――このゼウスという存在は、ウァッロはその数を四十まで数え上げており、また、エジプト人は自分たちのゼウス、アンモンがそれらのなかで最も古いと言っていたほど数多くいたのであったが、その数多くのゼウスの虚偽の宗教に身を投じるようになるまでには、まさしくそれだけの時間が経過する必要があったのである。そして、ここにおいてかれらは一種の神占を始め、雷鳴や稲妻、またかれらがゼウスの使いの鳥であると信じていた鷲の飛び方から将来を占うようになったのだった。これにたいして、オリエント人のもとでは、惑星の運動や星辰の位置の観察にもとづく、もっと精巧な神占の方法が生まれた。ボシャールが〈天体観察者〉と称したがっているゾロアスター[1]が異教世界で最初の賢者であるとたたえられているのは、このためである。また、こうして最初の通俗的知恵〔つまりは占星術〕が生まれたのがオリエント人のあいだにおいてであったとすれば、最初の帝国が興ったのもかれらのあいだにおいてであったのである。アッシリア帝国がそれである。

63　以上のような推理によって、世界中の言語の起源をすべてオリエント諸語に求めようとしている最近の語源学者たちのくわだてはことごとく覆されることになる。ハムとヤフェトからやって来た諸国民はすべて、最初は内陸部にあってそれぞれ独自に言語を創建したのである。そしてその後、海岸にまで降りてきて、航海と植民によって地中海と大洋の沿岸に栄えていたフェニキア人と交渉をもつようになったのであった。このことは、最初に出版された『新しい学』においてラテン語の起源にかんして論証しておいたとおりである。(1) このラテン語の例にならって、他のすべての言語についても同じように理解されなければならないのである。

一〇　[巨人族の一人、プロメテウスが太陽から火を盗む――世界暦一八五六年]

64　この神話からは、かつて天が山々の頂きと同じくらいの高さにあると信じられていた時代に、民間伝承にあるように、天神が地上において支配していたことがうかがわれる。その民間伝承はまた、天神は人類に多くの偉大な恩恵をあたえた、とも語っている。

一一　[デウカリオン]

65　その時代には、テミス、すなわち神の正義が、パルナソス山の上に社をかまえていた。そして、地上において、人間にかんすることがらを裁定していたのだった。

一二　〔大ヘルメス・トリスメギストゥス、すなわちエジプトの神々の時代〕

66　この人物は、キケロ『神々の本性』の報告によれば、[1] エジプト人から〈テウト〉と呼ばれていて（ここからギリシア人は〈テオス〉〔神〕という語を採ってきたと言われている）、エジプト人に文字と法律をもたらしたというヘルメスである。そして、マーシャムによれば、[2] この文字と法律とがやがて世界の他の諸国民に教えられたのだという。しかし、ギリシア人はかれらの法律を象形文字ではなくて通俗文字で書いていた。そして、その通俗文字はカドモスがフェニキアからかれらギリシア人のところに持ってきたというのが、これまでの通説である。もっとも、〔この通説どおりであったとすれば〕それらの通俗文字は、やがて見るように、その後七百年以上も使われなかったことになる。じじつ、その間にホメロスが登場しているが、かれはかれの詩のどこでも――フェイトが『ホメロス古写本』において考察しているように[3]――〈ノモス〉〔法律〕という言葉を口にしてはいないし、また、その詩のいっさいを吟遊詩人たちの記憶に託していたのであった。というのも、――ヘブライ人フラウィウス・ヨセフスがギリシアの文法学者アピオンに反対して断固支持しているように[4]――ホメロスの時代までには通俗文字はなおも発明されていなかったからである。しかも、ホメロス後、やがて出現したギリシア文字は、フェニキアのそれらとは似ても似つかぬものなのであった。

67　しかし、これらはつぎのような難点に比べれば小さなものである。諸国民が法律を有していないのにすでに建設されていたというのは、どのようにして可能であったのか、また、エジプト自体の内部にあっても、ヘルメスの出現する前に、すでに王朝が建てられていたというのは、どのようにして可能であったのか、という疑問がそれである。まるで文字こそが法律の神髄であるとでもいうようではないか。リュクルゴスの法律によって文字で知ることを禁止されていたスパルタの法律は、法律でなかったとでもいうようではないか。まるでつぎのような順序、すなわち、法律をまずは口頭で構想し、同じく口頭でそれらを公布するという順序が、国家制度的なことがらにかんする自然本性のうちには存在しえなかったとでもいうようではないか。また、じっさいにもホメロスのもとには二種類の集会が見いだされるが、それが事実でないとでもいうようではないか。そのうちのひとつは〈ブーレー〉βουλή と呼ばれた秘密の集会で、そこでは英雄たちが集まって口頭で法律についての協議をおこなっていた。もうひとつは〈アゴラ〉ἀγορά と呼ばれた公共の集会であるが、そこでも英雄たちは同じく口頭で法律を公布していたのであった！　そして最後には、まるで神の摂理がつぎのような人間的な必要にたいする配慮をおこなわなかったとでもいうようではないか。文字がないため、諸国民はいずれも、なおも野蛮状態にあったときにはまずもって習俗によって建設され、その後開化されたあかつきに法律によって統治されるように、という配慮がそれである。じじつ、ふたたびめぐり来たった野蛮状態のもとでも、ヨーロッパの新興諸国民の最初の法は習俗とともに生まれているのである。なお、それらの習俗のうちで最古のものは封土のそれである。このことは、後述されるつぎのことがら〔509以下〕、すなわち、封土こそはどの国民——古今を問わず——のもとにもやがて到来することになったあらゆる法の最初の源泉であったということ、ひいては、万民の自然法は〔制定された〕法律によってではなく、かれらの人間的な習俗によって確立されているのだということを知るためにも、記憶にとどめておかれるべきである。

68　さて、ここに、モーセはその至高のヘブライ人の神学をエジプト人から習得したわけではないというキリスト教にとっての一大重要事項があるが、これにかんしては、年代学が強力に抵抗しているかにみえる。年代学はモーセをヘルメス・トリスメギストゥスのあとに置くからである。しかし、このような難点は、以上に提示された諸理由によって打破される以外にも、イアムブリコス[1]の『エジプト人の秘儀』のなかのあるひとつのまことに黄金のものと言うべき文言にとどめられている、つぎのような原理によって、完全に克服される。そこでイアムブリコスが述べているところによれば、エジプト人は、国家的制度のもとで人間として生きていくうえで必要または有益であることをかれらが見いだしたもののすべてを、かれらのヘルメスに帰していたというのである。であったとすれば、このヘルメスというのは、深遠な知恵に富む一個の人間がのちに神に祭りあげられたものではなくて、通俗的な知恵に優れていたエジプトの最初の人間たち——まずは家族、それから都市民を建設し、これらでもって最後にその偉大な国民を構成するにいたった、それらエジプトの最初の人間たちの、ひとつの**詩的記号**であったにちがいないのである。また、いま引いたイアムブリコスのこの同じ文言からすれば、エジプト人は神々、英雄たち、人間たちという三つの時代にかんするかれらの区分を堅持していたのであった。そして、トリスメギストゥスはかれらの神であったのだから、そのようなヘルメスの一生はエジプト人の神々の時代全体を包括したものであるにちがいないのである。

一三［黄金の時代、すなわちギリシアの神々の時代］

69　この時代についておもしろいことをひとつ、神話伝説はわたしたちに語っている。神々は地上で人間たちと交わっていたというのだ。わたしたちもまた、年代学に確実性をあたえるために、この著作において、あるひとつの**自然神統記**、すなわち、人間的な必要または利益にかかわる一定の機会がおとずれたとき、それらを自分たちに恵みあたえられた援助ないし恩恵であると感じとって、ギリシア人の想像力のなかで自然に作られていった神々の誕生の系譜を省察するであろう（当時は、世界がいまだ幼児期にあって、もろもろの恐るべき宗教に威圧されていた。こうして、人間たちが見たり、想像したりしたもの、あるいはまたかれら自身が作り出したものまでも含めて、これらのいっさいをかれらは神々であると受けとっていたのだった）。そして、いわゆる〈大〉氏族の有名な十二の神々、あるいは家族の時代に人間たちによって祭られていた神々〔317〕について、詩的歴史についての悟性的に推理された年代学を用いて十二の小時期を設けることによって、神々の時代が九百年間続いたことが確定される。こうして世俗の世界史に起源があたえられることになるのである。

一四　［ヘレン。デウカリオンの息子でプロメテウスの孫でヤフェトの曽孫。このヘレンの三人の息子をつうじてギリシアに三つの方言が広まる
——世界暦二〇八二年］

70　このヘレンから、ギリシアの土地に生まれた人々は自分たちのことを〈ヘレーネス〉と称していた。しかし、イタリアのギリシア人は自分たちのことを〈グライイ〉

graii と称しており、かれらの土地を〈グライキア〉Γραιχία と呼んでいた。こうしてかれらはローマ人によって〈グラエキ〉graeci と呼ばれるようになったのであった。なんとイタリアのギリシア人は、ギリシアから植民としてイタリアにやって来たというのに、その海の向こうのギリシア本国民の名前を知らなかったとは！ ジャック・ル・ポーミエ[1]が『古代ギリシアについての記述』において考察しているように、〈グライキア〉というような言葉はギリシア本国の著作家のもとには見あたらないのである。

一五 ［エジプトのキュクロプスがアッティカに十二の植民地を拓き、それらでもってやがてテセウスがアテナイを作りあげる］

71 しかし、ストラボンは、アッティカ方言がギリシアに生まれた方言のうちでも最初のものに属するということを証拠立てようとして、アッティカは土地が険阻で、外国人を招き入れて住みつかせるようなことはありえなかったと判断している[1]。

一六　〔フェニキアのカドモスがボイオティアにテーバイを建設し、ギリシアに通俗文字を導入する——世界暦二四四八年〕

72　そして、そこにかれが導入したのはフェニキア文字であった。それゆえ、ボイオティアは、こうして文字を備えて建設されたときから、ギリシアの他のどの国民よりも才知に富む国民であってもよかったはずである。ところが、それが生み出したのは愚鈍な知性の持ち主たちばかりで、俗に〈ボイオティア人〉といえば頭の回転の鈍い者を指すまでになってしまったのである。

一七　〔サトゥルヌス、すなわちラティウム〔ラツィオ〕の神々の時代——世界暦二四九一年〕

73　これはラティウム〔ラツィオ〕の諸国民のもとで始まった神々の時代であって、特性の面でギリシア人の黄金の時代に対応している。やがてわたしたちの神話学によって見いだされるように〔544-547〕、ギリシア人にとって最初の黄金は穀物であった。そして、穀物の収穫によって最初の諸国民は何世紀にもわたって年を数えていたのだった。また、サトゥルヌスはローマ人によって〈サトゥス〉satus、種を播かれた、ということからこう呼ばれた。このサトゥルヌスのことをギリシア人は〈クロノス〉と呼んでいるのだが、そのギリシア人のもとでは〈クロノス〉χρόνος は時間のことであって、ここから〈クロノロジーア〉〔年代学〕という言い方は出てきたのである。

一八　〔小ヘルメス・トリスメギストゥス、すなわちエジプトの英雄たちの時代――世界暦二五五三年〕

74　この小ヘルメス・トリスメギストゥスはエジプト人の英雄たちの時代の詩的記号であるにちがいない。この時代はギリシア人には神々の時代が九百年続いたのちにしかやって来なかったが、エジプト人のところでは神々の時代は父、子、孫の三代で通過してしまっている。エジプト史におけるこのような時間のアナクロニズムについては、これに似た例をすでにアッシリア史におけるゾロアスターのうちに観察したとおりである〔55, 59〕。

一九　〔エジプトのダナオスがアルゴス王国からイナコス家を追放する――世界暦二五五三年〕

75　これらの王位継承事件は年代学の重要な規準である。ダナオスはそれまでイナコス家の九人の王によって支配されてきたアルゴス王国を侵略したのであって、年代学者たちの計算によれば、それら九人の王のもとで三百年が経過していたにちがいないという。これは、アルバに君臨していた十四人のローマ人の王のもとでほぼ五百年が経過したと推定されるのと、似通っている。

76　しかし、トゥキュディデスによれば、英雄時代には王たちは毎日のようにつぎつぎに王座を追われていたという[1]。たとえば、アムリウスがアルバ王国からヌミトルを追放したかとおもえば、今度はロムルスがアムリウスを追放してヌミトルを復活させるといった具合なのだ。こうしたことが起こったのは、そのころは獰猛な時代であったからであり、また、英雄都市には城壁がなく、いまだ要塞すら築かれていなかったからである。ふたたびめぐり来たった野蛮時代の場合にも同様であることは、のちに確認することになるだろう〔1014〕。

二〇　［ヘラクレイダイがギリシア全土に拡がっていって、そこに英雄たちの時代を作りだす。クーレーテスがクレタ、サトゥルニアすなわちイタリア、そしてアジアに拡がっていって、そこに祭司たちの王国を作りだす――世界暦二六八二年］

77　これら二つの重要な古代の断片は、ドニ・ペトーの考察[1]によれば、ギリシア史の内部にあってギリシア人の英雄時代の前に鋳造されたものであったという。ということは、ヘラクレイダイ、すなわちヘラクレスの子孫たちは、かれらの父ヘラクレスが出現するよりも百年以上も前にギリシア全土に拡がっていたということである。これほど多くの子孫を繁殖させるためには、かれは何世紀も前に生まれていなくてはならなかったのだ！

二一　［ディドがテュロスからカルタゴ建設におもむく］

78　この女性をわたしたちはフェニキア人の英雄時代の最後に置く。そして、義兄の憎しみを買って追い出されたと本人の告白にもあるように、この女性は英雄競争に敗れたためにテュロスから追放されたものと想定する。そのような〔ディドの率いる〕テュロスの男たちの群れは英雄語で〈女の群れ〉と言われたが、これはその群れが力の弱い敗者たちからなっていたからである〔989〕。

二二　〔オルペウス、そしてこの人物とともに神学詩人たちの時代〕

79　このオルペウスはギリシアの野獣どもを人間の道に連れ戻す人物であるが、しかしまた、かれはおびただしい数の怪物の巣くう巨大な巣窟のごとき存在であることが見いだされる。かれの出身地はトラキアである。野生の猛々しい軍神アレスどもの国であって、人間的な哲学者たちの国ではない。なぜなら、かれらはその後もずっと未開状態にとどまっていて、哲学者アンドロティオン[1]は、トラキア生まれであるというだけの理由でオルペウスを賢者の列から外したほどであったからである。そのトラキアの草創期に、オルペウスはギリシア語に習熟した人間としてそこに出現し、ギリシア語ですばらしい詩を作って、耳をとおして未開の者たちを手なずけている。かれらはすでに国民に構成されてはいたが、目によってかれらは驚異に満ち満ちた都市に火を放つのを自制することはなおもできなかったのだ。また、かれはギリシア人がいまだに野獣同然であるのを見いだしている。しかしまた、ギリシア人には、デウカリオンが、千年も前に、神の正義を怖れ敬うことをつうじて敬虔を教えこんでいたのだった。この畏怖の念をもって、デウカリオンは、パルナソス山（この山はやがてムーサたちとアポロン、すなわち神と人文的諸学芸の住まうところとなった）の上に建てられた神の正義の神殿の前で、妻のピュラとともに頭からヴェールを被り――これはすなわち、人間らしい肉体的結合の羞恥心をもってということであって、結婚を意味する――、足元にあった石――すなわち、それまでどおりの野獣的生活を送っている愚かな者たち――を拾って肩越しに後ろへ投げ、それらを人間に変えているのだ――すなわち、諸家族の並存状態のもとにあっての家政教育によってである。さらに、ヘレンは、七百年前、かれらを言語によって結合し、そこに三人の息子をつうじて三つの方言を広めていた。そして、イナコス家は、そこに三百年前から王国が建設されており、王位の継承が続けられていたことを証明していたのである。また最後に、オルペウスはそこに人間の道を教えるために出現している。そして、ギリシアを、かれがそこにやって来て見いだす、かくも未開の姿の昔から、イアソンと組んで金毛の皮を求めて航海に出かけるほど光り輝く国民にまで導いていくのである。船舶と航海の術は諸民族の最後の発明物なのだ。しかも、この航海にはカストルとポリュデウケスも同行するのである。かくも有名なトロイア戦争の原因となったヘレナの兄弟である。こうして、たった一人の人間の一生のあいだに、優に千年の経過を要する、かくも多くの国家的事業が達成されるのだ！　ギリシア史においてオルペウスという人物について見られるこのような年代学上の奇怪なできごとは、さきに見た他の二つのそれらに似ている。ひとつはアッシリア史においてゾロアスターという人物について見られるものであり、もうひとつはエジプト史において二人のヘルメスという人物について見られるものである。こうしたことのいっさいからして、おそらく、キケロは、『神々の本性』のなかで、オルペウスというような人物はそもそも実在しなかったのではないか、と疑ったのであった。[2]

80　これらの年代学上の重大な問題点にくわえて、さらには、これに劣らぬ道徳上および政治上の問題点がある。オルペウスがギリシアの人間性を建設するにあたって手本に用いているのは、姦夫ゼウスであり、ヘラクレスたちの徳の不倶戴天の敵ヘラであり、眠っているエンデュミオンを夜な夜な求める貞淑なアルテミスであり、純潔の処女ダプネに神のお告げをあたえて娘を死にいたらしめるまで荒らし回すアポロンであり、地上で姦通をおこなうだけでは神々には物足りないといわんばかりに、海の中でまでアプロディテと交わるアレスなのである。しかも、このような神々のとどまるところを知らない性欲は女性との禁断の交わりだけでは満足せず、ゼウスは〔美少年〕ガニュメデスへの非道の愛に燃える。いや、これだけでもとどまらずに、ついには獣姦にまで及ぶ。そしてゼウスは白鳥に姿を変えてレダと寝るのである。このような男性や動物を相手にした性欲の発散は、無法の世界の非道な破廉恥行為以外のなにものでもない。しかも、そのような男神や女神の多くは、天上にあって結婚の契りを取り結ぶことすらしない。ひとつだけゼウスとヘラの例があるにはあるが、両者のあいだには子供がない。子供がないだけでなく、いつも激しく喧嘩ばかりしている。こうしてゼウスは貞淑で嫉妬深い妻を空中に吊るし、かれ自ら、頭からアテナを産み出すにいたるのである。また最後に、クロノスは子供をつくるものの、そのわが子らを食べてしまう。これらの手本、それも強力な神々の手本は、――この種の物語にも、プラトンが願望し、わたしたちの時代にいたってはヴェルラムのベーコンが『古代人の知恵』のなかで願望しているような深遠な知恵が含まれているのかもしれないにしても――、ただこれだけを聞くと、最も良風になじんでいる人々さえをも堕落させ、オルペウスの野獣たちと同然の状態にまで駆り立てていきかねないだろう。それが人間たちを野獣から人間の道に連れ戻すのに適切かつ有効な手本であるとは！　聖アウグスティヌスが『神の国』においてテレンティウスの『宦官』のある場面をとりあげて異教の神々についておこなっている非難程度[1]では、とても足りたものではない。テレンティウスの『宦官』の場面とは、ケレアが黄金の雨の中でダナエと寝ているゼウスの絵に刺激されて、それまでついぞなかったことにも、奴隷女を犯したいという衝動に駆られ、激しい愛に燃え狂う場面のことである。[2]

81　しかし、これらの神話学上の厄介な暗礁も、この学の諸原理を用いれば回避することができるだろう。このような物語も、それらが作られた当初には、すべてが真実で厳格で諸国民の建設者たちにふさわしいものであったこと、それがやがて、長い歳月が経過するなかで、一方ではそれらの意味内容が不明瞭になっていき、また他方では習俗が厳格なものから堕落したものへ変化していったのにともなって、人間たちがそうした堕落した状態にある自分たちの心を慰めるために神々の権威を借りて罪を犯したいと欲するようになったため、今日わたしたちのところに届いているような淫らな意味内容のものに移行していったのだということ、このことをこの学は論証するだろう。年代学上の苛烈な嵐も、詩的記号の発見によって鎮められるだろう。そうした詩的記号のひとつが神学詩人という相貌のもとにとらえられたオルペウスであったのであり、かれは物語をそれらの最初の意味内容に即して利用しつつ、ギリシアの人間性をまずは建設し、ついで確固たるものにしていったのであった。そのような詩的記号は、ギリシアの諸都市における平民たちを相手にした英雄たちの闘争のなかでかつてなくその存在をきわだたせた。このために、その時代にはオルペウスやリノスやムサイオスやアンピオンといった神学詩人たちが頭角をあらわすこととなったのである。アンピオンは、カドモスが三百年前に建設したテーバイに、自ら動く石（愚かな平民）でもって城壁を築き上げたという。これはまさしく、ローマの十人委員の一人アッピウスの孫のアッピウスが、[1]ローマ創設後ほぼ同じころに、前兆（これを読み解く知識は貴族が所有していた）に宿る神々の力を平民に歌い聞かせ、ローマ人のもとに英雄国家を確立したのと符合している。これらの英雄たちの闘争から英雄時代はその名を得ているのである。

二三　［ヘラクレス。この人物とともにギリシアの英雄時代は頂点に達する］

82　同じ問題点は、ヘラクレスにおいても、この人物をコルキス遠征でイアソンに同行した実在の人物であると受けとる場合には出てくる。やがて見いだされるように、ヘラクレスというのは、実際には、功業という相貌のもとでとらえられた諸民族の建設者の詩的記号なのだ。

二四　［サンクニアテスが通俗文字で歴史を書く――世界暦二八〇〇年］

83　サンクニアトンとも呼ばれ、アレクサンドレイアのクレメンスが『雑纂』のなかで報告しているところによれば、[1]〈真実ありのままを記した歴史家〉と称されていたという。この人物がフェニキア史を通俗記号で書いたというのだ。すでに見たように、エジプト人とスキュタイ人がいまだ象形文字で書いていた時期にである。また、今日でもシナ人は象形文字で書いているのが見いだされるというのにである。シナ人は、スキュタイ人やエジプト人に劣らず、自分たちの奇怪なばかりの古さを自慢しているが、これは、自分たちの領域内に閉じ籠もり、他の諸国民と交渉をもってこなかったため、そうした閉ざされた暗闇の中にあって、時間というものの真実の姿を照らし出してくれる光を見ることがなかったからなのである。また、サンクニアテスがフェニキアの通俗記号で書いた時期には、さきほども述べたように、通俗文字はギリシア人のあいだでなおも見いだされていなかったのだ。

二五　［トロイア戦争――世界暦二八二〇年］

84　この戦争は、ホメロスが語っているようなかたちでは、この世でなされたことはなかった、と目配りのよく利いた批評家たち(1)は判断している。また、同時代の歴史家としてそれを散文で書いたというクレタ人ディクテュスやフリジア人ダレースなる人物も、同じ批評家たちによってくわせものの図書館に送りこまれてしまっている(2)。

二六　［セソストリスがテーバイに君臨する――世界暦二九四九年］

85　この人物はエジプトの他の三王朝を支配下に収めた。タキトゥス(1)のなかでエジプトの神官がゲルマニクスに語っているラムセス王というのは、この人物であることがわかる。

二七　［アジア、シチリア、イタリアにおけるギリシア植民――世界暦二九四九年］

86　これはわたしたちが年代学の権威に従わないごく少数のことがらのひとつである。あるひとつの絶大な理由がそうすることを余儀なくさせるからである。この理由からして、わたしたちはイタリアおよびシチリアへのギリシア人の植民をトロイア戦争後百年のところに置くのである。したがって、これまで年代学者たちが設定してきた時代よりも三百年ほど前ということになる。すなわち、年代学者たちが、メネラオス、アイネイス、アンテノル、ディオメデス、オデュッセウスといった英雄たちの放浪がなされたとしている時代に接近するわけである。しかし、これは別に驚くにはあたらない。そもそも、ギリシア人のこれらの事業に最も近いところにいる著作家であるホメロスの時代をめぐって、年代学者たちのあいだには四百六十年の差があるのだから。そして、その絶大な理由とはなにかといえば、カルタゴ〔ポエニ〕戦争の時代にはシラクーサの壮大優美さはアテナイと比べても遜色のないものになっていたというのが、それである。しかしまた、豪奢で華美な習俗は、島では大陸よりも遅れて到来するものなのだ。また、リウィウスは、クロトンには以前は数百万もの人間が住んでいたのに、いまではすっかり少なくなってしまった、と言って同情している[1]。

二八　［オリュンピア競技がヘラクレスによって開設され、その後中断していたが、イシピロスによって再開される——世界暦三二二三年］

87　ヘラクレスは年を穀物の収穫によって数えていた。しかし、イシピロス〔正しくはイピトス〕以後は黄道帯の星座のあいだを行く太陽の運行にもとづいて数えられるようになった。したがって、後者からギリシア人の確実な時間は始まるのである。

二九　［ローマの創建――ローマ暦元年］

88　しかし、太陽が霧を消散させるようにして、これまでローマやまたもろもろの有名な国民の首都をなしてきた他の諸都市の起源についてもたれてきた壮大な意見は、聖アウグスティヌスの『神の国』に引かれているウァッロの黄金の場所〔金言〕[1]が一掃してしまう。それによれば、ローマは二百五十年来そこに君臨してきた諸王のもとにあって二十以上の民を支配下に置いていたが、その領土は二十マイル以上に拡がることはなかった、というのである。

三〇　［ホメロス。かれは通俗文字がまだ発見されていなかった時代に出現した。またエジプトは見ていない――世界暦三二九〇年、ローマ暦三七年］

89　このギリシアの最初の光について、ギリシア史はそれの二つの主要な部分、すなわち、地理学と年代学をめぐって、わたしたちを闇の中に放置してきた。というのも、かれの祖国についても時代についてもなにひとつ確かなことがわたしたちのもとには届いていないのである。本書の第三巻においては、この人物はこれまで思いこまれてきたのとはまったく異なる存在であることが見いだされるだろう。しかし、かれが何者であったにせよ、かれがエジプトを見ていないことは確かである。かれは『オデュッセイア』のなかで、いまアレクサンドレイアの灯台のある島は〔ギリシア〕本土からは遠くて、荷を積んでいない船が艫に北風を受けて走ってもまる一日はかかる、と語っているのだ。[1] また、かれはフェニキアも見ていない。同じく『オデュッセイア』のなかで、オーギュギア島と呼ばれるカリュプソの棲む島ははるか遠くにあるので、ヘルメス神、つまりはあの翼をもった神でさえ、到着するのはむずかしい、と語っているからである。[2] これは、まるで、ギリシア——ギリシアではオリュンポス山の上に神々はましします、とかれは『イリアス』において歌っている[3]——からその島までは、今日わたしたちの世界からアメリカまでの距離ほどの距離があったとでもいうかのようである。このようなわけで、もしギリシア人がホメロスの時代にフェニキアとエジプトに出かけていたとすれば、かれはその二つの詩のいずれにおいても信用を失っていたはずである。

三一　［プサンメティコスがイオニアとカリアのギリシア人にのみエジプトを開放する――世界暦三三三四年］

90　それゆえ、プサンメティコスから、ヘロドトスはエジプト人の比較的確実と判断される事蹟を語りはじめているのである。[1] そして、このことは、ホメロスがエジプトを見ていないことを立証している。かれがエジプトや世界の他の諸国について語っている多くの情報は、（「詩的地理学」のところで論証されるように〔741以下〕）ギリシア自体の内部で生じたことがらや事件であるか、ギリシア人のあいだに植民を送りこんでいたフェニキア人やエジプト人やフリジア人の語り伝えたことが長い時間が経つうちに変化していったものであるか、ホメロスの時代よりもずっと前からギリシアの沿岸で通商をおこなっていたフェニキアの旅行者たちから聞いたものであるか、のいずれかなのだ。

三二　［アイソポス。通俗的道徳哲学者――世界暦三三三四年］

91　アイソポスというのは実在の一個人ではなくて、英雄たちの同盟者すなわち奴僕を象徴した想像的類または詩的記号であったことが「詩的論理学」のところで見いだされるだろう〔424-426〕。なお、英雄たちは、たしかにギリシアの七賢人よりも前に存在していたのである。

三三　〔ギリシアの七賢人。その一人ソロンはアテナイに人民的自由の体制を制定し、他の一人ミレトスのタレスは自然学によって哲学に始まりをあたえる——世界暦三四〇六年〕

92　しかも〔タレスは〕あまりにも素っ気ない原理から始めたのであった。つまりは水からである。これはおそらく、かぼちゃが水によって育つのを観察していたからであろう。

三四　〔ピュタゴラス。その生存中はローマでは名前すら知られずにいた、とリウィウスは述べている——世界暦三四六八年、ローマ暦二二五年〕

93　この人物をリウィウスはセルウィウス・トゥリウスの時代に置いている（それなのに、ピュタゴラスがヌマに神占を教えたというのをリウィウスが真実だとしていた

〔という説がある〕とは！）。そして、セルウィウス・トゥリウスの時代（これはヌマに遅れることほぼ二百年である）には内陸部イタリアはなおも野蛮時代にあって、ピュタゴラス自身はもとより、かれの名前が、かくも多くの相異なる言語と習俗をもった民を通過して、クロトンからローマまで届くというようなことは不可能であった、と述べている[1]。それゆえ、そのピュタゴラスがおこなったと言われる、あれほどもの長い旅が、どんなにか迅速で、やすやすとなされたものであったことか、わかろうというものである。かれは、トラキアにオルペウスの徒たち、ペルシアに学者〔魔術師〕たち、バビロニアにカルデア人たち、インドに裸行者《らぎょうしゃ》たちを訪ねる。それから帰路について、途中、エジプトで神官たちに会い、どんなにか長かったことであろうかアフリカを横断して、モーリタニアでアトラスの弟子たちに会う。そして、そこからふたたび海を渡って、ガリアにドルイド教の僧たちを訪ねる。こうしてかれは、ヘールンの言う野蛮な知恵を豊かに摂取して祖国に戻ってきたというのだ。はるか以前にテーバイのヘラクレスが怪物や暴君を退治しながらそこに出かけて文明の種をいたるところに播き散らしてきたはずの当の野蛮な諸国民、そして、ずっとのちになってギリシア人がかれらに文明を教えたのは自分たちであると自慢している（しかし、そうであったにしては、かれらがなおも野蛮状態のままであったというのは、なんとも効果のなかったことと言わざるをえない）当の野蛮な諸国民からである。ヘールンの言う野蛮哲学の諸学派の、少しまえに言及した継承関係〔59〕、学者たちのうぬぼれがあれほどまでに拍手喝采を送ってきた例の継承関係の厳正粛々さたるや、このようなものなのだ！

94　ここでピュタゴラスがイザヤの弟子であったとする説をきっぱりと否定しているラクタンティウスの権威[1]を引き合いに出す必要があるかどうか、あえて述べるまでもあるまい。この権威は、ヘブライ人ヨセフスの『ユダヤ古事記』の一節[2]によって強く裏づけられるにいたっている。ヨセフスは、ヘブライ人が、ホメロスとピュタゴラスの時代には、海の向こうの遠く離れた諸国民は言うに及ばず、内陸地方の隣接した諸国民にすら知られずに暮らしていたことを証明している。そして、どうしてそんな暮らし方をしていたのかと言えば、プトレマイオス・フィラデルフォスがモーセの律法について一人の詩人も歴史家も一言も言及してこなかった事実に驚きを示したとき、ヘブライ人デメトリオスはこれに答えて、その律法を異教徒たちに語り伝えようとした人々も何人かいたが、そのたびに不思議にも神罰覿面、たとえばテオポンポスは正気を奪われ、テオデクテスは視力を奪われてしまったと述べているが、このことが理由だというのである。さらにヨセフスはこのようにしてかれらヘブライ人が無名にとどまっていたことを率直に認めるとともに、その理由をつぎのようにも説明している。〈わたしたちは海岸に住んでおらず、また商売も苦手で、通商のために外国人と交渉をもつのを好まないのだ〉と。――また、このようなヘブライ人の習性について反省をめぐらせたラクタンティウスは、これは真実の神の宗教が異教徒たちとの交易によって汚されることのないようにとの神の摂理の計らいであったとしている。そして、このラクタンティウスの言は、ピエル・クネオの『ヘブライ人の国家』[3]に受け継がれている。しかも、これらのことはすべて、ヘブライ人自身の公《おおやけ》の見解によっても立証されているところである。かれらは『七十人訳ギリシア語聖書』を作った罪を悔いて、毎年、テベットすなわち十二月の八日に、厳粛な断食をおこなってきたのだった。というのも、じじつ、その翻訳が出たときには、三日のあいだ、世界中が闇に包まれたからである。このことは、ラビの書に依拠して、カゾーボンの『バロニウスの年代記にかんする練習』[4]、ブクストルフ[5]の『ユダヤ教のシナゴーグ』、ホッティンガー[6]の『文献学宝典』に記されているとおりである。また、〈ヘレニスト〉と呼ばれるギリシア贔屓のヘブライ人たちは（七十人訳の代表者であったと言われるアリステアスもその一人であった）、その翻訳に神聖な権威を付与していたため、エルサレムのヘブライ人たちはかれらを死ぬほど憎んでいたのだった。

95　しかし、そもそも、――これらの国家制度上のことがらの自然本性的なあり方からして――、最も文明化していたエジプト人によってすら禁じられていた国境を越え（エジプト人は、ギリシア人にたいしては、かれらにエジプトを開いてからも長期間きわめて敵対的で、ギリシア製の鍋や焼き串やナイフを使用することを禁じ、ギリシア製のナイフで切った肉を食べることさえも禁じていたほどであったのだ）、かずかずの険しい荒れた小道を通って、言語も全然通じない状態で、喉の渇いた外国人に泉の場所を教えることすらしないと異教徒たちから陰口を叩かれていたヘブライ人のあいだにあって、預言者たちがかれらの神聖な教義を外国人、つまりは見知らぬ余所者たちにうち明け、その神聖を汚したなどとは！　そのような神聖な教義は、世界中のどの国民の場合にも、それを祭司たちは自国の平民大衆にたいしてすら秘密にしており、このためにどの国民のもとでも〈神聖な〉という名称を受け取るにいたっているというのに。〈神聖な〉というのは〈秘密の〉というのと同義なのだ。そして、ここからは、キリスト教の真実性を証し立てるひとつのきわめて明白な証拠が出てくる。ピュタゴラスであれ、プラトンであれ、人間としてはこれ以上のものはないほど崇高な知識の力によって、かろうじて、ヘブライ人が真実の神から教えられていた神的な真理の認識にまで上昇していくことができた、というのがそれである。同じくここからは、逆に、物語〔神話伝説〕というのは聖なる歴史が異教諸国民、なかでもギリシア人によって堕落させられたものである、と信じている最近の神話学者たちの誤謬にたいする、ひとつの重要な論駁も出てくる。また、エジプト人は捕虜にしたヘブライ人と交渉をもっていたにもかかわらず、敗者を神々をもたない者どもとみなすという、ここでのちに論証される最初の諸民族に共通の習性〔958〕によって、ヘブライの宗教と歴史を尊敬するどころか嘲笑していたのだった。聖なる『創世記』も語っているように、[1] エジプト人はしばしばヘブライ人をからかって、おまえたちの崇拝している神はどうしておまえたちをわたしたちの手から解放しに来ないのか、と訊ねていたのである。

三五　［セルウィウス・トゥリウス王――世界暦三四六八年、ローマ暦二二五年］

96　この人物は、これまで一般に誤って、ローマに人民的自由〔民主政治〕の基礎となる税制を制定したと信じられてきた。実際には、かれが制定したのは、のちに見いだされるように〔107, 619–623〕、主人的自由〔貴族政治〕の基礎をなす税制であったのだ。そして、この誤謬はもうひとつの誤謬と歩調を合わせて進んできており、ここから同じくまた、債務者が病気のときには驢馬か手押し車に乗って法務官の前に出頭することになっていたその同じ時代に、タルクイニウス・プリスクス[1]は徽章、法衣、紋章、象牙製の椅子（ローマ人がはじめて象を見たのはルカーニアでピュロスと戦ったときであったため、かれらが〈ルカーニアの雄牛〉と言っていた、その象の牙でできた椅子）、そして最後には勝利用の黄金の馬車までをも制定したものとこれまで信じられてきたのだった。こうした豪奢な装置一式のうちに燦然と照り映えていたのは、最も光り輝ける国家であった人民的国家の時代におけるローマの威厳であったのである。

三六　〔ヘシオドス——世界暦三五〇〇年〕

97 わたしたちは、ギリシア人のあいだで通俗文字が発見された時代をめぐっておこなわれる証明〔440–445〕にもとづいて、ヘシオドスをヘロドトスと同時代か、その少し前に置くことにする。ヘシオドスを年代学者たちはホメロスの三十年前に置いているが、これはあまりにも大胆にすぎると言うべきである。そもそも、ホメロスの生きた時代についても、著作家たちのあいだには四百六十年もの食い違いがあるのだから。そのうえ、ポルピュリオン（『スイダス』による）や、ウェレイウス・パテルクルスは、ホメロスはヘシオドスよりもはるかに先行していたものと考えている[1]。また、ヘシオドスが自分は歌においてホメロスに勝ったと彫りつけて、ヘリコンでアポロンに奉納したと伝えられる三脚台は、——アウルス・ゲリウスによれば、ウァッロはこれを本物だと認めていたとのことであるが[2]——くわせものの博物館に納め置かれるべきである。なぜなら、それは、現代でもそのようないかさまで一儲けをたくらむメダル贋造者たちが捏造しているのと同じたぐいのくわせものであるからである。

三七　［ヘロドトス、ヒッポクラテス――世界暦三五〇〇年］

98　ヒッポクラテスは年代学者たちによってギリシアの七賢人の時代に置かれている。しかし、かれの生涯はあまりにも伝説的色彩が濃いことや（かれはアイスクラピオスの息子でアポロンの孫であったと語り伝えられている）、たしかに通俗記号を用いて散文で書かれた作品の作家であったことからして、ここではヘロドトスとほぼ同じ時代に置かれる。このヘロドトスという人物も、同じく、通俗記号を用いて散文で書いており、またその生涯をほとんどすべて伝説で織りなしていたのであった。

三八　［スキュティア王イダンテュルソス――世界暦三五三〇年］

99　この人物は、宣戦を布告してきたダレイオス大王に、五つの実物語《じつぶつご》――のちに論証されるように、最初の諸民族は音声語以前に実物語を使っていたにちがいなく、そして最後に文字語を使うようになったのであった――でもって回答した。それらの実物語というのは、蛙、鼠、鳥、鋤の歯、矢を射るための弓の五つであった。[1]　これらがなにを表示しているのかについては、のちにまったく自然で正しい説明がなされるだろう〔435〕。また、この回答をめぐってダレイオスが開いた会議についてアレクサンドレイアの聖キュロス(2)の報告していることをここに紹介してみても、わずらわしいだけである。評議会の面々がそれらにあたえた解釈がいかに滑稽なものであったかは、言わずとも知れたことであるからだ。しかも、これが古さ競争でエジプト人を負かしていたスキュタイ人の王なのである。かれらはこれほど時代を下ってもなお象形文字で書く術すら知らずにいたのだった！　だから、イダンテュルソスは、シナの王たちの同類であったにちがいない。シナ人は、ほんの数世紀前まで世界の残余の部分にたいしてまったく門戸を閉ざしていたため、空しいことにも、世界の古さよりも大きな古さを誇っている。しかも、それほどまで長い時を経ていながら、なおも象形文字で書いている。また、気候がとても温暖なためにきわめて繊細な才能に恵まれて、驚くほど繊細な労作を数多く作り出していながら、なおも絵に影をつけることを知らない。影があってはじめて光は映えるものなのだ。こうして、突起も深みもないものだから、かれらの絵はなんとも不体裁なのである。また、あちらからやって来る磁製の小像類も、わたしたちのところ〔ナポリ〕では、かつてエジプト人が鋳造においてそうであったのと同じく、粗雑で拙い、との非難を受けている(3)。それゆえ、今日のシナ人がそうであるのと同じく、かつてのエジプト人は絵画においても粗雑で拙かったと推察してよいだろう〔45〕。

100　ゾロアスターがカルデアの神託の作者であったようにスキュティアの神託の作者であったアナカルシス[1]も、これらのスキュタイ人に属しているのである。そして、それらの神託は、もとはと言えば占い師〔予言者〕たちのものであったにちがいなく、それがのちに学者たちのうぬぼれによって哲学者たちのものへと移行していったのである。現在のスキュティアか、あるいは古代にギリシア自体の内部で誕生した別のスキュティアの、ヒュペルボレオス人から、ギリシア人のところにデルポイとドドナという異教世界の二つの最も有名な神託はやって来た、というのが事実かどうかについては、――ヘロドトス[2]や、かれ以後も、ピンダロス[3]やペレニコス[4]はそう信じており、キケロも『神々の本性について』のなかでこれらの説に従っている[5]。そして、アナカルシスが有名な神託作者であると喧伝され、運命を予言する最古の神々の一人に数えられたのは、おそらくこのためでないかとおもわれるが――、「詩的地理学」のところで検討されるだろう。さしあたってスキュティアが習得していた深遠な知恵なるものがどれほどのものであったかをうかがい知るには、スキュタイ人は地面に小刀を突き立て、これを神に見立てて拝んでいた、という事実を挙げておくだけで十分だろう。スキュタイ人は、こうして自分たちがおこなわねばならない殺害行為を正当化しようとしていたのだ。このような野生的な宗教から、ディオドロス・シクルス[6]、ユスティヌス[7]、プリニウス[8]によって語られ、ホラティウス[9]によって賞賛の辞とともに天上にまで高めあげられている、あの道徳的および政治的な徳は出てきたのであった。そして、そうであったからこそ、アバリス[10]は、スキュティアをギリシアの法律によって治めようとして、兄弟のカドゥイダスに殺されてしまったのであった。ヘールンの言う野蛮哲学からかれの獲得していたものたるや、野蛮な民を文明の道に向かわせるのに役立つ法律を独力では知りえず、ギリシア人から学んでこなければならなかった程度のものでしかなかったのだ！　つまり、ギリシア人のスキュタイ人にたいする関係は、少しまえに同じくかれらのエジプト人にたいする関係について述べたのとまさしく同じものなのであって、ギリシア人は、自分たちの知っていることは外国に太古から伝わる由緒あるものなのだとうぬぼれたがっていたという意味で、エジプトの神官がソロンに投げつけたとギリシア人自身が想像していた非難、すなわち、〈ギリシア人はいつまで経っても子供だ〉という、プラトンの『アルキビアデス』のある巻[11]でクリティアスが報告している非難を真実受けるに値したのであった。それゆえ、ギリシア人は、このようなうぬぼれのために、スキュタイ人にかんしてもエジプト人にかんしても、かれらが虚しい栄光の面で獲得したその分だけ、真実の評価の面で失ってしまったと言うべきだろう。

三九　［ペロポネソス戦争。トゥキュディデス。かれは、自分の父のときまではギリシア人は自分たち自身の古事についてなにひとつ知らないでいた、そこで自分はこの戦争のことを書こうという気持ちになったのだ、と書いている――世界暦三五三〇年］

101　トゥキュディデスは、かれにとっては父と言ってもよかったヘロドトスがすでに年老いていたとき、まだ青年であった。そして、ギリシアの最も光り輝ける時代であるペロポネソス戦争の時代に生涯を送った。かれはその戦争の同時代人であった。そこで、真実ありのままのことを書くためにこそ、それの歴史を書いたのであった。また、かれの述べているところによれば、ギリシア人は、かれの父の時代、それはヘロドトスの時代であったが、その時代までは、かれら自身の古事についてなにひとつ知らないでいた、という。(1)そうだとすれば、かれらの語っている外国のことについて、わたしたちはどう判断すればよいのだろうか。異教の野蛮時代の古事については、わたしたちはかれらが語っているだけのことしか知らないのだ。また、カルタゴ〔ポエニ〕戦争の時代までの、その時代までは農業と武具の製作にしか関心を示していなかったローマ人の古事について、どう判断すればよいのだろうか。トゥキュディデスが、かくも速やかに哲学者たちの出現を見ることになったギリシア人についてすら、このような真理を確立しているというのに。それとも、ローマ人は神から特権を授かっていたのだとでも言いたいのだろうか。

四〇　［ソクラテスが悟性的に推理された道徳哲学を創始する。プラトンが形而上学において活躍する。アテナイが最も開化した文明の諸技芸でもって燦然と照り映える。十二表法――世界暦三五五三年、ローマ暦三〇三年］

102　この時代にアテナイからローマに十二表法が持って来られたというのである。『普遍法の原理』で論証されたように(1)、あれほどまでに未開化で、粗野で、非人間的で、残酷で、野蛮な法律がである。

四一　［クセノポンがギリシアの武器をペルシアの中央部まで運び、ペルシア事情をある程度の確実さをもって知った最初の人となる——世界暦三五八三年、ローマ暦三三三年］

103　こう聖ヒエロニュムスの『預言者ダニエルにかんする註解』には記されている[1]。そして、ギリシア人は、通商上の利益から、プサンメティコスの時代にエジプト事情を知りはじめたのち、——それゆえ、その時代からヘロドトスはエジプト人についてのより確実なことがらを書きはじめるようになるのだが——、クセノポンによってはじめて、軍事上の必要から、ギリシア人はペルシア人についてのより確実なことがらを知りはじめたのであった。この点については、この年表において指摘されているように、アリストテレスもまたアレクサンドロス大王に随行してペルシアを訪れ、これまでギリシア人はペルシア人について作り話しかしてこなかった、と書いている[2]。ギリシア人が外国の事情についての確かな知識をもちはじめたのは、このようにしてであったのだ。

四二　〔プブリリウス法――世界暦三六五八年、ローマ暦四一六年〕

104　この法律はローマ暦四一六年に制定された。そして、ローマ史の最も重大な要点を含んでいる。というのも、この法律によってローマ国家は政体が貴族的なものから人民的なものへ変更されたことが宣言されたからである。それゆえにこそ、この法律を作ったプブリリウス・フィロは〈人民的な独裁執政官〉と言われたのであった。このことにこれまで気づかれずにきたのは、そこで用いられている言葉の意味するところが理解できなかったからである。このことが事実上もそうであったことについては、のちにわたしたちによって明白に論証されるだろう〔662以下〕。いまはそれの観念を仮説的に提示しておくだけで十分だろう。

105　このプブリリウス法と、これに続くポエテリウス法（これもプブリリウス法に劣らぬ重要性をもっている）とが、いずれもその重要性を認識されずに放置されてきたのは、〈人民〉、〈王国〉、〈自由〉という、明確には定義されていない三つの言葉のためであった。この三つの明確には定義されていない言葉のために、ローマ人民はロムルスの時代から貴族とともに平民をも含んだ市民たちからなっており、ローマ王国は一頭支配的〔君主制的〕王国であり、ブルートゥスによって制定されたのは人民的自由の〔民主制〕であったかのように、一般に誤って信じられてきたのである。また、この三つの明確には定義されていない言葉がすべての批評家、歴史家、政治学者、法学者を誤りに陥らせてきたのは、現存する国家のどれからも英雄国家についての観念を作りあげることができなかったからなのであった。英雄国家は厳格このうえない貴族制的な形態の国家であって、ひいてはわたしたちの時代の貴族国家とはまったく異なっていたのだ。

106　ロムルスは森の中の焼き払われた場所に開かれた避難所の内部にローマを建設したのであったが、そのさいの基礎になったのはクリエンテーラ clientela であった。そのクリエンテーラというのは、家父長たちが避難所に逃げこんできた者たちを日雇い農夫という資格で受け入れて保護した制度のことであって、かれら日雇い農夫たちは市民としてのなんらの権利も有しておらず、いわんや市民的自由にはいっさいあずかるところがなかった。また、かれらは生命の安全を求めてその避難所に逃げこんできたので、家父長たちはかれらの自然的自由は保護してやったが、そのさい、かれらをばらばらに分割したまま各自の田畑を耕作させるという方策をとった。そして、それらの家父長たちでもってロムルスは元老院を構成したのだから、ローマの公的領土もこれらの家父長たちの田畑でもって構成されていたにちがいないのである〔160, 561, 613以下〕。

107　その後、セルウィウス・トゥリウスは、家父長たちの所有物であった田畑の委付的所有権(1)を日雇い農夫たちに認めるとともに、納税の制度を設定した。租税の負担と、戦時には費用を自己負担して家父長たちに奉仕する義務を負うことを条件に、それまでの日雇い農夫たちがそれらの田畑を自力で耕作できるようにしよう、というのであった。したがって、これまで人民的自由の制度であるかのように夢想されてきたそのような制度の内部にあって、実際には、平民は貴族に奉仕していたのである。このセルウィウス・トゥリウスの法律は世界で最初の農地法であり、英雄国家の基礎、すなわち、あらゆる国民の最古の貴族制の基礎をなす税制を制定したものなのであった〔619–623〕。

108　さらにその後、ユニウス・ブルートゥスは、暴君タルクイニウス一族を追放して、ローマ国家をその原理〔起源〕にまで引き戻した。そして、終身制の一人の王に代えて、キケロが『法律』のなかでそう呼んでいるように(1)、一年交替制の二人の貴族王とでも言うべき執政官を設置することによって、主人たちからの人民の自由ではなくて、主人たちの暴君からの主人たち自身の自由を確立し直したのであった(2)。しかし、貴族は平民にたいしてセルウィウスの農地法を守らなかったので、平民のほうでは護民官を立てた。そして、貴族にたいして、かれらが田畑の委付的所有権というかたちで平民の有している自然的自由を防衛する役割を担っていることを誓わせた。また、それゆえ、平民が貴族から田畑の市民的所有権をも獲得しようと願うようになると、護民官たちはマルキウス・コリオラヌス[3]をローマから追放した。それというのも、かれは、平民どもは田畑を耕しに行け、と言ったからである。平民はセルウィウス・トゥリウスの農地法では満足できなくて、もっと完全でもっと確固たる農地法を欲していた。そのため、コリオラヌスは、〔平民たちがそんな要求をするのならば〕ロムルスの時代の日雇い農夫に戻るがよい、と言ったのである。[4]もしそうでなかったとすれば、貴族でさえもが立派な仕事だと考えていた農業を、平民のどのような愚かな奢侈ぶりが軽蔑させるにいたったのだろうか。また、かくも些細な原因でかくも残酷な戦争に火がついたというのだろうか。マルキウスは、追放に復讐するために、ローマを壊滅させようとまでしたが、すんでのところで、母親と妻の涙がその不敬虔な企てを思いとどまらせたのである〔662–665〕。

109　こうしたことがあって、貴族は、平民に田畑を耕作させたのち、それらを平民の手から奪い返そうとしつづけ、また、平民のほうはこれに報復するための市民的行動はとれなかったので、ここに護民官たち[1]は十二表法の要求をおこない――『普遍法の原理』において明らかにされたように、十二表法からはこれ以外の任務は引き出せないのである――、この法律によって、貴族は平民に田畑の市民的所有権を認めるにいたったのであった。なお、この市民的所有権は、万民の自然法によって、外国人にも認められている。そして、これこそは古代諸国民の第二の農地法なのであった。

110　つぎに、平民は、自分たちは結婚式を挙げないため、自権者たる地位も宗族も氏族ももっていなかったので（当時は正当な相続権はこれらの権利をもつ者の範囲に限られていた）、遺言がなければ田畑を親族に継承させることができないこと、また、市民としての権利ももっていなかったので遺言によって自由に処分することすらできないことに気がついて、貴族たちのようなコンヌービウム connubium、すなわち厳粛に式を挙げて婚姻を取り結ぶ権利（これが「コンヌービウム」という語の意味なのである）を要求するにいたった〔598〕。その結婚の儀式のうちでも最大の厳粛さを帯びていたのは前兆を受け取る部分であり、これは貴族だけがなしえたのであった。しかも、これらの前兆こそは私法と公法を含めてローマ法全体の一大源泉をなしていたのである。そして、その婚姻権は家父長たちから平民に分かちあたえられたのであったが、婚姻とは法学者モデスティヌスの定義[1]によれば〈神と人間にかんするあらゆる権利を共有すること〉であり、つまりは市民権以外のなにものでもないところから、かれらは結局のところ平民に市民権をあたえたわけなのであった。また、続いては、人間的なもろもろの欲求の流れにしたがって、家父長権、自権者としての地位、宗族、氏族、そしてこれらの権利をつうじての正当な相続、遺言、後見といったような、前兆に依存していた私法上のいっさいのことがらの共有をも、平民は家父長たちから獲得するにいたる。そして、さらには同じく前兆に依存していた公法上のいっさいのことがらをも要求し、まずは執政官職を平民出身者にも開放させることによって国家的支配権を、そして最後には司祭職および司教職を開放させることによって法律の知識をも共有するにいたったのである。

111　このようにして護民官たちは、かれらが創設されたさいの根拠になっていた平民の自然的自由を保護するという目的を基盤にして、徐々に市民的自由の全体をも平民に確保させていったのであった。また、セルウィウス・トゥリウスによって制定された納税の制度も、その後、戦時に平民に国庫から給金を支払うことができるようにするために、もはや貴族に私的に払うのではなくて、国庫に納めるよう、改定措置が講じられたことによって、主人的自由の基盤であったものから、財産登録制度という人民的自由の基盤をなすものへとひとりでに発展していった。この過程についてはのちに明らかにされるだろう〔619–623〕。

112　これと歩調を合わせて、護民官たちは法律を制定する権力をも増大させていった。それというのも、ホラティウス法①とホルテンシウス法②という二つの法律も、二度の特殊な緊急事態をのぞいては、平民会議での一般投票による決定が人民全体を拘束することを平民に許すことはできないでいたからである。そのうちの第一回目には、平民はローマ暦三〇四年にアヴェンティーノの丘に立て籠もったが、この時点では（ここでは仮説として述べておくが、これが事実であったことはのちに論証されるだろう〔583以下〕）平民はまだ市民ではなかった。また、第二回目には、ローマ暦三六七年にジャニコロの丘に立て籠もったが、このときには平民は執政官職を自分たちにも共有させるよう求めて貴族と争っていたのだった。しかし、これら二つの法律を基盤にして、平民はついに〔貴族と平民の双方をともに拘束する〕普遍的な法律を制定するまでにいたった。このため、ローマには大きな騒動と反乱が生じたにちがいなく、こうして独裁執政官プブリリウス・フィロを作りだすことが必要になったのであった。この独裁執政官というのは国家が極度の危機に瀕したときにしか設けられない職なのである。国家が非常な混乱に陥って、その体内に二つの最高立法権力が時代も素材も領土も同じところに出現し、このままでは早晩崩壊するにちがいないといったような場合がそうである。こうした混乱にローマは陥っていたのだ。そこで、フィロはそのような国家の病を治すべく、平民が部族別平民会議で一般投票によって決定したことは〈全クイリーテース〔ローマ市民〕を拘束するものとする〉、すなわち、〈全クイリーテース〉が集まった（なぜなら、ローマ人は公に集会したときにしか自分たちのことをクイリーテースとは称しておらず、また単数でのクイリースという言葉は一般のラテン語にはけっして見いだされないからである）百人隊会議における人民全体を拘束するものとする、と定めた。この式文によって、フィロは、平民会議の一般投票に相反するような法律がおこなわれることがあってはならないということを言おうとしたのである。すでに平民は貴族自身が合意した法律によってあらゆる点で貴族と平等になっていた。また、この最後のこころみによって――これに抵抗しようとすれば貴族は国家を崩壊させるしかなかった――貴族に優位する存在になり変わっていた。というのも、平民は、元老院の決議を待つことなしに、全人民にたいして一般的法律を制定していたからである。こうしてローマ国家は自然に人民的自由の国家に変貌していたのであった。そして、フィロは、この法律によって、ローマ国家がそのような国家であると宣言したのであり、ここから〈人民的な独裁執政官〉と呼ばれるようになったのである。

113　このようにしてその自然本性的なあり方が変化したのに合わせて、フィロは国家に二つの法令をあたえた。プブリリウス法の別の二つの条項に含まれている法令がそれである。最初のものは、元老院の決議にかんするものであった。元老院の決議は、これまでは主人たちによる決議であった。そして、この決議によって、人民がまず手筈を整えたことにたいして〈そのあとで家父長たちがそれの裁可者となった[1]〉のであった。だから、まえもって人民によってなされる執政官の選出や法律の制定は、価値の公共的証言であり、権利の公共的要求でしかなかった。しかし、この独裁執政官は、今後家父長たちは、すでに自由な主権者であった人民にたいして、ローマの国家的支配権の主人である人民の後見人として、〈会議〔民会〕の審議結果が不確定な場合に〉[2]、裁可者となるものとする、と定めたのである。また、人民が法律を制定したいなら、元老院から人民に届けられる式文にしたがってそれらを制定するものとし、そうでないなら、人民の有している最高裁定権を利用して〔提案された〕法律を〈却下する〉ものとする、すなわち、法律が新しくなることを欲していないと宣言するものとする、とも定めた。だから、今後元老院が国事をめぐって制定することはすべて、元老院から人民にあたえられる**指示**か、それとも、元老院にあたえられた人民の**委託**かのいずれかであることになるのであった。最後には、税制が残っていた。というのも、これまではずっと国庫は貴族のものであったので、貴族だけが財産調査官を選出していたからである。しかし、その国庫もこの法律によって人民全体の共有財産になったので、フィロは第三項で、財産調査官の職も平民に共有されるものとする、と定めた。それまで財産調査の職務だけは平民に共有されないままになっていたのである。

114　この仮説にもとづいてローマ史を読み進んでいくなら、それが語っていて、さきに述べた明確には定義されていない三つの言葉のゆえに、なんらの共通の基盤ももっていなければ、相互のあいだでなんらの特別な適合的関係をももっていないことがらのすべてが、じつはこの仮説に支えられていることが、あまたの証拠によって見いだされるだろう。それゆえ、この仮説は真理として受け入れられることになるだろう。しかし、よく考察してみるなら、この仮説は仮説ではなくて、ひとつの真理をその観念において省察したものであり、いずれ権威によって事実であることが見いだされることになるはずのものなのだ。また、――ロムルスが森の中の焼き払われた場所に開かれた避難所の内部にローマを建設したように、避難所というのは〈都市創建者たちの古き計らい〉なのであった、とリウィウスが一般化して述べていることが認められるなら――、これは、これまで知ることが断念されてきた時代の、世界の他の諸都市の歴史をも、わたしたちにあたえてくれることになる。そして、このことは、諸国民すべての歴史が時間の中を経過するさいの根底に存在している永遠の理念的な歴史（これはのちに省察され見いだされる〔349, 393〕）のひとつの例証をなすのである。

四三　［ポエテリウス法――世界暦三六六一年、ローマ暦四一九年］

115　この債務奴隷にかんする法律と呼ばれるもうひとつの法律は、ローマ暦四一九年に、つまりはプブリリウス法から三年後に、執政官ガイウス・ポエテリウスとルキウス・パピリウス・ムギラヌスによって制定された。そしてローマ史のもうひとつの重大な要点を含んでいる。というのも、この法律によって、平民は債務のために貴族の家臣にさせられるという封建的義務から解放されたからである。それまで貴族は、この債務を理由にして、平民をしばしば一生のあいだ、自分たちのためにかれらの私的な牢獄で働かせていたのである。しかし、元老院には、それがローマ支配権（この支配権自体はすでに人民に移行していた）下の領土にたいして有していた絶対主権的所有権が残った。また、かれらのいわゆる〈最終的〉な元老院議決[1]によって、ローマ国家が自由国家であったあいだは、その所有権を武力によって維持していた。こうして、人民がグラックス兄弟の農地法によってそれらの領地を自分のものにしようとするたびに、元老院は執政官たちを武装させ、執政官たちはそれらの法律を作成した護民官たちを反逆者呼ばわりして殺したのであった。これほどの重大な事件は〔個々独立に存在している〕絶対主権的封土がさらに大きな絶対主権に従属させられるにいたるような根拠理由がなくては発生しえない。そして、その根拠理由がなんであったかは、キケロの一連のカティリーナ弾劾演説のうちのひとつに出てくるつぎのくだりによって確認される。ティベリウス・グラックスは農地法によって国家の体制を損なおうとした。それゆえ、正当にも、グラックスはプブリウス・スキピオ・ナシカによって、執政官たるかれがその法律の作成者たちにたいして人民を武装させたさいに発した〈国家の安全を願う者は執政官に従うべし〉という布告に記されている権利にもとづいて殺された、と主張しているくだりがそれである。[2]

四四 〔タラント の戦い。ここでローマ人とギリシア人とが互いに相手のことを知りはじめる――世界暦三七〇八年、ローマ暦四八九年〕

116 この戦争の原因は、タラント人がかれらの海岸にやって来たローマの船と使節を虐待したことであった。というのも、フロルスとともに言うなら、かれらは〈自分たちは連中が何者なのかもどこから来たのかも知らなかったのだ〉と言って弁解しているからである。(1) 最初の諸民族は、陸続きでさして離れていない場合ですら、互いに相手のことを知っていた程度というのは、こんなありさまであったのだ！

四五 〔第二次カルタゴ〔ポエニ〕戦争。これを起点としてリウィウスのローマ史は確実なものになる。それでもなお、かれはこの戦争にまつわる三つの重大な事情が不明であると告白している――世界暦三八四九年、ローマ暦五五二年〕

117 リウィウスは、第二次カルタゴ〔ポエニ〕戦争からはローマ史をそれまでよりも少しばかりは確実に記すことができると告白しており、また、ローマ人によってかつてなされた戦争のうちで最も記念すべき戦争について記すことになるのだとも約束している。[1] そして、この戦争がかくも比類なく偉大であったことからして、有名なできごとを記したものがすべてそうであるように、かれが記している記録も高度の確実性をもっているにちがいないのである。にもかかわらず、この戦争について、リウィウスはなおも三つの重大な事情を知らないでいたのであった。また、そのことをかれ自身公然と言明している。第一は、サグント攻略ののち、ハンニバルがスペインからイタリアへ進路をとったのは、だれの執政下においてであったのか、という点。第二は、かれはアルプスのどのあたりを越えてやって来たのか、コツィアか、それともペンニーネか、という点。そして第三は、兵力はどの程度であったのか、という点である。[2] この兵力については、古記録は大きな食い違いを見せており、騎兵六千、歩兵二万と記述しているものもあれば、騎兵二万、歩兵八万と記しているものもある。

［結　語］

118　この「註記」において論じてきたことのすべてからは、年表上に記されている時代までの古代異教諸国民についてわたしたちのもとに届いていることがらがいずれもきわめて不確実なものばかりであることがわかる。こうしてわたしたちはこれらすべてのことがらにおいていわば無主の地に足を踏み入れているわけである。そして、無主の地については〈〔最初に〕占拠した者に譲渡される〉というのが法の定めるところなのだ。それゆえ、わたしたちが諸国民の文明の起源についてこれまでにもたれてきたさまざまな意見とはしばしば異なり、ときにはまったく反対の推理をおこなったとしても、だれの権利をも侵害することにはならない、とわたしたちは信じる。また、そのような推理をおこなうことによって、わたしたちは文明の起源を知識の起源〔原理〕にまで連れ戻すだろう。そして、この知識の起源をつうじて、確実性に依拠している歴史の諸事実に、それらの最初の起源をあたえてやるだろう。こうして、それらがそれぞれの最初の起源の上に立脚することができ、また、それらの最初の起源をつうじて相互に一致を見いだすことができるようにしようというのである。それらの事実は、これまで、なんらの共通の基盤も、なんらの恒久的な持続性も、なんらの相互間の一貫性ももってこなかったようにおもわれるのだ。

[第2部]　要素について

119　したがって、これまで年表の上に配列してきた質料〔素材〕に形式をあたえるために、わたしたちはいまここに、つぎのような哲学上ならびに文献学上の公理[1]と、若干の合理的で適当とおもわれる要請とを、いくつかの明確になった定義とともに提示しておく。これらは、あたかも生物の体内を血液がめぐるように、この学の内部を流れめぐり、この学が諸国民の共通の自然本性について推理することがらの全体にわたって、この学に生命をあたえてくれるはずのものなのである。

一

120　人間は、人間の知性の自然本性が無際限なあり方をしているため、人間の知性が無知の状態に陥るところでは、自分を万物の尺度にする[1]。

121　この公理は、人間の二つのどこにでも共通に見られる習性の原因をなす。ひとつは

〈うわさは広まるにつれて大きくなる〉[1]というものであり、もうひとつは〈事実の出現とともにうわさは小さくなる〉[2]というものである。このうわさなるものの経歴はきわめて長くて、世界が始まって以来存在したと言ってよく、わたしたちが知らないでいる太古のことがらについて従来もたれてきたあらゆる壮大な見解の絶えることのない水源をなしてきたのであった。人間の知性は、タキトゥスが感知して『アグリコラ』のなかで〈知らないものはなんでもすばらしく見える〉という格言にまとめているような特性を有しているからである。[3]

二

122　人間は、遠くにあってこれまで知らないでいたことがらについてなんらの観念も作りだすことができないところでは、それらを自分たちの知っている眼前にあることがらから判断する、というのが、人間の知性のもうひとつの特性である。

123　この公理は、文明の起源について諸国民全体およびあらゆる学者たちが犯してきたあらゆる誤謬の尽きることのない源泉がどこにあるかを指し示している。それというのも、文明の起源に諸国民が目を向けはじめ、学者たちがそれについての推理を働かせはじめたのは、光に照らし出され、開化した、壮麗な時代においてのことであった。

そして、その自分たちの置かれている時代に準拠して、かれらは文明の起源を推し量ってきた。しかし、それらの起源というのは、ことがらの本性上、卑小で、粗野で、まったく光輝を欠いたものであったにちがいないのである。(1)

124　この類に、諸国民のうぬぼれと学者たちのうぬぼれという、さきに触れたうぬぼれの二つの種〔53, 59〕は還元されるべきである。

三

125　諸国民のうぬぼれについては、わたしたちはさきにディオドロス・シクルスの金言を聴いた〔53〕。すなわち、諸国民は、ギリシア人であれ、バルバロイ〔ギリシア人以外の民族〕であれ、総じて、自分たちこそは他のすべての国民に先駆けて人間的な生活のための便益を見つけだしてきたのであり、自分たちの保持している諸事蹟の記憶は創世の時点にまでさかのぼる、というようなうぬぼれを抱いてきたというのである。

126　この公理は、自分たちこそは古代世界の文明を創建した最初の者であるという、カルデア人、スキュタイ人、エジプト人、シナ人のうぬぼれ〔45, 48, 49, 50〕を一気に消散させてしまう。しかし、ヘブライ人フラウィウス・ヨセフスは、ヘブライ人はすべての異教徒に隠れて生きてきたという、さきにわたしたちの聴いた高邁な告白〔94〕

によって、かれの民族からそのようなうぬぼれを洗い去っている。また、聖史は、カルデア人、スキュタイ人、エジプト人の信じていた、そして今日にいたるまでシナ人の信じている古さと比較すれば、世界の年齢がまだほとんど青年に等しいことをわたしたちに確証している。このことは聖史の真理性を裏づける一大証拠である。

四

127　この諸国民のうぬぼれに、ここにいまひとつ、自分たちの知っていることは世界と同じだけ古いと思いたがっている学者たちのうぬぼれが付け加わる。

128　この公理は、古代人の到達しがたく高い知恵にかんする学者たちのすべての見解を消散させてしまう。また、カルデア人ゾロアスターやスキュタイ人アナカルシスのわたしたちのもとには届いていない神託〔59, 100〕、ヘルメス・トリスメギストゥスの『ポイマンドロス』〔47〕、『オルピケ』（あるいはオルペウスの詩篇）〔79〕、ピュタゴラスの『黄金の詩』[1]などが、批評家のうちでも最も鋭敏な人々が一致して認めているように、いずれもくわせものであることを確信させる。そして、学者たちがエジプトの象形文字にあたえている神秘的意味やギリシアの神話にあたえている哲学的寓意のいっさいを、不適切で見当違いなものとして非難する[2]。

五

129 哲学は、人類に役立つためには、転落した弱い人間を助け起こし、支え導いてやるべきであって、その自然本性をねじ曲げたり、堕落した状態のまま見捨てておくようなことをしてはならない。

130 この公理は、ストア派とエピクロス派の双方をこの学の学校から遠ざけることになる。ストア派は感覚を滅却しようと欲しており、エピクロス派は感覚を尺度にしている。そして、前者は運命に引きずられ、後者は偶然に身を委ねることによって、両者ともに摂理を否定している。しかも、後者は、人間の霊魂は肉体とともに死滅すると考えている。そこで、両者とも、〈**修道士的**または**孤独な**哲学者〉と言われてしかるべきである。この両者をこの公理はこの学の学校から遠ざけることになるのである。そして、**政治的**哲学者たち(1)、なかでもプラトン派の入学を認める。この政治的哲学者たちは、つぎの三つの主要な点において、すべての立法者たちと見解をともにしている。すなわち、神の摂理が存在するということ、人間の情念には節制をほどこしてそれらから人間的な徳力を作りだしていくべきであるということ、人間の霊魂は不滅であるということの三点である。したがって、この公理は、この学の三つの原理をあたえることになるだろう〔333〕。

六

131 哲学は人間をそのあるべき姿において考察する。そこで、プラトンの国家に生きたい、そしてロムルスの汚水溜めのなかには落ち込みたくないと願う、ごく少数の人々にしか益するところがない(1)。

七

132 立法は人間をその現にあるがままの姿において考察する。そして、その現にあるがままの人間をうまく利用して、人間的な社会的関係を確立しようとする。凶暴と貪欲と野心という、人類全体をつうじて見られる三つの悪徳から、軍人層、商人層、宮廷人層を作りだして、諸国家の力、富、知恵となすのである。そして、そのままでは確実に地上の人類を滅亡させていたとおもわれるこれらの三大悪徳から、公共的な幸福を作りだしていくのである。

133 この公理は、神の摂理が存在すること、それはある神的な立法者的知性(1)であることを立証している。その神的な立法者的知性は、だれもかれもがそれぞれの私的利益にしがみついていて、そのままでは孤立状態のなかで野獣同然に生きていただろうとおもわれる人間たちの情念から、かれらが人間的な社会的関係を結んで生きていけるような国家的秩序を作りだしてきたのだった。

八

134　事物は、それらの自然本性的な状態を離れては、安定を得ることも持続することもない。

135　この公理のみが、――人類は、世界の歴史が始まって以来、適宜に社会的関係を結んで生きてきたのだし、現在も生きているのだから――、最も優れた哲学者や道徳神学者たちがなおも懐疑論者のカルネアデスやエピクロスと戦わせている、そしてグロティウスも落着させることができなかった、自然のうちに法は存在するのかどうか、あるいは同じことであるが、人間の自然本性は社会的であるのかどうか、という大論争[1]に決着をつけることができるのである。

136　この同じ公理は、公理七およびその系と連結して、人間は、情念から徳力を作りだしていく、自由な、しかしながら弱い選択意志を有していること、しかしまた、神から、自然の方面では神の摂理によって、超自然の方面では神の恩寵によって、援助されていることを立証している。

九

137　事物における真実なるものを知らない者たちは、確実なるものにしがみつこうとする。なぜなら、悟性を知識によって満足させることができないので、せめて意志を意識のうえに安らわせようとするのである。(1)

一〇

138　哲学は道理〔理性〕を観照し、そこから真実なるものについての知識が生まれる。文献学は人間の選択意志の所産である権威を観察し、そこから確実なるものについての意識が生まれる。(1)

139　この公理は、後半部分にかんして、文献学者とは諸言語および内にあっての習俗や法律と外にあっての戦争、講和、同盟、旅行、通商などの双方を含めた諸国民の事蹟の認識に携わっている文法家、歴史家、批評家の全体のことである、と定義する。

140　この同じ公理は、自分たちの観照する道理を文献学者たちの観察する権威によって確実なるものにすることをしなかった哲学者も、自分たちの観察する権威を哲学者たちの観照する道理によって真実なるものにしようとしなかった文献学者も、ともに中途半端におわってしまっていたことを論証している。もしかれらがこのことをおこなっていたなら、かれらは国家にとってはるかに有用な存在になっていただろうし、わたしたちに先んじてこの学を省察するにいたっていただろう。

一一

141　人間の選択意志は、その自然本性においてはきわめて不確実なものであるが、人間として生きていくにあたって必要または有益なことがらについての、人々の共通感覚(1)によって確実なものにされ、限定をあたえられる。そして、この人間として生きていくにあたって必要または有益なことがらこそは、万民の自然法の二つの源泉なのである。

一二

142 共通感覚とは、ある階級全体、ある都市民全体、ある国民全体、あるいは人類全体によって共通に感覚されている、なんらの反省をもともなっていない判断のことである。

143 この公理は、つぎの定義とともに、諸国民の創建者にかんする新しい批判術[1]を提供するだろう。それらの諸国民のなかにこれまで批判が携わってきた著作家たちが出現するまでには、優に千年以上の歳月が経過していたにちがいないのである〔392〕。

一三

144 互いに相手のことを知らないでいる諸民族すべてのもとで生まれた一様な観念には、あるひとつの共通の真理動機が含まれているにちがいない。

145 この公理は、人類の共通感覚が万民の自然法についての確実なるもの〔321-322〕を定義するために神の摂理によって諸国民に教示された基準であることを確定する一大原理である。諸国民が万民の自然法の存在についての確証を得るのは、様態こそ多様でありながらも、そこにおいてかれらのすべてが一致を見ている、その法のもろもろの実体的統一性を理解することによってなのである。そして、ここから、さまざまな分節言語のすべてに起源をあたえる任務を担った知性の内なる辞書が出てくるのであり、この知性の内なる辞書によって、諸国民すべての時間の内なる歴史を生みだしている永遠の理念的な歴史が構想されるのである。この辞書とこの歴史については、のちにそれぞれに固有の公理が提出されるだろう〔162, 245, 294〕。

146　この同じ公理は、これまでに万民の自然法について抱かれてきたすべての観念をくつがえす。従来、万民の自然法はまずもってあるひとつの国民から生じて、それを他の諸国民が継受してきたのだというように考えられてきた。そして、この誤った考え方の悪い先例をつくったのが、エジプト人とギリシア人であった。かれらは、自分たちこそが世界に文明の種を播いたのだ、と自慢していたのである。十二表法がギリシア人からローマ人に伝えられたものだとする説〔284–285〕なども、たしかにこの誤った考え方から生じたものであったのにちがいない。しかし、このようにとらえてしまうと、万民の自然法というのは、人間みずからの〔意図的な〕配慮によって他の諸民族に伝えられていったひとつの実定的な法であって、人間の習俗そのものをつうじて自然的な仕方で神の摂理によって諸国民全体のなかに定立されるにいたった法ではないということになってしまう。万民の自然法は、互いに相手のことはなにも知らないまま、それぞれの民族のもとでひそかに別個に生まれたものであること、そして、それがのちに戦争、講和交渉、同盟、通商などの機会を得て、人類全体に共通のものであることが承認されるにいたったものであること、このことを明らかにすることは本書の全体をつうじて一貫して持続的に遂行される仕事のひとつとなるだろう。

一四

147　事物の自然本性とは、それらの事物が一定の時に一定の様式で生じるということにほかならない。時と様式とがかくかくしかじかであれば、つねに事物もまたかくかくしかじかのものとしてしか生じてはこないのである。

一五

148　基体〔実体〕と不可分のものである特性(1)は、事物が生じるさいの様態または様式(2)から生みだされているはずである。したがって、それらの特性は、それらの事物の自然本性ないしは生じ方がかくかくしかじかのものでしかないことが真実であることを明らかにするのを、わたしたちに可能にしてくれる。

一六

149　民間伝承には公共的な真理動機が存在していたはずである。そのような公共的な真理動機から民間伝承は生まれ、長期にわたって諸民族全体のなかで保存されてきたのであった。

150　この民間伝承のうちに存在していたはずの真理動機は、歳月がめぐり、言語と習慣が変化していくとともに、虚偽に覆われて、わたしたちのもとに届いている。それらの真理動機をあらためて見つけだし直すこと、このことがこの学のもうひとつの大きな仕事になるだろう。

一七

151　民間でおこなわれている通俗的な言葉遣いは、諸民族が言語を形成した時代におこなわれていた、古代の習俗の最も重要な証人であるにちがいない。

一八

152　独立を保ちつつ発展を遂げて完成を見るにいたった古代国民の言語は、世界の最初の時代の習俗の一大証人であるにちがいない。

153　この公理は、ラテン語の用法から導き出される万民の自然法――これの理解にかけては世界の諸国民のなかでもローマ人が文句なく他に抜きん出ていた――の文献学的証明がきわめて重要であることを保証している。また同じ理由から、ドイツ語の学者たちも同様のことをおこないうるだろう。ドイツ語は古代ローマ語と同じ特性をもっているのである。

一九

154　もし十二表法がラティウム〔ラツィオ〕の諸氏族の習俗であって、かれらのあいだでサトゥルヌスの時代以来おこなわれはじめ、他のところではしだいに変化していったのにたいして、ローマ人だけはそれを青銅に刻みつけておき、ローマ法学によって遵守されてきたのであったとすれば、それはラティウムの諸氏族の古い自然法の一大証人である。

155 これが事実そのとおりであったことは、何年も前に『普遍法の原理』において論証しておいたところであるが[1]、本書ではなおいっそうの照明が当てられるだろう。

二〇

156 もしホメロスの詩が古代のギリシア人の習俗を記した国家史であるなら、それはギリシアの諸氏族の自然法の二大宝庫となるだろう。

157 この公理はいまここでは仮説として提出しておくが、これが事実であることはさきに進んで明らかにされるだろう〔904〕。

二一

158 ギリシアの哲学者たちは、かれらの野蛮状態がなおも生のまま存続していたときにそのなかに出現したことによって、かれらの国民がたどるはずであった自然の歩みを加速させた。こうして、ギリシア人は、ただちに繊細さの最高段階にまで移行しながら、しかも同時に、神々のものと英雄たちのもの、そのいずれもの物語的歴史を完全無欠なまま保存することとなった。ところが、これにたいして、ローマ人は、あくまでもかれらの習俗の自然におもむくところにしたがいつつ、正常な足取りで歩んでいったので、かれらの神々の歴史のことはまったく見失ってしまい（このためにエジプト人の言っていた〈神々の時代〉をウァッロはローマ人の〈暗闇時代〉と呼んでいるのである）、ロムルスからプブリリウス法とポエテリウス法にまで及んでいる英雄史のほうは通俗語で保存してきた。このローマ人の英雄史はギリシアの英雄たちの時代の歴史神話学の反復版[1]であることが見いだされるだろう。

159　人間の国家生活にかんすることがらのこのような自然本性は、現代ではフランス国民のうちに確認される。そこでは、十二世紀の野蛮状態のさなかに有名なパリの学校が開かれ[1]、かの名高い金言の先生、ピエール・ロンバルド[2]が精緻きわまりないスコラ神学を教えはじめている。しかも、この一方で、そこには、ホメロスの詩にも似て、全篇が〈十二騎士〉と呼ばれたフランスの英雄たちの物語――その後登場する多くの物語小説や詩をも埋め尽くすことになるそれらの英雄たちの物語で満ちあふれているパリの司教テュルパンの歴史[3]が残っていたのであった。そして、野蛮状態からこのうえなく精緻な諸学問への移行がこのようにしていまだ時機が熟さないうちにおこなわれたため、フランス語は、現在生きている諸言語のなかで、ギリシア人のアッティカ式語法を現代に復元したものであるかに見えるほどまでに最も繊細な言語でありつづけており、ギリシア語同様、他のどの言語よりも学問的推論をおこなうのに適している。しかも、それでいて、ギリシア人同様、フランス人にも多くの二重母音が残っているのである。この二重母音というのは、なおも舌がこわばっていて、子音と母音を合成することの困難な、野蛮な言語に特有のものなのだ〔461〕。——なお、これら二つの言語についていま述べたことの確認のためまでに、いまでも青年たちのうちに観察することのできるひとつの事実を付け加えておこう。青年たちは、なおも記憶力が強靭で、想像力が活発、そして構想力が火のように激しく燃えさかっている年齢のときには、言語と図形幾何学を勉強すれば効果がある。しかも、これらの勉強によって、悟性の野蛮状態とも呼びうる、そのような知性が未熟なまま身体に縛りつけられている状態を、鎮圧してしまう恐れもない。しかし、そのような年齢期に形而上学的批判と代数学といったようなあまりにも精緻化された研究分野になおも未熟なまま移っていくと、一生、思考様式がきわめてやせ細ったものになってしまい、偉大な仕事はなにひとつなし遂げることができなくなってしまう例がしばしば見られるのである[4]。

160　しかし、この著作を省察していくうちに、わたしたちはそのような結果が生みだされるにあたってはもうひとつ別の原因があったことを発見した。しかも、このほうが、たぶん、より本来的な原因なのだ。すなわち、ロムルスはローマをラティウム〔ラッィオ〕の他の古くからあった諸都市の真ん中に建設した。しかも、リウィウスが一般的に〈都市創建者たちの古き計らい〉と定義している避難所を開くことによって建設したというのが、それである。当時はなおも暴力が続いていたので、ロムルスもおのずとローマを世界の最初の諸都市が建設されたのと同じ地盤の上に立って建設することになったのであった。ローマの習俗がこのような起源から出発して、ラティウムの通俗語がすでに長足の進歩を遂げていた時代に発達することになったからこそ、ギリシアの諸民族が英雄語で説明していたもろもろの国家制度上のことがらをローマ人は通俗語で説明するというようなことが起こったにちがいないのである。こうして、古代ローマ史はギリシア人の英雄史の神話学上の反復版であることが見いだされることになるのである。また、これこそはローマ人が世界の英雄になった理由でもある。それというのも、ローマがラティウムの他の諸都市、ついではイタリア、そして最後には世界を手中に収めるにいたったのは、ローマ人のあいだにはなおも英雄精神が若々しく存続していたからにほかならない。これにたいして、ローマ人に征服され、そこからローマの偉大さのすべてが生じてきたところの、ラティウムの他の諸民族のあいだでは、そうした英雄精神はすでに老い衰えはじめていたにちがいないのであった。

二二

161　人間にかんすることがらの自然本性のうちには、かならずや、諸国民のすべてに共通するあるひとつの知性の内なる言語[1]が存在しているにちがいない。その言語は、人間の社会生活において実践可能なことがらの実体を一様な仕方で理解しているとともに、その実体をそれらのことがらがとりうるさまざまな外観と同じ数だけのさまざまな様態によって説明しているのだ。その証拠に、通俗的な知恵を一般化してまとめたものである諺は、実体においては古今のすべての国民によって同一のことがらが理解されておりながら、国民の数と同じだけの異なった表現をとっている〔445〕。

162　この言語はこの学に固有のものであって、もし言語の学者たちがその気になりさえすれば、この言語を光明として、すでに死んでしまったものも現に生きているものも含めて、さまざまな分節言語のすべてに共通するひとつの知性の内なる語彙集[1]を作りだすことができるだろう。これの一例についてはわたしたちも最初に出版された『新しい学』のなかであたえておいた[2]。そこでは、最初の家父長たちの名前は諸国民がそれぞれの言語を形成した時代にあたる諸家族および最初の諸国家の並存状態のなかでかれらがもっていたさまざまな特性に応じてかれらにあたえられたものであることを、わたしたちはおびただしくある死語と現行語を通観しつつ証明したのであった。この語彙集をわたしたちは――わたしたちの乏しいながらも学識がゆるすかぎりで――ここ〔本書〕でもわたしたちが推理することがらのすべてにわたって利用していくことにする。

163 これまでに述べてきたすべての命題のうち、第一、第二、第三、第四の命題は、従来文明の起源について臆測されてきたことのすべてを論駁し、それらの見解がおよそ真実とは考えられないこと、不合理であること、矛盾していること、不可能であることを明らかにするための基礎を提供してくれる。それに続く、第五から第一五までの、真実なるものの基礎を提供している諸命題は、〈知識は普遍的で永遠のものについてのものでなければならない〉という、アリストテレスの指摘しているそれぞれの知識の特性にしたがって、この諸国民の世界をその永遠の理念において省察するのに役立つだろう。最後の、第一五から第二二までの、確実なるものについての基礎を提供している諸命題は、ヴェルラム卿フランシス・ベーコンの、しかしながらかれが『思索と観察』で対象とした自然界のことがら[1]から人間の国家生活にかんすることがらに移し換えられて、さらにいっそう確実なものとなった哲学の方法にしたがって、わたしたちが理念において省察してきたこの諸国民の世界を事実において観察するのに利用できるだろう。

164　ここまで立てられてきた命題は一般的なものであって、この学を全体にわたって基礎づける。以下の命題は個別的なものであって、この学があつかうさまざまな素材の個々別にこの学を基礎づける。

二三

165　聖史はわたしたちのもとに届いているすべての最も古い俗史よりも古い。なぜなら、家父長たちのもとにおける自然状態、または諸家族の並存状態——家族を基礎にして、やがてそこから都市民と都市とが生じたことについては、すべての政治学者が見解の一致を見ている——のことを、聖史はじつに詳細に、しかも八百年以上もの長い期間にわたって語っているからである。そして他方、この状態については、俗史のほうはまったく語っていないか、ほんのわずか語っているにすぎず、それもひどく混乱した語り方しかしていないのである。

166　この公理は、さきにディオドロス・シクルスがわたしたちに述べていた諸国民のうぬぼれにたいして、ただひとり聖史の語っていることだけは真実であることを立証してくれる。それというのも、ヘブライ人は創世以来のかれらの記憶をじつに詳細に保存してきているからである。

二四

167　ヘブライ人の宗教は、真実の神によって、すべての異教諸国民の生誕の土台をなしていた神占を禁止することにもとづいて創建された。

168　この公理は、古代諸国民の世界全体がヘブライ人と異教徒とに二分される主要な理由のひとつである。

二五

169　世界大洪水は、マルティン・スホークの文献学的証拠[1]によっては証明されない。それらは浅薄にすぎるのである。また、ジョヴァンニ・ピコ・デッラ・ミランドラが踏襲している、アイイの枢機卿ピエール〔ピエール・ダイイ〕の占星術的証拠[2]によっても証明されはしない。こちらのほうは、あまりにも不確実であるばかりか、虚偽である。ダイイの占星術的証拠は『アルフォンソ表[3]』に依拠しているが、この表はヘブライ人、そして今日ではキリスト教徒によって反駁されている。キリスト教徒たちは、いまではエウセビオスやベーダの計算は否定して、ヘブライ人のピロンの計算に従っているのだ。[4] 世界大洪水は、ここでのちに掲げる諸公理に見いだされるように〔192–194〕、物語〔神話伝説〕のうちに観察される自然史によって証明されるのである。

二六

170　巨人たちは、アメリカの南端のパタコネスという国にいたと旅行者たちが報告している不恰好でこのうえなく獰猛な者たちのように、生まれつき巨大な体格であった。そして、この巨人たちについて哲学者たちが引き出してきていて、カッサニョンの『巨人論』[1]に収録され踏襲されている、根拠がないか、首尾一貫していないか、虚偽のものでしかないもろもろの理由は無視するとすれば、ユリウス・カエサルとコルネリウス・タキトゥスが古代ゲルマン人の巨大な体格について語ったさいに指摘している、[2]一部は自然学上の、一部は道徳学上の原因が引き出されることになる。そして、わたしたちの考察によれば、それらの原因は子供たちが野獣的教育を受けて育っていたことから統一的に説明されるのである〔369〕。

二七

171　わたしたちが（ローマの古代は別として）他のすべての異教徒たちの古代についてもっている知識のすべてをそこから得ているギリシア史は、大洪水と巨人たちのことから始まっている。

172　これら二つの公理は、最初の人類が巨人と正常な体格の人間という二つの種に分けられること、前者が異教徒たちであり、後者がヘブライ人であったこと（この相違は、前者においては野獣的教育がおこなわれており、後者においては人間的教育がおこなわれていたということからしか、生じえない）、したがって、ヘブライ人はすべての異教徒たちがもっていたのとは違った起源をもっていたことを明示している〔369–374〕。

二八

173　また、わたしたちのもとには、さきに述べたように〔52〕、エジプトの古代の二つの偉大な断片が届いている。それらのうちのひとつは、エジプト人はかれら以前に経過した世界の時間の全体を三つの時代に還元していたということである。すなわち、神々の時代、英雄たちの時代、人間たちの時代という三つの時代がそれである。もうひとつは、これら三つの時代をつうじて、順序においてこれらの三つの時代に対応する、三つの言語が語られていたということである。すなわち、象形語または神聖語、英雄語である象徴語または類似物を用いた言語、人間たちの書簡語または通俗語という三つの言語がそれである。これら三つの言語のうち最後のものでは、人間たちがかれらの生活の通俗的な必要を伝達するために約定した記号が用いられている。

二九

174　ホメロスは、かれの二つの詩のなかの、のちに挙げる五つの場所〔437〕で、かれのもの——これはたしかに英雄語であったのだが、そのかれのものよりも古い言語のことに言及しており、それを〈神々の言語〉と呼んでいる。

三〇

175　ウァッロは勤勉にも神々の名前を三万も集めているが（なぜなら、それだけの数の神々をギリシア人がやはり挙げていたからである）、それらの神々の名前は、最初の時代の自然上、道徳上、家政上、あるいはまた最後には国政上の、同じ数だけの生活の必要に関連していたのであった。

176　これら三つの公理は、都市民の世界がいたるところどこでも宗教から始まったことを確定する。これは、この学の三つの原理のうちの第一のものとなるだろう〔333-335〕。

三一

177　都市民が武器をとって凶暴化し、もはや人間的な法律が場を占める余地のなくなったところでは、かれらを鎮める唯一の強力な手段は宗教である(1)。

178　この公理は、無法状態のなかにあって、神の摂理が獰猛で暴力的な者たちにたいしてその者たちが人間的なあり方〔文明〕へと導かれていって国民を組織するにいたる端緒をあたえたのは、かれらのうちに神的存在についての混乱した観念を呼び覚ますことによってであったということを確定する。かれらは無知であったため、その神的存在を本来はそれにふさわしくないものに帰属させたのであった。しかも、このようにして、そのみずから心に想像した神的存在を恐怖することによって、なんらかの秩序に身を委ねはじめるのであった。

179　トマス・ホッブズは、かれのいわゆる〈獰猛で暴力的な者たち〉[1]のあいだにあって〔人間の国家生活にかんする〕事態がこのような始まり方をしたのを見ることができなかった。というのも、かれは、それらの原理〔起源〕の探索におもむくにあたって、かれのエピクロスの〈偶然〉のために道に迷ってしまったからである。こうしてかれは、ギリシア哲学を、人間を人類の社会的関係全体のなかで考察するという、(ゲオルク・パッシュ[2]が『今世紀の学問上の新発見』のなかで述べているように) たしかにギリシア哲学には欠けていた部分を付け加えることによって増進させたと信じていたのだったが、その努力はじつに高邁なものであっただけに、それだけ結果は不幸なものであったのだ。また、ホッブズが別様の考え方をするためには、キリスト教がそのための動機をあたえてやるしかなかった。キリスト教は、人類全体にたいする正義だけでなく、慈愛をも命じているのである。そして、ここからは、もしこの世に哲学者たちがいさえしたなら、宗教は必要なかっただろう、と述べているポリュビオスのまちがった言説[3]についても、論駁の端緒があたえられることになる。なぜなら、もしこの世に国家が存在しなかったなら、この世に哲学者たちは存在しなかっただろう。そして、国家は宗教なしには生まれえないのである。

三二

180　事物を生みだしている自然的原因を知らない者たちは、それらを類似する事物によってすら説明することができないところでは、事物にかれら自身の自然本性をあたえる[1]。このことは、たとえば、庶民のあいだでは、磁石は鉄に惚れている、というような言い方がされていることからもわかるとおりである。

181　この公理は、人間の知性は自然本性的には無際限なあり方をしていることからして、自分が無知に陥ったところではみずからを自分の知らないものすべてについての万物の尺度にする、という第一の公理〔120〕の一部分である。

三三

182　無知な者たちの自然学は、一種の通俗的な形而上学である。これによってかれらは自分の知らない事物の原因を神の意志に帰するが[1]、そのさい、神の意志が用いる手段のことは考慮しない。

三四

183　タキトゥスが〈ひとたび衝撃を受けた知性は迷信へと走りやすい〉と述べた[1]ときに感知していたものこそは、人間の自然本性の真の特性である。すなわち、人間はひとたび恐ろしい迷信にとらわれると、自分たちが想像したり、目撃したり、おこなったりするものすべてをその迷信に結びつけてしまうのだ。

三五

184　驚きは無知の娘である。そして、驚嘆する現象が大きければ大きいほど、それだけいっそう驚きも増大する。

三六

185　想像力は悟性的判断力が弱ければ弱いほど強い。

三七

186　詩の最も崇高な仕事は感覚をもたない事物に感覚と情念とをあたえることである。そして、これは、生命のない事物を手にとり、戯れて、それらがまるで生きている人物であるかのように話しかけている幼児の特性である。

187　この哲学的―文献学的公理は、幼児期の世界の人間たちが生まれながらに崇高な詩人たちであったことを証拠づけている。

三八

188　ラクタンティウス・フィルミアヌスの黄金の場所〔金言〕に、偶像崇拝の起源を論じて、つぎのように述べている場所がある。すなわち、〈未開の人間たちが最初〔王とその家族を〕神と呼んだのは、奇蹟の力のためか（なおも未開で単純であった人間たちはこれをほんとうに奇蹟だと考えたのだった）、あるいはよくあるように、力を目のあたりに見せつけられて驚嘆したためか、それともまた、かれらを人間的なあり方〔文明〕へと導いていった恩恵のためである〉と。(1)

三九

189 人間の生来の特性であり、無知の娘であり、驚きがわたしたちの知性を覚醒させたとたんに知識を分娩する好奇心は、つぎのような習性、すなわち、自然のなかに彗星とか幻日とか真昼の星といったような異常な現象を観察すると、ただちに、そのものはなにを言おうとしているのか、あるいは表示しようとしているのか、と問うという習性をもっている。[1]

四〇

190 魔女たちは、恐ろしい迷信でいっぱいになっていると同時に、このうえなく獰猛で残忍である。そして、もし自分たちの魔術を厳粛なものにするために必要であるなら、愛くるしくあどけない嬰児でさえも平然と殺し、ばらばらにしてしまうことも辞さない。

191 これらすべての命題は、第二八から始まって第三八までは神々の詩すなわち詩的神学の起源を明らかにしており、第三一は偶像崇拝の起源を、第三九は神占の起源を提供している。そして、第四〇は、最後に、血なまぐさい宗教と結びついた犠牲の起源を提供しているのであって、犠牲は最初の粗野で獰猛きわまりない人間たちのもとで神への誓いと人身の生贄とともに始まったのであった。このような犠牲は、プラウトゥスから知られるように[1]、ラティウムの人々のあいだでも、俗に〈サトゥルヌスの生贄〉と呼ばれて残っていた。それらは、フェニキア人のもとでおこなわれていたモロック神への犠牲であったのであって、かれらは嬰児を火に通してその虚偽の神にささげていたのである。また、このような供儀のいくつかは十二表法のなかにも残存している。これらのことがらは、〈まずは恐怖がこの世に神をつくった〉という格言[2]に、もろもろの虚偽の宗教は他人にだまされて生じたのではなく、自分が軽信であったところから生じたのだ、という正しい意味をあたえるとともに、〈宗教はこれほどの悪事さえそそのかすことができたのだ〉と不敬虔にもルクレティウスが叫んでいる[3]、アガメムノンが敬虔な娘イピゲネイアをささげたあの不幸な誓いと犠牲さえもが、じつは摂理の計らいによるものであることを理解させてくれる。なぜなら、ポリュペモスの息子たちをおとなしくさせ、アリスティデスやソクラテスやラエリウスやスキピオ・アフリカヌスのような人物の体現している文明の段階にまでかれらを連れ戻すためには、じつに多大の苦労が要ったのであるから。

四一

192　これは要請なのであるが、しかもこの要請は理に適った要請なのであるが、世界大洪水で水に浸された大地は、数百年にわたって、乾いた蒸発物つまりは発火性の物質を空気中に送りこんで雷光を生みだすことがなかったのである。

四二

193　ゼウスは雷光を発して巨人たちをうちのめす。そして、異教の諸国民は、いずれもが、それぞれのゼウスをもっていた。

194　この公理は、かつて大地全体を覆う世界大洪水があったという、物語〔神話伝説〕によってわたしたちのもとにまで伝えられている自然史を含んでいる。

195　この同じ公理は、いましがた立てた要請〔192〕とともに、そのようなきわめて長い歳月のあいだに、ノアの三人の息子たちの神を知らぬ子孫は野獣的状態に陥っていって、野獣的放浪を繰り返しつつ、大地の大森林の中をあちこちへと散らばっていったこと、そして、大洪水後はじめて天が雷光を発したときには、野獣的教育によって巨人になり変わっていたことを確定してくれるはずである。

四三

196　異教の諸国民は、いずれもが、それぞれのヘラクレスをもっていた。そして、そのヘラクレスはゼウスの息子であった。古代について最も学識のあるウァッロは、四十人ものヘラクレスを数えあげるにいたっている。

197　この公理は、最初の諸民族の英雄精神の起源である。そうした英雄精神は、あるひとつの虚偽の臆見、すなわち、英雄たちは神から誕生したのだという臆見から生まれたのであった。

198　異教諸国民のあいだに、まずはその数だけのゼウスを、そしてつぎには同じくその数だけのヘラクレスをあたえる、この同じ公理とそのひとつ前の公理とは、――これらの異教諸国民は宗教なしには創建されなかったし、徳力なしには偉大になれなかったことを証明しているほかにも――、かれらはその始まりにあっては野蛮で閉鎖的であって、それゆえ、互いに相手のことはなにひとつ知らないでいたのであるから、〈互いに相手のことを知らないでいたもろもろの民族のあいだに生まれた一様な観念には、なんらかの共通の真理動機が含まれているにちがいない〉という公理からして、さらには、つぎのような一大原理を提供してくれる。すなわち、最初の物語〔神話伝説〕は国家制度的なことがらにかんするもろもろの真理を含んでいたにちがいなく、それゆえ、それらは最初の諸民族の歴史であったにちがいない、というのがそれである。

四四

199　ギリシア世界の最初の賢者たちは神学詩人たちであった。そして、ゼウスはヘラクレスの父であったところから見て、かれらは疑いもなく、英雄詩人たちよりも前に活躍していたのであった。

200　この公理は、これに先立つ二つの公理とともに、異教の諸国民は、それぞれが自分たちのゼウス、自分たちのヘラクレスをもっていたのだから、かれらの始まりにおいては、いずれもが詩人たちからなっていたということ、そして、そのかれらのあいだでは、まずは神々の事蹟をたたえた詩が生まれ、そのあとで英雄たちの功業をうたった詩が生まれたということを確定する。

四五

201　人間たちは、生来、自分たちを社会的な関係のなかに置いている法律と制度の記憶を保存しようとする傾向がある。

四六

202　野蛮な時代の歴史はすべて物語〔神話伝説〕的な起源をもっている。

203　これら第四二以降の公理はすべてわたしたちの歴史神話学の原理を提供している。

四七

204　人間の知性は、生来、一様なものを好む傾向がある。

205　この公理は、物語〔神話伝説〕にかんしていえば、一般に庶民には、かくかくしかじかの状況のもとでかくかくしかじかの面において有名な人間たちについて、そのような状態のもとにあってその者たちにふさわしいことがらをつうじて適切な物語を作りあげるという習性があることから確認される。物語とは、庶民がそれらを作りあげるさいの対象となる者たちの功績と一致した**理念上の真理**[1]なのである。そして、その者たちの功績にたいしてかれらが受けるに値するだけのものがあたえられていないなら、そのときには物語はその分だけ事実においても虚偽なのである。そうであるから、よく考えてみると、詩的に真なるものとは形而上学的に真なるもののことであって、これに照らしてみて、これと一致しない自然学的に真なるものは虚偽なるものの場にとどめおかれなければならないのである。このことから詩作法にかんしてのつぎのような重要な考察が出てくる。すなわち、真の武将は、たとえば、トルクアート・タッソが作りあげているゴッフレード[2]〔ゴドフロワ〕であって、ゴッフレードと少しでも食い違っているような武将は真の武将ではない、というのがそれである。

四八

206　自分が最初に見知ることになった男性や女性、あるいはまた事物の観念と名前をもとにして、それ以後は、その最初のものとなんらかの類似性や関係をもっているすべての男性、女性、事物をそれらの観念によって把握し、それらの名前によって呼ぶというのが、幼児の自然本性である。

四九

207　エジプト人は人間が人間としての生活を送っていくうえで有益または必要な発明や発見のすべてをヘルメス・トリスメギストゥスに帰していたという、イアムブリコスの『エジプト人の秘儀』のさきに引いた場所〔68〕は、黄金の場所〔金言〕である。

208　この述言は、これの前の公理の補佐を得て、この神のごとき哲学者がエジプト人の秘儀にあたえている崇高な自然神学上の意味のすべてをこの哲学者自身に送り返すことになるだろう。

209　また、これら三つの公理は、物語〔神話伝説〕の精髄を構成している詩的記号の原理を提供してくれる。(1) 第一の公理は、庶民が生来、それらの物語を作りあげる傾向──それも、それらにふさわしいと考えられた型どおりに作りあげる傾向をもっていることを証明している。第二の公理は、いわば人類の幼児であった最初の人間たちには、事物についての悟性的な類概念を形成する能力がなかったので、想像的な類または普遍である詩的記号を作りあげ、各自の類に類似したところのあるすべての個別的な種を、あたかも理念的なモデルまたは肖像に還元するかのようにして、そこに還元する自然本性的な必要性があったことを証明している。このような類似性のゆえに、古代の物語〔神話伝説〕は決まった型どおりにしか作りあげられなかったのであった〔412-427〕。これはまさしく、エジプト人が、実際には政治的知恵のもろもろの個別的所産である人類にとって有益または必要なかれらの発明や発見のすべてを〈政治的知恵の持ち主〉という類に、しかも、かれらにはその〈政治的知恵の持ち主〉の悟性的類概念を抽出する術がわからず、いわんや、かれらエジプト人こそがその当の所有者であった政治的知恵という形式を抽出する術などはわかりようもなかったために、これに代わってかれらによって想像されたヘルメス・トリスメギストゥスというひとりの人物に還元したときのやり方であった。エジプト人も、かれらが人類にとって必要または有益なもろもろの発明や発見によって世界を富ませていた時代に、哲学者としては、そして悟性的な普遍または類を理解していた程度たるや、かくのごときものであったのだ！

210　また、この最後の公理は、前二者に続いて、真の詩的アレゴリーの原理でもある。真の詩的アレゴリーというものは、物語〔神話伝説〕にたいして、それぞれの詩的類に包括されるさまざまな個別ごとに、類比的な意味をではなく、一義的な意味をあたえているものなのである。それゆえにこそ、アレゴリーは〈ディーウェルシロクイウム〉diversiloquium、すなわち、ひとつの一般的な概念のなかに人間や行為や事物のさまざまな種を包括している言い方と言われたのであった[1]〔403〕。

五〇

211 幼児にあっては記憶力がきわめて旺盛である。ひいては想像力が過度なまでに活発である。想像力というのは拡大または合成された記憶力にほかならないのである[1]〔699, 819〕。

212 この公理は、最初の幼児期の世界が形成していたにちがいないもろもろの詩的形象がいずれもじつに明白であることの原理である。

五一

213 およそどんな営みにおいても、天性のない者たちも、技術を根気強く習練することによって成功することができる。しかし、詩においては、天性のない者は、だれであれ、技術によってはまったく成功することはおぼつかない。

214 この公理は、詩こそが異教の文明を創建したのであり、ほかでもないこの異教の文明からこそすべての技芸は生じたにちがいないのであるから、最初の詩人たちは天性からして詩人であったのだということを証明している。

五二

215 幼児は模倣することに長けている。なぜなら、よく目にするように、かれらは大抵、自分たちが覚え知ることのできるものを真似して遊んでいるからである。

216 この公理は、幼児期の世界が詩的国民からなっていたことを証明する。詩とは模倣にほかならないからである。

217 また、この公理は、つぎのことがらの原理を提供している。すなわち、必要なもの、有益なもの、便利なものの技術のすべて、そして人間的な快楽の技術でさえもその大部分は、哲学者たちが登場する以前の詩的な時代に見いだされたということの原理がそれである[1]〔498, 794-801〕。技術とは自然の模倣にほかならず、ある仕方においての実物的な詩[2]であるからである。

五三

218 人間はまずもって、それと知覚することのないままに感覚し、つぎに掻き乱され揺り動かされた心でもって知覚し、最後に純粋な知性でもって反省する。

219　この公理は詩的警句の原理である〔703‒704〕。詩的警句は情念と感動の感覚によって形成されるのであり、この点で、反省から悟性的判断によって形成される哲学的警句とは異なっている。こうして、後者は普遍的なものへ高まっていけばいくほど、それだけいっそう真実なものへ近づくのであり、前者は個別的なものに適合すればするほど、それだけいっそう確実なものになるのである。

五四

220　人間は、自分たちに所属するもののうちで、疑わしく思われたり不分明に感じられるものについては、生来、これらを自分たちのそのときどきの自然本性的なあり方と、ひいてはここから生じる情念と習性とにしたがって、解釈する傾向がある。

221　この公理はわたしたちの神話学の一大規準である。この規準に照らして見るなら、物語〔神話伝説〕は、最初の野生のままの人間たちによって作りだされたときには、獰猛な野獣的放縦からやって来た諸国民を創建するのにふさわしく、いずれも厳格なものであったのが、やがて、歳月がめぐり、習俗も変化するにつれて、本来の意味内容を失って変質し、すでにホメロス以前にさえ、放埒で腐敗した時代のなかに埋没させられてしまっていたことがわかる。ギリシアの人々にとっては宗教が重要な意味をもっていたので、かれらは自分たちの願望や習俗に背反する神々をもつことになるのをおそれて、神々に自分たちの習俗を付与し、物語〔神話伝説〕に淫らで醜悪で好色きわまりない意味をあたえたのであった。

五五

222　エウセビオスが――それ自体はエジプト人の知恵についてのものであるが、他の異教諸国民すべての知恵にまで応用できるかたちで――〈エジプト人の最初の神学は物語を挿入したたんなる歴史であったが、それを後代の者たちはやがて恥じるようになって、そこに神秘的な意味を付加していった〉と述べている場所[1]は、黄金の場所〔金言〕である。これは、さきにも述べたように〔46〕、エジプト最高の神官であるマネトーがエジプト史全体をひとつの崇高な自然神学に移し換えたときにおこなったことであった。

223　これら二つの公理は、わたしたちの歴史神話学の二大証拠である。また、これらは、古代人の到達しがたく高い知恵にかんするもろもろの見解を混乱に陥れるための二大旋風であると同時に、キリスト教こそが真実の宗教であることを証し立てる二大根拠でもある。じっさいにも、キリスト教は、聖史において、この点で恥じなければならないようなことはなにひとつ語ってはいない。

五六

224 オリエント人、エジプト人、ギリシア人、ローマ人のあいだで最初に著述をおこなった者たち、また、ふたたびめぐり来たった野蛮状態〔中世〕のもとで、新しいヨーロッパ諸語で最初にものを書いた者たちは、詩人であったことが見いだされる〔464-471〕。

五七

225 唖者は、自分が示したいとおもう概念と自然的な関係をもっている身振りや物体によって説明する〔400-403〕。

226 この公理は象形文字の原理である。諸国民はすべて、その最初の野蛮状態のもとでは、象形文字によって話していたことがわかる(1)。

227 この同じ公理は、プラトンが『クラテュロス』において、また、かれののち、イアムブリコスが『エジプト人の秘儀』において、かつてこの世で話されていたと推測している自然話法の原理[1]でもある。この両人と同じ説はストア派や『ケルススに反論する』のオリゲネス[2]も採っている。そして、かれらの説がたんなる推量によるものであったため、アリストテレスとガレノスはそれぞれ『命題論』および『ヒッポクラテスとプラトンの学説』において反対したのであった。[3]この論争については、プブリウス・ニギディウスがアウルス・ゲリウスの著作のなかで論じている。[4]この自然話法のあとに、形象、類似、比較、自然的特性を用いた詩的言い回しが登場したはずなのである。

五八

228　唖者は、歌いながら、形にならない音声を発し、吃音者は、同じく歌いながら、言語の発声に努める〔461〕。

五九

229　人間は、このうえなく大きな苦しみや喜びに出会ったときに経験するように、大きな情念は歌にして吐き出す〔461〕。

230　これら二つの公理は、異教諸国民の創建者たちは口の利けない野獣同様の野獣的状態に陥っており、また、このために愚鈍になってしまって、きわめて強烈な情念に衝き動かされないかぎり、感覚を取り戻すこともなくなっていたことからして、かれらの最初の言語を、歌うことによって形成したはずであると推測させる〔461〕。

六〇

231　言語は単音節語から始まったにちがいない。このことは、幼児は、今日では分節化した言葉が豊富に存在しているなかに生まれてきており、しかも言葉を分節化するために必要な器官の組織がきわめて柔軟であるにもかかわらず、単音節語からしゃべりはじめることからもわかる〔462〕。

六一

232　英雄詩はすべての詩のうちで最も古く、スポンディオス格[1]はすべての格のうちで〔リズムが〕最も遅い。そして、のちに見いだされるように〔449〕、英雄詩は誕生当初、スポンデイオス格をとっていたのであった。

六二

233　イアンボス詩[1]は散文に最も近い。そして、イアンボスとは――ホラティウスが定義しているように――〈早足〉のことである[2]。

234　これら最後の二つの公理は、概念と言語とは歩調を合わせてしだいに速くなっていったことを推測させてくれる。

235　これら第四七以下の公理はすべて、他のすべての公理の原理としてさきに提出しておいたもろもろの公理とともに、詩作法の全体をその各部分にわたって覆っている。すなわち、物語、習俗とその装飾、言い回しとその明白さ、アレゴリー、歌、そして最後に韻文である。また、最後の七つの公理は、同じく、どの国民のもとでも、まずは韻文による語り方があり、その後に散文による語り方が出てきたということを確信させてくれる。

六三

236　人間の知性は、生来、感覚によってみずからを外から物体を眺めるようにして眺めるという傾向をもっており、反省を介して自己自身を理解するのには多大の困難がともないがちである。

237　この公理は、すべての言語における語源学の普遍的原理を提供する。どの言語においても、語彙は、知性と精神にかんすることがらを表示するのにも、物体や物体の特性から採ってこられているのである。

六四

238　観念の順序は事物の順序にしたがって進むのでなくてはならない[1]。

六五

239　人間にかんすることがらの順序はつぎのように進行する。すなわち、最初には森があり、つぎに小屋、それから村、つづいて都市、最後に学院〔文化施設〕というものである。

240　この公理は語源学の一大原理である。すなわち、人間にかんすることがらのこの系列にしたがって、その土地固有の語の歴史は語られなければならないのである。じっさいにも、ラテン語においては、語彙のほとんどすべてが森林や田野での生活に起源をもっていることが観察される。たとえば、〔今日では一般に〈法律〉の意味で用いられている〕〈レクス〉lex がそうである。これは、最初は〈ドングリの集まり〉のことであったにちがいなく、ここから樫の木はほとんど〈イレクス〉ilex〔誘惑的〕と同じ意味で〈イーレクス〉ilex と言われたのだとおもう（これは、たしかに〈アクイレクス〉aquilex が水を集める者のことであるのと同じである）。なぜなら、樫の木はドングリを生みだし、これを求めて豚が集まってくるからである。それからまた、〈レクス〉は〈豆の集まり〉のことでもあった（ここから豆は〈レグーミナ〉legumina と言われたのであった）。つづいて、法律を書き記しておくための通俗文字がまだ発明されていなかった時代には、国家生活上の必要からして、〈レクス〉は〈市民の集まり〉、すなわち公的な議会のことを指すのに用いられていたにちがいない。そこでは、都市民が居合わせるということが、特別召集民会においてなされるもろもろの意思決定を権威づける法律であったのである。そして最後には、文字を集め、それらから木の枝を束ねるようにしてそれぞれの言葉を作りだすこと〔読むこと〕が、〔〈集める〉ということから〕〈レゲーレ〉legere と言われたのであった。

六六

241　人間は、まずは必要なものを感じ取り、つぎに有益なものに目を向け、つづいては便利なものを認知するようになり、さらに進むと快楽に興じ、それから贅沢に溺れ、最後には正気を失って財産を浪費してしまう。

六七

242　諸民族の自然本性は、まずは粗野で、つぎには厳格、それから温和、つづいては繊細、そして最後には放埒である。

六八

243　人類のなかには、まずはポリュペモスのような途方もなく巨大で不恰好な者たち、つぎにはアキレウスのような高邁で誇り高い者たち、それからアリスティデスやスキピオ・アフリカヌスのような勇敢で公正な者たち、さらに進んではアレクサンドロスやカエサルのような偉大な徳と大悪徳とを兼ね備えていて民衆のあいだで真の栄光に輝く者たち、つづいてはティベリウスのような憂鬱げで反省的な者たち、そして最後にはカリグラやネロやドミティアヌスのような凶暴で放埒で破廉恥な者たちが出現する。

244　この公理は、つぎのこと、すなわち、第一の者たちは、諸家族の並存状態のもとで人間を人間に従わせ、やがて来たるべき都市状態のもとで法律に従うことができるように準備するため、第二の者たちは、かれらは生来自分と対等の者たちにはけっして譲ろうとはしなかったはずであって、諸家族の上に貴族制的な形態の国家を確立するため、第三の者たちは、そこに人民的自由への道を拓くため、第四の者たちは、そこに君主制を導入するため、第五の者たちは、その君主制を確立するため、第六の者たちは、それを転覆するために、それぞれ必要であったことを証明する。

245　また、この公理は、先行する諸公理〔公理六五―六七〕とともに、諸国民のいずれもがかれらの勃興、前進、停止、衰退、終焉を時間の中で経過するさいの根底に存在する**永遠の理念的な歴史**〔349, 393〕の諸原理の一部を提供している。

六九

246　統治(1)〔政府〕は統治される人間たちの自然本性に合致したものでなければならない。

247　この公理は、人間の国家生活にかんすることがらの自然本性からして、君主たちの公的な学校は人民の道徳であることを示している。

七〇

248　無法の世界の忌まわしい状態(1)から、まずは若干の最も強靱な者たちが身を引いて家族を創建し、この家族とともに、そして家族のために、原野を耕して田畑としたのであり、ずっとのちになって他の多数の者たちも同じく無法状態から身を引き、これら家父長たちの耕地に逃れてきたということ――このことは、ことがらの本性上矛盾を含んでいないことを認めていただきたい。これが事実上も真実であることは、ここ〔520 以下、553 以下〕でのちに見いだされるだろう。

七一

249　生まれつきの習性、とりわけ、自然的自由の習性は、一挙に変わるものではなく、徐々に長い年月を経て変わっていくものである。

七二

250　諸国民はすべてあるなんらかの神的存在を崇拝することから始まったのであるから、諸家族の並存状態のもとにおける家父長たちは、前兆を占うことに通じた賢者であり、前兆を確保する——すなわち、それらをよく理解する——ために生贄をささげる祭司であり、神の掟(1)を家族にもたらす王であったにちがいない。

七三

251　この世を統治していた最初の者たちは王であったというのは、古くからの言い伝えである。

七四

252 最初の王たちは生まれからして最もふさわしい者がなったというのも、いまひとつの古くからの言い伝えである。

七五

253 最初の王たちは賢者であったというのも、同じくまた古くからの言い伝えである。ここから、プラトンは、空しい願いをこめて、これらの太古の時代には哲学者たちが統治していたか、王たちが哲学していたと見なそうとしたのであった(1)。

254 これらの公理はすべて、最初の家父長たちの人格においては知恵と司祭権と王権とが統一されており、王権と司祭権とは、哲学者たちの深遠な知恵ならぬ立法者たちの通俗的な知恵に依存する権力であったことを示している。それゆえ、その後、いずれの国民においても、祭司たちが王位に就いているのである。

七六

255　この世における最初の統治形態は君主制的〔一頭支配的〕な形態であったというのは、古くからの言い伝えである。

七七

256　しかし、第六七の公理は、それに続く諸公理、とくに第六九の公理の系とともに、諸家族の並存状態のもとにあっての家父長たちは、かれらの息子たち、および、それ以上にかれらの土地に逃げこんできた奴僕たちの、身柄と所得の双方にたいして、ただひとり神にのみ従属する、君主的〔一頭支配的〕支配権を行使していたにちがいないこと、こうしてかれらこそはこの世の最初の君主〔一頭支配者〕たちであったのであり、聖史が〈パトリアルカ〉、すなわち〈父たちの第一人者〉と呼ぶときに言おうとしていたのはかれらのことであったにちがいないことを証明している。このような君主的〔一頭支配者的〕権利は、〈生殺与奪の権は家父長の自由な権利に属する〉、および、これの帰結である〈子が所有するものはなんであれすべて父に代わって所有しているものである〉という十二表法[1]〔の規定〕によって、ローマ共和政の時代全体をつうじてかれらに保証されていたのであった。

七八

257　家族が〈ファミリア〉familia と呼ばれるようになったのは、語源上の特性からして、当時の自然状態のもとにあってのこれら家父長の〈奴僕たち〉famuli からそう呼ばれるようになったとしか考えられない〔552, 555〕。

七九

258　もともと利益を交換しあう目的で結合した仲間のことである最初の〈同盟者たち〉socii は、これらのいま述べた最初の家父長たちに生命を救ってもらおうとかれら家父長たちのもとに逃げこんできて、家父長たちの生活上の必要を満たすために受け入れてもらい、家父長たちの田畑を耕すことによって、家父長たちの生活を支える義務を負うことになった者たち以前に存在したとは、およそ想像もできなければ理解もできない〔255〕。

259　このような者〔奴僕〕たちこそが英雄たちの真の同盟者であったのであって、それがつぎには英雄たちからなる都市の平民、そして最後には首都的地位にある都市の属州がそうした同盟者となるにいたったのであった。

八〇

260　人間が恩恵をあたえようという方法をおのずと採用するにいたるのは、そこから十分に大きな利益を保持したり引き出したりできると見てとる場合である。こうした利益こそはかれらが国家生活なるものにおいて期待しうる恩恵なのである。

八一

261　力で獲得したものを怠慢のせいで手放してしまうようなことはせず、必要からか利益のために、少しずつ、それもできるだけ少なく返却していこうとするのが、強者の特性である。

262　これら二つの公理から封土の尽きることのない源泉が流れ出てくる。じっさいにも、封土のことはラテン語で正確にも〔〈恩恵〉との関連をうかがわせて〕〈ベネフィキウム〉

beneficium と言われている(1)。

八二

263　古代の諸国民には、いずれもいたるところに被保護民と保護＝被保護関係とがみられる〔556–557〕。これらは、それぞれ封臣と封土として理解する以上に適切な理解の仕方はない。また、封建制の学者たちも、それらを説明するのに〈クリエンテース〉clientes と〈クリエンテーラ〉clientela 以上に適切なラテン語を見いだしてはいないのである(1)。

264　これら最後の三つの公理は、それに先立つ第七〇以降の十二の公理とともに、国家の起源を明らかにしている。国家は奴僕たちによって家父長たちに課されたあるひとつの大いなる必要――これがなんであるかはのちに明らかにされる〔582 以下〕――から生まれたのであった。そして、この必要のために、国家はおのずと貴族国家として形成されていったのでもあった。それというのも、家父長たちは、かれらに反逆して起ちあがった奴僕たちに抵抗するために結束して〔統治〕評議会を形成する。そして、こうして結束したのち、奴僕たちを満足させ、ふたたび自分たちに服従させるために、かれらに譲歩して一種の農民的封土をあたえる。とともに、自分たちが家族の内部において有していた絶対主権的支配権――これは貴族的封土というかたちにおいてしか理解されえない――が、自分たちの統治評議会自体の国家的絶対主権的支配権に従属することになったのを見いだすこととなるのである。そして、その統治評議会の長たちが〈王〉と呼ばれたのであって、かれらは最も勇敢な者たちで、奴僕たちの反乱のさいに家父長たちを統率した者たちであったにちがいないのである。もし都市〔国家〕のこのような起源が仮説として設定されるなら――これが事実であることはのちに明らかにされる〔582以下〕――、これは、その自然さと単純さ、そして無数の国家的現象があたかもこれこそはそれらの本来の原因であるとでもいわんばかりにこれに立脚していることから見て、真実のものとして受けとられてしかるべきはずである。なぜなら、これ以外の仕方では、どのようにして家族権力から国家権力が形成され、私的財産から公的財産が形成されたのか、また、どのようにして国家には少数の者たちからなる指揮する団体〔統治評議会〕と平民たちからなる服従する大衆という政治学の主題をなす二つの部分のための素材が準備されることになったのかは、どうしても理解できないからである。これものちに示されるように、国家のこのような誕生は、家族が息子たちだけからなっていた場合には、およそありえなかったのだ。

八三

265　この田畑にかんする法は世界最初の農地法であったことが確定される。また、ことがらの本性からして、これ以上に制限された法は想像することも理解することもできない。

266　この農地法は、国家制度の自然本性からしてありうる土地所有権を三種類の人格のもとで三つに区別する。平民たちのもとにあっての、委付的所有権。家父長たちのもとにあっての、武力によって維持され、ひいては貴族的なものである、市民的所有権。そして、貴族国家における〈シニョリーア〉Signoria、すなわち絶対主権的権力である団体〔統治評議会〕自体のもとにあっての、卓越的所有権がそれである。(1)

八四

267　アリストテレスが『政治学』において国家を分類したさいに英雄王国を挙げ、英雄王国においては、王は内にあっては法律を管理し、外にあっては戦争を指揮していた、そしてかれらはまた宗教の長であったと述べている場所(1)は、黄金の場所〔金言〕である。

268　この公理は、テセウスとロムルスの二つの英雄王国にぴったり適合する。前者については、プルタルコスの『対比列伝』のうちにうかがうことができる。[1] また、後者についても、――あたかもローマ史によってギリシア史を補うかのようにして――トゥルス・ホスティリウスがホラティウスにたいする裁判のさいに法を管理している個所がローマ史にあるところからうかがうことができる。[2] さらに、ローマの王たちは神聖なことがらを司る王でもあったのであって、〈レークス・サクロールム〉rex sacrorum と呼ばれていた。そこで、ローマから王たちが放逐されてしまうと、無事に確実性を確保するために、かれらに代わって、同じく〈レークス・サクロールム〉と呼ばれる〈フェーティアーリス〉fetialis たちの長、すなわち、従軍祭司〔伝令使〕たちの長が創設されたのであった。

八五

269　アリストテレスが同書において、古代の国家には私的な侵害行為を処罰したり、私的な損害を補償したりするための法律はなかったと指摘し、また、もろもろの都市民がその始まりにおいては野蛮であったのはまさにかれらがなおも法律によって馴致されるにいたっていなかったためであるから、このような習俗は野蛮な都市民のものであると述べている場所(1)も、やはり黄金の場所である。

270　この公理は、野蛮時代には裁判にかんする法律がなかったため、そこでは決闘と復讐が必要とされたことを示している〔959-964〕。

八六

271　また、古代の国家では貴族は自分たちが平民の永遠の敵であると誓い合っていたと述べている場所(1)も、アリストテレスの同書における黄金の場所である。

272　この公理は、古代ローマ史に歴然と読みとることのできる、平民にたいする貴族の、傲慢で、貪欲で、残酷な振る舞いぶりの原因を説明してくれる。そこでは、これまでそうと夢想されてきた人民的自由の背後にあって、じつは長いあいだ、貴族は平民を戦争があるたびに費用を自己負担させて従事させ、高利の海の中に溺れさせてきたのだった。そして、これら哀れな平民たちが満足のいく働きができないと、労働や苦役でその償いをさせるべく、かれらを一生自分たちの私牢に閉じこめて、暴君よろしく、かれらの背中を最も卑しい奴隷同様に鞭打ってきたのである〔668〕。こうした貴族の振る舞いぶりの原因をこの公理は説明してくれるのである。

八七

273　貴族国家はいずれも戦争にまで突き進むことにはきわめて慎重であるが、これは平民大衆を戦士に鍛えあげてしまうのを怖れているからである。

274　この公理は、カルタゴ〔ポエニ〕戦争にいたるまでのローマ軍が公正であったことの原理である。

八八

275　貴族国家はいずれも富を貴族階級の内部に〔独占的に〕保留しているが、これは富がその階級の権力に寄与するところがあるからである。

276　この公理は、勝利した場合にローマ人が寛容であったことの原理である。かれらは、敗者からは武器だけを取りあげ、十分に忍びうる程度の貢税法を制定したうえで、いっさいのものの委付的所有権を残してやっていたのである。この公理はまた、家父長たちが〔大土地所有者の土地を取りあげて貧民に分けあたえようとした〕グラックス兄弟の農地法にたいしてつねに抵抗したことの原因でもある。それというのも、家父長た

ちは平民を富ませることを望んではいなかったのである。(1)

八九

277　名誉は武勲をあげさせるための最も高貴な刺激である。

九〇

278　都市民は、もし平時に互いに名誉を競い合う訓練を積んでいたなら、戦争のさいには、ある者はその名誉を保持しようとして、またある者は名誉を得るのにふさわしい功績をあげようとして、英雄的に振る舞うにちがいない。

279　この公理は、暴君たちの追放からカルタゴ〔ポエニ〕戦争にいたるまでのローマ的な英雄精神のひとつの原理である。この期間、貴族たちはみずから進んでかれらの祖国の救済のために身をささげ、このことによって市民的名誉のすべてを自分たちの階級の内部にとどめておいたのであり、また平民たちは貴族たちの独占している名誉に自分たちも浴するだけの値打ちがあることを証し立てようとして、いくつかの刮目すべき事業をなし遂げてみせたのであった〔668〕。

九一

280　都市においてもろもろの階級がそれぞれ公正な平等を求めて競争することは、国家を強大にする最も強力な手段である。

281　これは、ローマ的な英雄精神のもうひとつの原理である。すなわち、家父長たちの法律によってローマ的な英雄精神は三つの公的な徳に補佐されている。ローマ的な英雄精神は自分たちに伝えられる国政上のもろもろの理由〔市民的権利〕を自分たちも分かちもちたいと願う平民の高邁さ、それらをあくまで自分たちの階級の内部において秘守しぬこうとする家父長たちの剛健さ、それらを解釈し、それらの利益を、徐々に、道理を要求しているもろもろの新しい事例に拡大していこうとする法律家たちの賢明さの三つである。これらこそはローマの法賢慮〔法学〕が世界に冠たるものとなった三つの本来的な原因なのであった。

282　これら第八四以下の公理はすべて、古代ローマ史をその正しい相貌のもとに開陳する。つぎの三つの公理も、部分的に、これと同じ目的に役立つ。

九二

283　弱者は法律を欲し、強者は法律を拒み、野心家〔デマゴーグ〕は追従者を得るために法律を促進し、君主は強者を弱者と平等にしようとして法律を保護する。

284　この公理は、第一および第二の句節によって、貴族国家における英雄闘争の火種がなんであったかを明らかにしてくれる。貴族国家においては、貴族たちはすべての法律を、それらが自分たちの自由裁量に委ねられ、王権によって直轄できるよう、自分たちの階級のもとに秘匿しておくことを望んだのであった。すなわち、ローマの平民は〈秘匿されている、不確かな法、ならびに王権〉が自分たちには負担であると述べて十二表法を望んだ、と法律家のポンポニウスが語るときに挙げている、その二つの原因がそれである。また、ハリカルナッソスのディオニュシオス(1)が報告しているところによると、家父長たちは〈家父長たちの慣習は守られるべきであり、法律は広く知らしめるべきでない〉と言って十二表法を平民にあたえるのを渋ったとのことであるが、このことのこれは原因でもある。なお、ハリカルナッソスのディオニュシオス(2)はローマのことがらについてはティトゥス・リウィウスよりも通じていた。なぜなら、かれはそれらについて〈ローマ人のうちで最も学識ある人〉と絶賛されたテレンティウス・ウァッロの情報から学んで書いているからである。そして、いまの論点にかんしては、そのまま引くなら、貴族たちは〈平民の願いを拒絶しなかった〉と語っているリウィウスとは正面から対立する見解を採っている。したがって、このような対立点とか、『普遍法の原理』において考察した他のもろもろのさらに大きな対立点があることから見て、しかも相互にこれほどまでに対立し合っている最初の著述家たちは〔十二表法が制定されてから〕ほとんど五百年ものちになって十二表法をめぐってのそのような伝説について書いているのであるから、両者のどちらをも信用しないほうがよいだろう。いわんや、そのような伝説はその〔十二表法が制定されて五百年後の〕時代においてすらウァッロもキケロも信じていなかったのだから、なおさらである。ウァッロは、大著『神と人間にかんすることがら〔の古事記〕』において、ローマ人の神と人間にかんすることがらのすべてにラティウム固有の起源をあたえているし、キケロは、かれの時代の法律家たちの第一人者であったクイントゥス・ムキウス・スカエウォラの面前で、弁論家マルクス・クラッススに、〔十二表法の作成にあたった〕十人委員の知恵はアテナイ人に法律をあたえたドラコンやソロンの知恵およびスパルタ人に法律をあたえたリュクルゴスの知恵をはるかに凌駕していた、と述べさせている。(3)ということはすなわち、十二表法はスパルタからもアテネからもローマにやって来たわけではないということである。——また、これは真実に近いと思われるが、キケロが最初の一日目だけにクイントゥス・ムキウスを同伴させているのは、――かれの時代には、そのような〔十二表法はギリシアからローマにもたらされたという〕伝説が、自分の言表する知識にこのうえなく賢明な起源をあたえたがる学者たちのうぬぼれから生じて、文人たちのあいだであまりにも広く受け入れられていたので（このことはクラッスス自身が述べている〈万人が不平を唱えようとも、わたしは思うところを述べよう〉という言葉[4]からもうかがえる）――、法律家たちの専門領域であるローマ法の歴史について一介の弁論家が語っても（当時はこの二つの職業は互いに分離されていた）、かれらが反対しないようにするためにほかならなかったのである。こうしておけば、もしクラッススが虚偽の事実を述べたならば、ムキウスがたしかにそのまちがいを指摘しただろうからである。じっさいにも、ポンポニウスの報告しているところによると、ムキウスは、この同じ議論に加わっていたセルウィウス・スルピキウスを〈専門たるべき法に無知であるとは貴族たる者の恥である〉と言って叱責したとのことである[5]。

285 しかし、キケロとウァッロ以上に、ディオニュシオスもリウィウスもともに信用してはならぬということの強力な論拠を提供しているのは、ポリュビオスである。ポリュビオスは疑いもなく政治学についてはこの二人〔ディオニュシオスとリウィウス〕以上に通じていたし、またこの二人よりも二百年も十人官に近い時代に生きていたのであるが、そのかれは（ヤコプ・グロノフ版の『歴史』第六巻の第四章およびそれに続く諸章で）かれの時代の最も有名な自由国家の国制を注意深く観察する仕事に乗り出しており、ローマの国制はアテナイの国制ともスパルタの国制とも異なっていること、しかも、スパルタの国制とよりもアテナイの国制との相違のほうが大きいことを認めているのである。(1) アッティカ法をローマ法と同一視しようとする者たちが、すでにそれ以前にブルートゥスによって創建されていたはずの人民的自由の体制〔民主政体〕をローマに布くために法律がやって来たのは、スパルタからよりもアテナイからであったと思いたがっているのにたいしてである。そしてこの一方で、ポリュビオスは、逆にローマの国制とカルタゴの国制とが互いに似通っていることを認めている。しかしながら、そのカルタゴの国制がギリシアの法律によって自由なる国制として制定されたものであるなどとは、いまだかつてだれひとりとして夢想すらした者はいない。ましてや、カルタゴには、カルタゴ人がギリシア文字を学ぶことを禁じた法律さえもが明文化されて存在していたのであった。ところが、どうしたわけか、ポリュビオスは、もろもろの国家についてのいとも賢明な著述家であるにしては、この事実の確認にもとづいてつぎのようないたって自然でいたって当然の反省をすることをしておらず、そこに見られる相違の原因を探究することもしていない。すなわち、ローマとアテナイの国家は、国制の面では相違しておりながら、同じ法律によって秩序づけられており、ローマとカルタゴの国家は、国制の面では類似しておりながら、異なる法律によって秩序づけられているのはなぜか、という反省がそれである。したがって、かくも目にあまる見落としからこの賢明な著述家を免責してやるためには、ポリュビオスの時代には、ローマにはなおも、ギリシアの法律がアテナイからやって来てローマに人民的自由の体制を制定したというような物語は生まれていなかったと断定せざるをえないことになる。

286　この同じ公理は、第三の句節によって、人民国家〈民主政体〉における野心家たちに、普遍的なものは理解できないので個別的なもののひとつひとつについて法律を求める平民の自然的欲求を満たしてやりつつ、君主制へと向かう道を開く。そこで、貴族党の首領であったスッラは、平民党の首領であったマリウスを打ち負かすと、人民国家を貴族政体によって組織し直し、〈恒常的な審問〉の制度を設けることによって法律の群立状態に対処したのであった[1]〔1001〕。

287　そして、この同じ公理は、最後の句節によって、なぜ、アウグストゥス以降、ローマの元首たちが私的領域にかんする無数の法律を作ったのか、また、なぜ、ヨーロッパの君主や権力が、王国の場合にも自由共和国の場合にも、どこでもいたるところで、『ローマ市民法大全』および『教会法典』を受け入れるにいたったのか、その隠された理由を明らかにしている〔1001, 1002〕。

九三

288 人民国家〔民主政体〕においては、名誉への門はそこにおいて支配している貪欲な大衆に法律によって開放されている。そのため、平時においても、そこでは法律によってではなく武力によって権力を競い合うしかなく、富を得るために法律を制定しようにも権力を用いるしかない。ローマの場合でいえば、グラックス兄弟の農地法がそうであった。こうして、内においては内戦が、外においては不正義の戦争が、同時に起こることとなるのである(1)〔1008〕。

289 この公理は、ひるがえっては、グラックス兄弟以前の時代全体をつうじてのローマの英雄主義〔の起源がなんであったか〕を確認させてくれる。

九四

290 自然的自由の度合いは財産がその所有者の身体に密着していればいるほど猛烈であり、政治的隷従は生活にとって必要不可欠でない財富が手に入るようになるとともに止む。

291　この公理は、その前半部分は最初の都市民たちの自然的英雄主義のいまひとつの起源であり、後半部分は君主制の自然的起源である。

九五

292　人間は、最初は従属状態から脱して平等になりたいと願う。見るとよい、貴族国家における平民たちを。かれらはついにはそれを人民国家に変えてしまったのである。それからつぎには平等な者たちに抜きん出ようとする。見るとよい、人民国家における平民たちを。かれらはそれを権力者たちの国家に堕落させてしまったのである。そして最後には法律のもとに身を置くことを望むにいたる。見るとよい、無政府状態または統制を失った人民国家を。この無政府状態または統制を失った人民国家ほど劣悪な圧制はないのであって、そこでは都市における大胆不敵で放縦な者たちの数だけの圧制者が輩出するのである。が、ここにいたって平民たちはみずからの招いた災厄のかずかずに気づかされて、救済策を探し求めはじめる。そして、君主制のもとに身を委ねるにいたるのである。これこそは、タキトゥスが〈内戦で疲弊した世を「元首」〔元老院の第一人者〕の名において支配下に収めた〉アウグストゥス[1]の治世[2]下におけるローマの君主制を正当化しようとしたさいに持ち出している、例の自然王法にほかならない(3)。

九六

293　生来無法の自由放縦な状態にあったことから、貴族たちは、諸家族に立脚して最初の都市が構成されたときには、抑制にも負担にもいっさい同意しようとはしなかった。見るとよい、貴族たちが主人である貴族国家を。それがやがて、平民たちがしだいにその数を増やしていき、戦闘にも十分備えられる力をつけていったことによって、かれら平民たちと平等に法律と負担を耐え忍ぶことを余儀なくされていく。見るとよい、人民国家における貴族たちを。そして最後には、快適な生活を維持していくために、おのずと一者の支配のもとに服従していくのである。見るとよい、君主制のもとにおける貴族たちを〔582 以下、925–927, 1008〕。

294　これら二つの公理は、先立つ第六六以下の公理とともに、前述の永遠の理念的な歴史の諸原理である。

九七

295　大洪水後、人間たちはまず山上に住み、それからしばらくして平野に降りてきたのであって、長い年月ののちようやく、ついに海浜にまで出かけていく自信をもつにいたったという要請を立てても、道理に背かないことを認めてもらいたい。

九八

296　ストラボン[1]にプラトンの黄金の場所〔金言〕がある。そこでプラトンは、オーギュゴスとデウカリオンの地域的な洪水ののち、人間たちは山の上の洞穴に住んでいたと述べている。そして、その者たちがポリュペモスたちであったのだとするとともに、他の場所で、かれらはこの世における最初の家父長たちであったことを確認している。また、その後、かれらは山の麓に住むようになったと述べ、のちにトロイアの要塞となったペルガモンを築いたダルダノスはかれらの象徴であったとしている。そして、最後に平野に住むにいたったと述べ、その象徴をイロスに見いだしている[2]。トロイアはイロスによって海に近い平地に移され、そのためにイリオンと呼ばれたのであった。

九九

297 同じく古い伝承によると、テュロスは最初内陸に創建され、のちにフェニキアの海辺に遷されたという。また、そこからさらにその近くの島に遷され、その後、アレクサンドロス大王の手で〔突堤を築いて〕ふたたび大陸にくっつけられたというのは、確かな史実である。

298 さきの要請〔295〕とそれに続く二つの公理は、まず初めに内陸部の諸国民が創建され、そのあとで海洋諸国民が創建されたことを明らかにしている。また、同じくそれらは、ヘブライの民の古さを証明する一大論拠をも提供している。ヘブライの民は、ノアによって、人が住むことのできる最初の世界の最も内陸の地であるメソポタミアに創建されたのであり、かくて諸国民すべてのなかで最も古い国民であったのである。また、このことは、最初の君主国であるアッシリア人の国家はそこ〔メソポタミア〕にカルデア人を土台にして創建されたことからも確認される。世界の最初の賢者たちはカルデア人のなかから輩出したのであり、そのかれらの第一人者がゾロアスターなのであった(1)。

一〇〇

299　土地というものはそこに生まれた者にはおのずと愛着があるものであるから、生きるためのぎりぎりの必要に迫られないかぎり、人間は自分の土地を見捨てようとはけっしてしない。また、交易によって富を得てやろうという貪欲な心や、獲得したものをなにがなんでも持ち続けていたいという強い熱意でもないかぎり、自分の土地を長期にわたって留守にすることもない。

300　この公理は、英雄時代におけるもろもろの渡海植民、蛮族の襲来――ヴォルフガング・ラティウス[1]はこれについてのみ書いている――、ローマの最後に知られるところとなった植民[2]、ヨーロッパ人のインドへの植民によってなされた、諸国民の移住の起源である。

301　また、この同じ公理は、ノアの三人の息子の迷える子孫たちは野獣的放浪状態に陥っていったにちがいないことを示している。かれらは、野獣どもを逃れ（地上の大森林はあいにく野獣どもでいっぱいであったはずである）、身をかわすのがうまくてなかなか言うことをきかない女どもを追いかけ（そのような未開状態にあっては、女性は極度に反抗的で身をかわしがちであったはずである）、そしてつぎにはまた草地と水を探し求めているうちに、天が大洪水後初めて雷光を閃かせたときには、大地全体に散り散りになってしまっていたのであった。そうであったからこそ、異教の国民はいずれも各自のゼウスから始まっているのである。なぜなら、もしかれらが神の民が維持しつづけたように人間性を維持しつづけていたのならば、かれらは神の民と同様、アジアの地に留まっていただろうからである。その世界の大部分を占める地の広大さからして、また当時は人口が僅少であったことからして、かれらにはその土地を見捨てるべき必然的理由はなんらなかったのである。生まれた土地をたんに気紛れで見捨てるなどというのは、人間生来の習性ではないのだ。

一〇一

302　フェニキア人は古代世界で最初の航海者であった。

一〇二

303　諸国民はその野蛮状態のもとにあっては〔それぞれがみずからを閉ざしていて〕そのなかにはなかなか入り込めないので、〔そのかれらを開かせるためには〕戦争によって外部から打ち砕くか、交易の利益を求めて内部から自発的に外国人に国を開くのを待つしかない。たとえば、プサンメティコスがイオニアとカリアのギリシア人にエジプトを開いたときがそうであった。イオニアとカリアのギリシア人は、海上交易にかけては、フェニキア人についで有名であったにちがいないのである。だからこそ、その巨大な富によって、イオニアにはヘラを祀るサモスの神殿が建設されたのであり、またカリアにはアルテミスの霊廟が建立されたのであった。サモスの神殿とアルテミスの霊廟は、世界の七不思議のうちの二つである。また、この交易の栄光はロドスの人々にも伝えられ、かれらもその港の入り口に同じく世界の七不思議に数えられた太陽神の巨像を建てたのである。そして、これと同様、シナ人が最近わたしたちヨーロッパ人に国を開いたのも、交易の利益を求めてのことなのであった。

304　これら三つの公理は、さきに述べたその土地固有の語彙にかんする語源学とは別の、外国起源であることの確実な語彙にかんするいまひとつの語源学の原理をあたえてくれている。そして、これはまた、外国の地に植民地を拓いてつぎつぎに入っていった諸国民の歴史をも提供してくれる。たとえば、ナポリは最初はシリア語でシレナと呼ばれていた。これはだれよりもさきに交易のためにそこに植民地を拓いたのがシリア人つまりはフェニキア人であった証拠である。それがやがてギリシア英雄語でパルテノペと呼ばれるようになり、最後にギリシア通俗語でナポリと呼ばれるようになったのである。これは続いてギリシア人がそこに交易関係を開くために移り住んできたことの証拠である。こうしてそこにはフェニキア語とギリシア語の混ざり合った言語が生じたのであったにちがいなく、これを皇帝ティベリウスは純粋のギリシア語よりも好んだと言われている。そして、これとまさしく同様に、タラント湾岸にはかつてシリスというシリア植民地があり、そこの住民はシリテースと呼ばれていたのが、その後、それはギリシア人によってポリエイオンと呼ばれるようになり、そこに神殿をもっていたアテナはポリアスと称されたのであった。

305　この公理はまた、ジャンブッラーリが書いている、トスカーナ語はシリア起源である、という議論[1]に知識の原理〔学問的根拠〕をあたえてくれる。この語をもたらしたのは、少しまえにそれについての公理を提示しておいたように古代世界で最初の航海者であった太古のフェニキア人以外にはありえなかったのである。なぜなら、そのあとで、そのような〔航海者の〕栄光はカリアとイオニアのギリシア人のものとなったのであり、そして最後にロドス人に引き継がれたからである。

一〇三

306　ここにひとつ、認められてしかるべきことがらが要請として立てられる。すなわち、かつてラティウムの沿岸にはギリシア植民地が建設されていたが、それがのちにローマ人によって打ち負かされ破壊されて、古代の闇の中に埋没したままになってしまった、というのがそれである〔763, 772〕。

307　もしこれが認められないとなると、人はだれでも古代のうえに反省をくわえてつじつまを合わせようとしたとたん、ローマ史がヘラクレスやエウアンドロス、アルカディアやフリジアの人々のラティウムの地での活躍ぶりについて語ったり、セルウィウス・トゥリウスはギリシア人であるとか、タルクイニウス・プリスクスはコリントの人デマラトスの息子であるとか、ローマ人の始祖はアイネイスであるなどと語っているのに出くわして、茫然自失することとなる。たしかに、ラテン文字は古いギリシア文字に似ている、とタキトゥスは指摘している。しかし、この一方で、リウィウスの判断によると、セルウィウス・トゥリウスの時代まで、ローマ人はクロトンの名高い学校で教えていたピュタゴラスの名声すら耳にしたことはなく、かれらがイタリアのギリシア人のことを知りはじめたのは、やがて海を渡ってギリシア人を率いてやってきたピュロスとの戦いへと発展していくタラントの戦いの折でしかなかったという。

一〇四

308　慣習は王のごとく、法律は僭主のごとし、というディオン・カッシオスの言[1]は、考察に値する言である。これは、道理にかなった慣習と、自然的道理によって生命を吹き込まれていない法律とに言及したものと解されるべきである。

309　この公理はまた、そこから導き出されるもろもろの結果によって、〈法は自然のうちに存在するのか、それとも人々の意見のうちに存在するのか〉という大論争〔135〕、これは第八公理の系において提出しておいた〈人間の自然本性は社会的であるのかどうか〉という質問と同じものであるが、この大論争に決着をつけてくれる。なぜなら、万民の自然法は、慣習（慣習は王のごとくに喜びをもって命令する、とディオンは述べている）によって制定されたのであって、法律（法律は僭主のごとくに力をもって命令する、とディオンは述べている）によって制定されたのではない。それというのも、それは諸国民の共通の自然本性（これこそがこの学の本来それにふさわしい主題なのであるが）に発するもろもろの人間的習俗とともに誕生したものであるからであり、そのような法こそが人間的な社会的関係を維持しているのである。また、自然に生じた習俗を守っていこうとすることほど自然なことはない（なぜなら、これほど喜ばしいことはほかにないからである）。それゆえ、これらすべてのことからして、そのような習俗がそこから出てきたところの人間の自然本性、それは社会的であるということになるのである。

310　この同じ公理は、第八の公理およびそれの系とともに、人間が不正義であるのは本性からして絶対的にそうであるわけではなくて、堕落した弱い本性からしてそうなのである、ということを論証する。ひいては、神によって最善の理念において創造されたはずであった完全無垢なるアダムというキリスト教の第一原理をも論証してくれる。また、つぎには、この公理は、以下のようなカトリック的な恩寵の原理を論証している。すなわち、恩寵が働くのは人間のなかに善行能力が欠如しているからであって、それをもつことが人間にもともと否定されているからではなく、そうした能力が人間には潜在しておりながらも効果を発揮しないため、そこで恩寵が働いて効果を発揮させるのだということ、それゆえ、自由な選択意志の原理なしには済まないのであって、この意志を神はかれの摂理によって援助するのだということ（同じ第八の公理の第二の系において述べたように）がそれである。そして、この点では、キリスト教は他のすべての宗教と見解を同じくしているのである。これこそは、グロティウス、セルデン、プーフェンドルフ[1]が、他のなににも先立って、まずはその上にかれらの学説を打ち建て、ローマの法学者たちと見解をともにすべきであった点なのだ。ローマの法学

者たちは、万民の自然法は神の摂理によって制定された、と定義しているのである。(2)

一〇五

311　万民の自然法は諸国民の習俗とともに生じたのであって、諸国民は、なんらの反省をもともなうことなく、また互いに相手を模範にするということもなしに、あるひとつの人間的な共通感覚〔142, 145〕において一致を見ることとなったのであった。

312　この公理は、さきに引いたディオンの言とともに、摂理が万民の自然法の制定者であることを確定する。なぜなら、摂理は人間の行為万般の女王であるからである。

313　この同じ公理は、ヘブライ人の自然法と異教徒たちの自然法と哲学者たちの自然法の相違を確定する。なぜなら、異教徒たちは摂理による通常の援助のみを得たのであったが、ヘブライ人は真の神による特別の援助をも受けたからである。こうして諸国民の世界の全体はこのことによってヘブライ人と異教徒たちとに分割されることとなったのであった。また、哲学者たちは自然法を推理するにあたって異教徒たちが習俗化していたものよりも完全なものを想定しているが、哲学者たちが出現したのは異教の諸国民が創建されてから二千年も経てからであったのである。これら三つの相違を見ることができなかったために、グロティウス、セルデン、プーフェンドルフの三つの学説はいずれも崩壊せざるをえなかったのである。

一〇六

314　学説はそれの扱う質料〔素材〕が始まるところから始まるのでなければならない。

315　この公理は、万民の自然法[1]という個別的な素材のためにここに置かれたが、本書であつかわれるすべての素材に普遍的に利用される。それゆえ、本来ならば一般的な公理のなかで提示されるべきであったのである。ただ、この公理がここに置かれたのは、他のあらゆる個別的な素材にもまして、この素材においてこそ、それの真理性とそれを利用することの重要性とが明瞭になるからである。

一〇七

316　氏族は都市以前に始まった。そして、それらは、ラティウムの人々によってゲンテース・マーヨーレース gentes maiores〔大氏族たち〕、すなわち、古い高貴の家々と呼ばれていた。ロムルスが家父長たちを集めて元老院を構成し、そして元老院とともにローマの都市を構成したときの、その家父長たちの家々のことである。これにたいして、都市ができてから創建された新しい高貴の家々はゲンテース・ミノレース gentes minores〔小氏族たち〕と呼ばれていた。たとえば、ユニウス・ブルートゥスが、王たちを追放したのち、タルクイニウス・スペルブスが議員たちを殺戮してしまったためにほとんど空っぽになっていた元老院にふたたび家父長たちを補充したさいの、その家父長たちの家々がそうであった[1]。

一〇八

317　かくては神々もまた二種類に分かたれていた。一方は、大氏族たちの神々、すなわち、都市ができる以前に諸家族によって祀られていた神々である。これらの神々の数は、ギリシア人とローマ人のもとでは確実に——そして本書では最初のアッシリア人すなわちカルデア人、フェニキア人、エジプト人のもとでもそうであったことが証明されるが——十二であった（この数はギリシア人のあいだではよく知れ渡っており、かれらは神々のことをただたんにドーデカ δώδεκα〔十二〕の一語でもって指示していたほどであった）。また、これらの神々は『普遍法の原理』に引用しておいたラテン語の二行連句のなかでは順序不同のまま集められているが[1]、ここでは、第二巻において、あるひとつの自然神統記、すなわち、神々がギリシア人の知性のなかで自然に作られていったその生誕の経過についての考察にもとづいて、以下のように順序立てられるだろう。すなわち、ゼウスとヘラ、アルテミスとアポロン、ヘパイストスとクロノスとヘスティア、アレスとアプロディテ、アテナとヘルメス、そしてポセイドンの順である。そしてもう一方は、小氏族たちの神々、すなわち、たとえばロムルスのように、のちに都市民たちによって祀られるようになった神々である。ロムルスのことを、死後、ローマの都市民はクイリヌス神と称したのであった。

318　これら三つの公理からして、グロティウス、セルデン、プーフェンドルフの三つの学説はその原理〔端緒〕を欠如させていることがわかる。それらの学説はいずれも諸国民がすでに全人類的な交際のなかで相互に相手を見知り合っているところから始まっている。しかしながら、その人類なるものは、ここで論証されるように、最初の諸国民のあいだにあって、家族たちの時代から、いわゆる〈大〉氏族たちの神々のもとで始まったのであった。

一〇九

319　思考力の足りない者たちは、言葉で表明されているかぎりのものが法〔権利〕であると考える。

一二〇

320 政治的衡平についてウルピアヌスがあたえているつぎの定義は金言である。いわく、政治的衡平とは〈(自然的衡平のように) すべての人々によって自然に知られるものではなくて、思慮、経験、学識において卓越していて、人間的な交際を維持していくうえでなにが必要かを認識している少数の人々にのみ知られるような、蓋然的な道理〉のことである[1]。これは美しいイタリア語で〈ラジョン・ディ・スタート〉ragion di Stato〔国家理性または統治上の道理〕と呼ばれている〔949–950〕。

一二一

321 法律における確実なるものは、もっぱら権威に支えられている道理の暗さである。このため、わたしたちは、それらを実行するさい、それらを苛酷であると感じつつ、しかも、それらが〈確実なもの〉であるということでそれらを実行することを余儀なくされるのである。この言葉は、正しいラテン語で〈個別化されたもの〉、あるいは学校で言っているように〈個性化されたもの〉を意味している。そして、この意味において、ケルトゥム certum〔個別的なもの〕とコンムーネ commune〔共通のもの〕とは、ラテン語特有の過度なばかりの正確さをもって、相互に対立させられているのである。

322　この公理は、以下の二つの定義[1]とともに、政治的衡平を尺度としている**厳格な法律解釈法**[2]の原理を構成する。法律の有している**確実性**に、すなわち、法律の文言の限定された個別性に、その思考が生来個別的な性質のものである野蛮な者たちは自然となびいていくのであり、かような法〔権利〕が自分たちの享受してしかるべき法〔権利〕なのだと思いこむのである。したがって、これらの場合についてウルピアヌス[3]が〈法律は苛酷ではあるが、しかしそのように書かれている〉と言っているところを、あなたならば、ラテン語としてももっと美しく、また法律学的にももっと正確に、〈法律は苛酷ではあるが、しかし確実である〉と言うことができるだろう。

一一二

323　聡明な者たちは、平等不偏の有益性がもろもろの訴訟において命じていることがらのすべてが法〔権利〕であると考える。

一一三

324 法律における真実なるものは、自然的理性〔道理〕を照らし出している確かな光であり輝きである。こうしてしばしば法学者たちは〈衡平である〉と言うべきところを〈真実である〉と言い慣わしてきているのである[1]。

325 この定義は、第一一一の定義同様、真実なるものと確実なるものとについて一般的に扱っている第九と第一〇の二つの一般的な定義から出てくるもろもろの証明を万民の自然法という個別的な素材のなかでおこない、本書で扱われるすべての素材に結論をあたえるための、個別的な命題である。

一一四

326 全面的に展開された人間的道理[1]〔理性〕の自然的衡平は、有益性にかかわるもろもろの行為への知恵のひとつの応用である。というのも、〈知恵〉とは、広義においては、事物をそれらが自然本性的に備えているとおりに活用する知識以外のなにものでもないからである〔364〕。

327　この公理は、以下の二つの定義とともに、文明化した諸国民に生来的なものである自然的衡平に準拠した**温和な法律解釈法**[1]の原理を構成する。いずれ明らかにされるように、自然的衡平の公的な学校から哲学者たちは輩出したのであった。

328　これら最後の六つの命題はすべて、摂理こそは万民の自然法の制定者であったのであって、諸国民は何世紀にもわたって真実なるものおよび自然的衡平（この自然的衡平についてはのちに哲学者たちが明らかにしていった）を認識する能力を欠いたまま生きていかざるをえなかったので、摂理はそれらの諸国民が維持存続していけるようにと、かれらが、確実なるもの、および、もろもろの命令や法律の文言を一字一句違えずに遵守する政治的衡平に固執し、その文言に準拠して、それらの命令や法律をたとえ苛酷に過ぎる場合でも一般的に守り抜くようになることを許したのだ、ということを確定する。

329　また、この同じ六つの命題は、万民の自然法の学説の三人の第一人者たちによっては知られるところとはならなかったため、かれらがそれぞれの学説を確立しようとするにあたって、三人とも揃って失敗することを得さしめたのであった。なぜなら、かれらは、その最善の理念における自然的衡平が異教の諸国民たちによってそれらの諸国民が最初に始まったときから理解されていたかのように思いこんでしまった。そして、哲学者たちがそれら異教の諸国民のいずれかのなかに到来するまでには二千年が要求されたということにも思いを致さなければ、それら諸国民のなかにあって特別に真の神によって援助されたひとつの民〔ヘブライの民〕が存在したことにも留意しなかったのである。

[第3部]　原理について

330　さて、ここまでこの学の要素として列挙してきた諸命題が初めに年表の上に配列しておいたもろもろの質料〔素材〕に形式をあたえることになっているかどうかを試験してみるために、読者にお願いしたいのだが、異教世界の神および人間にかんする知識全体のどの素材についてでもよいから、それの起源について従来どのようなことが書かれてきたかを振り返ってほしい。そして、これまで書かれてきたことがそれらの命題と不整合を来たしていないかどうか、それらの命題の全部か一部、または――それらの命題はひとつひとつが他のすべてと整合的な関係にあるため、ひとつについて存在することは全部についても存在しうるので――そのうちのひとつとでもよいから、突き合わせてほしい。なぜなら、そのような照合をおこなってみれば、従来書かれてきたことは、すべてが混乱した記憶力の呼び起こした場所《トポス》であり、十分に規制されていない想像力の描き出した形象ばかりであって、理解力の産物であるものはひとつとしてないことに気づかされるだろうからである。理解力は、「公理」〔125–128〕においいて枚挙しておいた二つのうぬぼれによって、その活動を抑えられてきたのだった。そして、各自が自分たちこそは世界で最初の国民であったとうぬぼれている諸国民のうぬぼれは、この学の諸原理を文献学者たちのところから採ってくる意欲を失わせ、他方、自分たちの知っていることは世界が始まったとき以来ずっときわめてよく理解されてきていたことがらであると思いたがっている学者たちのうぬぼれは、同じくこの学の諸原理を哲学者たちのところから採ってくる希望を失わせる[1]。それゆえ、この探究のためには、あたかもこの世に書物はなかったかのように思いなしてかからねばならないのである[2]。

331　しかし、わたしたちからはるか遠く離れた原始の古代を覆っている、そのように濃い闇の夜のなかにあって、なんとしても疑いに付すことのできない真理の[1]、つぎのような消えることのない永遠の光が見える。すなわち、**この国家制度的世界はたしかに人間たちによって作られてきた**のであり、したがって、それの諸原理は**わたしたちの人間の知性自体の諸様態[2]の内部に**見いだすことができる、なぜなら、見いだされてしかるべきであるので、というのがそれである[3]。このことは、この真理を省みる者に驚きの念をもたらさざるをえない。自然界を作ったのは神であるから、これについての知識はただひとり神のみが有しているにもかかわらず、どうしてまた哲学者という哲学者のすべてがこれまでかくも真剣に自然界についての知識を達成しようと懸命になってきたのか、そしてこの一方で、諸国民の世界または国家制度的世界は人間たちが作ってきたのであるから、こちらのほうについては人間たちは知識を達成できるにもかかわらず、この諸国民の世界または国家制度的世界について省察することを怠ってきたのはどうしてなのか、と。しかしまた、このような奇妙な事態が生じるにいたったのは、「公理」〔236〕で注意を促しておいたあの人間の知性の貧困のせいなのである。人間の知性は、身体の内部に沈潜し埋没したままになっているうちに、おのずと身体に属することがらを感知するのに向くようになってしまっていて、自己自身を理解するのには多大の努力と労苦を費やせねばならないのである。これはあたかも、肉体の眼が自分の外部にある対象はなんでも見ることができるが、自分自身を見るためには鏡を必要とするのと同じである。

332 さて、この諸国民の世界は人間たちによって作られてきたのであるから、すべての人間たちがこれまでずっと一致を見てきたのは、そして現在も一致を見ているのは、どのようなことがらにおいてであるのかを見てみよう。なぜなら、そのようなことがらは、もろもろの国民のなかで生じたすべてのことがら、そしてそこにおいて維持されているすべてのことがらの基礎にある、およそ知識なるものが携えているべき普遍的かつ永遠の諸原理を提供してくれるはずだからである。

333 野蛮な国民も文明化した国民も、諸国民はすべて、場所と時代が相互に限りなく隔たっていることから別個に創建されておりながら、いずれもつぎの三つの人間的な習俗を遵守しているのが観察される。すなわち、かれらはいずれもがなんらかの**宗教**をもっており、いずれもが**厳粛な婚姻**を取り結んでおり、いずれもが**死者を埋葬している**。また、たとえどれほど未開で粗野な国民のもとにあっても、宗教と婚姻と埋葬ほど、凝りに凝った儀式と粛々とした祭典とをもって執りおこなわれている人間的行為はない。そして、これは、〈互いに相手のことを知らないでいる諸民族のあいだに生まれた一様な観念には、なんらかの共通の真理動機が含まれているにちがいない〉という公理〔144〕からして、つぎのことが〔神の摂理によって〕すべての国民に指示されてきたからであったにちがいないのである。すなわち、これら三つのことがらからこそ、すべての国民のもとにあって文明は始まったのだということ、それゆえ、これらは、世界がふたたび凶暴化して森林と化すことのないよう、すべての国民によって神聖の限りを尽くして遵守されなければならないのだということが、それである。だからこそ、わたしたちはこれら三つの永遠かつ普遍的な習俗をこの学の三つの最初の原理に採用したのであった。

334　ブラジルやカフロ〔南アフリカ〕の民、またその他の新世界の諸国民は――アントワーヌ・アルノーはアンティルと呼ばれる諸島の住民もそうであると信じているが[1]――神についてのなんらかの認識もなしに社会的関係を結んで生きていると語っている当今の旅行者たちも、だからと言って、このわたしたちの第一の原理を虚偽であるなどと非難するようなことはしないでほしい。これらの旅行者たちの報告からたぶん確信を得て、ベールは『彗星にかんする雑考』のなかで、人々は神の光がなくとも正しく生きていくことができると主張している。[2] しかし、もしこの世に法律ではなくて道理の力によって正しく生きることのできるような哲学者たちがいたならば、宗教などは必要なかっただろう、と述べて、一部の者たちから拍手喝采を浴びているポリュビオス〔179〕でさえも、ここまで断言する勇気はなかったのだった。これらは、奇譚を盛りこんで本の売り上げの拡大を計ろうとしている旅行者たちの作り話にすぎない。じじつ、わざわざ〈神聖な〉と銘打った『自然学』のなかで、この自分の著作こそは無神論と迷信の中間を行く唯一の道であると言おうとしているアンドレアス・リューディガー[3]は、ジュネーヴ大学の検閲官たちから――ジュネーヴ国家は、自由な人民国家として、言論はほかよりも少しばかり自由であるはずであるが――そのような見解にかんして〈過度の確信をもって言明している〉との重大な注意を受けたのであった。つまり、大胆に過ぎる、というのである。[4] 諸国民はすべて、先を見通して自分たちのことを慮ってくれているなんらかの神性の存在を信じている。そして、このため、この国家制度的世界の古今東西をつうじて、主要な宗教は四つしか見いだされてはこなかったのであった。第一はヘブライ人の宗教、また第二にキリスト教徒たちの宗教であって、かれらは無限の自由な知性のみからなる唯一の神性の存在を信じている。第三は異教徒たちの宗教であって、かれらはその神性が複数の神々によって構成されていると信じており、しかも、これらの神々は物体と自由な知性とから成り立っていると想像している。だから、かれらは、世界を支配し維持している神性を表わそうとするときには、〈不死なる神々〉と呼ぶのである。第四の、そして最後のそれはマホメット教徒たちの宗教であって、かれらは、その神性は唯一神である、ただし、それは無限の物体のなかに存在する無限の自由な知性であると信じている。というのも、かれらはあの世の生活における報償として感覚の快楽を期待しているからである。

335 全部が物体だけの神とか、全部が知性だけの、しかし自由でない知性だけの神とかを信じてきた国民はひとつとしてない。また、物体をしか提示せず、そして物体とともに偶然をしか提示しないエピクロス派の哲学者たちも、無限の物体のなかに存在して運命に従属している無限の知性としての神を提示する（この点ではかれらはスピノザ派であったと言ってよいだろう）ストア派の哲学者たちも、ともに国家や法律については論じることができなかったのである。じっさいにも、ベネディクトゥス〔バルーフ〕・スピノザは、国家をまるで商人たちからなる社会であるかのように語っている。[1] このことからして、キケロが、エピクロスの徒であったアッティクスに向かって、神の摂理が存在することに同意しないかぎり、いっしょに法律について論じることはできない、と語ったのは、[2]もっともなことなのであった。ストアとエピクロスの両派は、神の摂理をみずからの第一原理として立てているローマ法学とは、かくも相容れないのである！

336 つぎに、自由な男性と自由な女性とのあいだで、厳粛な婚姻の儀式を執りおこなうことなしに結ばれる、事実上は確実な性的結合は、自然的に邪悪なものをなんら含んでいないという意見[1]は、世界のすべての国民から、かれらの遵守している人間的習俗そのものによって誤謬であるとの断定を下されている。かれらはいずれも畏敬の念をもって婚姻の儀式を執りおこなっている。そして、これらの儀式を執りおこなうにあたって、そのような罪〔自由婚〕は、いかに許されうる程度のものであれ、獣的なものである、と定義しているのである。それというのも、そのような親たちについて言えば、かれらはなんらの必然的な法律の絆によって結ばれているわけでもないので、自然に生まれてきた自分たちの子供を捨てるに及ぶ。また、親たちはいつなんどきでも別れてしまうものだから、いずれの親からも見捨てられた子供たちは、丸裸で地面に投げ出されたまま、犬の餌食にならざるをえない。そして、もし公的なものであれ私的なものであれ、文明がかれらを養育することがなければ、かれらは自分たちに宗教や言語やそれ以外の人間的習俗を教えてくれる者をもたないまま成長するにちがいない。したがって、かれらについて言えば、かくも数多くのすばらしい文明の諸技芸を豊かに装備しているこの諸国民の世界を、オルペウスの汚い野獣どもがあちこちを徘徊して忌まわしい野獣的放浪を繰り広げ、息子は母親と、父親は娘と、獣的な性交をおこなっていた、あの太古の大森林と化すにいたるのである。このような性交は法なき世界の恥ずべき非道である。そして、これをソクラテスは自然学的理由を挙げて自然によって禁じられていることを証明しようとしたのであったが、そうした自然学的理由というのはあまり適切なものではない。それは**人間の自然本性**によってこそ禁じられているのである。なぜなら、そのような自由婚はすべての国民のもとで自然に忌避されているからであり、ペルシア人に見られるように一部の国民によっておこなわれたことがあったにしても、それはかれらが末期的頽廃に陥ったときでしかなかったからである。

337　最後に、埋葬が文明のどれほど大いなる原理であるかについては、人間の死体が埋葬されずに地上に放置されて鳥や犬の餌食になっている野獣的な状態を想像してみるとよい。というのも、たしかに、この獣的な習俗と並行して、つぎには田畑も耕されることがなくなり、都市に住むということもなくなるはずである。そして、人間たちは、豚と同じように、自分たちの縁者の腐乱死体のあいだにドングリの実を見つけてはそれを拾って食べるような状態に陥ってしまうことであろう。したがって、埋葬が〈フォエデラ・ゲネリス・フーマーニー〉foedera generis humani〔人類の盟約〕という崇高な表現でもって定義され[1]、また、荘重さの点では少し劣るが、タキトゥスによって〈フーマーニターティス・コンメルキア〉humanitatis commercia〔人間性の交わり〕と記されたのは[2]、いたってもっともなことである。のみならず、つぎのことは確実にすべての異教諸国民が一致して認めている見解である。すなわち、霊魂は大地の上ではいつまでたっても安らぎを得ることができず、かれらの埋葬されていない死体の周りをさまよい歩くということ、ひいては、霊魂はかれらの身体とともに死ぬわけではないのであって、不死であるということである。そして、このような共通見解が古代の野蛮民族のものでもあったことは、フーゴ・ファン・リンスホーテンがギニア人について[3]、アコスタが『インディオの自然・道徳誌』のなかでペルー人とメキシコ人について[4]、トーマス・ハリオットがヴァージニアの住民について[5]、リチャード・ウィットボーンがニューイングランドの住民について[6]、ヨースト・スホウテンがシャム王国の住民について[7]、それぞれ証言しているところから確認される。かくて、セネカはこう結論しているのである。〈わたしたちが不死について論じるとき、わたしたちのもとでは、地下の者たち〔霊魂〕を恐れたり敬ったりする人間の共通見解が少なくない影響を及ぼしている。この公共的な確信をわたしは大いに利用しようと思う〉と[8]。

[第4部]　方法について

338　この学で採られる諸原理を完全に確立するために、この第一巻では、それが用いなければならない方法について論じる仕事がまだ残っている。なぜなら、「公理」〔314〕において提示しておいたように、この学はそれの素材が始まったところから始まらねばならないのである。そして、わたしたちはその素材を、文献学者たちを介しては、デウカリオンとピュラの石〔79〕やアンピオンの岩〔81〕、カドモスの畝〔697〕やウエルギリウスの樫の木[1]から生まれた人間たちから採ってこなければならないのであり、また哲学者たちを介しては、エピクロスの蛙〔55〕やホッブズの蟬[2]、グロティウスの単純な者たち[3]、プーフェンドルフのいっさい神の加護なしにこの世界に投げ出された者たち[4]、マゼラン海峡のそばで発見されたというパタコネスなる巨人たちにも似た不恰好で凶暴な者たち〔170〕、つまりはプラトンが諸家族の並存状態における最初の家父長たちであったとしているホメロスのポリュペモスたち〔296〕から採ってこなければならないのである。このような知識を文明の起源について文献学者や哲学者はわたしたちにあたえてきたのだ！　そして、わたしたちはそれらの者どもが人間的に思考することを始めた時点から推理しはじめなければならないのである。しかも、かれらの途方もない凶暴さと、とどまるところを知らない野獣的放縦のもとにあっては、その凶暴を鎮め、放縦を抑えるには、あるなんらかの神性の存在についての畏怖に満ちた思考以外に手段はないのであって、「公理」〔177〕において述べたように、そのような神性にたいする恐怖のみが獰猛化した放縦を義務の道に連れ戻すことのできる唯一の強力な手段なのである。そこで、そのような最初の人間的思考が異教の世界に生まれたさいのその生成の様式を発見するためには、わたしたちはいくつもの険しい難関に出遭い、じつに二十年⑤に及ぶ探究を要したのであった。なんと言っても、このわたしたちの人間的な文明化された状態から、そのようなまったくのところ凶暴で途方もない状態にまで降りていかねばならなかったのであるから。そのような状態を具体的に心に表象してみることはわたしたちにはまったく拒まれており、ただ辛うじて頭で理解することだけが許されているのである⑥。

339　こうしたことのすべてからして、わたしたちは、どれほど野生的で凶暴で途方もない人間たちでも欠如させてはいないような、なんらかの神認識から始めなければならない。その神認識はつぎのようなものであると言ってよいだろう。すなわち、人間は、自然のあらゆる援助が絶望的な状態に陥ると、なにか自然に優位するものが出現して自分を救済してくれるのを願うというのが、それである。が、自然に優位するものというのは神のことである。そして、これは神がこれまですべての人間のうえにふりまいてきた光明なのだ。このことは、どこにでも共通に見られるつぎのような人間の習いによって確認される。すなわち、自由思想の持ち主たちでさえも、年老いると、自然的諸力がなくなっているのを感じて、おのずと信仰心をもつようになるというのが、それである。(1)

340 しかし、のちに異教諸国民の創建者となった最初の人間たちは、きわめて激しい情念の強力な衝動のもとで思考したにちがいない。つまりは野獣のごとくに思考したのである。したがって、わたしたちは、あるひとつの通俗的な形而上学のところに赴き(この形而上学のことは「公理」〔182〕においても注意を促しておいたところであるが、詩人たちの神学がそれであったことをやがて見いだすことになるだろう〔342, 366〕)、そこからあるなんらかの神性についての畏怖に満ちた思考を採り出してこなくてはならない。その思考こそは、道を見失った人間たちの野獣的な情念に様式と節度をあたえ、それらを人間的な情念に転化させるにいたったのであった。そして、このような神性についての畏怖に満ちた思考からこそ、身体から知性に刻印されるもろもろの運動を抑制して、それらをまったく沈静化してしまうか(これは賢者の場合である)、少なくともよりよい利用目的へと方向を転換させていこうとする(これは市民の場合である）、人間の意志に固有のものである努力《コーナートゥス》[1]は生じたにちがいないのであった。身体の運動をこのように抑制すること、このことは、たしかに、人間の選択意志の自由の結果である。あらゆる徳、わけても正義——正義を植えこまれることによってはじめて、意志はあらゆる公正の主体ならびにその公正によって命じられるあらゆる権利の主体となるのであるが、その当の正義のやどる館であり部屋である自由な意志の結果なのである。なぜなら、身体に努力をあたえるということは身体に自分たちの運動を規制する自由をあたえるということにほかならないからである。身体というものはすべて、もとはといえば、自然のうちにあって働いている必然的な作用原因[2]なのだ。また、機械学者たちが〈力〉[3]と言っているのは、物体が古い機械学が主張しているようにそれらの重さの中心に接近していくか、あるいは新しい機械学が主張しているようにそれらの運動の中心から遠ざかっていく、そうした物体の不可感的な動きのことなのだ。

341　しかし、人間たちは、かれらの堕落した自然本性のゆえに、自己愛の専制のもとに置かれていて、このために主としては自己の利益をしか追求しようとはしない。利益のいっさいを独り占めにしようとし、仲間に一片たりとも分けあたえようとはしない。それゆえ、かれらは情念を努力のうちに置いてそれらを正義へと差し向けていくことができないのである。したがって、わたしたちはつぎのような命題を確立してよいだろう。人間は、野獣状態にあるときには、自分の救済のみを求める。妻を娶り、子供をもうけるようになると、家族の救済とともに自分の救済を求める。市民生活を送るようになると、都市の救済とともに自分の救済を求める。国家的支配権が複数の民族にまで拡大されるようになると、諸国民の救済とともに自分の救済を求める。諸国民が戦争、講和、同盟、通商をつうじて統一されるにいたると、人類全体の救済とともに自分の救済を求める。要するに、人間はこれらすべての状況のもとにあって主としては自己の利益を求めるのである[1]。それゆえ、神の摂理以外のものによっては、人間がこのような秩序の内部にとどめおかれて、家族、都市、そして最後には人類という社会的関係を、正義をもって取り結んでいくことはありえないのである。人間は自分が欲しているものをなんでも獲得することができるわけではない。そこで、これらの秩序を介して、少なくとも利益のうち自分が受け取って当然のものだけでも獲得しようとするのである。〈公正なもの〉と呼ばれているものがそれである。こうして、人間たちにおける公正なものすべてを規制しているのは、人間社会を保存するために神の摂理によってわたしたちのもとで執行されている神の正義なのである。

342 だから、この学は、それの主要な面のひとつとしては、**神の摂理についての悟性的に推理された国家神学**でなければならない〔2, 385〕。このような学がこれまで欠如していたように見えるのは、哲学者たちがストア派やエピクロス派のように神の摂理の存在をまったく知らずにきたからである。エピクロス派は、原子の盲目的な競合が人間たちの諸事万般を掻き立てているのだと言い、ストア派は原因と結果の隠れた連鎖がそれらを引きずっているのだと言う。あるいはまた、神の摂理を自然的事物の秩序にかんしてのみ考察してきたからである。このため、かれらは形而上学を〈自然神学〉と呼んで、これのなかでこの神の属性を観照し[1]、天球や四大〔天・地・火・水の四大元素〕などのような物体の運動において観察される形而下の秩序によって、また、他のもっと小さな自然的事物にもとづいて観察される究極原因のうちに、神の摂理を確認してきたのであった。しかし、かれらは神の摂理を国家制度にかんすることがらの領域においても推理すべきであったのである。〔神の〕摂理は、〈ディーウィーナーリー〉divinari、〈占う〉、すなわち、将来という人間たちに隠されているものや、意識という人間たちのうちで隠されているものを理解する、ということから〈神性〉divinitas と称された[2]。この言葉の本来の意味に準拠して、神の摂理についての推理をなすべきであったのだ。そして、これこそは本来、法学の主題のうちの第一の主要な部分を占めているのである。つまりは神にかんすることがらという部分であって、この神にかんすることがらに依存したところから、法学を構成するもうひとつの部分、すなわち、人間にかんすることがらは出てくるのである[3]。こうして、この学は**摂理**のいわば**歴史的事蹟**を論証しようとするものであらねばならないことになる。というのも、[4]

この学は、摂理が、人間たちによるなんらの知覚や計らいもなしに、そしてしばしば人間たちの意図自体に反して、この人類という一大都市にあたえてきたもろもろの秩序の歴史であらねばならないからである。この世界そのものは時間のなかで創造された個別的なものであるにしても、摂理がそこに設定してきたもろもろの秩序のほうは普遍的で永遠のものであるのだ。

343　こうしたことのすべてからして、その無限にして永遠の摂理を観照するなかで、この学はそれを確認し論証するための一定の神的な証明を見つけだすことになる〔349, 630〕。なぜなら、神の摂理は全能を大臣に従えているので、摂理の諸秩序をそれらが人間の自然的な習俗そのものとなっているほどまでに容易な道をとおって展開しているにちがいないからである。また、無限の知恵を顧問に従えているので、神の摂理がそこに配列するものはどこからどこまでもがすべて秩序であるにちがいないからである。また、みずからの測りがたく広大な善性を目的として携えているので、神の摂理がそこに制定するものは人間たちがみずからに提示してきたものよりはつねに上位にある善に差し向けられているにちがいないからである。

344　こうしたことのすべてからして、諸国民の起源の嘆かわしいほどの不明瞭さとかれらの習俗の数え切れないほどの多様さのうちにあって、人間にかんすることがらのすべてを含んでいるあるひとつの神的な論拠から見て、わたしたちに自然さと秩序と人類の保存という目的とを提供してくれるこれらの証明以上に崇高な証明は、ここでは望みえないのである。人間にかんすることがらがどんなに容易に生じているか、また、どのような機会に、しばしばきわめて遠く離れたところ、しかもときには人間たちの意図とはまったく反対のところからやって来て、そこにおのずと安定を得ているか、を省みてみようではないか。そのときには、これらの証明は燦然と光り輝いて判明なものとなるだろう。そのような証明は神が全能であることを明らかにしてくれる。つぎに、人間にかんすることがらのうち、今生まれているものは今生まれるべきであるというその〈今〉に生まれており、別のものは別のもので、それぞれの時間と場所に生まれている。そして、ホラティウスが注意をうながしているところによれば、このことのうちにこそ秩序の美は存在するとのことである。[1]それぞれに固有のどのような時間と場所においてそれらが生まれているのかを比較し、そこにある秩序を見てみようではないか。そのような証明は神が永遠の知恵をもっていることを明らかにしてくれるのである。また最後には、それらの機会と場所と時間とに、人間たちのかくかくしかじかの困窮や病のなかにあって、人間社会をよりよき善へと導いていくことによって保存することのできる、それら以外の神的な恩恵がはたして生じえたものかどうか、このことを理解する能力がわたしたちにあるのかどうか、を考えてみよう。そのような証明は神が永遠の善性を備えていることを明らかにしてくれるだろう。

345　それゆえ、ここでおこなわれる本来的で持続的な証明は、わたしたちの人間の知性が、わたしたちに理解することが許されている一連の可能性のうちにあって、また理解することがわたしたちに許されている範囲で、この国家制度的世界の諸現象がそこから生じてきたところの諸原因よりも多い原因、または少ない原因、あるいはまたそれらとは別の原因を考えることができるかどうか、を比較し反省してみるということであることになるだろう。このような立証をおこなうなかで、読者は、この諸国民の世界をそれらの諸国民の置かれている場所、時間、多様性の全域にわたって神的な諸観念のうちに観照するという神的な喜悦を味わうだろう。この死すべき身体のうちにあってである。そして、エピクロス派にたいしては、かれらの言う偶然もただやみくもに逸脱していたるところで出口を見いだせるわけではないこと、またストア派にたいしては、かれらがそれによって世界をがんじがらめにしようとしている原因の永遠の連鎖も、それ自体が至善至大の神の全能で賢明で恵み深い意志にぶら下がっているものであることを事実上納得させたことを見いだすだろう。

346　これらの崇高で自然な神学的証明はつぎのような論理学的証明によってわたしたちに確認されるだろう。すなわち、異教世界における神と人間にかんすることがらの起源を推理していくなかで、それらを越えてさらに別の最初の起源を問うことはもはや(1)愚かな好奇心以外のなにものでもないような最初の起源にまで到達するということと

（これが起源〔原理〕というものの本来の特徴なのである）、また、〈自然本性〉と称されるそれらの生誕の個別的な様式の説明がなされるということ（これが知識というものの本来の標識なのである）が、それである。また最後には、それらのことがらの保持している永遠の特性によっても確認される。これについてはさきに二つの公理を提示しておいたように〔147–148〕、それらの特性は、〔当のことがらが〕かくかくしかじかの時間と場所に、かくかくしかじかの様式によって、かくかくしかじかの生まれ方をすることによってしか、つまりは〔当のことがらの〕かくかくしかじかの自然本性からしか、生まれえないのである。

347 人間にかんすることがらのそのような自然本性を発見しにおもむくにあたって、この学は、人間たちが社会的な生活を送るうえで必要または有益なことがらをめぐってのもろもろの人間的な思考の厳格な分析を遂行する。これもまた「公理」〔141, 314〕において注意をうながしておいたように、それらの人間たちが社会的な生活を送るうえで必要または有益なことがらこそは万民の自然法の二つの絶えることのない源泉なのである。それゆえ、このもうひとつの主要な面からすれば、この学は**人間的な諸観念の歴史**であることになる。そして、この歴史の上を人間の知性の形而上学は進行しなければならないように思われるのである。この諸学の女王〔形而上学〕は、〈諸学はそれの素材が始まったところから始まらねばならない〉という公理からして、最初の人間たちが人間的に思考しはじめたときから始まったのであって、哲学者たちがもろもろの人間的な観念に反省を加えはじめたときから（この点にかんしては、最近にも、現代の二人の最高の才能、ライプニッツとニュートンのあいだで交わされた最近の論争にいたるまでをあつかった『観念の歴史』という題名の学識豊かな小著[1]が出ているけれども）始まったわけではないのである。

348　また、そのような歴史に時間と場所、すなわち、いつまたどこでそれらの人間的思考は生じたのかを確定し、その歴史をそれに固有のいわば**形而上学的な**年代学と地理学とによって確実なものにするために、この学はそれらの諸国民自身の創建者たちにたいしてこれもまた同じく形而上学的なひとつの批判術を用いる〔392〕。それらの諸国民のあいだにこれまで文献学的批判が携わってきた著作家たちが出現するまでには〔創建後〕優に千年以上が経過していたにちがいないのである。また、用いられる基準は、さきに設定しておいた公理〔142〕からして、神の摂理によって教えこまれて諸国民のすべてに共通のものとなっている基準である。つまりは人間にかんするもろもろのことがら自体の必然的な一致によって規定された人類の共通感覚がそれであって、この一致こそはこの国家制度的世界の美を形成しているのである。ひいては、この学においては、つぎのような種類の証明が支配することになる。すなわち、諸国民の諸事万般は、たとえ永遠からつぎつぎに無数の世界が生じてくることがあろうとも

——このような仮定は事実においては虚偽なのであるが——、神の摂理によってかくあるべく秩序づけられているのである以上、この学によって推理されるとおりに進行しなければ**ならなかったのであり、ならないのであり、ならないであろう**、という種類の証明である。

349 それゆえ、この学は同時に、諸国民すべての歴史がかれらの勃興、前進、停止、衰退、終焉にわたって時間の中を経過していくさいの根底に存在しているひとつの**永遠の理念的な歴史**を描きだすことになる〔145, 245, 294, 393〕。それどころか、わたしたちはさらに一歩を進めて断言したいのだが、この学を省察する者がこの永遠の理念的な歴史を自分自身に語るのは、この諸国民の世界はたしかに人間たちによって作られてきたのであり（これはここでさきに立てられた疑いえない第一原理である〔331〕）、それゆえ、それの〈生成の〉様式はわたしたちの人間の知性自体の諸様態の内部に見いだされるべきであるので、その〈**なければならなかったのであり、ならないのであり、ならないであろう**〉という証明のなかで、かれ自身がそれを自分の前に作りだしてみせるかぎりにおいてなのだ。なぜなら、事物を作る者自身がそれらについて語るとき、そのときほど話が確実なことはありえないからである。こうして、幾何学がそれの諸要素にもとづいて大きさの世界を構成したり観照したりするとき、それはその世界をみずから自分の前に作りだしているわけであるが[1]、この学もまさしく幾何学と同様の行き方をすることになる。ただし、人間たちの事蹟にかんするもろもろの秩序には点、線、面、図形以上に実在性があるだけに、そこには、それだけいっそう多くの実在性がともなっている。そして、このこと自体が、そのような証明は一種神的なものであって、読者よ、あなたに神的な喜悦をもたらすにちがいないということの論拠になる。それというのも、神においては認識することと製作することとは同一のことがらであるからである[2]。

350　さらには、さきに提示しておいた真実なるものと確実なるものとの定義〔138–139〕からして、人間たちは長いあいだ、真実なるもの、ならびに悟性を満足させる内的正義[1]の源泉である道理〔理性〕を受け入れることができないでいた（この内的正義はヘブライ人によって実践されていた。ヘブライ人は真実の神の啓示を受けていたため、正しさに欠けるところがあるといっても死すべき存在である立法者のだれひとりとして頭を悩ませたことがない程度のものでしかない思考をもつことすら、その神の神聖な掟によって禁じられていたのであった[2]。それというのも、ヘブライ人は、知性のみからなっていて人間たちの心の中を窺っている神を信じていたからである。これにたいして、異教徒たちのほうは、身体と知性とから合成されていて人間たちの心の中を窺うようなことはなしえない神々を信じていたのである）。そしてその後、それは哲学者たちによって推理されるところとなったが、かれらが出現したのはかれらの国民が創建されてから二千年後でしかなかった〔52〕。その間、人間たちは権威のあたえる確実なるものによって統治されていたのであった。すなわち、この形而上学的批判が用いるのと同じ基準、つまりは諸国民すべての意識がそれのうえに安らっているところの人類の共通感覚によってである（これについての定義はさきに「要素」〔142-143〕のなかで提示しておいた）。だから、このいまひとつの主要な面からすれば、この学は道徳神学者たちの言う〈外的正義〉の源泉である**権威の哲学**であることになる〔386-390〕。——ちなみに、この権威をこそ万民の自然法についての理論の三人の第一人者〔大御所〕[3]たちは考慮すべきであったのである。著作家たちの文章から引き出してきた権威ではなくてである。この権威については、著作家たちはなんらの知識ももちえなかったのであった。というのも、そのような権威は著作家たちが出現しえた時点よりも優に千年以上も前に諸国民のあいだで支配していたからである。こうして、他の二人以上に学識のあるグロティウスは万民の自然法の理論のほとんどすべての個別的素材においてローマの法学者たちを叩いている。が、それらはすべて空振りにおわってしまっているのである。というのも、ローマの法学者たちはかれらの公正の諸原理を人類の権威のあたえる確実なるものにもとづいて確立していたからであり、学者たちの権威にもとづいて確立していたわけではないからである。

351　以上はこの学が用いることになる哲学的証明である。したがって、この学を遂行するためには絶対に必要なものである。しかし、〔これらにくわえて〕最後の場所を占めるべきものに文献学的証明がある。それらはすべてつぎのような類に還元される。

352　第一。ここで省察されるもろもろのことがらには、わたしたちの神話、それも強制されて歪曲されたものではなくて、直接的で、無理がなくて、自然的な神話が一致しているということ。やがて見られるように〔200 以下〕、こうした神話は最初の諸民族の国家制度的なことがらの歴史[1]なのであって、最初の諸民族はどこでもおのずと詩人たちであったことが見いだされるのである。

353　第二。英雄的詩句が一致しているということ。英雄的詩句には、感情がいっさい包み隠さず真実のまま、しかもこのうえなく本来的で適切な表現を得て説明されているのである〔703–704〕。

354　第三。土地固有の言語の語源が一致しているということ。それらの語源は語彙が表示している事物の歴史を語っているのである。それらの語彙の起源における本来的な意味から始まって、それがやがて観念の順序にしたがって比喩的な意味のものへと自然に変容していく道程においてである。「公理」〔238–240〕においてあらかじめ立てておいたように、言語の歴史は観念の順序にもとづいて進行していかざるをえないのである。

355　第四。〔ここで省察されるもろもろのことがらにもとづいて〕人間の社会生活にかんすることがらについての知性の内なる語彙集が説明されるということ。「公理」〔161–162〕において注意をうながしておいたように、これらのことがらは諸国民すべてによって実質においては同一のことがらが感知されていながら、様態がさまざまに異なっているところから言語によってさまざまに異なった説明がなされているのである。

356　第五。民間伝承が何世紀にもわたってわたしたちのもとに守り伝えてきたことがらのいっさいのうちに含まれている真実のものが虚偽のものから選別されるということ。民間伝承はかくも長い年代にわたってそれぞれの民族の全体によって守り伝えられてきたのであるから、さきに立てておいた公理〔149–150〕からして、ある公共的な真理基盤をもっていたにちがいないのである。

357　第六。薄汚くよごれ、切断され、本来の場所から外れたところに横たわっていたため、これまでは知識にとって役に立たなかった古代のもろもろの偉大な断片が、磨きあげられ、合成され、本来の場所に置かれて、偉大な光明をもたらしてくれるということ。

358　第七。わたしたちに確実な歴史を語ってくれるすべての現象がこれらすべてのことがらをみずからの必然的な原因としているということ。

359　以上の文献学的証明は、〈思索し観察する〉cogitare videreというヴェルラム卿の哲学方法〔163〕にしたがって、この諸国民の世界についてわたしたちが理念において省察してきたことがらを事実において観察するのに役立つ。こうして、さきになされた哲学的証明の助けを得て、あとに続く文献学的証明は、かれらの権威を道理によって確認してもらったのと同時に道理をかれらの権威によって確認することになるのである[1]。

360　この学の諸原理の確立についてここまで一般的に述べてきたことを締めくくっておこう。——この学の諸原理は、**神の摂理、婚姻による情念の節制、埋葬による人間の霊魂の不死**である。また、この学の用いる基準は、**人間たちのすべてまたは大部分によって正しいと感じられていることがらが社会生活の尺度でなければならない**ということである。そして、これらの原理と基準において、すべての立法者たちの通俗的な知恵と最も著名な哲学者たちの深遠な知恵とは一致を見ている。それゆえ、これらこそは人間的な道理〔理性〕の境界であらねばならない。したがって、この境界の外に出ようと欲する者は、人間性〔文明〕そのものの外に出てしまうことのないよう注意するがよい。

第2巻　詩的知恵

〔緒　論〕

〔序〕

361　さきに「公理」〔202, 199, 239–241〕で述べたこと、すなわち、異教諸国民の歴史はすべて物語〔神話伝説〕的な起源をもってきたということ、また、ギリシア人（わたしたちは異教の古事についてわたしたちのもっている知識のいっさいをギリシア人から得ているのである）のもとでは最初の賢者たちは神学詩人であったということ、はたまた、かつて生じたり作られたりした事物は、それらの自然本性上、起源においてはいずれも粗野なものばかりであったはずであるということからして、詩的知恵の起源もそのようなものであってそれ以外ではありえなかったものと判断せざるをえない。そして、その知恵が比類なく高いものであったというわたしたちのもとにまで届いている評価について言えば、そのような評価は「公理」〔124–128〕で述べておいた諸国民のうぬぼれと学者たちのうぬぼれという二つのうぬぼれから生じたものなのである。いや、諸国民のうぬぼれからよりはずっと多く学者たちのうぬぼれから生じたものなのであった。この学者たちのうぬぼれによって、「公理」〔222〕において述べたように、エジプト最高の神官マネトーがエジプトの物語的歴史のいっさいをひとつの崇高な自然神学にまで高めあげたのと同様、ギリシアの哲学者たちはかれらの物語的歴史を哲学にまで高めあげたのだった。しかしまた、ただこのことだけが原因だったのでもない。というのも、これも同じく「公理」〔221〕で見ておいたように、エジプト人とギリシア人のいずれのもとに届いていた歴史も〔崇高化するには〕あまりにも不体裁なものであったからである。これ〔哲学者たちの省察の基礎には物語ないしは神話伝説があったということ〕には、ほかにも、つぎのような五つの原因があった。

362　第一の原因は、宗教にたいする畏敬の念であった。というのも、異教諸国民はどこでも物語〔神話伝説〕によって宗教にもとづいて創建されたからである〔198〕。第二の原因は、それに続いて、この国家制度的世界という偉大な成果がもたらされたことであった。この国家制度的世界はじつに賢明な仕方で秩序づけられているため、あるひとつの超人間的な知恵によって生みだされたものとしか考えられなかったのである。第三の原因は、のちに見るように〔515〕、それらの物語が、宗教にたいする畏敬の念と、かくも偉大な超人間的知恵にたいする信頼の念とに補佐されて、哲学者たちに、かれらが探究にとりかかり、最高のことがらを哲学において省察する機会をあたえたことであった。第四の原因は、これもまたのちに知ってもらうことになるだろうが〔515〕、かれらが哲学において省察した崇高なことがらを、たまたま詩人たちが哲学者たちに残していた表現を用いて説明するのが、かれらにとっては好都合だったからであった。第五の、そして以上のすべてに妥当する最後の原因は、かれら哲学者たちが自分たちの省察したことがらを宗教の権威と詩人たちの知恵とによって立証しようとしたことであった[1]。これら五つの原因のうち、初めの二つはこの諸国民の世界を秩序づけた神の知恵について哲学者たちが過誤に陥りながらも表明してきた賛辞を、最後のものはそのことの証言を含んでいる。第三と第四は、やがて哲学者たちが出現して、神の摂理を真実の神の属性というその真実の姿において理解し承認することができるようにしようという、神の摂理によって許可された策略である。

363　また、この巻全体をつうじて論証されるが、まずは詩人たちが感覚によって受けとめて通俗的知恵にまとめあげたことがらを、つぎに哲学者たちが理解力を働かせて深遠な知恵にまとめあげることとなったのだった。だから、詩人たちは人類の**感覚**であり、哲学者たちは人類の**理性**であったと言うことができるのであって、アリストテレスが個々人について述べた〈まえもって感覚のうちになかったものは理性のうちにない〉ということは[1]、人類一般についても真実なのである。すなわち、人間の知性は、感覚から今日の形而上学者たちが[2]〈機会〉と呼んでいるなんらかの動機を受けとらなかったものについては理解することができないのであって、自分が感覚するものから感覚のうちに落ちてこないものを収集するとき、そのときにはじめて理性を用いるのである。そして、このような収集をおこなうことがラティウム〔古代ローマ〕の人々にとっての〈インテルレゲレ、インテルリゲレ〉intellegere, intelligere〔理解する〕という語の本来の意味であったのだ[3][4]。

〔第1章〕　知恵一般について

364　さて、詩的知恵について論じるまえに、一般的に知恵とはなんであるかを見ておく必要がある。〈知恵〉とは人間性を完成するすべての知識と技芸を習得するための訓練のいっさいを統率する能力のことである。プラトンは知恵とは〈人間を完成するもの〉であると定義している。[1] 人間とは、人間としての本来のあり方においては、知性と精神、[2] あるいはこう言ってもよいだろうが、理解力と意志力以外のなにものでもない。知恵は、人間に、この二つの部分をともに成就させてやるのでなくてはならない。それも、まずは前者、そして続いては後者を。こうして、最高のことがらについての認識によって知性が明るくされたのち、その知性によって精神が最善のことがらの認識へと導かれるようにするのである。宇宙における最高のことがらとは神について理解したり推理したりされるもののことであり、最善のことがらとは人類全体の善にかかわるもののことである。前者は〈神にかんすることがら〉と言われ、後者は〈人間にかんすることがら〉と言われる。それゆえ、真の知恵とは、神にかんすることがらの認識を教えて、人間にかんすることがらを至高の善にまで導いていくものでなくてはならないのである。思うに、〈ローマ人のうちで最も学識のある人〉という称号を受けるにふさわしかったマルクス・テレンティウス・ウァッロは、このような設計図にもとづいて、大いに残念なことに時が不公正にもわたしたちのもとから奪ってしまったかれの大著『神と人間にかんすることがら〔の古事記〕』を建立したのであった。わたしたちは、この巻において、わたしたちの薄弱な学識がゆるすかぎりで、この問題をあつかおうとおもう。

365 知恵は異教徒たちのあいだではムーサから始まったが、このムーサはホメロスによって『オデュッセイア』の黄金の一節で〈善と悪についての知識〉と定義されている。[1]この〈善と悪についての知識〉は、のちに〈神占〉と呼ばれるようになった（なお、これについてはさきに公理をひとつ提示しておいたように〔167〕、この神占の自然的な禁止にもとづいて――というのも、それは自然的に人間たちには拒まれていることがらについてのものであるからである――、神はヘブライ人に真実の宗教をうち建てたのであった。そして、ここからわたしたちキリスト教徒たちの宗教は出てきているのである）。このようなわけで、ムーサは本来、最初は前兆によって占う知識のことであったにちがいないのである。そして、これは、さきに「公理」において述べておいたように、[2]またのちにも述べる機会があるように、神をその摂理という属性をつうじて観照しようという諸国民すべての通俗的知恵なのであった。こうして、〈ディーウィーナーリー〉divinari〔占う〕から、神の本質は〈ディーウィーニタース〉divinitas〔神性〕と称されるようになったのだった。また、そのような知恵に通じていたのが、のちに見るように、たしかにギリシアにおける文明の創建者であった神学詩人たちなのであった。そして、ここから、裁判占星術師のことを〈知恵の教授たち〉と呼ぶ呼び方がラティウムの人々のもとに残ることとなったのである。[3]ついで〈知恵〉は人類に有益な助言をあたえたということで有名になった人々について言われるようになった。ここから、ギリシアの七賢人という言い方は出てきたのである。それからまた

〈知恵〉は都市民や国民のために賢明な仕方で国家を組織し統治する人々について言われるようになった。そして、さらにその後、〈知恵〉という言葉は自然界における神にかんすることがらについての知識、すなわち形而上学を指すようになった。だから、この学は〈神的な学〉と呼ばれているのである。(4)しかしまた、この形而上学はいまや神のうちに人間の知性を認識することへと向かっていって、神があらゆる真理の源泉であることを承認している。(5)したがって、神があらゆる善の規制者であることをも承認すべきなのである。形而上学は本質的に人類の善のためにこそ利用されるべきなのであって、人類は神が**先を見通している**という普遍的な感覚にもとづいて自己を保存してきているのである。それゆえにこそ、そのような先を見通している神の存在を論証したプラトンはたぶん〈神のごとき〉という称号を受けるに値したのである。ひいてはまた、神がそのような属性をもっていることを否定する者は〈知恵がある〉どころか〈愚鈍〉と称されるべきなのである。最後に、ヘブライ人のあいだでは、またついではわたしたちキリスト教徒のあいだでは、神によって啓示される永遠のことがらについての知識が〈知恵〉と言われた。なお、この知識のことはトスカーナ人のもとではその最初の語彙集のなかで〈神性にかんする知識〉scienza in divinità とも称されたが、(6)これはおそらく真実の善と真実の悪についての知識という面をとらえてそう称されたのであった。

366
　したがって、わたしたちは神学を三種類に分類しなければならない。それも、ウァッロがおこなったものよりも真実に近い分類がなされなければならない。第一は詩的神学である。神学詩人たちの神学がそれであって、これは異教諸国民すべての国家神学であった。第二は自然神学である。形而上学者たちの神学がそれである。そして第三の神学としてウァッロは詩的神学を設定しているが、[1]これは異教徒たちのもとでは国家神学と同じものであった（ウァッロが詩的神学を国家神学および自然神学と区別したのは、物語〔神話伝説〕のうちには崇高な哲学の深遠な秘密が含まれているという通俗的な謬見に陥って、それを国家神学と自然神学との混合体であると思いこんだためである）。そこで、わたしたちはこれに代えてわたしたちのキリスト教神学を立てることにする。わたしたちのキリスト教神学は国家神学と自然神学といとも崇高な啓示神学とが混合してできあがっている。しかも、これら三つが神の摂理の観照によって相互に結合されているのである。神の摂理は人間にかんすることがらをつぎのように導いてきた。すなわち、諸国民が、まずもっては、神々から人間たちに送られてきた神聖な告知であると信じられた一定の可感的合図によってかれらを規制する詩的神学から出発して、つぎに摂理の存在を感覚のもとには落ちてこない永遠の道理〔理性〕によって論証する自然神学へと進む。そして、これを介して、ついには感覚ばかりか人間の把握しうる道理〔理性〕そのものをも超越した超自然的な信仰の力によって啓示神学をみずから進んで受け入れるようになるよう、取り計らってきたのである。

[第2章]　詩的知恵の提示と分割

367 ところで、諸学のうちでも最高の学は形而上学である。形而上学がいわゆる〈下級の〉諸学すべてにそれぞれ特定の主題を分配するのである。また、古代人の知恵は神学詩人たちの知恵であった。神学詩人たちこそは、「公理」〔199〕において確立しておいたように、疑いもなく異教世界の最初の賢者たちなのであった。また、事物の起源というものはいずれも、ことがらの本性からして、粗野なものであるにちがいない。それゆえ、こうしたことのすべてからして、わたしたちは詩的知恵の始まりをかれらの粗野な形而上学に求めなければならないのである。この粗野な形而上学をあたかも一本の幹として、そこから一方では、いずれも詩的な論理学、道徳学、家政学、政治学が、またもう一方では、同じく詩的な自然学が枝分かれしてくる。この詩的な自然学は、かれらのこれまた詩的な宇宙学、ひいては天文学の母なのであった。そして、こうして生まれた天文学は、その二人の娘、すなわち、同じく詩的な年代学と地理学とに確実性をあたえるのである。こうしてわたしたちは明晰かつ判明に示すことになるだろう、異教の文明の創建者たちがかれらの自然神学または形而上学によって神々を想像し、かれらの論理学によって言語を見つけだし、かれらの道徳学によって英雄たちを生みだし、かれらの家政学によって家族を建設し、かれらの政治学によって都市=国家を建設したのはどのようにしてであったのか、を。また、かれらの自然学によって神にかんすることがらすべての原理を確立し、なかでも人間にかんする自然学によって言ってみれば自分自身を生みだし、かれらの宇宙学によって神々からなるかれらの宇宙全体を架空的に作りあげ、天文学によって惑星や星座を地上から天上に運びあげ、年代学によって時間に起源をあたえ、地理学によってたとえばギリシア人がかれらのギリシアの内部に世界を描きだしたのはどのようにしてであったのか、を。

368　このようにして、この学は同時に**人類の観念と習俗と行為の歴史**であることになる〔347, 391〕。そして、やがて見るように、これら三つのものすべてから人間的自然本性の歴史は始まっているのであり、この人間的自然本性の歴史の始まりこそがこれまでその始まりを欠いてきたようにみえる世界史の始まりなのである〔399, 736 以下〕。

〔第3章〕　世界大洪水および巨人たちについて

369　異教の人間性〔文明〕の創建者たちは、ハム、ヤフェト、そして最後にセムの血を引く者たちであったにちがいない。まずは早々にハムの血を引く者たちが、それから少し遅れてヤフェトの血を引く者たちが、さらにのちにはセムの血を引く者たちが、徐々に、かれらの共通の父ノアの保持していた真の宗教を棄てていった。しかしまた、諸家族の並存する状態のもとにあっては、宗教のみがかれらを婚姻、ひいては家族自体のきずなによって、人間的な交わりのなかにとどめておくことができたのである〔301〕。それゆえ〔このように宗教を棄てた結果〕、かれらは父親がだれなのか不確かな性的結合を繰り返すなかで婚姻関係を解体させ、家族を消散させる方向へと進んでいったにちがいないのであった。そして、野獣のごとくに地上の大森林の中をさまよい歩き――ハムの血を引く者たちは、南アジアと、エジプトやアフリカの残余の地を、ヤフェトの血を引く者たちは、北アジア、すなわちスキュティアと、さらには遠くヨーロッパにかけて、セムの血を引く者たちは、中央アジア全体とオリエントへと――、大森林に満ち満ちていたにちがいない野獣どもから身を護りながら、また、そのような状態のもとにあっては野生のままで、嫌がって逃げ回っていたにちがいない女たちを追っかけまわしながら、餌と水を求めて、思い思いに散らばっていったのだった。母親は子供を棄てて顧みなかったので、子供たちは人間らしい声を聞くことも人間らしい習俗を身につけることもなしに成長していき、やがてはまったく野獣同然の野生の状態に陥ってしまった。そうした状態のなかでは、母親は、野獣と同じく、赤ん坊には乳をあたえるだけで、赤ん坊が裸のまま自分の排泄物のなかを転げ回ろうともそのままにしておき、乳離れするとたちまち子供を見棄てて、二度と構おうとはしなかったにちがいないのだった。また、子供たちは、硝酸塩によって大地を驚異的に肥沃にしたかれらの排泄物のなかを転げ回っていたにちがいなく、大洪水の直後で鬱蒼と繁茂していたにちがいない大森林の中に入りこもうと努力するなかで、筋肉を右に伸ばし左に屈めたりしたにちがいない。こうして硝酸塩は大量にかれらの体内に吸収されていったものとおもわれる。くわえて、かれらには、神も、父親も、教師も、少年期のこのうえなく旺盛な活力でさえ凍えさせてしまうような恐るべき存在はなにひとつとしてなかった。そこで、かれらの肉と骨は途方もなく巨大化し、かれらはたくましく頑健に育っていった。こうしてかれらは巨人となるにいたったにちがいないのだった。これは要するに野生の教育である。しかも、その野生度たるや、「公理」〔170〕

で見たように、カエサルとタキトゥスが古代ゲルマン人の巨大な体軀の原因であると見なしている教育の比ではない。ここから、プロコピウスの言及しているゴート人の教育はやってきたのである。[1] また今日では、マゼラン海峡の近くに住んでいると言われているロス・パタコネス〔パタゴニアに住む人々〕の教育がそれである。この野生の教育について自然哲学者たちがかずかずの戯れ言を口にしてきたことは、カッサニョンの『巨人論』に収録されているとおりである〔170〕。それらの巨人たちについては、巨大な頭蓋骨や途方もなく大きな骨が、大概は山上で（この事実はのちに述べることになることがら〔377–378〕にとってきわめて重要な意味をもっている）、これまでにも発見されてきたし、今日も発見されつづけている。その大きさは、同じく述べるにふさわしいその場所〔377, 378〕で述べる理由からして、やがて民間伝承のなかで過度なまでに誇張されることとなった。

370　そのような巨人たちが大洪水後の地上には散在していた。それというのも、巨人がギリシア人の物語的歴史に登場することについてはわたしたちが見てきたとおりであるし〔193〕、また同様にラテン語の文献学者たちも、それとは自覚せずに、古代イタリア史における巨人の存在について語ってきているからである。〈アボリーギネース〉aborigines と言われるイタリア最古の人々はギリシア語では〈アウトクトネース〉αὐτόχθονες と呼ばれていたが、これは〈大地の息子たち〉のことであって、ギリシア人にとっても古代ローマ人にとっても〈貴族〉を指していた。[1] また、いみじくも〈大地の息子たち〉はギリシア人からは〈巨人たち〉と呼ばれていたのであって、こうして物語〔神話伝説〕では大地が巨人たちの母であると語られているのである。また、ギリシア語の〈アウトクトネス〉はラテン語では〈インディゲナエ〉indigenae に転化したのにちがいないのであって、これはまさしく土地から生まれた者たちのことなのである。じっさい、ある都市民あるいは国民の祖神たちは、まるで〈その地に生まれた〉inde geniti 神々を指しているかのように、〈ディイー・インディゲテース〉dii indigetes と呼ばれていた。これは、今日であれば、もっと約めて〈ディイー・インゲニティー〉dii ingeniti と言われていただろう。なぜなら、ここでの音節〈デ〉de は、のちほど論証するように、諸国民の最初の言語に頻出する冗語表現のひとつであるからである。たとえば、ラテン語では〈インペラートル〉imperator〔皇帝〉の代わりに〈インドゥペラートル〉induperator という表現が用いられていたことがわたしたちのもとにまで伝わっており、また、十二表法では、〈イニイキトー〉iniicito〔契約を結べ〉の代わりに〈エンドイアキトー〉endoiacito という表現が用いられている。[2]（ここから、たぶん休戦を指すのに〈インドゥーキアエ〉induciae という言い方が残ることになったのだろう。これはまるで〈イニイキアエ〉iniiciae〔契約の締結〕と言っているかのようであるが、それというのも、〈イーケレ・フォエドゥス〉icere foedus、つまりは

〈休戦協定を締結する〉から、こう呼ばれるようになったのにちがいないのである）。だから、本題に戻るとして、いま論じている〈その土地から生まれた者たち〉ということから〈インゲヌイー〉ingenui という言い方は出てきているのであって、これは、最初は、また本来は、〈貴族〉を指して言われていたのだった（ここから、〈アルテース・インゲヌアエ〉artes ingenuae、すなわち〈貴族の学芸〉という言い方が生まれて、現在も残っている）。それが最後には〈自由民〉を指して言われるようになって、現在にいたっているのである（しかし、〈貴族の学芸〉を指すのに、〈アルテース・リーベラーレース〉artes liberales という言い方もまた、現在も残っている）。それは、のちに証明するように〔597〕、最初の都市は貴族だけで構成されていて、平民は奴隷もしくは奴隷予備軍だったからである。

371　同じくラテン語の文献学者たちが指摘しているところによると、古代の都市民はすべて〈アボリーギネース〉aborigines〔もともとその土地に住んでいた者たち〕と言われていたという。また、聖史はエミム人とザムズミム人と呼ばれる民がいたとわたしたちに語っている。[1] 聖なる言語〔ヘブライ語〕の学者たちの説明によれば、かれらは〈巨人たち〉であったという。そのうちの一人がニムロドであった。同じく聖史は大洪水以前の巨人たちを〈その時代の強くて名高い有力者たち〉と定義している。[2] ヘブライ人は、身体を浄める教育と神および父にたいする畏怖によって、神がアダムを創造し、ノアが三人の息子を産んだときと同じ、適正な体格を維持していた。こうして、おそらくはそのこと〔巨人化〕を嫌ったためであろう、ヘブライ人は身体の清潔さの保持にかかわりのある儀礼的な掟をあれほどまで多くもっていたのだった。このことの大いなる痕跡をローマ人は都市を市民たちのあらゆる罪から浄化するためだと信じて**水**と**火**とでおこなっていた公共の犠牲のなかにとどめていた。これら二つのものによって、かれらはまた、厳粛な婚姻の儀式を執りおこなっていた。さらには、同じくこれら二つのものを共有することのうちに市民権の認許の根拠を置いていた。それゆえ、市民権を剝奪することは〈インテルディクトゥム・アクアー・エト・イグニー〉interdictum aqua et igni〔水火の禁〕と言われたのである〔610, 957〕。そのような罪を祓い浄めるための犠牲のことをかれらは〈ルストゥルム〉lustrum〔祓い浄めの犠牲〕と呼んでいたが、これは五年を周期としてめぐってきたので、オリュンピア競技がギリシア人には四年間を意味したのと同じように、〈ルストゥルム〉は五年間を意味した。また、〈ルストゥルム〉は、ローマ人のもとでは、〈野獣の巣窟〉をも意味した。このため、〈ルストゥラーリ〉lustrariという動詞には〈ひそかに探る〉と〈祓い浄める〉という二つの意味があるのであって、もともとは野獣の巣窟をひそかに探って、その巣窟を内部に棲みついていた野獣から祓い浄めることを意味していたにちがいないのだった。また、犠牲をささげるのに必要とされた水は〈アクア・ルストゥラーリス〉

aqua lustralis〔祓い浄めの水〕と呼ばれて現在にまでいたっている。また、ギリシア人が暦年を数えはじめたのはヘラクレスが穀物の種を播くためにネメアの森に火を放ったとき以来のことで、ここから、「著作の観念」〔3〕において触れたように、またのちにくわしく見るように〔733〕、かれはオリュンピア競技の創始者であるとされたのだったが、ローマ人はそのギリシア人よりもおそらくはもう少しばかり利口だったことにも、神聖な浄めの水から時間を五年単位で数えはじめた。そう、もう少し利口だったことにもである。というのも、――婚姻の儀式や禁令の場合などでも、まずは〈水〉と言われ、つぎに〈火〉と言われていたように――火よりもさきにその必要性が理解された水から、文明は始まったからである。そして、これこそはその習俗が昔も今もすべての国民に共通して見られる聖なる浄めの起源であるのであって、これは犠牲の儀式に先行していたにちがいないのだった。このようにして身体を浄めることによって、また神々と父親を畏怖することによって――その畏怖は、神々にたいする畏怖も父親にたいする畏怖も、最初の時代にはこのうえなく大きなものであった――、巨人たちがわたしたちの適正な体軀にまで縮減されるということが起きたのである。ギリシア人のもとでは〈国家的統治〉のことであった〈ポリテイア〉πολιτεία から、おそらくは〈浄められた〉とか〈清潔な〉を意味する〈ポリートゥス〉politus というラテン語が出てきたのは、この理由によっている。

372　このような体軀の縮減は、諸国民のあいだで、人間たちの時代にいたるまで持続的に進行していたにちがいない。このことは古代の英雄たちの途方もなく大きな武器が証明しているとおりである。スエトニウスによると、アウグストゥス帝はそれら英雄たちの武器を太古の巨人たちの骨と頭蓋骨といっしょにかれの宝蔵館に保存していたという[1]。それゆえ、「公理」〔172〕において述べたように、人間たちの最初の世界は二つの類に分けられなければならない。すなわち、ひとつは適正な体軀の人間たちからなる世界であって、これはヘブライ人だけがそうであった。いまひとつは巨人たちからなる世界であって、異教諸国民の創建者たちがそうであった。また、巨人たちについては、さらに二つの種に分けられなければならない。ひとつは大地の息子たち、あるいは貴族であって、かれらが、さきにも述べたように〔370〕、言葉の本来の意味においての巨人たちの時代にその名をあたえたのである。また聖史はかれらのことを〈その時代の強くて名高い有力者たち〉と定義してきたのだった。いまひとつは、こちらを巨人たちと呼ぶのはあまり適切ではないのだが、〔前者に〕服従していた巨人たちである。

373　異教諸国民の創建者たちがそのような〔巨人の〕状態に到達した時期は、さきに要請をひとつ提示しておいたように〔195〕、セムの血を引く者たちの場合には大洪水から百年後、ヤフェトとハムの血を引く者たちの場合には二百年後であったことが確定される。この件については、もう少し行ったところで、ギリシア神話では語られていたものの、これまで注目されることはなかった自然史が提示されるだろう〔387〕。そして、この〔巨人の誕生にかんする〕自然史は、同時に、世界大洪水についても、〔従来語られてきたのとは〕別の自然史をあたえることになるだろう〔380〕。

［第1部］　詩的形而上学

［第1章］　詩的形而上学について——これは、詩、偶像崇拝、神占、犠牲の起源を明らかにする

374　このように愚鈍で、無分別で、恐ろしい野獣であった最初の人間たちから、すべての哲学者および文献学者は、異教古代人の知恵についての推理を始めるべきであったのである。すなわち、いましがたわたしたちがその本来の意味においてとらえたような巨人たちから推理は開始されるべきであったのだ（巨人たちについて、ブールデュック神父の『律法以前の教会』[1]は、巨人たちの名前は聖書のなかでは〈敬虔で尊敬すべき優れた人々〉のことを指していたと述べているが、こう述べるとき、神父が念頭においていたのは、神占によって異教徒たちに宗教の基礎を築き、巨人たちの時代に

その名をあたえた、貴族たる巨人たちであった）。また、その推理を形而上学から始めるべきであった。それを省察する者自身の知性の諸様態の外部からではなくて内部からその証拠をとってこようとする形而上学から始めるべきであったのだ。なぜなら、さきに述べたように〔331〕、この諸国民の世界はたしかに人間たちによって作られてきたのであるから、その諸原理は人間たちの知性の諸様態の内部に見つけ出しにおもむくべきであったからである。そして、人間の自然本性は、それが野獣どもと共通の状態にあるかぎりにおいては、感覚が事物を認識する唯一の道であるという特性をたずさえているのである。

375　したがって、異教世界の最初の知恵であった詩的知恵は、今日の学者たちのそれのような悟性によって推理される抽象的なものではなくて、感覚にもとづき形像によって表現されるような形而上学から始まったにちがいない。最初の人間たちの形而上学はそのようなものであったにちがいないのだ。最初の人間たちは、「公理」〔185〕において確定しておいたように、なんらの悟性的判断力もそなえてはおらず、全身が強力な感覚ときわめて旺盛な想像力であったからである。この形而上学はかれら自身の詩的創作であった。そして、そのような詩的創作の能力はかれらにおいては生来の能力であった。なぜなら、かれらはそのような感覚とそのような想像力を生まれつき授けられていたからである。また、それはもろもろの事物の原因について無知であるところから生まれたものであった。この無知があらゆる事物にたいするかれらの驚嘆の母なのであった。「公理」〔184〕において触れておいたように、かれらはあらゆる事物について無知であったために、出会うものすべてに強く驚嘆したのである。そのような詩的創作はかれらにおいては神々の創作として始まったが、それは、かれらが自分たちの感覚し驚嘆した事物の原因を神々であると想像したからにほかならない。このことは「公理」〔188〕においてラクタンティウスとともに見たとおりである。また今日では、アメリカ人たち〔南米のインディオたち〕のもとで確認しているところでもある。かれらはかれらのちっぽけな能力を凌駕するすべての事物を神々であると言っているのだ。これにわたしたちは北氷洋のほとりに住んでいた古代ゲルマン人も付け加えようとおもう。タキトゥスが語っているところによると[1]、かれらは夜、太陽が西から海を渡って東へ移動していく音が聞こえると言っていた。そして、神々の姿が見えると主張していたという。これらのきわめて粗野で単純きわまりない国民は、いまここで推理している異教世界の創建者たちについてははるかに多くのことをわたしたちに理解させてくれるのである。それと同時に、言わせていただくが、かれらはその驚嘆した事物にかれら自身のイデア〔自己観念像〕にもとづいて実体的存在をあたえたのだった。これはまさしく幼児の本性である。このことについてもひとつの公理を提示しておいたように〔186〕、幼児は生命のない事物を手に取って、それらと遊び戯れ、それらがまるで生きた人物であるかのように話しかけているのをわたしたちは目にするのだ。

376　このようにして、異教諸国民の最初の人間たちは、同じく「公理」〔187, 209〕において確認しておいたように、生まれつつある人類の幼児として、かれら自身のイデア〔自己観念像〕から事物を創造したのであった。しかしまた、それは神がおこなう創造行為とは限りなく相違していた。なぜなら、神は純粋このうえない聡明さのなかで事物を認識する。そして認識しつつ創造する。これにたいして、かれらはかれらの頑固たる無知をつうじて、きわめて肉体的表象性に富む想像力を働かせつつ、事物を創造したのだった。そして、それはきわめて肉体的表象性に富むものであったため、その行為には驚嘆すべき崇高さがともなうこととなった。その崇高さたるや、それらを想像しつつ創造した当のかれら自身を極度に動揺させるほどであったのだ。ここからかれらは〈ポエータ〉poeta〔詩人〕と称されたのであって、これに該当するギリシア語は〈創造者〉を意味しているのである。——さて、偉大な詩が遂行すべき三つの仕事がある。すなわち、民衆の理解力に見あった**崇高な物語を考案する**こと、詩がみずからに提示した目的を履行するために、〔人々の心を〕**極度に動揺させる**こと、詩人たちが自分自身に教えてきたのと同じように、**民衆に徳ある振る舞いをするよう教える**こと、の三つである。この点についてはのちに論証されるだろう〔379〕。人間にかんすることがらのこの自然本性については、タキトゥスによって高貴な言い回しで表明された永遠の特性が残っている。人間は、驚かされると、空しいことにも〈想像すると同時に信じこんでしまう〉というのがそれである。[1][2]

377　ある要請〔195〕で述べておいたように、大洪水から、メソポタミアでは百年、世界のその他の地では二百年ののち（それというのも、大地から世界大洪水の湿気が乾き、大気中に乾いた蒸発物や燃えやすい物質を送って、雷を惹き起こすようになるためには、それだけの歳月が必要とされたからである）、天がついにものすごく恐ろしい雷光をひらめかせ、雷鳴をとどろかせたのだったが（大気中に初めてかくも強烈な印象がもたらされるためには、雷が生じたにちがいないのだった）、そのとき、異教文明の最初の創建者たちはいま述べたようなあり方をしていたにちがいなかった。そこで、雷が発生したとき、巨人たちのうちでも最強の者たちであったにちがいない一部の巨人たちは山頂にある森に散開していたのだが（最強の野獣は山頂の森に巣窟をもうけるものである）、その原因のわからない大いなる現象に驚き、びっくりして、目を上げ、天〔の存在〕に気づいた。ところでまた、「公理」〔180〕において述べておいたように、このような〔原因のわからない現象に出会った〕場合には、人間の知性はその現象に自分自身の自然本性を付与しようとするものである。そして、そのかれら巨人たちの自然本性は、そのような状態のもとにあっては、どこからどこまでも頑強な肉体の力そのもので、唸り、ごろごろという音声を発しながら、かれらの凶暴きわまりない情念を発散させていたような人間たちのそれであった。そこで、かれらは天を一個の生命ある巨大な物体であると想像し、そのような相貌のもとで、それをゼウスと呼んだ。いわゆる〈大〉氏族の最初の神である。かれらによると、ゼウスは稲妻のひゅーと鳴る音と落雷の轟音とによってかれらになにごとかを言おうとしているというのであった。こうしてまたかれらはおのずと好奇心を働かせはじめた。好奇心が無知の娘で知識の母であり、人間の知性を開かせて、驚きを生みだすものであることは、すでに「公理」で定義しておいたとおりである〔184, 189〕。そのような自然本性は庶民のあいだでは今日でも根強く持続していて、自然界、とくに天体の様相に彗星とか日暈とかその他なにか不思議なものを見つけたりすると、すぐさま好奇心を燃え立たせ、詮索マニアになって、それがなにを意味するのか尋ねようとする。これについても公理をひとつ提示しておいたとおりである〔189〕。また、磁石と鉄とのあいだに摩訶不思議な現象が存在するのを見て驚嘆すると、人々の知性が明敏になり哲学によって博識になった現代においてすら、磁石は鉄とひそかに好きあっているのだと考えたりする。このようにしてかれらは、これまた「公理」〔180〕で述べておいたところにしたがって、自然全体を情念と効果を感覚する一個の巨大な生命ある物体に仕立てあげるのである。

378　しかし、今日では、わたしたち人間の知性は、庶民自身のあいだでも、あまたの抽象作用によってあまりにも感覚から退いてしまっており、言語も数多くの抽象的語彙でいっぱいになっている。また、書記の技法によってあまりにも繊細化しており、数を用いることによってほとんど精神化してしまっている。というのも、庶民であっても数を数えたり計算したりするすべを知っているからである。このため、人々が〈共感的自然〉と呼んでいるような女性の巨大な像を作りあげることは、わたしたちにはことがらの自然本性からして拒まれている。人々は口では〈共感的自然〉ということを言うものの、かれらの知性のなかには何ももっていないのである。なぜなら、かれらが知性のなかにもっているものといえば虚偽でしかなく、すなわち無以外のなにものでもないからである。また、想像力に助けられて、そのような虚偽の巨大このうえない像を作りあげることは、もはやできなくなっているからである。だから、今日では、最初の人間たちの広大な想像力のなかに入っていくことは、わたしたちにはことがらの自然本性からして拒まれているのである。最初の人間たちの知性はなにひとつ抽象的なところはなく、なにひとつ繊細化されたところはなく、なにひとつ精神化されたところはなかった。なぜなら、すべてが感覚のなかに浸りきっており、すべてが情念によって鈍くなっており、すべてが肉体のなかに埋没していたからである。このために、異教の文明を創建した最初の人間たちがどのように思考していたのかは辛うじて頭で理解することができるにすぎず、具体的に心に表象してみることはまったくできない、とさきに述べたのだった〔338〕。

379　このようにして最初の神学詩人たちは最初の神話を作りあげたのだった。それはかれらがのちに作りあげたどの神話よりも大きな神話であった。ゼウスがそれであって、かれは人間と神々の王にして父であった。そして雷光をひらめかせるのだったが、それは人口に膾炙し、人々の心を動揺させた。しかも示唆に富むものであったので、それをみずから作りあげた当の者たちがみずからそれを信じたのであり、のちに明らかにするように〔517〕、恐怖に満ちた宗教によって畏れ、敬い、従ったのである。そして、「公理」〔183〕においてタキトゥスによって注意されているのを聞いた人間の知性の特性からして、最初の人間たちはかれらが見たり、想像したり、かれら自身が作りだしたものすべてをゼウスであると思いこみ、かれらがつかみとることのできた宇宙全体に、またその宇宙のすべての部分に、生命ある実体の存在をあたえた。これが〈万物はゼウス〔ユピテル〕で満たされている〉[1]というモットーの国家制度史的な起源である。このゼウスをのちにプラトンは万物に浸透して万物を満たしているアイテールだと解釈した[2]。しかし、少しあとで見るように〔712〕、神学詩人たちにとっては、ゼウスは山の頂上よりも高いところにいたわけではなかったのだ。それからまた、最初の人間たちは合図で互いの意思を通じあっていたので、そのかれらのあり方からして、雷光や雷鳴をゼウスの合図であると思いこんだ。こうして、〈ヌオー〉nuo、すなわち〈合図する〉ということから〈ヌーメン〉numen、〈神意〉という言い方が出てきたのである。これは神の尊厳を説明するにふさわしい崇高このうえない観念ではないか。かれらは、このような合図によってゼウスは自分たちに命令しているのだと思いこんだ。そして、これらの合図は実物語《じつぶつご》であって、自然はゼウスの言語なのだと思いこんだのだった。また、その言語を知ることが神占であると異教の諸民族はあまねく信じていた。この神占をギリシア人は〈神学〉と称したが、これは〈神々の言葉の知識〉という意味であった。——このようにして、ゼウスは恐るべき雷光の王国を獲得し、それによって人間と神々の王となった。そして、二つの肩書を手に入れた。ひとつは〈最強の者〉という意味での〈最善者〉という肩書である（これは、反転して、初期ラテン語では〈フォルトゥス〉fortus〔強い〕という語が後代のラテン語で〈ボヌス〉bonus〔善い〕が意味するものを意味していたのと、事情を同じくしている）。いまひとつは〈最大者〉という肩書である。この肩書はかれが天に等しい巨大な体軀をしていることから付けられたものであった。また、人類にあたえた最初の偉大な恩恵によって、かれには〈救助者〉ないしは〈救済者〉という肩書もあたえられた。なぜなら、雷で人類をうち滅ぼすことをしなかったからである。これはわたしたちが採用したこの学の三つの原理のうちの第一のものである〔333–335〕。さらには、〈定着させた者〉ないしは〈停止させた者〉という肩書もあたえられたが、これは例の一部の巨人たちに野獣的放浪をやめさせ、かれらがやがて諸民族の王となるように取り計らったからである。このことをラテン語文献学者たちはあまりにも狭く、ユピテル〔ゼウス〕はロムルスに懇請されて、サビーニ人との戦いで逃げ出そうとしていたローマ人を押しとどめた、という点に限定して解釈してしまっている。[3]

380　したがって、異教諸国民がそれぞれに一つずつのゼウスをもっているということで文献学者たちを驚かせているほど数多くのゼウスが存在するということは（それらのうちでも、「公理」〔47〕において述べておいたように、エジプト人は、かれらのうぬぼれから、自分たちのゼウスであるアンモンが最古のものであると言っていたのだが）、これも「公理」〔194〕において約束しておいたように、大洪水が世界的な規模のものであったことを証明する自然史がその数だけ物語〔神話伝説〕のうちに保存されてわたしたちのもとに伝わっているということである。

381　このように、「公理」〔209〕において詩的記号の原理について述べておいたことからして、ゼウスは詩のなかでおのずと**神を象徴する記号**、もしくは**想像的普遍**として生まれたのであった。そして、そのゼウスに古代の異教諸国民はいずれも神占にかんするすべてのことを帰したのである。それゆえ、かれらはすべて自然本性上詩的な国民であったにちがいないのであった。またかれらは、摂理の属性をつうじて神を観照するというこの詩的形而上学から、詩的知恵を開始した。こうしてかれらは〈神学詩人〉と呼ばれた。すなわち、神々の言葉をゼウスの卜占でもって理解していた賢者であったというのである。さらにはまたかれらは、〈ディーウィナーリー〉divinari、すなわち〈占う〉ないしは〈予言する〉ということから、〈ディーウィーニー〉divini、〈予言者たち〉とも呼ばれた。そして、その知識は〈ムーサ〉と呼ばれた。これはさきに見たように〔365〕、ホメロスによって善と悪にかんする知識と定義されたものであって、つまりは神占のことである（これも「公理」〔167〕において述べておいたように、その神占を禁じることによって神はアダムにかれの真実の宗教を命じたのであった）。このような神秘的神学を抱懐していたことから詩人たちはギリシア人によって〈ミュステース〉μύστης と呼ばれたのだった。この語をホラティウスは卜占や神託の神秘を説明する〈神々の通訳者〉だと解釈している。[1] また、その知識にかんして、異教諸国民はそれぞれに十二人の巫女を擁していた。巫女と神託とは異教文明のうちでも最古のものである。

382　ここで論じたことはすべて、偶像崇拝の起源にかんして推理している、「公理」〔188〕において言及しておいたエウセビオスの黄金の一節と符合する。単純で粗野であった最初の民は〈現に目の前に立ち現われている力への恐怖から〉神々を作りあげたというのだ。[1] こうして、恐怖こそがこの世に神々を作りあげた当のものであったのである。ただし、「公理」〔191〕において注意しておいたように、その恐怖は他の者たちによって他の者たちに引き起こされたものではなくて、自分たちによって自分たちに引き起こされたものであった。この偶像崇拝の起源とともに神占の起源も論証されたのであって、両者はこの世に同時に誕生したのだった。そして、これら二つの起源に続いて犠牲の起源がやってくる。犠牲は前兆を〈手に入れる〉、もしくはよく理解するためにささげられたのである〔250〕。

383 詩がこのようにして誕生したということは、最後には、ありえないものでありながら信じることのできるものこそが詩の本来の素材である、という詩の永遠の特性から確証される。たとえば、物体が知性であることはありえないにもかかわらず、雷鳴を轟かせる天がゼウスであると信じられたのだった。したがって、魔女が呪文を唱えることによってなす奇蹟を歌うこと以上に、詩人たちにとって大きな活躍の場所は存在しないのである。要するに、いっさいは神の全能について諸国民がいだいている隠れた感覚に還元されなければならないのだ。この感覚から、すべての民族がおのずと神性を敬って無数の儀礼を執りおこなうよう導いていく、もうひとつの感覚も生じてくるのである。このような仕方によって詩人たちは異教諸国民のもとで宗教の基礎を築いたのだった。

384 これまで論じてきたすべてのことからして、詩の起源についてまずはプラトンによって、ついではアリストテレスによって、そして最後にはパトリーツィ[1]、スカリージェロ[2]、カステルヴェトロ[3]によって言われてきたことのいっさいが覆される。そして、人間の悟性的判断力が欠如していたからこそ、かくも崇高な詩は生まれたのであって、のちにやってきた哲学によっても、詩と批評の技法によっても、それよりも偉大な詩は言うにおよばず、それに匹敵する詩も生みだされはしなかったことが見いだされる。それゆえ、ホメロスには、価値の点でも時代の古さの点でも、英雄詩人と称されるすべての崇高な詩人たちの第一人者という特権があたえられるのである。このような詩の起源の発見によって、プラトンからヴェルラムのベーコンの『古代人の知恵』にいたるまで、あんなにも熱烈に発見が願望されてきた**古代人の比類なき知恵**という見解は霧消してしまった。その知恵は人類の基礎を築いた立法者たちの**通俗的な知恵**であったのであって、世にもまれな至高の哲学者たちの**深遠な知恵**などではなかったのだ。このことからは、まずは手始めにゼウスの場合について検討してきたように、学者たちによってギリシア神話とエジプトの神聖文字に付与されてきたこのうえなく高尚な哲学のもつ**神秘的意味**というのはすべて見当違いなものであることが見いだされるだろう。そして、それらが自然に含んでいたにちがいない**歴史的意味**のほうこそが自然なものであることが明らかになるだろう。

［第2章］　この学の主要な諸側面についての系

一

385　これまで述べてきたことから、つぎのような結論が導きだされる。粗野で、野生のままで、野獣のような人間たちは、自然の援助への望みが絶たれたなかで、自然を超越した何ものかが自分たちを救済してくれることを願うようになったのだが（これはわたしたちがこの学の方法を確立したさいに準拠した第一の原理である〔339〕）、そのかれらがもつことのできた人間的感覚によってつかみとられた神の摂理は、かれらがゼウスという偽りの神性を畏怖するという欺きのなかに入りこむことをゆるしたのであった。それというのも、その神性はかれらを雷で打つことをなしえたからである〔377, 379〕。こうして、あの初めての嵐の日、暗雲が立ちこめるなか、あの稲妻がひらめいたとき、かれらは神の摂理が全人類の救済を管理しているのだという偉大な真理を見てとったのだった。したがって、そのような主要な側面からするとき、この学は

神の摂理についての悟性的に推理された国家神学であろうとし始める〔342〕。そして、それは、摂理の属性をつうじて神を観照することによって諸国民の基礎を築いた立法者たちの通俗的な知恵から始まって、その神を自然神学のなかで道理にもとづいて論証する哲学者たちの深遠な知恵でもって完成されるのである〔366〕。

二

386　つぎに、この学はまた、〈権威〉autorità という言葉を〈所有権〉proprietà というその第一の意味にとるとして、**権威の哲学**であろうとし始める〔350〕。これはこの学の有するいまひとつの主要な側面である。じっさいにも、この言葉は十二表法ではつねに〈所有権〉という意味で使われていたのだった。[1] そして、ここから、所有権を有するとわたしたちが認める者のことを〈アウクトル〉auctor と呼ぶ呼び方がローマ市民法では現在でも残っているのである。この呼び方はたしかに〈アウトス〉αὐτός、〈プロプリウス〉proprius ないしは〈スウス・イプシーウス〉suus ipsius〔いずれも「自分のもの」の意〕から出てきたものであって、多くの文献学者たちは気音を省略して〈アウトル〉autor および〈アウトーリタース〉autoritas と表記している。

387　権威は、まずもっては神的な権威として始まった。その権威によって神性はさきに述べた少数の巨人たちを自分のものにしたのである。かれらを字義どおり地底に打ち倒し、山の下の洞窟の隠れ場所に隠れさせることによってである。それは鉄の輪であった。その鉄の輪でもって巨人たちは、天が最初に雷光を発したときに山上に散開していたかれらがたまたま居合わせた土地に、天とゼウスへの恐怖のために、繋がれたままになってしまったのだった。それらの巨人たちがティテュオスであり、プロメテウスであった。かれらは高い崖に鉄の輪で繋がれたまま、心臓を鷲すなわちゼウスの前兆の宗教が喰うのだった〔719〕。〈恐怖のために身動きできなくなってしまった〉者たちのことはラテン語の英雄的語句で〈テルローレ・デーフィークシー〉terrore defixi〔恐怖によって呪縛された〕という言い回しとなって残っている。[1] また、画家たちも手足がそのような輪でもって山の下に繋がれたかれらの姿を描いている。ディオニュシオス・ロンギノスがホメロスの物語のなかでも最も崇高だと称賛している大いなる鎖[2]はこれらの輪でもってできあがっていたのだった。ゼウスが、自分が人間たちと神々の王であることを立証するために、すべての神々とすべての人間たちが寄ってたかって一方の端にしがみついて天から引きずり降ろそうとしても、そのかれらを自分は独りで反対側に引き戻してみせようと提案している鎖がそれである。その鎖をストア派の者たちはかれらの言う〈運命〉が世界をがんじがらめにするさいの基になっているさまざまな原因の永遠の連なりを指しているものと考えたがっている。しかし、かく言うかれら自身がその連なりのなかに巻きこまれないよう注意されたい。それというのも、人間たちと神々がそのような鎖でもって引きずられるということは、ゼウスの自由意志にかかっていることであるからである。ところが、ストア派の者たちはゼウスが〈運命〉に屈することを欲しているのだ。

388　このような神的権威は、続いては、**人間的な自然本性の所有権**という、その語の哲学的に十全な意味においての人間的な権威をもたらす。それは神によってすら、人間そのものを破壊してしまうのでないかぎり、人間から奪うことのできないものなのだ。このような意味において、テレンティウスは〈ウォルプターテース・プロプリアース・デーオールム〉voluptates proprias deorum〔神々固有の喜悦〕という言い方をしたのだった[1]。これは、神の幸福は他の者たちに依存しない、ということを言っているのである。また、ホラティウスは〈プロプリアム・ウィルトゥーティス・ラウルム〉propriam virtutis laurum〔徳固有の栄光〕という言い方をしたのだった[2]。これは、徳の勝利は嫉妬によって奪われはしない、ということを言っているのである。さらにはまた、カエサルは〈プロプリアム・ウィクトーリアム〉propriam victoriam〔固有の勝利〕という言い方をしたのだった[3]。これをディオニュシウス・ペトーはラテン的な言い回しではないと註記しているが[4]、この註記はまちがっている。なぜなら、その言い回しは〈敵がかれの手中から奪うことのできなかった勝利〉をじつに正確なラテン語で表現しているからである。——この権威は意志の自由な使用である〔141, 310〕。これにたいして、理解力のほうは真理に従属した受動的な能力なのだ。それというのも、人間たちは人間にかんすることがらのこの最初の地点から出発して、身体の運動を抑制し、それらをまったく鎮静化してしまうか、それらによりよい方向をあたえようとする、人間的な選択の自由を行使するようになったからである（「方法」の部で述べておいたように〔340〕、これは自由な行為者に固有の努力《コーナートゥス》である）。こうして、あの巨人たちは大地の大森林をさまよい歩くという野獣的習性をみずから制限して、かれらの洞窟の中に隠れたまま長期間にわたって定着するという正反対の習わしに慣らされていくようになったのであった。

389　このような人間的自然本性の権威に自然法の権威が続く。かれらは、最初の雷のときにたまたまそこに居合わせた土地を占拠して長期間その土地にとどまっていたことによって、占拠と長期間の所有を理由として、その土地の主人となったのだった。これがこの世におけるあらゆる所有権の源泉なのである。そして、これらの者たちこそが〈公正なユピテル〔ゼウス〕が／愛した少数の者たち[1]〉なのであった。この少数の者たちをやがて哲学者たちは知識と徳への良き素質をもっているということで神に選ばれた者たちというように解釈しなおした。しかし、このモットーの歴史的意味はなんであったかといえば、あの地底 fondi のあの隠れ場所 nascondigli でかれらはいわゆる〈大〉氏族たちの第一人者となったということであったのだ。そして、「公理」〔317–318〕において述べておいたように、それら〈大〉氏族たちの第一の神に挙げられるのがゼウスなのであった。また、それら〈大〉氏族たちは、のちに明らかにするように〔433〕、多くの家族に分かれた古代の貴族の家柄をなしていて、最初の王国と最初の都市はかれらでもって構成されていたのだった。このことについては、〈コンデレ・ゲンテース〉condere gentes、〈コンデレ・レーグナ〉condere regna、〈コンデレ・ウルベス〉condere urbes〔氏族・王国・都市を建設する〕とか、〈フンダーレ・ゲンテース〉fundare gentes、〈フンダーレ・レーグナ〉fundare regna、〈フンダーレ・ウルベス〉fundare urbes〔氏族・王国・都市の基礎を築く〕といったラテン語のこのうえなくみごとな英雄語句がいまに残っている。[2]

390　この権威の哲学が神の摂理についての悟性的に推理された国家神学のあとに続いてやってくるのは、神の摂理についての悟性的に推理された国家神学の提供する神学的証拠を受けて、権威の哲学はみずからの提供する哲学的証拠によって文献学的証拠を明晰判明なものにし（この三種類の証拠はすべてすでに「方法」において枚挙しておいたところである〔342–350〕）、諸国民の不明瞭きわまりない古代のことどもについて、「公理」〔141〕において述べておいたように、その自然本性からしてきわめて不確実なものである人間の選択意志を確実なものへと引き戻すからである。これは文献学を知識の形式に引き戻すというに等しい〔7, 138–140〕。

三

391　第三の主要な側面は**人間的観念の歴史**である〔347〕。これは、いましがた見たように〔377〕、肉体の目でもって天を観照することによる神的な観念から始まったのであった。じっさいにも、鳥卜占学においては、前兆がやってきたり吉凶が観察されたりする天の部分を観察することがローマ人たちによって〈コンテンプラーリー〉contemplari と言われた。また、鳥卜占官たちが卜杖によって描き出すその領域は〈テンプルム・コエリー〉templum coeli と言われた。(1) ここからギリシア人たちに最初の〈テオーレーマタ〉θεωρήματα および〈マテーマタ〉μαθήματα、すなわち〈観照すべき神的ないしは崇高なことども〉はやってきたにちがいないのであって、それが最後には形而上学と数学の抽象的なことどもとなったのである。これが〈ユピテル「ゼウス」からムーサは始まった(2)〉というモットーの国家制度的な歴史である。じっさいにも、いましがたも見たように、ゼウスの雷光からホメロスが〈善と悪についての知識〉と定義している最初のムーサは始まったのだった。そして、そこにやがて哲学者たちが〈知恵の始まりは敬虔である〉という見解を忍びこませるのはいたって容易なことであった。このようなわけで、最初のムーサは天を観照して前兆を受けとろうとしたウラニアだったにちがいなく、[3] それがやがて、のちに見るように〔508〕、天文学を意味するようになったのである。そして、詩的形而上学がその母の自然本性からしていずれも同じく詩的なもろもろの従属的科学に分割されたように〔367–368〕、この人間的観念の歴史も、諸国民のあいだで慣習的におこなわれている実践的な学と、文明化した現在、学者たちによってたたえられている思弁的な学の、粗野な起源をあたえることとなるのである。

四

392　第四の側面はいま述べた人間的観念の歴史から生じてくる**哲学的批判**である。この哲学的批判は諸国民の創建者たちにかんする真実についての判断をくだすだろう。諸国民のなかに文献学的批判の主題をなす著作家たちが出現するまでには優に千年以上の歳月が経過せざるをえなかったのである。ついではまた、この哲学的批判は、ゼウスから始まって、自然神統記、すなわち生まれつき神学詩人であった異教諸国民の創建者たちの知性のなかで自然に作りだされていった神々の誕生の経緯を提供するだろう。また、いわゆる〈大〉氏族の十二神の観念はかれらの人間的な必要と利益に応じてそのつどかれらによって想像されていったのであったが、その十二神は十二の小時代に分けて確定され、それらの時代に神話が生まれた時代は引き戻されるだろう。したがって、そのような自然神統記は、英雄時代以後通俗的歴史が始まるまでの少なくとも九百年間の詩的歴史についての悟性的に推理された年代記を提供するだろう〔348〕。

五

393　第五の側面は諸国民すべての歴史が時間の中を経過するさいの基礎をなす**永遠の理念的な歴史**である〔349〕。諸国民は、人間たちが野生のままで獰猛で野獣同然であった時代から宗教でもって馴致されはじめたところではどこでも、この第2巻において省察され、諸国民がたどる経過について論じる第4巻と人間にかんすることがらの反復について論じる第5巻とにおいてふたたび出会われる諸段階を踏んで始まり、進行していき、終わりを迎えるのである。

六

394　第六は**万民の自然法の体系**である。その三人の大御所、フーゴ・グロティウス、ジョン・セルデン、ザムエル・プーフェンドルフは、さきに提示しておいた公理のひとつからして〔314-315〕、その素材が始まる諸民族の始まりとともに自分たちのあつかう学説を始めるべきであったのだ。ところが、この点において、かれらは三人とも揃いも揃って誤りを犯してしまった。三人とも、途中から、すなわち、諸国民がすでに文明化されている、ひいては人間たちが全面的に展開された自然的道理によって啓蒙されている、最後の時代から学説を開始してしまったのである。この最後の時代に哲学者たちは出現したのであって、完璧な正義の観念を省察するにいたるのである。

395　まずグロティウスは、真理への愛着があまりにも強いために、神の摂理を脇に置いてしまった。そして、自分の体系はいっさいの神認識を脇に置いても揺らぐことはない、と公言している。(1) このため、かれが多くの素材にかんしてローマの法学者たちに浴びせている非難は、まったくの的外れなものとなってしまったのだった。というのも、ローマの法学者たちは神の摂理を第一原理に据えて、万民の自然法について論じようとしたのであって、哲学者や道徳神学者の省察するような自然法について論じようとしたわけではなかったからである。

396　つぎにセルデンは神の摂理が存在すると想定している。[1]しかし、最初の民が非社交的であったことにも、神の民が当時の諸国民の世界全体をヘブライ人と異教徒とに分割していたことにも、まったく考慮を払っていない。また、ヘブライ人はエジプトに隷属していたあいだに自分たちの自然法を見失ってしまったため、神はシナイ山上でモーセに律法をあたえることによってそれをかれらに組織しなおしてやらなければならなかったということにも、考慮を払っていない。さらには、神はかれの律法によって、正義にもとるとはいえ、死すべき運命にある立法者のだれひとりとして心を煩わせたことのないような思念までをも禁じたということにも、考慮を払っていない。ここで推理している異教諸国民すべての野獣的起源については、言うまでもない。そして、かれはヘブライ人がのちに異教徒たちに自然法を教えたと主張しているが、このことを立証することはできないでいる。このことは、さきに引いておいたラクタンティウスの深刻な省察と、これもさきに指摘したように、ヘブライ人が異教徒たちにたいしていだいていた敵意、今日でも諸国民すべてのあいだに散らばりながら保存している敵意とによって補佐された、ヨセフスの度量ある告白によって裏づけられるとおりである〔94–95〕。

397　最後にプーフェンドルフは万民の自然法をエピクロス的な仮説でもって始めており、

神のなんらの援助も配慮もなしにこの世に投げ出された人間を設定している。[1] この点を非難されると、かれは特別に論説を著して自説を正当化しようとした。[2] しかしながら、神の摂理という第一の原理がなくては、法について論じるために口を開くことはできないのである。この点にかんしては、キケロが法律について論じたさい、エピクロスの徒であったアッティクスに述べているのを、さきにわたしたちが聞いたとおりである〔335〕。

398　これらの理由からして、法（法はラティウムの人々によって〈ユース〉ius と言われたが、これは古語の〈ヨーウス〉Ious〔ゼウス〕が縮約されたものであった）について推理するにあたって、わたしたちはすべての時代のうちで最も古い時点から始めることにする。すなわち、異教諸国民の創始者たちの頭の中にゼウスの観念が思い浮かんだ瞬間から始めることにしようとおもう。驚くべきことにも、この点にかんしてはギリシア人もラティウムの人々と見解をともにしているのである。じじつ、幸運にもプラトンが『クラテュロス』において指摘してくれているところによると、[1] ギリシア人は正義のことを最初は〈ディアイオン〉διαῖον と呼んでいたという。これは〈ディスクルレーンス〉discurrens〔走りまわりながら〕とか〈ペルマネーンス〉permanens〔留まりつづけながら〕という意味なのである（プラトンはそこに哲学的起源を割りこませて、神話にかんする博識を発揮しつつ、ゼウスとは万物に浸透してその中を走りまわるアイテールのことだと解釈した。しかし、その歴史的起源はギリシア人によって〈ディオス〉Διός とも呼ばれていたゼウスにあったのだ。ここから、〈大空の下で〉を意味するのに、ラテン語では〈神の下で〉sub dio と〈ユピテル〔ゼウス〕の下で〉sub Iove という言い方が等しく使われるようになったのだった。それがやがて、こちらのほうが軽快だという理由で〈ディカイオン〉δίκαιον という言い方が好まれるようになったのである。したがって、このことからわたしたちは法についての推理を始めるのであって、法はまずもっては神的なものとして、神占すなわちゼウスの前兆についての知識によって表明されるような特性をそなえて生じたのであった。そして、このゼウスの前兆についての知識がすなわち神にかんすることがらであったのであって、これによって異教諸国民は人間にかんすることがらを規制していたのだった。この神にかんすることがらと人間にかんすることがらの両者が法学にそれにふさわしい主題を提供するのである。したがって、わたしたちは万民の自然法についての推理を神の摂理の観念から始めることにする〔342, 379〕。神の摂理の観念と法の観念とは時を同じくして誕生したのである。万民の自然法は、さきにその誕生の様式について考察しておいたように、本来の意味での氏族、〈大氏族〉と呼ばれていた最も古い種類の氏族の創建者たちによって自然な仕方で観察されはじめたのであった。そして、かれらの第一の神がゼウスであったのである〔316 以下〕。

七

399 この学の有する主要な側面の第七番目にして最後のものは**世界史の始まり**についてのものである。世界史は、異教世界の人間にかんすることがらすべてのこの最初の瞬間から、エジプト人が自分たちよりも前に経過したと言っていた世界の最初の時代、すなわち、神々の時代とともに始まったのだった。「公理」において見たように[1]、この時代に天が地上に君臨して人間たちにいくつかの大いなる恩恵をもたらし始める。ここにギリシア人の黄金の時代が始まるのであって、さきに見ておいたように〔377〕、その時代にはゼウスに始まって神々は地上で人間たちと交わっていたのだった。このような世界の最初の時代から出発して、ギリシアの詩人たちはかれらの物語のなかで大洪水と巨人たちが自然のなかに存在したことを忠実に語っていたのであり、こうしてまた世俗的な世界史の始まりを偽りなく語っていたのである。しかし、後世に生まれた者たちは異教世界を創建した最初の人間たちの想像力（その想像力のおかげでかれらには神々を実際に見ているようにおもわれたのだった〔375〕）のなかに入っていくことはできなかった。また、〈地面に打ち倒す〉という言葉の本来の意味が〈地下に送りこむ〉ということであったことも理解できなくなってしまった。そして、山の下の洞窟の中に隠れて住んでいた巨人たちは、このうえなく盲信しやすい人々のあいだで語り伝えられているうちに、行き過ぎた改変をほどこされて、天から神々を追放するためにオリュンポスとペリオンとオッサの山々を次々に積み重ねていったと考えられるようになった(2)。しかし、実際には、不敬虔な最初の巨人たちは神々と戦わなかったばかりか、ゼウスが雷を落とすまでは神々の存在すら気づかずにいたのだった。また、天はのちにはしだいに展開していったギリシア人の知性によって計り知れない高さにまで高めあげられたが、のちに証明するように〔712-713〕、最初の巨人たちにとってはあくまでも山の頂上ほどの高さであったのである（この〔巨人たちが天から神々を追放するためにオリュンポスとペリオンとオッサの山々を次々に積み重ねていったという〕物語はホメロスのあとに作られて、他の者たちによって『オデュッセイア』のなかでホメロスに付け加えられたものであったにちがいない(3)。ホメロスの時代には、神々を追い落とすにはオリュンポス山を崩しさえすれば十分だったのだ。ホメロスは『イリアス』のなかではつねに神々はオリュンポス山の頂きに住みついていると語っている）。これらすべての理由からして、これまで世俗的な世界史は始まりを欠いてきたのであった。また、詩的歴史についての悟性的に推理された年代学もこれまで欠如していたため、世俗的世界史は永続性も欠いてきたのである(4)。

[第2部]　詩的論理学

[第1章]　詩的論理学について

400　さて、事物をそれらの存在のあらゆる様式において観照するかぎりにおいて形而上学であるものは、それらがなにを意味するかを指示するあらゆる様式において考察するかぎりにおいては論理学である。したがって、詩が以上でわたしたちによって詩的形而上学――これによって神学詩人たちは物体の大方が神的な実体であると想像してきたのであった――として考察されてきたように、同じ詩が、今度はそれらの意味するものを指示した**詩的論理学**として考察される。

401　〈論理学〉logica という言い方はギリシア語の〈ロゴス〉λόγος という語からやってきたものである。これは最初、そして本来は〈物語〉fabula を意味していた。それがイタリア語に移し換えられて〈ファヴェッラ〉favella〔言葉〕となったのだった。また、物語はギリシア語では〈ミュートス〉μῦθος とも言われた。そして、この〈ミュートス〉からラテン語の〈ムートゥス〉mutus〔無言の／沈黙した〕という語は出てきている。言葉は、人々がまだ無言であった時代に、まずはストラボンが黄金のくだり[1]で音声語ないしは分節語以前に存在したと述べているメンタルな言語[2]として生まれたのだった。したがって、〈ロゴス〉は〈観念〉と〈言葉〉の双方を指しているのである。しかも、そのような宗教的時代に神の摂理によって事態がそのように配置されたのは、宗教にとっては語ることよりも瞑想することのほうが大事であるという永遠の特性からして、適切なことでもあった。そこで、「公理」〔225–227〕において述べておいたように、諸国民の最初の物言わぬ時代におけるそのような最初の言語は観念と自然的な関係を有しているような合図や所作や物体でもって始まったにちがいないのであった。このために〈ロゴス〉ないしは〈ことば〉はヘブライ人のもとでは〈なされたもの〉をも意味していたのだった。[3]また、ギリシア人のもとでは、トマス・ガタカーが『新約聖書の文体について』において指摘しているように、〈もの〉をも意味していたのである。[4]また、〈ミュートス〉も〈ウェーラー・ナルラーティオー〉vera narratio、すなわち〈真実をありのまま偽らずに語ったもの〉と定義されてわたしたちのもとにまで届いているが、[5]これはまずはプラトン、ついではイアムブリコスがかつてこの世で語られていたと言っている〈自然話法〉〔事物の自然本性に合致した語り方〕のことなのであった〔227〕。ただし、このことをかれらはたんなる当てずっぽうで言ったにすぎなかったため、プラトンは『クラテュロス』においてそれをなんとか見つけ出そうと空しい労力を費やしたあげく、アリストテレスとガレノスから攻撃される羽目に陥ってしまった。それというのも、神学詩人たちのものであったそのような最初の語りは、事物の自然本性にのっとった語りではなく（アダムの発見した神聖語はそのようなものであったにちがいない。アダムに神は神聖な〈オノマテシア〉onomathesia、すなわち事物にそれぞれの自然本性にしたがった名前をあたえる方法を使うことをゆるしたからである）[6]、生命を付与された実体、それも大部分は神的なものと想像された実体による**空想的な語り**であったからである。

402　たとえば、ゼウス、キュベレあるいはベレキュンティア、ポセイドンを神学詩人たちはこのように理解した。そして、初めのうちは沈黙したまま指さして、それらが天、地、海の実体であると説明した。さらにはそれらが生命をもった神性であると想像し、ひいてはそう感覚したとおりにかれらを神々であると信じこんだのだった。これら三つの神性でもって、さきに詩的記号について述べておいたことからして〔205, 209〕、天、地、海に属するすべてのことがらを説明したのであり、また同様にして他の神性でもってそれぞれの神性に属する他のことどもを指示したのだった。あらゆる花はフローラによって、あらゆる果実はポモナによって指示するといった具合に。これと同じことをわたしたちは今日、反対に精神的なことがらについておこなっている。人間の知性の諸能力、情念、徳と悪徳、学問と技芸について、大概は女性の姿形をした観念像を作りあげ、それぞれに属するすべての原因、すべての特性、そして最後にはすべての効果をそれらの観念像に引き戻してとらえようとするのである。なぜなら、わたしたちが頭の中で理解している精神的なことがらを表出したいとおもう場合には、それらを説明するために想像力の援助を得る必要があり、画家がおこなっているように、それらについての人間的な像をつくり出してみなければならないからである。しかし、神学詩人たちは理解力を使うことはできなかったので、それとは正反対のこのうえなく崇高な作業によって、いましがた見たように、物体に、それも天、地、海といったような広大きわまりない物体に、感覚と情念をあたえたのであった。それがやがて広大な想像力が萎縮し、抽象能力が強まるようになるにつれて、そのかれらの記号は取るに足らぬものと受けとられるようになった。そして、学識が出現するなかで、換喩が人間にかんすることがらのこれまで埋もれたままになってきたこれらの起源についての無知と結合したのだった。こうしてゼウスは鷲の背中に乗せて運ばれるほどちっぽけで軽い存在と化し、ポセイドンは薄い貝の上に乗って海を走り回り、キュベレは獅子の背に坐るようになるのである。

403　ひいては、〈ミュートロギア〉mythologia〔神話〕は、その言葉が示すとおり、**物語に固有の語り**のことであったにちがいない。さきに論証しておいたように〔209〕、物語は想像的類概念からなっているので、神話はそれらに本来的なアレゴリーであったにちがいないからである。そのアレゴリーは、「公理」〔210〕において考察しておいたように、〈ディーウェルシロクイウム〉diversiloquium〔ひとつの類のもとにさまざまな種や個を包括した言い方〕と定義されてわたしたちのもとに届いている。アレゴリーは、対応関係の一致によってではなく、スコラ的表現を借りるなら、述語可能性の一致によって、それぞれの類のもとに異なった多くの種や個が内包されていることを意味しているからである。そうであってみれば、アレゴリーはそれらさまざまな種や個に共通するひとつの資質を包括した単一の意味作用を有しているにちがいないのである（たとえば、アキレウスはすべての強者に共通する勇気の観念像であり、オデュッセウスはすべての賢者に共通する思慮分別の観念像である）。だから、このようなアレゴリーは詩的言語の語源をなしているのであって、詩的言語がすべて一義的な起源を有していることを明らかにしてくれるはずである。これにたいして、通俗語の語源はしばしばアナロジカル〔類比的〕なものである。そして、物語 fabula〔神話伝説〕が〈ウェーラー・ナルラーティオー〉vera narratio〔真実をありのまま偽らずに語ったもの〕と定義されてわたしたちのもとに届いているように〔401〕、〈エテュモロギア〉etymologia

〔語源〕についても、〈ウェーリロクイウム〉veriloquium〔真実をありのまま偽らずに言い表わした語〕という定義がわたしたちのもとに届いているのである。

［第２章］　詩的な喩、怪物、変身についての系

一

404　最初の喩はすべてこの詩的論理学の系である。そして、それらのうちでも、最も光り輝いており、最も光り輝いているために最も必要で最も頻繁に用いられるのが隠喩である。隠喩は当時、さきに論じた形而上学〔402〕によって感覚をもたない事物に感覚と情念をあたえるとき、いやがうえにも称賛されるところとなった。最初の詩人たちは、かれらがなしえたかぎりのものによって、つまりは感覚と情念によって、物体に生命ある実体の存在をあたえ、そこから物語を作りあげたのだった。だから、こ

のようにして作りだされたあらゆる隠喩はそれ自体が小さな物語をなしていることになる。ひいては、それらの隠喩がもろもろの言語のなかで生まれた時代について、つぎのような判断があたえられることとなる。すなわち、抽象的な知性の仕事を指示するのに物体からとられた類似性によって伝えられてきた隠喩はすべて、哲学がまだようやくにして彫琢されはじめた時代のものであったにちがいないということである。このことは、どの言語においても、洗練された技芸や深遠な知識に必要とされる言葉も起源をたどれば農民たちの言葉であった、ということから証明される。

405　あらゆる言語において生命をもたないものについての表現の大部分は人間の身体とその各部分、また人間の感覚と人間の情念からの転移でもって作られているということは、考察に値する。たとえば、〈頭〉は頂上や始まりを、〈額〉と〈背中〉は前と後を指している。また、ねじの〈目〉とか、家々に灯る明かりのことを〈瞳〉とか。〈口〉は開いたもの、〈唇〉は瓶などの縁を指している。鋤や熊手や鋸や櫛の〈歯〉。〈髭〉は根のこと。海の〈舌〉〔入江〕。川や山の〈喉〉とか〈喉頭部〉。大地の〈頸〉〔峠のこと〕。川の〈腕〉〔支流〕。〈手〉は小さな数、海の〈胸〉は湾、〈脇腹〉や〈横腹〉は片隅を指している。海の〈腕〉。〈心臓〉は中央部を指しており、この意味でラテン語では〈ウムビリークス〉umbilicus〔事物の臍〕とも言われたのだった。村々の〈脚〉とか〈足〉。また〈足〉は終わりを、〈足の裏〉は底とか土台を指している。

〈肉〉は果実の種。水や石や鉱石の〈脈〉。葡萄の〈血〉は葡萄酒のこと。大地の〈腹〉。空や海が〈笑う〉とか、風が〈唸る〉とか、波が〈囁く〉とか、物体が大きな重みで〈呻く〉とか。古代ローマの農民たちは〈土地が乾く〉とか、〈果実が働く〉とか、〈麦が肥る〉という言い方をしていたし、現代の農民たちも〈草木が恋する〉とか、〈葡萄が狂う〉とか、〈とねりこの木が泣く〉というような言い方をしている。それ以外にも、この種の言い回しはどの言語からも無数に蒐集することができる。これらはすべて、〈無知な人間は自分を万物の尺度にする〉という公理〔120〕の帰結である。じっさいにも、いま列挙した例のなかでは、人間は自分自身でもって全世界を作りだしているのであった。なぜなら、悟性的推理にもとづく形而上学が〈人間は知ることによって万物となる〉と教えているように、この想像力にもとづく形而上学は〈人間は知らないでいることによって万物となる〉ことを論証しているからである。そして、おそらく、こちらのほうが前の提言よりも真実を語っているのではないかとおもわれる。それというのも、人間は知ることによって知性を展開し事物を理解するのであるが、知らないでいることによって自分自身でもって事物を作りだし、みずから変身することによってその事物と化すからである。

二

406　そのような形而上学から生まれたそのような論理学によって、最初の詩人たちは事物に最も個別的で最も感覚的な観念像にもとづいて名前をあたえたにちがいないのであった。そして、これらが換喩と代喩という二つの喩の源泉なのである。――まず換喩についていうと、作品を指示するのに作者名をもってする換喩が生まれたのは、作者のほうが作品よりも名指されることが多いからである。また、形式や属性を指示するのに基体そのものをもってする換喩が生まれたのは、「公理」〔209〕において述べておいたように、かれらは基体から形式や属性を抽象するすべを知らなかったからである。そしてたしかに、結果を指示するのに原因をもってする換喩は多くの小さな物語を生みだしたのであって、そこでは原因は、醜い貧乏神とか、哀れな老婆とか、青白い死に神といったふうに、結果をまとった女性であると想像されたのであった。

三

407　提喩は、のちに個別が普遍にまで高めあげられるか、部分が他の部分といっしょになって全体を構成するようになるとともに、本来の語義の転移態 trasporto へと移行していった。しかし、もとはと言えば、〈死すべきもの〉というのは本来人間についてだけ言われた表現であった。自分が死すべき存在であると感じることができたのは人間だけであったにちがいないからである。また、〈人間〉もしくは〈人〉を指すのに〈頭〉という言い方がラテン俗語に頻繁に見られるが、これは森の中では遠くからは人間の頭しか見えないからである。そもそも〈人間〉という言葉は抽象的な言葉であって、身体と身体の諸部分、知性と知性の諸能力、精神と精神の諸習性を、さながらひとつの哲学的類に包摂するようにして包摂しているのだ。こうしてまた、〈ティグヌム〉tignum〔梁／建築材〕と〈クルメン〉culmen〔藁／屋根〕も本来は屋根を藁でふいていた時代の〈梁〉と〈藁〉を指していたのが、のちに都市が栄えるようになると、建造物の材料と屋根全体を指すようになったのである。また、〈家〉全体を指すのに〈テークトゥム〉tectum〔覆われたもの〕という言い方がされたのは、最初の時代には家のためには覆いがあれば十分だったからである。また、〈船〉を指すのに〈プッピス〉puppis〔艫〕という言い方がされたのも、艫は高くて陸にいる人々からまっさきに見えたからである。同様にして、ふたたび戻ってきた野蛮時代〔中世〕には、〈船〉を指すのに〈帆〉という言い方がされたのだった。また、〈剣〉を指すのに〈ムクロー〉mucro〔刃先〕という言い方がされたが、これは〈剣〉というのは抽象的な言葉であって、さながら類のなかに包括するようにして、握り、鍔、刃、刃先を包括しているからである。その一方でかれらが感覚していたのは、かれらに恐怖心を呼び起こす刃先なのであった。同様に、〈鉄〉が〈剣〉のことを指すように、素材がそれの作りあげる全体を指すこともあるが、これは形式を素材から抽象するすべを知らないでいたからである。提喩と換喩がないまぜになった〈三回目の刈り入れであった〉という表現は、疑いもなく、自然本性上の必要から生まれたものであった。諸国民のあいだに〈年〉という天文学的語彙が誕生するまでには優に一千年以上が経過しなければならなかったのだ。じっさいにも、フィレンツェ周辺の農村部では今日でも〈何年も〉を指すのに〈何度も刈り取った〉という言い方がなされている。また、二つの提喩と一つの換喩からなる〈いつの日かわが王国に二つ三つの麦の穂しか見ることがなくなっても驚くことがあろうか〉[1]という表現は、〈何年も〉を指すのに〈何回もの刈り入れ〉という言い方よりもさらに個別的な〈何回もの麦の穂〉という言い方をしていた最初の田舎時代における説明語彙の貧困さをあまりにもよくうかがわせる。じつのところ、それは表現があまりにも貧困であったため、文法家たちはその背後に過度の技巧を想定してきたほどであった[2]。

四

408　反語はたしかに反省の時代からしか始まることはできなかった。なぜなら、それは反省の力によって真実の仮面をまとった虚偽から作られているからである。ここからは、本書で見いだされた詩の起源を確証してくれる人間にかんすることがらの偉大な原理が出てくる。異教文明の最初の人間たちは、自然本性からして、ありのままで偽るところのまったくない子供と同様、このうえなく単純素朴であった。そのため、最初の物語は虚偽をなにひとつ作りあげることができなかった。ひいては、必然的に、さきに定義しておいたように〔401〕、**真実をありのまま偽らずに語ったもの**であったにちがいない、というのがそれである。

五

409　これらすべてのことから、これまで著作家たちの機知に富む発明物だと信じられてきた喩のすべては（喩はすべてこれら四つに還元される）、最初の詩的諸国民の必然的な説明様式であり、起源においてはその生まれつきの特性をそっくりそのまま有していたこと、ところがのちに人間の知性が展開するようになるにつれて、抽象的な形式や種を包括したり部分を全体に合成したりする類概念を指す言葉が発明され、最初の諸国民のそのような語りは本来の語義の転移態に転化してしまったことが明らかになる。ひいては、ここから文法家に共通の二つの誤謬が作動しはじめる。散文家の語りが本来的なものであって、詩人の語りは非本来的なものであるとする誤謬と、散文による語りが初めにあって、そのあとに韻文の語りが登場したとする誤謬である〔460〕。

六

410　もろもろの怪物や詩的変身〔メタモルフォーシス〕は、そのような最初の人間的な自然本性の必要から生じたのだった。すなわち、「公理」〔209〕において論証しておいたように、かれらは形式や特性を基体から抽象することができないでいた。そのため、かれらなりの論理学でもって、基体を合成して形式を合成しなければならなかったのであり、あるいは基体を破壊してそれの最初の形式をそこに導入された反対の形式から分離しなければならなかったのである。——まずもっては、そのように観念を合成することから詩的怪物がつくり出された。じっさいにも、アントワーヌ・ファーヴルが『パピニアヌス法学の知識』において指摘しているところによれば、ローマ法では、売春婦から生まれた子は〈怪物〉と呼ばれたというが[1]、それはそのような子は人間の自然本性と放浪者や父親の不確かな交合によって生まれたという野獣の特性を合わせ持っているからなのであった。由緒ある女から生まれた者であっても厳粛な婚姻によらずに生まれた者はテーヴェレ河に投げ捨てるよう十二表法が命じたのは、そのような生まれ方をした者はこの種の怪物であったからにほかならないことがわかるだろう。

七

411　つぎに観念を分離することからは変身がつくり出される。じっさいにも、古代の法にはその例がいろいろ残っているなかで、ローマ人もかれらの英雄語句のなかに〈アウトーレム・フィエリー〉autorem fieri〔保証人となる〕を指すのに〈フンドゥム・フィエリー〉fundum fieri〔土台となる〕という言い方を残しているが、それは土台が地所や地面を支え、そこに種播かれたり植えられたり建てられたりするものを支えるのと同じように、保証人はかれの保証がないと破産してしまうような案件を支えるからである。また、保証人は、自分の意思で自由に動くというかれ本来のあり方から変身して、安定したものという反対の形態をとるからである。

〔第3章〕最初の諸国民は詩的記号によって語っていたことについての系

412　この詩的論理学によって考察してきたような詩的な語り方は、歴史的時代に入ってからもきわめて長期間にわたって継続しておこなわれた。それはあたかも大きな急流が海にどっと注ぎこみ、その激しい流れとともに運んできた清らかな水をそこに貯えるのにも似ている〔629〕。わたしたちは、さきに「公理」〔207〕において、エジプト人は自分たちが発明した人間の生活に有益なすべてのことをヘルメス・トリスメギストゥスの功績に帰していたというイアムブリコスの言を引いておいた。そして、この言を〈幼児は、最初に見知った男や女や事物の観念と名前でもって、それとなんらかの類似性や関係をもつ、その後に見知ったすべての男や女や事物を把握し名づける〉

というもうひとつの公理〔206〕によって確証しておいた。これこそは最初の諸国民が生まれながらにそれによって思考し語っていた詩的記号の大いなる自然的な源泉なのであった〔209〕。もしイアムブリコスが人間にかんすることがらのこのような自然本性に反省をめぐらせ、そこにかれ自身が報告している古代エジプト人の習俗を結びつけていたなら、たしかにかれはエジプト人の通俗的な知恵の秘密のなかにかれのプラトン的な知恵の崇高な秘密を無理やりしのびこませるようなことはなかっただろうということも、「公理」〔208〕において述べておいたとおりである。

413　さて、このような幼児の自然本性とこのような最初のエジプト人の習俗とに照らして主張するのだが、詩的言語は、それが採用する詩的記号によって、古代についての多くの重要な発見を提供することができる。

一

414　ソロンは、通俗的知恵をもっていた賢者であって、アテナイが貴族国家であった最初の時代に現われた平民の領袖であったにちがいないということ。このことについては、ギリシア史も、アテナイは最初上流富裕者たちによって占領されていたと語っている。このことをわたしたちは本書においてあらゆる英雄国家について普遍的に妥当することを証明しようとおもう。英雄国家においては、英雄、すなわち貴族たちは、自分たちの出生が神的な起源をもつと信じていたため、神々は自分たちのものであり、したがって神々の前兆も自分たちのものだと言っていた。そして、このことを理由にして、英雄都市のあらゆる公的ならびに私的な市民権を自分たちの身分ないしは階級だけで独占し、その一方で、かれらが野獣的起源をもつと信じ、したがって神々をもたない者たち、ひいては神々の前兆にあずかることのない者たちであると信じていた平民たちには、自然的自由の使用のみを許していたのだった（これは本書のほぼ全体にわたって論じられることになる人間にかんすることがらの一大原理である）。ところが、ソロンは平民たちに、自分たちのことを省みて、自分たちが貴族たちと平等の人間的自然本性をもっていること、したがって市民権において貴族たちと平等であるべきであることを認識するよう、勧告したのである。なるほど、ソロンは、この面において考察されたアテナイの平民そのものではなかったかもしれないにしてもである。

415　だから、古代ローマ人も、かれらのあいだにそのようなソロンをもっていたはずである。古代ローマ史が公然と物語っているように、そこでも、平民たちは貴族たちとの英雄的闘争のなかでつぎのように言っていたからである。ロムルスが構成した元老院の構成員となった家父長たち（かれらにローマの貴族は由来している）は〈天から降りてきた者ではない〉、と[1]。すなわち、かれらはかれらが自慢しているような神的起源をもつものではないのであって、ゼウスは万人にとって平等な存在であったというわけである。これが〈万人に公平なユピテル〔ゼウス〕〉[2]というモットーの国家制度的な歴史である。そこに、のちになって学者たちは、知性はどの知性も平等にできていて、相違は肉体の構造の違いと受けた教育の違いから出てくるのだという見解をしのびこませたのだった。このような反省に立って、ローマの平民たちは貴族たちと政治的自由を等しくしようと努めはじめたのであり、ついにはローマの国家を貴族的な政体から人民的〔民主的〕な政体へと完全に変えてしまったのである。このことについては「年表への註記」のなかでプブリリウス法について論じた個所で観念的な仮説として述べておいたとおりであるが〔104-114〕、同じことはローマの国家だけでなく他のすべての古代国家についても起こっていたことを事実として観察することになるだろう。そして、ソロンの反省から始まって、諸国の平民たちがいたるところでそれぞれの国家を貴族的な政体から人民的〔民主的〕な政体へと変えていったことを、道理と権威とにもとづいて証明するだろう〔598, 621〕。

416　ついでソロンは〈汝自身を知れ〉という例の有名なモットーの創作者にされた。そして、そのモットーはアテナイの人民に大きな社会的利益をもたらしたということで、その都市の公共的な場所のすべてに刻みこまれた。それをやがて学者たちは形而上学的ならびに道徳的なことがらについての重要な戒めを説いたものであると解釈しようとした。こうしてソロンは深遠な知恵をもった賢者であると考えられるようになり、ギリシアの七賢人の筆頭に置かれるにいたった。このように、そのような〔〈汝自身を知れ〉という〕反省からアテナイでは人民的国家を形成するあらゆる規律とあらゆる法律が始まったのだった。そのために、最初の諸民族の詩的記号を用いた思考様式からして、そのような規律とそのような法律はすべて、アテナイ人によってソロンに帰せられたのである。これは、エジプト人によって人間の社会生活に有益なあらゆる発明物がヘルメス・トリスメギストゥスに帰せられたのと、事情を同じくしている。

二

417　こうしてまた、種々の身分ないしは階級にかんするあらゆる法律はロムルスに帰せられたのにちがいない。

三

418　またヌマには同じく祭事や聖なる儀式にかんする法律が帰せられたにちがいなく、そこからやがてローマの宗教がローマの最も華やかな時代に出現するのである。

四

419　兵制にかんする法令はすべてトゥルス・ホスティリウスに帰せられたにちがいない。

五

420　セルウィウス・トゥリウスには人民的国家の基礎である税制と人民的自由にかんするその他のおびただしい数の法律が帰せられたにちがいない。だから、かれはタキトゥスによって〈法律の第一の制定者〉と称されたのだった[1]。それというのも、のちに証明するように、セルウィウス・トゥリウスの税制自体は貴族的国家の基本制度として制定されたものであったが、この税制とともに平民たちは貴族たちから農地の委付的所有権を獲得する。また、それが原因となって、やがて護民官が平民たちの自然的自由に属するこの部分を防衛するためにつくり出された。そして護民官たちはその後徐々に平民たちを政治的自由全体の達成へと向かわせていった。こうしてセルウィウス・トゥリウスの税制は、そのきっかけと動機を招いたことによって、ローマの人民的国家の基本制度をなす税制に転化したのだった。このことはプブリリウス法への註記のなかで仮説として論じておいたが〔107, 111〕、これが事実上も真実であったことはのちに証明されるだろう〔619–623〕。

六

421　のちにローマの最も光り輝く時代にローマ帝国の威厳を輝かせることとなったすべての徽章と紋章はタルクイニウス・プリスクスに帰せられたにちがいない。

七

422　こうして、あとで証明するように、のちの時代に制定された多くの法律が十二表法に押しつけられたにちがいないのだった。また、『普遍法の原理』において十分に証明しておいたように、(1) 貴族たちのものから平民たちにも共有されるものとなったローマ市民的〔クイリーテース的〕所有権にかんする法律は、公示板に書かれた最初の法律であった（この法律のためにのみ十人官はつくり出されたのだった）。そこで、このような人民的自由の面をとらえて、それ以後、自由を平等なものにし、公示板に書かれたすべての法律は、十人官に関係づけられたのである。ここでも、ギリシア式埋葬の華美な儀式がひとつの証明を提供してくれる。そのような華美な儀式がギリシアでおこなわれていることを十人委員たちはローマ人に教えるわけにはいかなくて禁止した。しかし、のちにはローマ人もそれを受けいれるようになった。そして、そういう事態が起こったのは、ローマ人がギリシア人とじかに知り合うようになったタラント人およびピュロスとの戦い以後のことでしかありえなかった。キケロが指摘しているところによると、この〔葬儀が華美に走るのを禁じた〕法律はアテナイで構想されたさいに用いられたのと同じ言葉でもってラテン語に翻訳されているとのことであるが、(2)これはこのような事情によっている。

八

423　同様のことはドラコンにも当てはまる。かれは、さきに述べたように〔414〕、アテナイが上流富裕者たちによって占領されていたとギリシア史が語っている時代に血でもって書かれた法律の制定者である。当時は、のちに見るように〔592〕、英雄的貴族政治がおこなわれていた時代で、同じくギリシア史の報告によると、「年表への注記」においてて提示しておいたように、ヘラクレイダイ〔ヘラクレスの子孫たち〕が全ギリシアに拡がり、アッティカにまで入りこんできていたという。かれらは、最後にはペロポネソス半島に定着し、スパルタに王国を建設した。そのかれらの王国は、のちに説明するように〔592〕、たしかに貴族国家なのであった。そして、このドラコン〔竜〕はペルセウスの盾に釘付けにされたゴルゴンの蛇たちのひとり〔メドゥーサ〕であったにちがいないのであった。すなわち、のちに見るように〔734〕、ペルセウスは法律による統治を意味していたのであって、かれの盾はそれを見る者に恐るべき刑罰をくわえてその者を石に変えてしまったのだった。それはちょうど、聖史において、そのような掟は範例的な懲罰であったところから〈血の掟〉と言われているのと同じである。そして、のちに詳しく説明するように〔542〕、ミネルウァ、すなわちアテナは、この盾を武器にしていたのだった。また、シナ人〔中国人〕は今日でも書くのに象形文字を使用しているが、そのシナ人のもとでも竜が国権の徴章とされている。時代も場所も遠くかけ離れたこれら二つの国民のあいだにこのように同じひとつの詩的な思考様式ならびに説明様式が見られるというのは、まことに驚嘆すべきことである。それというのも、このドラコンについては、全ギリシア史からも他のなにものも出てはこないからである。

九

424　この同じ詩的記号の発見が、「年表への註記」においてこの場で見ることを約束しておいたように〔91〕、アイソポスはギリシアの七賢人に先立つという確証をわたしたちにあたえてくれる。それというのも、この文献学的真理がわたしたちに確認されるにいたったのはつぎのような人間的観念の歴史によってであったからである。すなわち、七賢人が称賛を受けるようになったのは、かれらが道徳的教訓や政治理論上の教訓を、ソロンの有名な格言のように、格言のかたちであたえ始めてからのことであったのだ（ソロンは七賢人の第一人者であった）。〈汝自身を知れ〉にしても、さきに見たように〔414, 416〕、最初は政治理論上の教訓であったのが、やがて形而上学と道徳学とに移し入れられたのである。ところが、そのような勧告をアイソポスはかれらに先立って、詩人たちが前々から自分たちの考えを説明するために採用していた**類似法**を用いることによってあたえたのだった。そして、人間的観念の順序はなんであるかといえば、類似する事物を観察して、それをまずは自分の考えを説明するために、ついでは立証するために使用するということ、しかも、その立証をまずはただひとつの類似だけで十分な例示によっておこなうことから始まって、最後には多くの類似が必要とされる帰納法にまでいたるということである。こうして、哲学者たちの全流派の父であったソクラテスは帰納法による対話術を導入したのであり、それをやがてアリストテレスが三段論法によって完成したのだった。三段論法は普遍者が存在しなくては成り立ちえないのである。しかし、知性が不足している者たちにたいしては、類似しているものからひとつの場所《トポス》を引き出してくるだけで、説得には十分である。じっさいにも、あのしたたかなメネニウス・アグリッパ[1]は、アイソポスが発明した寓話をもじった作り話をしただけで、反乱を起こしたローマの平民をおとなしくさせてしまったのだった〔499〕。

425　アイソポスが**英雄たちのソキウス**〔同盟者〕**ないしは奴隷の詩的記号**であったことは、あの礼儀正しいパイドロスがかれの『寓話』のあるプロローグにおいて、どこか予言めいた言い方でもって、わたしたちに明らかにしている。〈なぜ寓話法が発明されたかを／いま手短かに示そう。囚われた奴隷は／自分の欲していることを語る勇気がないため／自分の思いを寓話に託したのだった。／この小径を拓いたのはアイソポスである〉[1]。このことはライオンとその仲間についての寓話が明白にわたしたちに確認させてくれているとおりである[2]。それというのも、「公理」〔258–259〕において述べておいたように、平民たちは英雄都市の〈ソキウス〉socius〔同盟者・仲間〕と呼ばれていた。そして、戦争のときには苦労や危険をともにしていた。しかし、戦利品にも獲得された領土にも分け前にはあずかれなかったからである。このため、アイソポスは〈奴隷〉と呼ばれていた。のちに証明するように〔555以下〕、平民たちは英雄たちの奴僕であったからである。また、かれは醜かったとも伝えられているが、それは、これものちに証明するように〔565以下〕、文明の美は厳粛な婚姻から生じると考えられていたからで、これを取り結ぶことができるのは英雄たちのみであったからである。テルシテスが醜かったのも同じ理由によっているのであって、かれはトロイア戦争で英雄たちのために戦った平民たちの詩的記号であったにちがいないのだった。このために、オデュッセウスによってアガメムノンの王杖で鞭打たれたのである。[3] こうしてまた、古代ローマの平民たちも、聖アウグスティヌスの『神の国』に引用されているサルスティウスの証言[4]によれば、裸の背中を貴族たちから〈王の習いにしたがって〉鞭で打たれていたのだった。そして、この習性はポルキウス法[5]が鞭をローマ人の背中から遠ざけるまで続いたのである。

426　したがって、自由な市民として生活するために有益なこのような勧告は、英雄都市の平民たちが自然的道理によって教えられてみずから養っていた感覚であったにちがいない。そのような〔政治的な〕面においてとらえられた平民たちの詩的記号として作りあげられたのがアイソポスなのであった。そこにのちになって道徳哲学にかんする寓話が付け加えられたのである。そして、ソロンがアテナイの自由な国家を法律でもって秩序づけた賢者にされたのと同じ仕方で、アイソポスは最初の道徳哲学者にされたのだった。また、アイソポスはそれらの勧告を寓話によってあたえたのだから、同じ勧告を格言によってあたえたソロンよりもさきに登場していたのだった。それらの寓話はまずもっては英雄詩のかたちで構想されたにちがいない。じっさいにも、それらはイアンボス格で構想されたという言い伝え[1]が残っているが、のちに述べるように〔463–464〕、この詩格は英雄詩と散文の中間期にギリシア人が話していた言葉なのであった。それが最後には散文で書かれてわたしたちのもとにまで届いているのである。

427　このようにして、後代における深遠な知恵の発明物が通俗的知恵の最初の著作家たちに関係づけられたのだった。オリエントのゾロアスター、エジプトのトリスメギストゥス、ギリシアのオルペウス、イタリアのピュタゴラスは、もともとは立法者であったのが、最後には哲学者であったと信じられるようになってしまった。これは今日シナにおいて孔子がそう信じられているのと同じである。それというのも、たとえばマグナ・グラエキアにおけるピュタゴラス派の人々は、のちに証明するように〔1087〕、疑いもなく、〈貴族〉という意味でそう呼ばれたのであって、かれらはかれらの国家を人民的な政体から貴族政体へ引き戻そうとこころみたため、全員が滅ぼされてしまったのだった[1]。また、ピュタゴラスの『黄金の詩』が、ゾロアスターの『神託』やトリスメギストゥスの『ポイマンドロス』やオルペウスの詩篇〔『オルピケ』〕と同じく、くわせものであるということは、さきに証明しておいたとおりである〔128〕。さらに、ピュタゴラスについては、かれが書いた哲学にかんするいかなる本も古代人には届いていない。シェファーの『イタリア哲学』によれば、哲学について書いた最初のピュタゴラス派の人物はピロラオスであったという[2]。

［第４章］　言語と文字の起源についての系――そこには、神聖文字、法律、名前、家紋、メダル、貨幣の起源、ひいては万民の自然法の最初の言語と書記法の起源も含まれる

428　さて、詩人たちの神学もしくは詩的形而上学から、そこから生まれた詩的論理学を介して、わたしたちは言語と文字の起源の解明に進んでいこうとおもう。その起源をめぐっては、これまでそれについて書いてきた学者の数と同じだけの意見が存在する。

このようなわけで、ゲルハルト・ヤン・フォスは『文法術』のなかで〈文字の発明については多くの著述家たちが多くの推測をおびただしく混乱したかたちでおこなってきたため、あなたはそこに入りこんだときよりもいっそう不確かになってそこから出ていくだろう〉と述べている。[1] また、ヘルマン・フーゴは『書記の起源』のなかで〈文字と書記の起源について論述したものほど、おびただしく対立する意見が見いだされる主題はほかにない。なんと多くの意見の対立があったことか！　どれを信じたらよいのか。どれを信じてはならないのか〉と述べている。[2] こうしてまた、ベルナルト・フォン・マリンクロットの『印刷術』は、文字の発明の様式を理解することは人間には不可能であるため、神の発明になるものと見なされるべきであると結論している。[3] そして、この見解はインゲヴァルト・エーリングの『ギリシア語の歴史』でも受け継がれている。[4]

429　しかし、言語と文字の発明の様式をめぐる困難は、じつをいえば学者たち自身によってつくり出されたものであったのだ。言語の起源と文字の起源はことがらの本性からして相互に結びついたものであったにもかかわらず、かれらは文字の起源を言語の起源とは別個の問題であると見なしてきたのである。またかれらは、〈文法〉grammatica という言葉と〈記号〉character という言葉がなにを指しているのか、に注意すべきであった。まず前者について言うなら、〈文法〉は〈話し方〉と定義されているが、同時に〈グランマタ〉は文字のことであるから、それは〈書き方〉と定義されてもよいだろう。アリストテレスはそう定義しているし、[1]じっさいにも最初文法はそのようなものとして生まれたのだった。のちに証明するように〔434〕、諸国民はすべて、まずは書くことによって話していたのである。かれらは、最初はいまだ言葉を発することができないでいたからである。つぎに、〈記号〉というのは〈イデア〔観念像〕〉、〈かたち〉、〈モデル〉のことである。そして、たしかに分節音によって構成されたもの〔アルファベット記号〕よりも前に詩人たちによって用いられていたもの〔詩的記号〕なのであった。これは、ヨセフスがギリシアの文法学者アピオンに反対して、ホメロスの時代にはいわゆる〈通俗〉文字はなおも発明されていなかった、と強く主張しているとおりである〔66〕。そのうえ、もしそのような文字が分節音を〈かたち〉にして表示したものであって、たんなる任意に取り決められた記号でなかったとすれば、分節音が諸国民すべてのもとで一様であるように、それらの文字も諸国民すべてのもとで一様であったはずである。このように言語と文字の起こり方を知ることは絶望的であったため、最初の諸国民が詩的記号によって思考していたということについても、物語〔神話伝説〕によって語っていたということについても、象形文字によって書いていたということについても、知られることはなかったのである。しかし、これらこそは、人間の観念を研究する哲学にとっても、人間の言葉を研究する文献学にとっても、その自然本性からしてこのうえなく確実な原理であったにちがいないのだった。

430　ここでわたしたちはこの〔言語と文字の起源にかんする〕問題の議論に入らなければならないのだが、これまでに展開されてきた多くの意見についてはごく一部の見本を紹介するにとどめたい。それらの意見はいずれも不確かなものであるか、軽率なものであるか、適切さを欠いたものであるか、うぬぼれに満ち満ちたものであるか、嘲笑すべきものであるかのいずれかであって、数こそおびただしい量にのぼるとはいえ、黙殺されてしかるべきものばかりなのだ。紹介する見本とはつぎのようなものである。ふたたび戻ってきた野蛮時代〔中世〕に、スカンディナヴィアもしくはスカンツィアは諸国民のうぬぼれ〔125〕によって〈ウァーギーナ・ゲンティウム〉vagina gentium〔万民の子宮〕と呼ばれ、世界のそれ以外のすべての地域の母であると信じられていた。[1]こうしてまた、学者たちのうぬぼれ〔127〕によってヨハンネス・マグヌスとオラウス・マグヌス[2]は、自分たちゴート人は世界が創始されて以来、アダムによって神的な仕方でもって発明された文字を保存してきた、と主張した。この夢想はすべての学者から嘲笑されたが、ヨハンネス・ゴロピウス・ベカヌス[3]がそれを受け継いで発展させるのを押しとどめはしなかった。かれは自分の母語であるキンブリア語（それはサクソン人の言語とさほど変わらない）を地上の楽園〔エデン〕からやってきたものであって、他のすべての言語の母であると主張したのだった。この見解については、ジュゼッペ・ジュスト・スカリージェロ(4)やフィリップ・カメラリウス(5)やクリスティアン・ベックマン(6)やマルティン・スホーク(7)によって作り話がつくり出された。そして、このようなうぬぼれはさらに膨れ上がっていって、ついにはオローフ・ルードベックの『アトランティカ』という著作(8)のなかで破裂するにいたる。それによれば、ギリシア文字はルーン文字(9)から生まれたものであって、ルーン文字が裏返しになったのがカドモスによってヘブライ文字に類似する配列と音価をあたえられたフェニキア文字であり、そして最後にギリシア人がそれを定規とコンパスによって真っ直ぐにしたり曲げたりしたのだという。また、文字の発明者はスカンディナヴィア人のあいだでメルクロウマン Mercurouman(10)と呼ばれているが、これはエジプト人のために文字を発明したメルクリウス〔ヘルメス〕がゴート人であったことを意味している、と。文字の起源をめぐってのこのような言いたい放題の意見は、わたしたちがここで言おうとしていることが新しくもたらすものをただ無関心に眺めるだけでなく、それらを注意深く考察して、それらを異教世界の神と人間にかんするすべての知識の原理として受けとるよう、読者に気づかせるにちがいない。

431　それというのも、言わせてもらうが、すべての哲学者とすべての文献学者はつぎのような原理から出発して言語と文字の起源についてあつかわなければならなかったのである。すなわち、異教世界の最初の人間たちは事物の観念を生命ある実体についての想像的な記号をつうじて思い描いた。そして、沈黙したまま、観念と自然的な関係をもっている所作や物体によって説明した（たとえば、〈三年〉を指すのに、鎌で三度麦を刈る仕草をするか、麦の穂を三本示すかした）。しかも、自然的指示機能をそなえた言語でもって説明した、というものである（このような言語がかつてこの世で語られていたとプラトンとイアムブリコスは言っているが〔207, 401〕、それは博識家たちが事物の自然本性もしくは自然的特性によって観念を説明したとわたしたちに信じこませたがっている太古のアトランティスの言語のことであったにちがいない）。〔言語と文字という〕これら二つのものは、さきに述べたように〔429〕、ことがらの本性からして結びついたものであるのに、それを哲学者や文献学者は別々に分けてあつかってきた。このため、かれらには文字の起源の研究はきわめて困難なものになって、言語の起源の研究に勝るとも劣らない困難さをはらむまでになってしまったのだった。そのうえ、言語の起源については、かれらはもともと全然考慮したことがなかったか、ほとんど考慮してこなかったのである。

432　したがって、論を始めるにあたって、第一の原理として、つぎのような文献学的公理〔173〕を立てたいとおもう。エジプト人が語っていたところによると、かれらの世界においてそれまでに経過した時間全体にわたって、そのかれらの世界において同じく経過した三つの時代、すなわち神々の時代と英雄たちの時代と人間たちの時代に、数と順序において対応する三つの言語が語られていたという。そして、第一の言語はヒエログリフ〔神聖文字〕によって表示される**神聖語**、第二の言語は合図や英雄的徽章をもってする**象徴語**、第三の言語は遠く離れた人々が自分たちの生活の現在の必要を互いに伝達しあうための**書簡語**であった、ともかれらは述べていた。[1] この文献学的公理がそれである。これら三つの言語については、ホメロスの『イリアス』に二つの黄金の場所がある。ここからは、ギリシア人がこの点でエジプト人と見解をともにしていたことが明瞭に見てとれる。ひとつは、ネストールは言語の異なる人間たちの三つの生涯を生きた、と語られているくだりである。[2] だから、ネストールはエジプト人の三つの時代に対応する三つの言語によって確定される年代記の英雄的記号であったにちがいないのである。したがって、〈ネストールの年齢を生きる〉というモットーは〈世界の年齢を生きる〉ということを意味していたにちがいないのだった。もうひとつは、アイネイアスがアキレウスに向かって、トロイアが海辺に遷され、ペルガモンがその要塞になってからは、言語の異なる人々がイリオンに住みつきはじめた、と語っているくだりである。[3] このような第一の原理にわたしたちは同じくエジプト人のつぎの言い伝えを結びつけたいとおもう。すなわち、かれらのトート、もしくはヘルメス・トリスメギストスが法律と文字を発明した、という言い伝えがそれである。

433　これらの真理に、さらにはつぎの真理をも集合させようとおもう。——ギリシア人のもとでは〈名前〉は〈記号〉と同じ意味であった。そこで教父たちは〈神の記号について〉と〈神の名前について〉という二つの表現を混用していた。[1] また、〈名前〉と〈定義〉も同じ意味であった。[2] そこで弁論術においては〈名前の問題〉という言い方によって**事実の定義**の探究がなされたのである。さらに医学では病気の**ノーメンクラートゥーラ**〔病名集〕と言えば病気の**性質**を定義した部分のことである。一方、ローマ人のもとでは、〈名前〉の元来の意味は〈多くの家族に分岐した家〉のことであった。そして最初のギリシア人も〈名前〉をこのような意味で使っていたことは、名字が証明している。名字というのは〈父の名〉〔氏族名〕のことであったのだ。その用例は詩人たちに頻繁に見られるが、だれよりも多く、すべての詩人たちのうちで最初の詩人であったホメロスに見られる（リウィウスによれば、ローマの貴族はさる護民官によって〈父の名を称しうる者〉と定義されていたとのことであるが、[3] これと同じである）。ところが、名字はその後、ギリシアの残りの地域では人民的自由の政体が一般的になっていくとともに消滅してしまい、貴族国家のスパルタにおいてだけヘラクレイダイによって保存されるところとあいなったのである。また、ローマ法では、〈ノーメン〉nomen は〈権利〉を意味している。[4] 同じような発音の類似性によって、ギリシア人のもとでは〈ノモス〉νόμος は〈法律〉を意味しており、また〈ノモス〉から、アリストテレスが注意しているように、〈貨幣〉を意味する〈ノミスマ〉νόμισμα

がやってくる。[5] そして語源学者たちが主張しているところによると、貨幣は〈ノモス〉からラテン語で〈ヌームス〉numus と言われるようになったという。[6] フランス人のもとでは〈ロワ〉loi は〈法律〉を意味しており、〈アロワ〉aloi と言えば〈貨幣〉のことである。また、ふたたび戻ってきた野蛮時代〔中世〕の人々は、教会の法律も、借地人が借地権をあたえた地主に支払う借地料も、ともに〈カノーン〉canon と言っていた〔489〕。このような思考の一様性によって、ラティウムの人々はおそらく法をもゼウスにささげていた生贄の脂身をも〈ユース〉ius と言っていたのではないだろうか。ゼウスは最初〈ヨーウス〉Ious と呼ばれていた。そこから、さきに触れておいたとおり、属格の〈ヨウィス〉Iovis および〈ユーリス〉iuris という呼び方は出てきたのだった〔398〕。ちなみに、脂身が神にささげられたのはヘブライ人のもとでも同様であって、かれらのもとでも平和祈願の犠牲となる獣は三つに分けられ、そのうち脂身の部分が神にささげられて、祭壇の上で焼かれていたのである。[7] ラティウムの人々が地所のことを〈プラエディウム〉praedium と言っていたのは――これは都会のプラエディウムよりもさきに田舎のプラエディウムがそう呼ばれたのにちがいないのだった[8]――、のちに見るように〔486〕、最初の耕地が世界で最初の**取得物** praeca だったからである。[9] こうしてまた、最初の鎮める行為がなされたのはそれらの土地にかんしてだったのであり、それゆえ、それらの土地は古代ローマ法で〈テルラ・マヌーカプタ〉terra manucapta〔手で摑まれた土地〕と呼ばれているのである[10]（不動産での納税を義務づけられている者のことを今日でも〈マンケプス〉manceps と呼ぶのはこれに由来する）。また、ローマ法には不動産でもって構成されるいわゆる〈現物〉役務のことを〈ユース・プラエディオールム〉ius praediorum と呼ぶ言い方が今日でも残っている。[11]そして〈マヌーカプタ〉と呼ばれるそれらの土地は、最初は〈マンキピウム〉mancipium〔手で獲得されたもの〕であったにちがいなく、またそう呼ばれていたにちがいないのであった。十二表法の第六条に記されている〈ネクスム nexum ならびにマンキピウム mancipium をなす者〉、すなわち〈契約を結び、それとともに地所を委託する者〉というのは、たしかにこの意味に理解されなければならない〔570, 1031〕。そこから、古代ラティウムの人々と同じ考え方によって、イタリア人は荘園のことを力によって獲得された土地であるということで〈ポデーレ〉podere と呼んでいるのである。そしてこのことから、ふたたび戻ってきた野蛮時代の人々が田畑に自分たちの境界石を置くことを〈プーレサース・テルラールム〉presas terrarum〔土地の囲い込み〕と言っていたことが納得される。[12]また、スペイン人は冒険的な事業のことを〈プレンダ〉prenda と呼んでおり、イタリア人は貴族の家紋の付いた盾を〈インプレーサ〉impresa と名づけている。イタリア人はまた〈言葉〉を指すのに〈テルミニ〉termini という語を使っている（この用法はスコラの弁証論に残っている）〔486〕。さらにイタリア人は貴族の家紋を〈インセーニャ〉insegna とも言っており、ここから〈インセニャーレ〉insegnare〔教えこむ・しつける〕という動詞はやってきているのである〔486〕。ホメロスが、当時はまだいわゆる〈通俗〉文字が発明されていなかったので、プロイトスがベレロポンテスに反撥してエウレイアに宛てた手紙は〈セーマタ σήματα によって〉、すなわち〈符牒によって〉書かれていたと述べているのも、(13) 同様の事情によっている。

434　これらのことどもに加えて、最後につぎの三つの論駁しえない真理を積み重ねよう。第一は、最初の異教諸国民はすべて当初はまだ言葉を音声にして発することができないでいたことが証明されたのだから、それらの観念と自然的な関係をもつ身振りや物体によって自分たちの表現したいことがらを説明していたにちがいないということである〔225 以下、401〕。第二は、標識によって自分たちの所有地の境界を確かなものにし、自分たちの権利の永続的な証拠としていたにちがいないということである〔486〕。第三は、かれらはすべて貨幣を使用していたことが見いだされるということである〔487〕。これらの真理すべてが本書においてわたしたちに言語と文字の起源をあたえてくれるだろう。さらにはまた、神聖文字〔象形文字〕、法律、名前、貴族の家紋、メダル、貨幣、そしてそれでもって万民の最初の自然法が語られ書かれていた言語と書記法の起源をあたえてくれるだろう。

435　これらのすべてのものの原理をより堅固に確立するために、ここで、ヒエログリフ〔神聖文字〕は哲学者たちがかれらの深遠な知恵の秘密をその内部に隠しておくために発明したものだとする、一部のエジプト人が信じてきた謬見を正しておかなければならない。それというのも、神聖文字ないしは象形文字によって語るというのは最初の諸国民すべての共通の自然的な必要性によるものであったからである（このことについてはさきに公理をひとつ提示しておいたとおりである〔226〕）。アフリカにおいては、すでにエジプト人について見ておいたが、これにヘリオドロスの『エティオピア物語』に依拠してエティオピア人も付け加えておこう。エティオピア人はあらゆる工作道具を象形文字として使っていたのだった[1]。オリエントにおいては、カルデア人が使っていた魔法の記号がそのような象形文字であったにちがいない。アジアの北方では、すでに見たように〔99〕、スキュティアの王、イダンテュルソスが、かなり遅い時代になってからも（その途方もない古さにかけては、かれらはどの国民よりも古いと自慢していたエジプト人をも打ち負かしていたことからして）、宣戦布告してきたダレイオス大王に五つの実物語《じつぶつご》でもって答えている。蛙と鼠と小鳥と鋤の刃と矢をつがえた弓の五つである。蛙は、夏に雨が降ると蛙が土から生まれてくるように、かれもまたスキュティアの地から生まれたのであって、その土地の息子であるということを意味していた。鼠は、かれが鼠と同じく生まれたところに家をつくったということと、すなわち、スキュティアの民を創建したということを意味していた。小鳥は、かれがその地で鳥占いをするということ、すなわち、のちに見るように〔488, 490, 604〕、神以外の何者にも従属しないということを意味していた。鋤は、かれがその土地を耕地にし、そのことによってその土地を力で鎮め自分のものにしたということを意味していた。そして最後に矢をつがえた弓は、スキュティアにはこれを防衛すべき、また防衛することのできる軍隊があって、その統帥権をかれがもっているということを意味していた。かくも自然で必然的な説明を、聖キュリロス[2]によればダレイオスの側近たちがそれらにあたえたという滑稽な説明でもって構成してみるとよい。そして、ダレイオスの側近たちがスキュティアの象形文字にあたえた解釈を学者たちがエジプトのヒエログリフにあたえてきた迂遠で作為的で歪んだ解釈と結びつけてみよう。そうすれば、最初の諸国民が実践していた神聖文字ないしは象形文字の本来の真の使用法は今日にいたるも総じていまだ知られていないことが明らかになるだろう。ラティウムの人々については、タルクイニウス・スペルブスがガビーにいた息子からの使者に両手で握った鞭でケシの頭を打ち落としてみせることによって送り返した無言の英雄的返答以外には、ローマ史はなにひとつ伝えていない。これは、絶大な信頼が必要なとき、尊大さをもってこのことを示したのだ、と信じられてきた。ヨーロッパの北部では、タキトゥスがその習俗について書いているところによると[3]、古代のゲルマン人は〈文字の秘密〉を知らなかったという。すなわち、象形文字を書くすべを知らなかったというのだ。このような状態はシュヴァーベンの〔シュタウフェン家の〕フリードリヒの時代まで、さらにはことによるとハプスブルク家のルドルフの時代まで続いたにちがいない。外交文書がドイツの通俗文字で書かれはじめたのは、それ以後のことである。フランスの北部には、〈ピカルディーの判じ物〉[4]と呼ばれる一種の象形語があった。これは、ゲルマニアでも同様であるが、事物による語り、つまりはイダンテュルソスの象形語による語りであったにちがいない。極北のトゥール、そしてそのなかでも最北端のスコットランドでは、人々は太古には象形文字を用いて書いていた、とヘクトル・ボイスは『スコットランド史』で語っている[5]。西インドでは、メキシコ人が象形文字を用いて書いていることが発見された。そして、ヨハンネス・デ・ラートは『新世界もしくは西インドの記述』のなかでインディオの象形文字はさまざまな種類の動物の頭、植物、花、果実からなっており、その系統によって家系が区別されていると記している[6]。これはわたしたちの世界における貴族の家紋とまさに同じ使い方である。東インドでは、シナ人がいまも象形文字を用いて書いている。

436　こうして、あとにやってきた学者たちの（きわめてうぬぼれの強いエジプト人のうぬぼれでさえ、そこまでは膨れあがろうとしなかったほどの）つぎのようなうぬぼれ、すなわち、世界のほかの場所の賢者たちは自分たちの深遠な知恵をヒエログリフのもとに隠しておく術を、のちになってエジプト人から学びとったのだ、といううぬぼれは縮んでしまったのである。

437 詩的論理学の原理が立てられ、学者たちのうぬぼれも払拭されたので、エジプト人の言う三種の言語に立ち戻ろう。それらのうち第一の言語は、「公理」〔174〕において述べておいたように、神々の言語である。この言語については、ギリシア人ではホメロスが証言者として適任である。ホメロスは、かれの二篇の詩のなかの全部で五つの場所において、かれの使っていた言語（それは疑いもなく英雄語であった）よりも古い言語のことに言及し、それを〈神々の言語〉と呼んでいる。うち、三つは『イリアス』に出てくる。第一は、〔百腕の巨人が〕神々によって〈ブリアレーオス〉と呼ばれ、人間たちによって〈アイガイオーン〉と呼ばれているという話が出てくる場所①、第二は、神々が〈カルキス〉と呼び、人間たちが〈キュミンディス〉と呼ぶ鳥について語られている場所②、第三は、神々が〈クサントス〉と呼び、人間たちが〈スカマンドロス〉と呼んでいるトロイアの河のことが語られている場所③である。また、二つは『オデュッセイア』に出てくる。ひとつは、人間たちが〈スキュラとカリュブディス〉と呼んでいるものを神々は〈プランクタス・ペトラス〉〔浮き巌〕と呼んでいると語られている場所④である。もうひとつは、キルケの魔法を消すためにヘルメスがオデュッセウスにあたえる秘薬のことが語られている場所⑤である。この秘薬は神々によって

〈モーリュ〉と名づけられているが、人間たちにはけっして知ることがゆるされていないのである。これらの場所については、プラトンがいろいろなことを言っているが、いずれも徒労に終わっている。(6) こうしてまた、のちにディオン・クリュソストモスはホメロスが詐欺をはたらいていると言って誹謗している。ホメロスはことがらの本性上人間たちには理解することを拒否されている神々の言語を理解しようとしているというわけである。(7) だが、ホメロスのこれらの場所では、〈神々〉とはおそらく〈英雄たち〉のことを指しているのではないだろうか。まもなく証明するように〔449〕、英雄たちはかれらの都市の平民たちの上にあって〈神々〉の名を僭称し、平民たちのことを〈人間ども〉と呼んでいたのだった（それは、オトマンが驚嘆しながら指摘しているように、(8) ふたたび戻ってきた野蛮時代〔中世〕に従者・家来〔封臣〕たちが〈ホミネース〉homines〔人間たち〕と呼ばれていたのと事情を同じくしている）。そして、（ふたたび戻ってきた野蛮時代にそうであったように）大領主たちは驚くべき秘薬を所持していることを誇りにしていたのである。このようなわけで、これらは英雄たちの高貴な話法と平民たちの通俗的な話法の差以外のものではないことになる。しかしまた、疑いもなく、ラティウムの人々のためにウァッロは努力して、「公理」〔175〕で述べておいたように、熱心に三万の神々の名を集めたのだった。これはラティウムの諸民族がかれらの人間的欲求を説明するために用いる神名集としては十分なものであった。単純で質素な当時にあっては、人間的欲求といってもその数はごくわずかなものであったにちがいない。なぜなら、それらは生活に必要なものに限られていたからである。ギリシア人も、同じく「公理」〔175〕で述べておいたように、神々の名を三万挙げていた。かれらは、石でも、泉や川でも、木でも、岩でも、ことごとく神格化したのだった。そして、その数のなかには、ドリュアスやハマドリュアスといった木々の精や、山の精オレイアデスや、森の精ナパイアも含まれる。これはまさしく、アメリカの原住民たちが自分たちの貧弱な能力を超えるものはなんでも神に仕立てあげたのと同じである〔375〕。このようなわけで、ギリシア人とローマ人の神話は、エジプト人の言う真の最初のヒエログリフ、すなわち神聖ないしは神的な記号であったにちがいないのであった。

438　第二の、英雄たちの時代に対応する語りは、象徴によって語られるとエジプト人は言っていた。これらの象徴に英雄的インプレーサも還元されるべきである。それらはホメロスによって〈セーマタ〉（英雄たちがそれでもって書き記した記号）と呼ばれている**事物の似姿を無言のうちに象ったもの**であったにちがいない〔433〕。ひいては、隠喩、心象、直喩、比喩など、言語が分節化されてから詩的言語のあらゆる道具となったものであったにちがいない。なぜなら、たしかにホメロスは、わたしたちのもとに届いている著作家でかれより古い著作家はいないというヘブライ人ヨセフスの断言

〔66〕にしたがうなら、ギリシア語によって著述した最初の著作家であることになる。そして、異教世界について今日まで届いているすべてのことをわたしたちはギリシア人から得ているのだから、ホメロスは異教世界の最初の著作家であったからである。ラティウムの人々のもとでは、かれらの言語〔ラテン語〕による最初の記録は『カルメン・サリアーレ〔サリィー歌〕』[1]の断片であって、これまで伝えられてきた最初の著作家は詩人のリウィウス・アンドロニクス[2]である〔469〕。また、ヨーロッパに野蛮時代が再来して以来、そこには他の諸言語が再生した。うち、スペイン人の最初の言語は〈ロマンセ〉〔長編叙事詩〕の言語と呼ばれる言語[3]、ひいては**英雄詩**の言語であった（ロマンセの作者たちはふたたび戻ってきた野蛮時代の英雄詩人たちであったからである）。またフランスでは、俗語で書いた最初の作家は、十一世紀に花開いたプロヴァンス詩人たちのうちの最初の人、アルナウト・ダニエルであった[4]。そして最後に、イタリアでの最初の著作家たちはフィレンツェとシチリアの詩人たちであった。

439　互いに遠く離れた者同士が現在の日常生活で必要なことを説明しあうために取り決められたエジプト人の書簡語は、エジプトを構成する民族のうちで第一人者であったテーバイの民の庶民階級から生まれたものであったにちがいない（テーバイの王ラムセスは、さきに述べたように〔44〕、あの大国全体に支配権を拡大していた）。それというのも、エジプト人の場合には、この言語は〈人間たち〉の時代に対応するものであったが、そこで〈人間たち〉と言われていたのは、さきに述べたように〔437〕、英雄国家の平民たちのことであって、かれらは英雄たちとは区別されていたからである。また、その言語は、通俗的な語り方をしたり書き方をしたりすることは諸民族の権利である、という永遠の特性によって、かれらの自由な取り決めから生じたものと考えなければならない。したがって、クラウディウス帝がラテン語に必要であるということで三つの文字を新たに考案したときも、[1]ローマの民はこれを受け入れようとはしなかったのである。また、イタリア人も、ジョルジョ・トリッシーノ[2]が考案した文字を、イタリア語にはたしかに欠けていると感じていながらも受け入れることをしなかったのだった。

440　エジプト人のこのような書簡語、もしくは通俗語は、同じく通俗的な文字で書かれたにちがいない。そして、それらはフェニキアの通俗文字と類似していたことが見いだされる。ここから、それらを一方が他方から受けとったのではないか、という想定が当然にも出てくる。その結果、人間社会にとって必要ないしは有益なことがらはすべてエジプト人が最初に発見したと考える者たちは、エジプト人がかれらの文字をフェニキア人に教えたのだと主張することとなる。だが、他のだれよりもエジプトの事情に通じていたにちがいないアレクサンドレイアのクレメンスは、フェニキア人のサンクニアトンもしくはサンクニアテス（「年表」ではギリシアの英雄たちの時代に配置されている）がフェニキア史を通俗文字で書いたと述べており、こうしてこの人物を通俗記号で書いた異教世界最初の著者として提示している〔83〕。また、そのくだりに関連して言えば、たしかに世界で最初の通商民であったフェニキア人は、交易のためにエジプトに入ったさい、かれらの通俗文字をそこに持ちこんだと見るべきなのである。しかしまた、これにはなんらの議論や推測を挟む余地もないのだが、民間伝承がわたしたちに確証してくれているところによると、フェニキア人はギリシアに文字を持ちこんだのだった。そして、この民間伝承にもとづいて、コルネリウス・タキトゥスはつぎのような省察をくわえている。すなわち、フェニキア人はあたかも自分で発明したもののようにして通俗文字をギリシアに持ちこんだが、それはじつは他人の発明したもの、つまりはエジプトのヒエログリフだったのだ、と。[1]だが、その民間伝承はなんらかの真実に裏づけられているのだから（すべての民間伝承はなんらかの真実に裏づけられているにちがいないということは、さきに立証しておいたとおりである〔144〕）、わたしたちはこう言いたい。フェニキア人はたしかに他の民族から受けとった象形文字をギリシアに持ちこんだが、それはかれらがカルデア人から受けとった数学記号もしくは幾何学図形でしかありえなかった、と〈カルデア人は疑いもなく諸国民のうちで最初の数学者、とりわけ最初の天文学者であった。それゆえ、カルデア人ゾロアスターは、ボシャールによれば、〈天体の観察者〉であったところからそう呼ばれたとのことであるが、異教世界の最初の賢者であったのである〔55, 59〕）。そして、フェニキア人は通商のためにホメロスの時代よりもずっと以前にギリシアの沿岸に出向いていたさい、このカルデア人の幾何学図形を数を表示するための図形として用いていたのだった。このことは、ホメロスの詩、とりわけ『オデュッセイア』から明証される。というのも、ホメロスの時代には、ヨセフスがギリシアの文法学者アピオンに激しく反論しているように、ギリシア人のあいだにはまだ通俗文字は存在していなかったからである〔66〕。ギリシア人は、この点ではたしかにすべての他国民よりも先んじていた比類ない天賦の創造力を発揮して、やがてこの幾何学図形をさまざまな分節音を表示するための図形に移し換え、このうえなく美しい文字の通俗記号を作りあげた。そして、この通俗記号がその後ラティウムの人々に採りいれられたのだった。ラテン文字が太古のギリシア文字に似ているとはタキトゥスも指摘しているとおりである(2)。その重大な証拠は、ギリシア人は長期にわたって、そしてラティウムの人々はかれらの最後の時代にいたるまで、数を表記するのに大文字を用いていたということである。また、その文字をラティウムの人々に教えたのは、コリント人のデマラトス、およびアルカディアのエウアンドロスの妻カルメンタであったにちがいない〔762〕(3)。のちに説明するように〔772〕、古代のラツィオ地方には、海を渡ってきたものも陸路でやってきたものも含めて、いくつものギリシア植民地が存在していた。

441　文字についてあたえられている呼称がヘブライ人のもとでもギリシア人のもとでもほぼ同じであることが観察されることからして、通俗文字はヘブライ人からギリシア人のところにやってきたと考えられる、という多くの学者たちの主張にもなんの妥当性もない。その呼称はギリシア人がヘブライ人から模倣したと見るよりもヘブライ人がギリシア人から模倣したと見るほうが理にかなっているのだ。なぜなら、アレクサンドロス大王がオリエントの支配権を獲得して以来（その領土はかれの死後隊長たちによって分割された）、ギリシア語がオリエント全域とエジプトに拡がっていったことは、全員が一致して認めているところであるからである。また、文法学がヘブライ人のあいだに導入されたのはかなり後のことで、必然的にヘブライの文人たちはヘブライ文字をギリシア式の呼び方で呼んでいたことについても、全員が一致して認めている。さらには、要素というものは本来きわめて単純なものであるので、ギリシア人は当初、それらの文字をきわめて単純な音で発音していたにちがいないのであった。そして、この面から文字は「要素」と言われたのに相違ないのだった。こうしてまた、つづいてはラティウムの人々も文字を同じ重さで発音した（だから、ラテン語は太古のギリシア文字に似た字形を保っているのである）。したがって、複合音をもって文字を呼ぶ呼び方は後になってからギリシア人のあいだに導入されたものであり、それがさらに後にギリシア人によってオリエントでヘブライ人にもたらされたのだ、と言わねばならないのである。

442　右に推理したことによって、エジプト人のケクロプスがギリシア人に通俗文字をもたらしたのだと主張したがっている者たちの見解[1]は消散させられてしまう。なぜなら、フェニキア人のカドモスがエジプト人の大王朝の首都テーバイの名前をもつ都市をギリシアに創設したとき、エジプトから通俗文字を持ちこんだのだと考える者たちのもうひとつの見解も、のちに「詩的地理学」の原理によって解消してしまうだろうからである〔742以下〕。その原理によれば、エジプトにおもむいたギリシア人が自分たちの生まれ故郷であるテーバイとどこか似たところがあるということでそのエジプトの首都をそのように呼んだことが見いだされるのである。また最後に、なぜイギリスの無名の著者が『学問の不確実性』のなかで言及している用意周到な批評家たちが、サンクニアトンなる人物はあまりにも古い時代の人物であるとされていることからして実際にはもともとこの世には存在しなかったのではないか、と判断しているのか、その理由も了解される。[2]そこで、わたしたちとしては、サンクニアトンなる人物をまったくこの世から除き去ることはしないで、もっと下った時代に、たしかにホメロスよりも後の時代に置くべきだと考える。そして、いわゆる〈通俗〉文字の発明についてはフェニキア人がギリシア人よりも古かったという事実を保持するために（しかしながら、これとまさしく反比例して、天賦の創造力の点ではギリシア人のほうがフェニキア人に優っていた）、サンクニアトンはヘロドトスよりも少しばかり先に存在したと言わねばならない（ヘロドトスは〈ギリシア人の歴史の父〉と言われたが、そのかれは通俗語で書いていたのだった）。サンクニアトンは〈真実の歴史家〉、すなわちウァッロがかれの時代区分のなかで述べている歴史時代の著作家であったと言われていることからしてである。その時代には、エジプト人がこれまで経過してきた世界の三つの時代に対応して三つの言語が語られていたと述べている〔52〕ところにしたがって言えば、かれらは通俗文字で書かれた書簡語で語っていたのだった。

443　さて、英雄語すなわち詩的言語が英雄たちによって創設されたように、通俗語は庶民によって導入された。そして、その庶民とはのちに見るように〔597以下〕英雄的民族の平民たちであった。通俗語はもともとラティウムの人々によって〈リングア・ウェルナークラ〉lingua vernacula〔奴隷の言語〕と呼ばれていた。しかし、その通俗語は文法学者たちが〈戦争で捕らえられて奴隷になった者たちから持ち主の家で生まれた奴隷〉であると定義している〈ウェルナエ〉vernaeが導入したものではありえなかった。この者たちは生まれつきかれらの親たちの民族の言語を習得していたからである。のちに見るように〔556〕、最初の本来の意味での〈ウェルナエ〉は諸家族が並存していた状態のもとにあって英雄たちに保護されていた者たちのことであった。この被保護者たちからやがて英雄都市の最初の平民階級をなす庶民は構成されるのであり、かれらがそれらの都市によって戦争のさいに捕らえられて奴隷となる者たちの祖型であったのである。このことはホメロスが語っている二つの言語によっても確認される。ひとつは神々の言語であり、もうひとつは人間たちの言語である。これが〈英雄語〉と〈通俗語〉に当たることはすでに説明したとおりであるが〔437〕、あとでもさらに重ねて説明するつもりである。

444　ところでまた、通俗語の意味は約定による[1]という見解がすべての文献学者たちによって受け入れられてきたが、これはあまりにも人が良すぎる見解と言うほかない。というのも、通俗語は自然に生まれたものであるので、その意味も自然的なものであったにちがいないからである。このことはラテン語の通俗語のうちに容易に見てとることができる（ラテン語の通俗語はギリシア語の通俗語よりも英雄的であって、それゆえいっそう剛健であり、ギリシア語の通俗語のほうはいっそう繊細である）。ラテン語の通俗語の場合には、ほとんどすべての音声を自然的特性ないしは感覚的効果を介して自然の事物から引き出された譬喩によって形づくっている。そして一般的にも、譬喩はすべての国民のもとで言語の最大の部分を占めているのである。ところが、文法学者たちは、事物についての混濁した不分明な観念しかあたえないおびただしい数の語彙に出会ってうちのめされてしまった。その一方で、最初は明瞭で判明な観念を形づくっていたにちがいないそれらの語源については知らないでいた。そのため、かれらの無知に安心をあたえようとして、分節化された人間の音声は約定された意味をもつという格率を普遍的に定めてきたのだった。そして、すでに述べたように〔227〕、アリストテレスをガレノスやその他の哲学者たちとともにその陣営に引きこんで、かれらをプラトンとイアムブリコスに対抗させてきたのである。

445　だが、それでもなお最大の難問が残っている。民族の数と同じだけ異なる通俗語が存在するのはどのようにしてなのだろうか、という問題がそれである。この難問を解くためには、ここでつぎのような大いなる真実を確立しておかねばならない。すなわち、たしかに諸民族は風土が異なるのに応じてさまざまに異なる生活様式を獲得してきたのであり、そこから同じだけの異なる習俗が発生した。そして、それらの異なる生活様式と習俗から、それと同じだけの異なる言語が生まれたのだった。このようなわけで、生活様式が異なっていたために、かれらは人間的な生活を送るうえでの同じ有益なものや必要なものを異なった相貌のもとで眺めてきたのであり、ここから大概は互いに相違し、ときには相反する習わしが諸国民のあいだに生じることとなったのである。また、同様にして、諸国民の習わしと同じだけの相異なる言語となって発生することとなったのである。このことは、人間的な生活の格率〔実践的規範〕である諺が確証している。「公理」〔161〕で述べておいたように、諺は実体においては同一でありながら、説明の仕方は国民の数と同じだけ異なった相貌を帯びているのだ。ひいては、同一の英雄的語源が短縮されたかたちで[1]通俗語のなかに保存されているのに出くわして、聖書批評家たちをかくも驚嘆させるというようなことにもあいなったのだった。たとえば、聖史で言われているのと同じ王の名前が俗史にも形を変えて出てくるといったような場合である。これは、たまたま、人間を一方が容貌や権勢の観点から眺め、他方が習慣とか功業などの観点から眺めるためである。じじつ、今日でも、たとえばハンガリーの町々はハンガリー人、ギリシア人、ドイツ人、トルコ人から別々の名前で呼ばれている。なかでもドイツ語は生きている英雄語であって、ほとんどすべての外国語の名前を自国語に変形してしまっている。同じことをラティウムの人々やギリシア人もおこなっていたものと推測せざるをえない。かれらは異国のさまざまな野蛮なことがらを美しいラテン風もしくはギリシア風の言葉で論じているのである。このことが古代の地誌や化石、植物、動物などの自然誌を読むさいに出会う曖昧さの原因であるにちがいない。そこでわたしたちは本書の第一版において「さまざまに異なる分節語すべてにそれらが意味〔指示〕しているものをあたえるための知性の内なる辞書という観念」を構想した。[2]そして、それらの語彙すべてを実体において同一のいくつかの観念単位に還元した。それらは実体においては同一でありながら、それぞれの民族がそれらを眺めるさいの様態がさまざまであるのに応じて、さまざまに異なる語彙を獲得してきたのである。この構想をわたしたちはここでもこの学を推理するのに用いようとおもう。また、その構想の十分に具体的な一例を同書の第四巻[3]においてあたえておいた。そこでは、家父長たちが、さまざまな言語が形成された時代であったにちがいない諸家族が並存していた時代および初期の国家が成立した時代に十五の異なった観点のもとで眺められたところから（その時代の事情についての論拠は、さきに公理をひとつ提示しておいたように〔239〕、言葉が生まれた場所でもっていた意味からとってくるのがきわめて重要なのだ）、十五の新旧の国民によってそれと同じだけの異なった語彙でもって呼ばれてきたことを明らかにした。この場所は、その著作〔『新しい学』の第一版〕を出版したことを悔いていない三つの場所のうちのひとつである。また、その「辞書」は、トマス・ヘインが『言語の知識』[4]や『言語一般』と『多種多様な言語の調和』においてあつかっている論点を別の道から論じようというものである。――これらのことからつぎの系が得られる。すなわち、言語は短縮された英雄語[5]に富んでいればいるほど、それだけいっそう美しいということ、また、それだけいっそう美しいのは、それらがそれだけいっそう明瞭であるからであるということ、そして、それだけいっそう明瞭であるために、それらはそれだけいっそう真実味があって信頼するに足るということである。これとは逆に、起源の明らかでない語[6]がたくさん集まっていればいるほど、心地よさは減少する。なぜなら、それらは不分明で混濁しているからであり、ひいては欺瞞と誤謬に陥りやすいからである。

起源についても変遷の経緯についても不明の多くの野蛮な語が混ざり合ってできあがっている言語の場合がそうである。

446 さて、これら三種類の言語と文字の困難きわまりない形成の様式に入りこむためには、つぎの原理を確立しておくべきである。すなわち、神々と英雄たちと人間たちは同時に始まったように（というのも、神々を想像したのはやはり人間たちであったからであり、自分たちの英雄的性質は神々の性質と人間たちの性質とが混ざり合ってできあがっていると思いこんでいたからである）、三つの言語も同時に始まったのだった（そして文字もつねに言語と歩調を合わせて進展してきたことがわかる）。ただ、そこにはつぎのような三つのきわめて大きな相違がともなっていた。すなわち、神々の言語は、ほとんどまったくの沈黙語で、ごくわずかしか分節化されていない。英雄たちの言語は、分節語と沈黙語、したがって通俗語と英雄たちが書き記す場合に用いていたホメロスが〈セーマタ〉と呼んでいる英雄的記号とが等しく混ざり合っている。人間たちの言語は、ほとんどすべてが分節語でできているが、事物のほうがその音声以上ではないほどまでに言葉豊かな通俗語は存在しないので、ごくわずかではあるが沈黙語もともなっている。ひいては、英雄語は、当初はこのうえなく乱雑なものであったはずである。そして、これが神話伝説の不分明さの一大源泉なのだ。カドモスの神話がその顕著な例である。カドモスが大きな蛇を殺して、その歯を種播くと、畝の溝から武装した人間たちが生まれてくる。カドモスは人間たちのなかに大きな石を投げこむ。すると、人間たちは互いに戦いあって死ぬ。そして最後にカドモス自身も蛇に姿を変えてしまう。カドモスはこんなにも創造力に秀でていたのだ！　この神話は、カドモスがギリシア人に文字をもたらしたことを語った神話として伝えられてきた〔442〕。しかし、そこには、のちに説明するように〔679〕、何百年にもわたる詩的歴史が内包されているのである。

447　すでに述べたことの帰結として、異教世界のすべての人間的思考のうちで最初のものであったゼウスという神的記号が形成されたのと時を同じくして、分節語もまずは擬声語のかたちをとって形成されはじめたことが判明する。擬声語については、今日でも幼児が嬉々として説明に使っているのが見られるとおりである。ゼウスは、ラティウムの人々によって雷の轟きを擬して最初は〈ヨーウス〉と呼ばれていた。また、雷光の唸りを擬してギリシア人からは〈ゼウス〉と呼ばれた。オリエントの人々は、雷の火がものを焼くさいに発する音響から〈ウル〉Urと言っていたにちがいなく、そこから火の力を意味する〈ウリム〉Urimという語は出てきたのである。そして、これと同じ語源から、ギリシア人は天を〈ウラノス〉と呼ぶようになったのにちがいなく、またラティウムの人々には〈ウーロー〉uro、〈焼く〉という動詞がやってきたのにちがいないのである。また、ラティウムの人々には、同じ雷光の唸りから、アウソニウスの単音節語のひとつである〈cel〉〔天〕もやってきたのにちがいない。[1] ただし、この場合のｃはスペイン語のｃと同様に〔「ｓ」と〕発音する。というのも、同じアウソニウスが鋭敏さを発揮して、ウェヌスについて〈Nata salo, suscepta solo, patre edita coelo〉〔海に生まれ、地に抱かれ、父なる天に高められ〕というように韻を重ねたさい、そう要求しているからである。[2] これらの語源のなかで注意すべきであるのは、さきに見たようなゼウス神話の発明が帯びているのと同じ崇高さを帯びて擬声語をともなった詩的言い回しも始まっているということである。この擬声語を疑いもなくディオニュシオス・ロンギノスは崇高さの源泉のひとつに置いている。そして、ホメロスの詩のなかで、オデュッセウスがオリーヴの燃える棒杭をポリュペモスの眼に突き刺したとき、〈シーズ〉〔じいじい〕という音を発した、と記されている点に注意をうながしている。[3]

448 つづいては、人間語は間投詞によって形成された。間投詞は激しい情念が爆発するときに分節される音声で、どの言語においても単音節である。そこで、最初の雷光によって人間たちのなかに驚嘆の念が目覚めはじめると同時に、ゼウスを〈パ！〉という音声でもって形成したところから最初の間投詞は生じたとみて、大過はない。これはやがて二重化されて〈パペ！〉という間投詞となって残り、ここからのちにゼウスに〈神々と人間たちの父〉という称号があたえられることになる。[1] ひいては、さらにのちにはすべての男神は〈父〉、女神は〈母〉と呼ばれるようになる。こうしてラテン語には〈ユピテル〉、〈ディエスピテル〉〔ユピテルの別称〕、〈マルスピテル〉、〈ユーノー・ゲニトリークス〉〔産みの母ユノ〕といった語が残っているのである。なるほど、神話がわたしたちに語っているところによれば、ユノは石女《うまずめ》だったという。また、他の多くの男神や女神も天では互いのあいだで婚姻を結ぶことはしないこともすでに見たとおりである〔80〕（ウェヌスもマルスの〈妾〉と言われていて〈妻〉とは言われていない）。それにもかかわらず、男神たちはみな〈父〉と称されたのだった（このことについては、『普遍法への註解』において言及しておいたように、ルキリウスに何篇かの詩がある[2]）。そして、かれらが〈父〉と呼ばれたのは、〔〈父〉pater の類義語である〕〈パトラーレ〉patrare という語が最初は〈成し遂げること〉を意味していたからにちがいないのであった[3]。成し遂げることは神に固有のことなのだ。この点では聖なる言語〔ヘブライ語〕も見解を同じくしているのであって、聖なる言語も世界の創造について語るなかで、第七日目に神は〈成し遂げた仕事から〉ab opere quod patrarat 身を引いて休息した、と述べている[4]。ひいては、卜占学で〈良い前兆をもたらす〉ことを〈インペトリーレ〉impetrire と言われているのも、この語源についてラテン語の文法学者たちはまったくばかげたことばかり言っているけれども、もともとは〈完全に成し遂げる〉impatrare とほとんど同義であった〈インペトラーレ〉impetrare という言い方がなされていてもよかったはずなのである。このことからは、最初の通訳は鳥占いによって命じられる神の掟についてのものであって、こうしてほとんど〈インテルパトラーティオー〉interpatratio〔神の掟の成就を仲立ちすること〕と言われていたことが立証される。(5)

449　さて、このようにしてできあがった神の呼称を、諸家族が並存していた状態のなかでの強者たちは、人間的傲慢という生来の野心によって僭称し、自分たちを〈父〉と呼ぶようになった（おそらくはこのことが、地上の最初の強者たちは自分たちを神として崇拝させた、という民間伝承に動機をあたえたのではないだろうか）。しかし、かれらも神性には敬虔の意を表明せざるをえなかったので、神性を〈神〉と呼んだ。そして、のちになって、最初の都市の強者たちが〈神〉の名を僭称するようになったときにも、同じ敬虔の念によって、自分たち人間のほうがそうであった〈死すべき神々〉と区別して、神性を〈不死なる神々〉と呼んだのだった。だが、この点で注意しておいてよいのは、旅行者たちがパタコネスについて語っているような、ギガンテース〔巨人族〕の体軀の見苦しいばかりの大きさである。これについてはラテン語にみごとな痕跡がある。古いラテン語に〈嘆き〉および〈嘆く〉という意味の〈ピープルム〉pipulum および〈ピーパーレ〉pipare という語があるが、これは〈ピー、ピー〉pi, pi という詠嘆の間投詞からきたものにちがいないのである。プラウトゥスの用いている〈ピープルム〉pipulum[1]も同じ詠嘆の感情を表わそうとしたものであり、また同様に十二表法に出てくる〈オブヴァーグラティオー〉obvagulatio〔大声で召喚すること〕という語[2]も幼児の泣き声にほかならない〈ヴァーギーレ〉vagire からやってきたのにちがいないのだ。事情はギリシア語でも同様であって、そこでも驚愕の間投詞から〈パイ〉παί〔息子よ〕に始まる〈パイアン〉παιάν〔アポロン神にささげる勝利感謝の歌〕は生まれたのにちがいないのだった。これについてはギリシア人のもとにきわめて古い黄金の言い伝えがある。ピュトンという大蛇に驚愕したギリシア人は、助けを求めてアポロンを〈イオー・パイアン〉ἰὼπαιάν〔あ！　ありがたや！〕と叫んで呼び出した。そのさい、この言葉をかれらは驚愕のあまり魂が消え入りそうだったので、最初は三度ゆっくりと反復した。そして、つぎには、アポロンが大蛇を殺してしまったので喜んで、同じく三度、今度は口調を速めつつ、ωを二つのοに分け、二重母音αιも二つのシラブルに分けて叫んだというのだ。こうして英雄詩は自然にまずはスポンディオス〔長長格〕のかたちで生まれ、それがやがてダクテュロス〔長短短格〕に転化するのであり、ここから、それは最後の脚以外のすべての脚でダクテュロスに場を譲るという永遠の特性が残ることとなったのだった。また、きわめて激しい情念に衝き動かされて、英雄詩の格調を帯びた歌が自然に生まれることとなった。「公理」〔229〕で述べておいたように、人間たちは大きな情念に動かされたときにはとりわけこのうえなく大きな苦しみや喜びを歌にして吐き出すのをわたしたちは今日でも見かけるのである。ここで述べたことは、まもなく、歌と詩の起源について論じるさいに〔463〕大いに役立つだろう。

450　さらにつづいて代名詞が形成された。というのも、間投詞は自分の情念を吐き出すものであって、自分一人でも作ることができる。これにたいして、代名詞は、本来の名前でもってわたしたちが呼ぶことができないか他人が理解することのできない事物についてのわたしたちの観念を、他人の観念と交通させるために使われるからである。また代名詞は、ほとんどすべてが、どの言語にあっても、たいていは単音節である。それらのうちの最初のもの、あるいは少なくとも最初のもののうちのひとつは、エンニウスの〈見よ、高くに輝くこのものを、万人がユピテルと呼ぶものを〉Aspice hoc sublime cadens, quem omnes invocant Iovem という黄金の場所[1]で用いられているものであったにちがいない。ここでは、〈天＝大空〉caelum に代わって〈このもの〉hoc と言われている。また、ラテン俗語には、〈天が明け白む〉albescit caelum という代わりに〈いまこのものが明るくなる〉luciscit hoc iam という言い方も残っている[2]。そして冠詞は、その発生以来、それが付される名詞の前にくるという永遠の特性を有している。

451　そのあとに小詞が形成された。小詞の大部分は前置詞であって、これもほとんどすべての言語において単音節である。そして前置詞は、名詞とともに、それを要求する名詞およびそれと複合される動詞の前にくるという永遠の特性を有している。

452 それから名詞が徐々に形成されていった。本書の初版の「ラテン語の起源」と題された章(1)では、ラツィオで生まれた数多くの名詞が列挙されている。それらはラティウムの人々の野生の生活に始まって、農耕生活をへて、最初の都市生活へといたる生活のなかで生まれたものであって、それらもまた、すべてが単綴音からなっている。そして、〈ブース〉βοῦς〔牛〕、〈スース〉σῦς〔豚〕、〈ムース〉μῦς〔鼠〕、〈セープス〉σήψ——これはラテン語では〈生け垣〉、ギリシア語では〈蛇〉を意味していた〔550〕——という四つの語を別として、外国起源のものは、ギリシア起源のものすら、なにひとつ存在しない。この場所は、わたしたちが本書の初版で達成されたと評価している三つの場所のうちの第二の場所である。他の言語の学者たちがそれぞれの言語の起源を研究するさい、これを手本にすれば学芸共和国(2)に裨益するところ大であろうとおもわれるからである。たとえば、ドイツ語は明らかに母語のみでできあがっていて（そこにはかつて外国民が侵入して支配したことが一度もないからである）、語根はすべて単音節である。——また名詞が動詞よりも先に生まれたということは、いかなる文も、明示的にせよ暗示的にせよ、それを支配している名詞から始まるのでなければ成り立たない、という永遠の特性によって立証される。

453 最後になってようやく言語の創始者たちは動詞を作りあげた。これは、幼児が名詞や小詞は口にするが、動詞は口にすることがないのと事情を同じくしている。それというのも、名詞が惹起する観念は確固とした痕跡を残す。その様態を指すのに用いられる小詞も同様である。ところが、動詞が表現するのは運動であって、運動には〈今〉という不可分割なものを尺度にして測られる〈前と後〉がついているので、哲学者にさえ理解がきわめて困難だからである。わたしたちの仲間にひとりの真面目な男がいたが、その男は重度の卒中にかかり、名詞は思い出せたが動詞はすっかり忘れてしまった。この自然学的観察も、わたしたちの所説を強く裏づけてくれる。そしてまた、他のすべての動詞の類概念をなしている動詞――すべての本質、つまりはすべての形而上学的ことがらがそれに還元される**存在**の〈在る〉、すべての自然学的ことがらがそれに還元される**静止**の〈居る〉と**運動**の〈行く〉、個人的なものであろうと家族的なものであろうと最後には公共的なものであろうとすべての実践活動的なことがらがそれに還元される〈あたえる〉、〈言う〉、〈為す〉など――は、命令法から始まったにちがいない。というのも、言語が極端に貧しかった諸家族の並存状態のもとにあっては、家父長だけがしゃべって息子や奴僕に命令をあたえる必要があったのであって、息子や奴僕のほうは、少しあとで見るように〔582〕、家父長による恐るべき家族支配権のもとで、ただただ盲従して黙々と命令を実行せねばならなかったからである。それらの命令語はすべて単音節で、そのなごりは〈在れ〉es、〈居れ〉sta、〈行け〉i、〈あたえよ〉da、〈言え〉dic、〈為せ〉fac といった言い方に残っている。

454　言語がこのような発生の仕方をしたということは、万物の元素は不可分割であって、万物はそれら不可分割の元素によって構成され、またそれら不可分割の元素に解消される、という普遍的性質の原理に合致している。また、〈幼児は、言葉が豊富に存在しているなかに生まれてきており、しかも言葉を分節化するために必要な器官の組織がきわめて柔軟であるにもかかわらず、単音節語からしゃべりはじめる〉という公理〔231〕によって、特殊に人間的な性質の原理にも合致している。音声を分節化するために必要な器官の組織がきわめて硬直していて、なおも人間の声を聞いたこともなかった異教世界の最初の人間たちの場合には、事情はなおさらであったと考えねばならない。——さらに、言語がこのような発生の仕方をしたということは、文の諸部分の発生の順序、ひいてはシンタクス〔統辞法〕の自然的な原因を明らかにしてくれる。

455　以上に述べてきたことは、ジュリオ・チェーザレ・スカリージェロとフランシスコ・サンチェスがラテン語について云々してきたこと[1]よりも理にかなっているようにおもわれる。二人ともアリストテレスの原理によって推理しているのだが、その二人の言い分たるや、あたかも言語を発明した諸民族はそれに先立ってアリストテレスの学校に通っていたはずであるとでもいうようではないか！

[第5章]　詩的言い回し、逸脱、倒置、リズム、歌謡、韻文の起源にかんする系

456　詩的言語は諸国民によってこのような仕方で形成されたのだった。それは神々と英雄たちの記号で構成されていたのが、のちに通俗的な言葉で説明されるようになり、最後には通俗的な文字で書かれるにいたったのである。また、それは言語の貧しさと説明の必要とから生じたのだった。このことは、**詩的言い回し**の最初の明かりが沽写、喩的表現、直喩、比喩、隠喩、婉曲話法、事物をその自然的属性によって説明した句、最も微細な結果か最も強く感受された結果を蒐集した記述、そして最後には誇大ど余計ですらある付加語〔贅語〕からなっていることによって証明される。

457　**逸脱**は英雄的な知性が愚鈍であったところから生じたものであった。今日でも知能の弱い者たちやとりわけ女たちは本筋から逸脱した話をごくあたりまえのようにしているのが見られるように、英雄たちは自分たちの意図にかなったような事物の核心部分を選び分けるすべを知らないでいたのである。

458　**倒置**は話のなかに動詞を導入することが困難であったところから生じたものであって、すでに見たように〔453〕、動詞は最後になってようやく発明されたのだった。このようなわけで、創意工夫の才能に恵まれていたギリシア人はラティウムの人々よりも、そしてラティウムの人々はドイツ人よりも、語の倒置が少ないのである。

459　**散文のリズム**が著作家たちによって理解されるようになったのは、時代が下ってからのことであった（ギリシア語の場合にはレオンティーニのゴルギアス、(1)ラテン語の場合にはキケロからである）。というのも、それ以前は、キケロ自身が報告しているところによると、(2)かれらはいくつかの詩的韻律を用いることによって演説にリズムをもたせていたからである。このことは、少しあとで歌謡と韻文の起源について推理するさいに〔461〕大いに役立つだろう。

460　これらのことから、詩的な言い回しは人間的自然本性の必然性によって散文的な言い回しよりも以前に生まれたことが証明されたのではないかとおもう。これは、同じく人間的自然本性の必然性によって、想像的普遍である神話伝説が生まれたのが、悟性的に推理された哲学的な普遍が散文的な語りを介して生まれたのよりも以前であったのと同様である。なぜなら、ここで十分証明しておいたように〔409〕、まずは詩人たちが個別的な観念を合成することによって詩語を形成していった。そして、そこからつぎには諸民族が、詩語を構成する諸部分をあたかもひとつの類に縮約するかのようにして、ひとつひとつの語のなかに縮約することによって、散文的な語りを形成していったからである。たとえば、〈血がわが心のなかで煮えたぎる〉という詩的文句（これは人類全体に普遍的に妥当する永遠の自然的な属性による語りである）の、血と煮えたぎることと心とでもって、あたかもひとつの類をつくるようにして、ギリシア語で〈ストマコス〉στόμαχος、ラテン語で〈イーラ〉ira、イタリア語で〈コッレラ〉collera と言われる、〔「怒り」を表わす〕ひとつの言葉をつくり出したのだった。また、これと歩調を合わせながら、象形文字と英雄文字〔インプレーサ〕から若干の通俗文字〔アルファベット〕が、無数にあるさまざまな分節語がひとつの類にまとめられるかのようにしてつくり出されたのだった。これには相当量の才知が必要とされたことは言うまでもない。そして、言葉と文字の双方からなるこれらの通俗的な類によって、諸民族の知性は以前よりも敏活になって、抽象作業をおこなうことができるようになり、ここからやがて哲学者たちが輩出して、叡智的な類を形成するにいたったのである。ここで推理したことは、観念の歴史のごく一部分であるにすぎない。文字の起源を見いだすためには同時に言語の起源をあつかわなくてはならなかった苦労の程度たるや、これほどまでのものだったのだ！

461 **歌謡**と**韻文**については、つぎのような公理を提起しておいた。すなわち、人間たちは、最初は口を利けなかったことが証明されたのだから、まずは唖者がするように、歌いながら、母音を口から押し出したにちがいなく、つぎには吃音者がするように、同じく歌いながら、分節された子音を発したにちがいないのだった〔228〕。最初の諸民族がそのように歌っていたことの重要な証拠をなしているのが、かれらが現在も言語のなかに残している二重母音である。しかも、二重母音は、当初はもっともっと多数存在したにちがいないのである（じっさいにも、さきに「公理」〔159〕で見ておいたように、詩的言語の時代から通俗的言語の時代へ十分な成熟を見ないまま移行していったギリシア人とフランス人は、二重母音を豊富に残している）。母音は形成されやすく、子音は形成されにくいというのが、その理由である。だから、頭の働きがいまだ鈍かった最初の人間たちは、言葉を発しようとするようになるためには、極度に激しい情念を感じる必要があったということも証明されたわけである。激しい情念は自然に高い声で表明されるものなのだ〔230〕。そして、人が高い声を上げるときには、二重母音や歌謡のかたちをとるというのも、「公理」〔229〕で触れておいたように、自然の成り行きである。このために、少しまえに証明したように〔449〕、ギリシアの最初の人間たちは、かれらの神々の時代に、二重母音αίをもち、子音よりも二倍も母音に満ちた、最初のスポンディオスを韻律とする英雄詩をつくり出したのだった。

462　さらに、そのような諸民族の最初の歌謡は、最初の発音が困難であったところから自然に生まれたものであった。このことは原因からも結果からも証明される。——まず原因について言うと、最初の人間たちは音声を分節する器官の組織がきわめて硬く、また音声を発する機会もごくわずかであったというのが理由である。これと逆の場合が幼児である。かれらは、組織はきわめて柔軟で、またこのうえなく多量の言葉が存在する時代に生まれていながら、子音を発音するのにはこのうえなく困難を感じているのが観察されるのである（これも「公理」〔231〕で述べておいたとおりである）。またシナ人は、三百に足らぬ分節語しかもたないのに、それを音の強弱やテンポの長短によってさまざまに変化させて、十二万にもおよぶかれらの象形文字に対応させ、歌いながら話している。――つぎに結果について言うと、それは言葉を短縮していることから証明される。この例はイタリアの詩に無数に見られる（わたしたちは、「ラテン語の起源[1]」のなかで、最初短縮されて生まれ、やがて時が経つとともに延長されていったにちがいない、数多くの例を明らかにしておいた）。また逆に、言葉を過多に使っていることからも証明される。それというのも、吃音者は、より発音しやすい音節を歌いながら発音することによって、発音しにくい音の発音の埋め合わせをするからである（これも「公理」〔228〕で提起しておいたとおりである）。わたしたちのあいだにも現在、そのような言語障害をもった卓越したテノール歌手がいる。かれは言葉をすらすら発音することができなくとも、優雅に歌うことはできる。そして歌うときは発音もできるのである。また、たとえばアラブ人はほとんどすべての言葉を

〈アル〉al から始めている。[2] また、フン族がフン族と呼ばれたのはかれらがすべての言葉を〈フン〉hun から始めていたからだ、と言われている。[3] ――最後に、諸言語が歌謡から始まったことは、いま述べたことによって証明される。じっさいにも、ゴルギアスとキケロ以前には、ギリシア語とラテン語の散文作家たちは、ほとんど詩に近いリズムを使用していたのだった〔459〕。これはふたたび戻ってきた野蛮時代においても同様で、ラテン教会の教父たちは（ギリシア正教会でも同じだったが）かれらの散文が聖歌に似るように工夫していたのである。

463　最初の韻文は（少しまえに〔449〕それが実際どのように生まれたのかを証明しておいたように）英雄たちの言語と時代に適合したかたちで生まれたにちがいない。すなわち、英雄的韻文がそれである。それは他のすべての韻文よりも偉大で、英雄詩に固有のものであった。また、それは驚愕と歓喜のきわめて激しい情念から生まれたのだった。英雄詩はこのうえなく動揺した情念しかあつかわないものなのだ。けれども、それがスポンディオスとして生まれたのは、民間伝承が語っているような大蛇ピュトンへの大きな怖れによるものではなかった。そのような心の動揺は観念や言葉の発生を遅らせるよりも早めるのであって、こうしてラテン語では〈ソリキトゥス〉sollicitus や〈フェスティーナンス〉festinans という語は〈怖れて〉を意味しているのである。[1] そうではなくて、さきに証明したように〔454〕、諸国民の創始者たちは頭の働きが遅く、舌をなめらかに回転させるのが困難であったために、まずはスポンディオス〔長長格〕として生まれたのだった。そのため、英雄詩には今日もなお、最後の句節はスポンディオスしか許容しないという特徴が保持されているのである。それがその後、頭も舌もより迅速に働くようになると、ダクテュロス〔長短短格〕が導入される。さらにその後、両者の動きがいっそう速まると、ホラティウスによって〈早足〉と言われたイアンボス〔短長格〕が生まれる〔これらの起源については二つの公理を掲示しておいたとおりである〔232, 233〕〕。そして最後に、両者の速度が最高に高まったとき、いましがた見たように〔460〕、ほとんどを叡智的類概念によって語る散文が登場したのである。また、散文とイアンボスの韻文はきわめて接近しているので、しばしば散文家は書きながら知らぬ間にイアンボス調に陥っているほどである。こうして、これも「公理」〔234〕で述べておいたように、諸国民のあいだで言語と概念が敏活さを増すにつれて、これと歩調を合わせて、歌謡は韻文へと成長していったのだった。

464　この哲学は歴史によって確証される。歴史が語っている最古のものは、「公理」において提起しておいたように[1]、神託と巫女である。このために、きわめて古いものを指すのに、〈それは巫女よりも古い〉という言い方が存在したのだった[2]。また、巫女は最初の諸国民全体にあまねく拡がっていたのであって、うち十二人がわたしたちのもとにまで届いている。さらにまた民間伝承によると、巫女は英雄的韻文調で歌っていたという。そして神託も、どの国民のもとでも、同じく英雄的韻文調で答えをあたえていたのだった。ここから、そのような韻文は、ギリシア人のもとではデルポイのアポロン神殿の巫女ピュティアの有名な神託からその名を採って〈ピュティア詩〉と呼ばれた（デルポイのアポロン神殿の巫女ピュティアがピュティアと呼ばれたのは、ピュトンと呼ばれる大蛇を殺したからであったにちがいない。この大蛇への怖れから、さきに述べたように〔449〕、最初のスポンディオス詩が生まれたのだった）。また、ラティウムの人々のもとでは、〈サトゥルヌス詩〉と呼ばれた。このことはフェストゥス(3)が確認しているとおりである。すなわち、それはサトゥルヌスの時代に生まれたものであったにちがいないというのであった。そのサトゥルヌスの時代というのは、アポロンも他の神々も地上で人間たちと交わっていたとされる、ギリシア人の黄金の時代に対応しているのである。また同じくフェストゥスによれば、ファウヌス〔サトゥルヌスの孫にあたる森の神〕たちがこれらの詩とともに予言あるいは神託をイタリアにもたらした、とエンニウスが述べているとのことである(4)（いましがた述べたように、ギリシア人のあいだでは、たしかに神託はヘクサメトロン〔長短短六脚韻詩〕であたえられていた）。だが、のちにはイアンボス六脚韻詩〔短長三脚韻詩〕が〈サトゥルヌス詩〉と言われるようになる。これはおそらく、以前には自然に英雄的サトゥルヌス詩体で語られていたように、のちには自然にイアンボス調サトゥルヌス詩体で語られるようになったからであろう。

465　ヘブライ人の詩が韻律によって構成されていたのか、それとも本当はリズムによるものであったのかについては、今日聖書語の学者たちのあいだでさまざまに意見が分かれているけれども、ヨセフス、ピュロン、オリゲネス、エウセビオスは韻律説に味方している。また、（わたしたちの意図にこのうえなく合致していることにも）聖ヒエロニュムスによると、「モーセ五書」よりも古い「ヨブ記」は第三巻の初めから第四二巻の初めまで英雄的韻文で織りなされていたのではなかったか、という。[1]

466　アラブ人は、『学問の不確実性』の無名の著者[1]が述べているように、文字を知らなかったので、かれらがギリシアの支配下にあったオリエント諸都市を侵略するまで、かれらの詩を暗記することによって、かれらの言語を保存していた。

467　エジプト人は、死者の想い出を、〈歌〉という意味の〈シル〉sirからシリンジと呼ばれていた柱に韻文で書き記していた。歌で文句なく有名な〈セイレーン〉Σειρήν, Sirenはここからそう言われるようになったのだった。オウィディウスは、シュリンクスという名の妖精も歌と美貌とで有名であった、と言っている。[1]同じく言葉の起源から推察して、〔その名が同じく〈シル〉に由来する〕シリア人やアッシリア人も最初は韻文で語っていたと言わなければならない。

468　ギリシア文明の創始者は明らかに神学詩人たちであった。かれらは英雄であって、英雄的韻文調で歌っていた。

469　すでに見たように〔438〕、ラテン語の最初の著作家はサリーと呼ばれる〔軍神マルスに仕える〕神官詩人たちであった。かれらによって歌われたサリー歌の断片が残っているが、それらは英雄的韻文調を帯びており、ラテン語の最古の記憶をとどめている。また戦さに勝利した古代のローマ人たちも、かれらの勝利の想い出を同じく英雄的韻文調で歌って残している。たとえば、ルキウス・アエミリウス・レギルスは〈ドゥエッロ・マグノー・ディーリメーンドー、レーギブス・スブユガンディース〉Duello magno dirimendo, regibus subiugandis〔敵の王どもを征服し、大いなる戦さを収めて〕と歌っており[1]、マニウス・アキリウス・グラブリオは〈フーディト、フガト、プロースデルニト・マクシマース・レギオーネース〉Fudit, fugat, prosternit maximas legiones〔大軍を、なぎ倒し、蹴散らかし、滅ぼしぬ〕と歌っている[2]、等々。十二表法の断片も、よく考察してみると、その条項の大部分は、英雄的韻文の最後の残照である『アドニス讃歌』[3]ふうの韻文で終わっている。これをキケロは『法律について』で模倣したにちがいないのであった。じっさいにも『法律について』〔の第二巻第八章〕はつぎのように始まっている。〈デーオス・カステー・アドエウント。ピエターテム・アドヒベント〉Deos caste adeunto. Pietatem adhibento〔神々の前に進むときは清浄であること。敬虔の念をもつこと〕と[4]。同じくキケロによると、ローマの子供たちは十二表法を〈かならず覚えなければならない歌のように〉歌いながら歩き回っていたというが、[5]このローマの風習もここからやってきたにちがいない。同様のことはクレタの子供たちもおこなっていた、とアエリアヌスは語っている。[6]その一方で、レオンティーニのゴルギアスがギリシア人のあいだで散文調の発明者であったように、ラティウムの人々のあいだで散文調の発明者として有名であったキケロは（このことはさきに考察しておいたとおりである〔459〕）、たしかにかれの散文――それもじつに重たい論点をあつかった散文――においては、口調のよい韻文ばかりか、イアンボス（これは散文によく似ているのだが）をも避けていたのであり、[7]親しい知人にあてて書簡を書く場合にもこれを守っていた。このため、その種の韻文については、民間伝承のほうが真実ありのままの姿を伝えているものと考える必要がある。それらのうちの第一のものはプラトンのもとに見いだされる。プラトンの伝える伝承によれば、エジプト人の法律は女神イシスの詩であったという。[8]第二のものはプルタルコスのもとに見いだされる。プルタルコスの伝える伝承によれば、リュクルゴスはスパルタ人に法律を韻文であたえ、そのさい、かれらが文字の知識を習得することを特別の法律によって禁じていたという。[9]第三のものはテュロスのマクシモスのもとに見いだされる。テュロスのマクシモスの伝える伝承によれば、ゼウスはミノスに法律を韻文であたえたという。[10]第四のそして最後のものは『スイダス』によって報告されているもので、それによれば、ドラコンはアテナイの人々に法律を韻文であたえたとのことである。[11] また、ドラコンはそれらの法律を血で書いたとも民間では伝えられている〔423〕。

470 さて、法律から歴史に戻るとして、タキトゥスは古代ゲルマン人の習俗にかんする記述のなかで、かれらはかれらの歴史の起源を韻文で記憶保存していたと報告している。[1] またリプシウスも、タキトゥスのそのくだりへの註記のなかで、アメリカ原住民についても同様の報告をおこなっている。[2] 古代ゲルマン人のことは、ずっとのちになってローマ人によって知られるようになった以外には他の諸民族には知られていなかった。またアメリカ原住民のほうは二世紀前にわたしたちヨーロッパ人によって発見されたばかりであるが、これら二つの民族の事例は——古いものも新しいものも含めて——他のすべての野蛮な民族についても同様のことを推測しうるのではないかという強力な議論を惹起した。さらに、推測するまでもなく、古いものとしてはペルシア人について、新しく発見されたものとしてはシナ人について、かれらの最初の歴史は韻文で書かれていたことがさまざまな典拠から明らかになっている。したがって、ここでつぎのような重要な省察がなされる。すなわち、諸民族は法律によって創建されたのであり、そして法律はどの民族のもとでも韻文で命じられており、諸民族の最初の事蹟も同じく韻文で保存されていたのだとするなら、必然的に、最初の諸民族はすべて詩人たちでなっていたということになるのである。

471　さて、——韻文の起源について提起してきた論点をふたたび取りあげるとして——フェストゥスが報告しているところによると、エンニウスよりも前にカルタゴ〔ポエニ〕戦争について記述したナエウィウスは英雄的韻文調で書いていたという(1)。また最初のラテン語著作家であるリウィウス・アンドロニクスは『ロマニダエ』を書いたが、これは古代ローマ人の年代記を含む英雄詩であった(2)。ふたたび戻ってきた野蛮時代にも、ラテンの歴史家たちは英雄詩人であった。グンテルス、プーリアのグリエルモといった人々がそうである(3)。新しいヨーロッパの諸言語で書いた最初の著作家たちが韻文作家であったことはすでに見たとおりである〔438〕。なかでも住民のほとんどが農民ばかりの地方であるシュレージエンでは詩人たちが生まれている。一般的に言って、この言語〔ドイツ語〕はあまりにも純真無垢なままにその英雄的起源を保存しているのだ。このために、アダム・レヒェンベルクは、この事実を知らないまま、ギリシア人の合成語はみごとにドイツ語、それもとりわけ詩に翻訳することができる、と主張しているのである(4)。またベルネッガーはその一覧表を作成したのであり(5)、これをゲオルク・クリストフ・パイスカーは『ギリシア語とゲルマン語の類似語索引』において補充しようと努めたのだった(6)。手つかずの語を相互に結び合わせることによってつくられる合成語については、古代ラテン語にも多くの事例が残っている。そして、それらを詩人たちは自分たちの権利であるかのようにして利用していったのだった(7)。というのも、語彙の合成はあらゆる最初の言語に共通して見られる特性であったにちがいないからである。最初の言語は、さきに証明したように〔452〕、まず名詞が供給されてから、そのあとで動詞が供給されたので、動詞が乏しく、名詞を結合することでその欠乏を補っていたのである。モルホーフが『ドイツの言語と詩についてのレッスン』で書いていること[8]の原理もこれであったにちがいない。また、さきに「公理」〔153〕で〈もしドイツ語の学者たちがこれらの原理によって語源探究に向かうなら、すばらしい発見ができるだろう〉と述べた根拠も、ここにあったのである。

472　ここで推理してきたすべてのことからして、まず散文による語りが生まれ、そのあとで韻文による語りが生まれたという、文法学者たちが共通して抱いている意見は否定されることが明らかになったとおもう〔409〕。そして、ここで発見された詩の起源のなかに言語の起源と文字の起源も見いだされるのである。

［第6章］　冒頭に提示しておいたその他のさまざまな系

一

473 記号と言語のこのような最初の発生にともなって、**法**も生まれた。法のことをラティウムの人々は〈ヨーウス〉ious と呼んでおり、古代ギリシア人は〈ディアイオン〉διαῖον と呼んでいた。〈ディアイオン〉は〈ディオス〉Διός からそう呼ばれたのであって、さきに説明したように〔398〕、〈天〉を意味する。ここからまた、ラティウムの人々は〈大空の下で〉と言うのに〈神の下で〉sub dio もしくは〈ユピテル（ゼウス）の下で〉sub Iove という言い方をするようにもなったのだった。また、ギリシア人のほうは、プラトンが『クラテュロス』で述べているように、言葉を軽快にするために〈ディカイオン〉δίκαιον と言うようになったのだった。なぜなら、異教諸国民はどこでも普遍的に天をゼウスの姿において観察し、そこで観察される前兆から法をゼウスの忠告ないしは命令であると思いこんで受けとっていたからである〔194ほか〕。このことは、諸国民はすべて神の摂理が存在するという確信のもとで生まれたことを証明している。

474　具体的事例を列挙してみよう。まず、カルデア人にとって天はゼウスであった。天体のさまざまな様相と運動から未来が予見されるとかれらは信じていたからである。ここから、天体の法則にかんする学が〈天文学〉、天体の言葉にかんする術が——〈裁判占星術〉という限定された意味において——〈占星術〉と言われるようになったのだった。じっさいにも、〈裁判占星術師〉のことを〈カルデア人〉と呼ぶ呼び方がローマ法のなかに残っている[1]。

475　ペルシア人にとっても天はゼウスであった[1]。天は人間たちには秘匿されたことがらを意味しているとかれらは思いこんでいたからである。天の知識に通じた賢者をかれらは〈マギ〉と呼んでいた。こうして、自然の驚異的な隠れた力についての自然的な知識である公認の知識をも、また超自然的な力についての禁じられた知識をも、両者ともに〈マギーア〉magiaと呼ぶ呼び方が残ることとなった。とくに後者の意味では、〈妖術使い〉のことを〈マグス〉magusと呼ぶ呼び方が残った。マギは鞭（これはローマ人の占い杖にあたる）を用いて、天文学者の描くような円を描いていた。そして、その鞭と円をやがてマギはかれらの妖術のなかで使うようになったのである。またペルシア人にとっては、天はゼウスの神殿であった。そして、このかれらのゼウスの宗教によって、キュロス〔二世〕はギリシアのために造られていたさまざまな神殿をうち壊したのだった(2)。

476　エジプト人にとっても天はゼウスであった。天は月下の世界のことどもに影響をあたえ、未来を告げ知らせるというようにかれらは思いこんでいたからである。このため、かれらはいくつかの決められた時にかれらの偶像を溶解することによって天の影響を固定できると信じていたのだった。そして、今日でも、一種の通俗的な神占術を保存しているのである(1)。

477　ギリシア人にとっても天はゼウスであった。かれらは、他の場所で述べたように〔391〕、テオーレーマタ〔理論〕やマテーマタ〔知識〕を天からやってくるものと考えており、神的あるいは崇高なことどもは肉体の眼をもって観照し、ゼウスの法として順守（〈実行〉という意味で）されなければならないものと思いこんでいたからである。このマテーマタから、ローマ法では、裁判占星術師のことを〈マテーマティクス〉mathematicus と呼んでいるのである(1)。

478　ローマ人については、さきに言及した〔450〕エンニウスの詩の〈見よ、高く輝くこのものを、万人がユピテルと呼ぶものを〉という一節が有名である。見たように、ここに出てくる「このもの」という代名詞は「天」を指している。またローマ人は〈テンプルム・コエリー〉templum coeli という言い方をしていたが、これはさきに述べたように〔391〕、鳥卜占官たちがユピテル〔ゼウス〕の前兆を受けとるために描きだした天の領域のことであった。ここから、ラテン語には、どの方角も解放されていて何ものにも視野をさまたげられないあらゆる場所を指すのに、〈テンプルム〉templum という語が残ることとなった。(1) こうして、〈エクステンプロー〉extemplo といえば〈ただちに・間断なく〉の意味であり、(2) またウェルギリウスは海のことを古代風に〈ネプトゥーヌス〔海神〕のテンプラ〉neptunia templa と呼んだのだった。(3)

479　古代ゲルマン人はかれらの神々を〈ルークス・エト・ネムス〉lucus et nemus と呼ぶ神聖な場所に囲い込んで崇拝していた、とタキトゥスは語っている。(1) これは鬱蒼と茂った木々で閉ざされた森の中に切り拓かれた空き地のことであったにちがいない（この風習をローマ教会は廃止させようとしたが、ブルカルドゥスの残した『勅令集』のなかのアルルやブラガの宗教会議からうかがえるように、(2) そのためには多大の労力を要した）。そして、その痕跡は今日もなお、ラプラントやリヴォニアに保存されている。

480　ペルーのインディオたちは神を端的に〈崇高者〉と呼んでいたことが知られている。そして天空の下の小高い丘がその神殿であって、そこへ登っていくために両側から非常に高い階段が設けられている。神殿の荘厳さはもっぱらその高さにかかっているのである。(1) このため、どこでも神殿の荘厳さはその度外れな高さによって測られるようになったのだった。また、それらの神殿の最上部〔破風〕は、パウサニアスによって〈アエトス〉ἀετός、つまりは〈鷲〉と呼ばれているが、[2] これはわたしたちの意図にあまりにもよく合致している。なぜなら、森を開拓して視界を拡げ、あらゆる鳥のなかでも最も高く飛翔する鷲の様子を観察して、前兆を占おうとしているからである。ひいては、おそらくここから神殿の最上部は〈神殿の翼〉pinna templorum と言われたのであり、のちには〈壁の翼〉pinna murorum と呼ばれるようになったのにちがいないのだった。[3] なぜなら、のちに見るように、このような世界の最初の神殿の境界内に、その後最初の都市の壁が建てられているからである。そして最後に、そのなごりは建築において今日わたしたちが建造物の〈鋸状胸壁〉と呼んでいるものが〈アクイラ〉aquila〔鷲〕とも言われていることのうちに残っている。[4]

481　しかし、ヘブライ人は天上にいる真の至高者を幕屋[1]に納めて崇拝していた。そして、モーセは、神の民が征服地を拡大したところではどこでも、〈ルークス〉がそのなかに閉ざされているとタキトゥスが語っている〔479〕神聖な森を焼き払うよう命じたのだった。[2]

482　ここから、どこでも最初の法はゼウスの神的な法であったことが結論される。かくも古い起源から、多くのキリスト教国民の言語において〈神〉の代わりに〈天〉と言う言い方はやってきたのにちがいない。たとえば、わたしたちイタリア人は〈天よ思し召しあれ〉voglia il cielo とか〈天を頼りにする〉spero ul cielo といった言い方をするが、この場合の〈天〉とは〈神〉のことである。同じ言い方はスペイン人にもされている。また、フランス人は〈青〉のことを〈ブルー〉bleu と言うが、〈青〉という語は可感的なものについて言われるものであるから、〈ブルー〉というのは〈天〉のことであったにちがいない。ひいては、異教諸国民が〈天〉を〈ゼウス〉であると考えてきたように、フランス人は〈天〉を〈神〉であると考えたにちがいないのであった。そして不敬虔にも〈神よ死ね！〉〔くたばれ！〕という意味で〈ムール・ブルー！〉moure bleu! と罵ったり[1]、〈パルブルー！〉parbleu!〔神にかけて！〕と言ったりしているのである。これはさきに述べた「公理」〔162〕で提示しておいた「知性の内なる語彙集」のひとつの見本になるだろう。

二

483　所有権を確実なものにする必要があったことが、このうえなく適切にも〈ゲーンス〉gens〔氏族〉と呼ばれていた〈多くの家族に分岐した家〉の生まれであることを指すための呼称としての〈記号〉や〈名前〉を考案する必要性の大部分をなしている〔433〕。たとえば、さきに証明しておいたように〔209〕、エジプト人の創始者たちの詩的記号であったヘルメス・トリスメギストゥス〔メルクリウス〕はエジプト人のために法律と文字を発明したのだったが、そのヘルメスはまた商業の神であるとも信じられていた。そこでイタリア人は、商売しようとする家畜や他の物品に、その所有者を識別し確実なものにするために文字や紋章で印しをつけることを〈メルカーレ〉mercareと言っているのである（このような思考と説明の一様性が現在にいたるまで保存されていることには、驚かざるをえない）。

三

484　これらが貴族の紋章、ひいてはメダルの最初の起源である。これらの徽章はまずもって私的な、のちには公的な必要から発明されたものであるが、ここからやがて博識をともなったインプレーサ〔徽章〕が娯楽目的で生まれることとなった。これらのインプレーサは判じ絵の絵解きをするようなところがあって、このために〈英雄的〉と言われた[1]。また、それらはそこに付されたモットーによって魂を吹きこまれる必要があった。というのも、それらはそこに付されたモットーと類比的な指示関係をもつものであったからである。これにたいして、本来の英雄的インプレーサはまさしくモットーを欠いていたからこそ英雄的なのであった。そして、物言わぬままに語っていたのである。こうしてまた、それらは、三本の麦の穂ないしは三度の刈り入れが自然に〈三年〉を意味しているといった具合に、本来的な指示作用を含んでいるという理由で、最善のインプレーサなのであった。ここから、いずれの場合についてもさきに述べたように〔433〕、〈記号〉と〈名前〉とは相互に置換可能で、〈名前〉と〈性質〉〔事物の本来的なあり方〕とは同一であるというような事態が生じることとなったのだった。

485　さて、貴族の紋章について最初から学習しなおしておくとして、ふたたび戻ってきた野蛮時代には、諸国民はふたたび通俗語をしゃべれなくなってしまった。このため、当時のイタリア人、フランス人、スペイン人、その他の諸国民の言語については、なんらの情報もわたしたちのもとに届いていない。またラテン語とギリシア語は聖職者たちに知られていたにすぎない。だから、フランス語では〔今日では〈聖職者〉の意味で使われている〕〈クレール〉clercという語は〈文字を知っている人〉という意味であったのだ。また逆にイタリア語では〈文字を知らない者〉を指すのに〈ライコ〉laico〔この語は今日では〈聖職者でない者・俗人〉を指すのに用いられる〕という言い方がなされていたことがダンテのみごとな一節をつうじて知られる[1]。それどころか、聖職者のあいだでさえ文字を知らない場合がほとんどであった。じっさいにも、司教たちが十字架の印でもって署名した例が今日でも残っているが、それはかれらが自分の名前を書くすべを知らなかったからであった。また学識ある高位聖職者でさえ、書き方を知っている者はわずかしかいなかった。たとえば、マビヨン神父はその著作『古文書論』のなかで、ふたたび戻ってきた野蛮時代に開かれた宗教会議の報告書に記された司教や大司教の署名を勤勉にも銅版に覆刻してみせているが、[2]それらの署名は、今日ならまったくの無学者しか書かないような、形のくずれた不細工な文字でしたためられている。しかも、ヨーロッパ諸王国の尚書官は、たいてい、これらの高位聖職者であった。たとえば、神聖ローマ帝国では、ドイツ語、フランス語、イタリア語の三つの言語のために、そのおのおのに一人ずつの三人の大司教が尚書官を務めていたが、そのかれらの文字の書き方といったらじつに変則的なものであった。ここから〈尚書官ふう字体〉という名称が生まれたにちがいないのである。このように書に熟達した者が少なかったところから、あるイギリスの法令は、死刑に値する大罪を犯した者が文字を知っていた場合には、この技に秀でているということで死刑を免除するよう命じたのだった。またこのことから、おそらく、〈レッテラート〉letterato〔文字を知っている人〕という語はのちになって〈エルディート〉erudito〔学識者〕を意味するようになったのだった。

486 これもまた文字を書ける者が少ししかいなかったためであろう、古代の家にはどの家の壁にもなんらかのインプレーサ〔紋章〕が刻みつけられている。――ちなみに、野蛮時代のラティウムの人々は境界をもった所領地を〈テルラ・プレーサ〉terra presa〔獲得された土地〕と呼んでいた。また、ラティウムの人々によって〈プラエディウム〉praedium〔獲得物〕と言われていたのと同じ観念によって、イタリア人は所領地を〈ポデーレ〉podereと呼んでいた。それというのも、耕作ができるようにされた土地が世界で最初の獲得物だったからである。また十二表法では所有地は〈マンキピウム〉mancipium〔手で獲得されたもの〕と言われており、不動産で納税する義務を負っている者は〈プラエス〉praesとか〈マンケプス〉mancepsと言われていた。そしていわゆる〈現物〉役務は〈ユース・プラエディオールム〉ius praediorumと言われていた〔433〕。さらに、スペイン人は〈冒険的な事業〉のことを〈プレンダ〉prendaと言っていたが、これは世界で最初の大事業は土地を鎮めて耕地にすることだったからである〔433〕。そして、のちに見るように〔540以下〕、これはヘラクレスの功業のなかでも最大の功業であった。――インプレーサの話に戻って、インプレーサはイタリア人から〈印しづけるもの〉という意味をこめて〈インセーニャ〉insegnaとも言われていた（ここからまたイタリア語の〈インセニャーレ〉insegnare〔しつける・教えこむ〕という言い方が出てくる）。また、それは〈ディヴィーザ〉divisaとも言われたが、それはインセーニャが考案されたのはそれ以前には全人類に共通のものとして使用されていた土地が初めて分割されたことの印しとしてであったからである〔434〕。ここからまた、初めはこうして分割された田畑の実際的な境界石を指していた〈テルミニー〉terminiという語がやがてスコラ学者たちによって言語上の境界、つまりは命題のおよぶ範囲を画す用語という意味で採用されるようになったのだった〔433〕。こういう〈テルミニー〉の用法はまさしくアメリカ原住民のもとにも見られるところであって、かれらは、さきに見たように〔435〕、象形文字を用いて互いの家族を区別しているのである。

487 これらすべてのことから、諸国民がいまだ言葉を発することができないでいた時代に徽章によって意味させる大いなる必要があったのは所有権を確実なものにする必要があったためであるにちがいないということが結論される。この徽章はのちには平時における公共的な徽章へと移行していった。そこからメダルが作られるようになり、さらに戦争が始まると、軍旗にうってつけであることがわかるようになった。軍旗はまずもっては象形文字として使用された。戦争はたいてい、それぞれの分節語を異にし、したがって互いに話し合うことのできない国民同士のあいだでおこなわれていたからである。——ここで推理したことはすべて、驚くべきことにも、つぎの事実から真実であることが確証される。すなわち、観念の一様性によって、エジプト人のもとでも、古代トスカーナ人〔エトルリア人〕のもとでも、ローマ人のもとでも、イギリス人のもとでも、王家の紋章の飾りとして用いられた象形がすべて一様であったということ、つまり王笏の頂きに鷲がとまったかたちになっているということである。このことは、互いに陸と海との計り知れない空間によって隔てられたこれら諸国民のもとで、いずれも等しく、王政はゼウスの前兆の力によって樹立されたかれの最初の神的な王国から始まったということを意味している。——最後に、鋳造貨幣を用いた通商が始まると、メダルは貨幣にうってつけであることが見いだされるようになる。貨幣は、メダルを使用したことから、ラティウムの人々によって〈モネンドー〉monendo〔告げ知らせるもの〕という意味をこめて〈モネータ〉moneta と言われるようになったのだった。これはイタリア人のもとで〈インセーニャ〉〔印しづけるもの・標識〕から〈インセニャーレ〉〔しつける・教えこむ〕という言葉が生まれたのと同じである。また、〈ノモス〉νόμος〔法律〕から〈ノミスマ〉νόμισμα〔貨幣〕がやってきたということは、アリストテレスがわたしたちに語っているところである。そしてここからおそらく、さらにはラテン語の〈ヌームス〉numus〔貨幣〕はやってきたのだろう（最良のラテン語ではこれに m をひとつ付加して〈ヌンムス〉nummus と表記している）。またフランス人は法律を〈ロワ〉loi と言い、貨幣を〈アロワ〉aloi と言っている〔433〕。このような言い回しは〈法律〉ないしは〈法〉が象形語としてはメダルを用いることによって示されたところからやってきたものとしか考えられない。このことは、驚くべきことにも、〈ドゥカート〉ducato〔イタリアの貨幣名〕は軍隊の指揮官のものである〈ドゥーケンドー〉ducendo〔指揮すること〕からそう呼ばれるようになったこと、〈ソルド〉soldo〔同じくイタリアの貨幣名〕から〈ソルダート〉soldato〔兵士〕という言い方が出てきたこと、また防御の武具である〈スクード〉scudo〔盾〕は、元来は貴族の家紋の描かれる地《じ》を意味しており、この地とは、のちに証明するように〔529, 562以下〕、そもそもは諸家族が並存していた時代にそれぞれの家父長が所有していた耕地のことであったことから、確証される。ひいては、このことは古代の数多くのメダルを解明する光をあたえてくれるにちがいない。それらのメダルのなかには、祭壇や、卜占官たちが前兆を受けとるために用いる棒である卜杖や、神託を受けとる鼎《かなえ》（ここから〈神託の言葉〉を指すのに〈ディクトゥム・エクス・トリポデ〉dictum ex tripode〔鼎から受けとられた言葉〕という言い方が出てきたのだった）がある。

488　ギリシア人はかれらの神話において前兆にもとづく英雄たちの行為を指示するすべての物体に翼を付けていたが、この翼もその種のメダルであったにちがいない。たとえば、イダンテュルソスは、ダレイオス王に実物象形語で答えたさい、一羽の小鳥を送ったのだった〔435〕。またローマの貴族は、平民とのあいだで展開されたすべての英雄的闘争（このことはローマ史に明白に記されているとおりである）において、かれらの英雄的権利を保持するために、〈鳥占いによって得られる前兆は自分たちのものである〉という理由を対置していた〔490〕。これとまさしく同様に、ふたたび戻ってきた野蛮時代には貴族の紋章には前立《まえだて》を羽毛で飾った兜の図案が彫りこまれている し、西インドでは羽根飾りを身につけているのは貴族だけである。

四

489 〈ヨーウス〉Ious〔ゼウス〕、そしてこれが短縮されて〈ユース〉ius〔法〕と言われていたものは、なによりもまず、さきに述べたことからして〔433〕、ゼウスにささげる生贄の脂身を指していたにちがいないのであった。同じように、ふたたび戻ってきた野蛮時代においては、〈カノーン〉canon は教会法と所有主に支払われる永代借地料とを指して言われていた。これはおそらく、最初の永代借地契約は聖職者たちが自分で耕作することができなかったので教会の所領地を他の者にあたえて耕作させたところから導入されたためであろう。ここに述べた二つの事実はさきに述べた二つのことがら〔487〕と合致する。ひとつはギリシア人のもとでは〈ノモス〉は法律を、〈ノミスマ〉は貨幣を意味していたということであり、いまひとつはフランス人のもとでは法律を〈ロワ〉、貨幣を〈アロワ〉と言っているということである。これと同じようにして、〈最強のゼウス〉を指して〈ヨーウス・オプティムス〉Ious optimus〔最善者ゼウス〕という言い方がなされたのであって、ゼウスは雷光の力によって、さきに述べたように〔387〕、〈所有権〉というその原初の意味における神的な権威に始まりをあたえたのだった。というのも、万物はゼウスのものであったからである。

490　詩的形而上学によって偽りの感覚にもとづいて〈万物はユピテル〔ゼウス〕で満たされている〉〔379〕というように受けとられてきた神の遍在性をめぐっての悟性的推理にもとづく形而上学の真理は、世界で最初の無主の土地を占拠していた巨人たちに〈所有権〉という意味での人間的な権威を生み出した〔388〕。そして、これはたしかにローマ法にも〈ユース・オプティムム〉ius optimum〔最高の権利〕という言い方で残っている。しかし、その本来の意味は、後世に伝えられて残っている意味とはかなり異なったものであった。それというのも、それが誕生したときの意味は、キケロがかれの演説の黄金の場所で〈私的にだけでなく公的にもいっさいの物質的負担を免除された不動産所有権〉と定義しているからである。[1] そして、この権利が〈最高〉と言われたのは、いかなる外部からの義務によっても弱められることがなかったために〈最強〉であったという意味においてであった。やがて見るように〔923ほか〕、世界の最初の時代には権利は力によって評価されていたのである。その所有権は諸家族の並存状態のもとにあっての家父長たちの権利であったにちがいない。ひいては、都市的＝国家的所有権に先立って生じたものであったにちがいない自然的所有権なのであった。[2] そして、ギリシア語で〈ディカイオン・アリストン〉δίκαιον ἄριστον と呼ばれたそのような最高権にもとづいて、やがて家族が合体して都市ができあがると、のちに見るように〔582以下〕、それらの都市はアリストクラティックな〔貴族政体的＝寡頭制的な〕形式をとって誕生することとなったのだった。これと同じ起源から、ラティウムの人々のもとでは、そのような最高権をもった者〈オプティマーテース〉〔貴族たち〕の国家は〈少数者の国家〉とも言われた。それらの国家は〈公正なユピテル〔ゼウス〕が愛したわずかの者たち〉〔389〕で構成されていたからである。また英雄たちは平民との英雄的闘争においてかれらの英雄的権利を神の前兆を占うことによって主張したのだった。それは、人々がいまだ言葉をもたなかった時代には、イダンテュルソスの小鳥であり、ギリシア神話の翼であった。そして最後に人々が分節言語を手にするようになると、ローマの貴族たちは〈鳥占いによって得られる前兆は自分たちのものである〉と言明したのである〔488〕。

491　ゼウスは、雷光によって――これこそは最も重要な前兆であった――最初の巨人たちを地面に打ち倒し、地下に、山の洞窟のなかに追いこんだ。そして、かれらを打ち倒すことによって、かれらに自分たちがそこに隠れて定着することとなった土地の領主になるという幸運を恵みあたえた。最初の国家の支配者たちはこの巨人たちからやってきたのである。そのようにして土地の所有者になったことから、かれらは〈アウクトル auctor〔権威者・創建者〕となる〉と言うべきところを〈フンドゥス fundus〔土台〉となる〉と言われたのだった。また、のちに見るように〔584〕、かれらの私的な家族的権威がやがて団結して、そこから都市を統治する英雄的元老院議員たちの国家的ないしは公的な権威が形成されたのだった。このことは、三人の人間の腰が中央で合体し、足の裏で周囲を支えている図柄の刻まれたメダルに説明されているとおりである（ゴルツィウス[1]によれば、こういう図柄はギリシアの国家のメダルにはしばしば見られるとのことである）。この図柄はそれぞれの世界の土地、ないしはそれぞれの国家の領土もしくは管区の所有権を意味している。この所有権は今日では〈卓越的所有権〉[2]と呼ばれており、のちに説明するように〔548〕、国家権力を示す王冠の上に載ったリンゴによって象形文字的に表示されている。また〈三〉によって〈きわめて強い〉ということを意味している（それというのも、ギリシア人は〈三〉という数字によって最上級を表わすのを常としていたからである）。このことは、今日でもフランス人が同じような言い回しをしているとおりである[3]。この種の表現法がとられている例としては、跡を曳きながら空中を烈しく走り抜けるゼウスの**三つの跡を曳く**雷光がある（おそらく〈跡を曳く〉という観念は、まずは空中に、ついでは地中に、そして最後には水中におけるそれを指していたのだろう）。海神ポセイドン〔ネプトゥーヌス〕の**三つの歯をもった**鉾もそうである。これは、のちに見るように、船をひっかける、あるいは捕らえるための、このうえなく強力な鉤であったのだ。さらにケルベロス〔ギリシア神話に出てくる冥界の番犬〕は、**三つの頭をもつ**、つまりはきわめて巨大な喉をもつと言われた。

492　ここで貴族の紋章について述べたことは、それらの起源について本書の初版で推理しておいたこと[1]の前に置かれるべきである。ちなみに、その個所は、本書の初版のうちで公刊したことを悔いてはいない第三の場所である。

五

493　したがって、グロティウス、セルデン、プーフェンドルフの三人の第一人者〔大御所〕は、万民の自然法について語るにあたって、ヘルメス・トリスメギストゥスがエジプト人のために発明した文字と法律〔66–68〕、ギリシア人の〈記号〉と〈名前〉〔433〕、ローマ人にとって〈氏族〉と〈権利〉の双方を意味していたこれらの〈名前〉〔433〕から始めるべきであったのだ。こうしてまた、それを異教諸国民が創建された時代のメダルである象形文字と神話〔487–488〕についての悟性的推理によって説明すべきであったのであり、諸国民の創建者たちにかんする形而上学的批判〔348, 392〕によってかれらの習俗についての知識を確実なものにすべきであったのだ。この諸国民の創建者たちにかんする形而上学的批判から著作家たちにかんする文献学的批判〔352

−359〕は最初の光をとってくるべきであったのであって、かれら著作家たちがやってきたのは諸国民が創建されてから千年以上も経過したのちでしかなかったのである。

［第7章］　学者たちの論理についての最後の系

一

494　これまで詩的論理学の力を借りて言語の起源について推理してきたことから、それらの言語の最初の創始者たちがその後のあらゆる時代をつうじて賢者であると見なされてきたことは、正しかったものと判断される。なぜなら、かれらは事物に自然で本来的な名前をあたえたからである。このために、さきに見たように〔433〕、ギリシア人のもとでもラティウムの人々のもとでも、〈名前〉と〈性質〉〔自然本性〕とは同一のことがらを意味していたのだった。

二

495　文明の最初の創建者たちは**感覚的トピカ**[1]に専念していた。それによってかれらは個や種の言ってみれば具体的な特性や性質あるいは関係をひとつにまとめ、そこからそれらの詩的な類概念をつくりあげていたのである〔205, 209〕。

三

496　だから、世界の最初の時代は人間の知性の第一の操作[1]に専念していたと、偽ることなく言うことができる。

四

497　また、まずもってはトピカが彫琢されはじめた。ひとがあることがらを十分にあるいは完全に知りたいとおもう場合には、そのことがらのなかに存在しているかぎりの論拠をくまなく渉猟していなければならない。トピカとは、そのような論拠の在り場所《トポス》を教えることによって、わたしたちの知性の第一の操作を巧く規制する術にほかならないのである。[1]

五

498　神の摂理は、人間にかんすることがらにたいして、クリティカよりも先にトピカを人間の知性のなかで促進するよう取り計らったのだった。事物については、まずは認識し、つぎに判断するというのが、ことがらの順序であるからである。[1]トピカというのは知性を創意工夫に富んだものにする能力のことであり、クリティカというのは知性を厳密で正確なものにする能力のことである。そして、最初の時代には人間として生きていくうえで必要なあらゆるものが発明されなければならなかったのであり、発明するというのは創意工夫の特性なのである。その結果、そのことに反省をめぐらせる者はだれでも、生きていくうえで必要なものだけでなく、有益なもの、便利なもの、快適なもの、そしてさらには余計な奢侈までもが、ホメロスの時代について推理するさいに見るように〔792–803〕、すでにギリシアでは哲学者たちが出現する以前に発明されていたことに気づくだろう。このことについては、さきに公理を提示しておいた。すなわち、〈幼児は模倣することに長けている〉、〈詩とは模倣にほかならない〉、〈技術とは自然の模倣にほかならず、ある仕方においての実物的な詩である〉というものである〔215–217〕。こうして、人類の幼児であった最初の諸民族は、まずは技術の世界を作りだした。つづいては、ずっとあとになってから出現した、ひいては諸国民の老年期にあたる哲学者たちが、学問の世界を作りあげた。このようにして文明は完成をみるにいたったのだった。

六

499　このような人間的観念の歴史は、驚くべきことにも、哲学の歴史によって確認されている。それというのも、人間たちが用いた最初の粗雑な哲学の方法は、〈アウトプシア〉αὐτοψία、すなわち感覚の明証性であった（そして、この方法をやがてエピクロスは採用したのだった。かれは感覚の哲学者として事物を感覚の明証性のもとにさらけ出すことだけで満足していたのである）。「詩の起源」において見たように〔375〕、最初の詩的な諸国民はこのうえなく生き生きとした感覚に満ち満ちていたのだった。ついでは、アイソポス、あるいはわたしたちが〈通俗的〉と呼んだ道徳哲学者たちがやってくる（通俗的道徳哲学は、さきに述べたように〔424〕、ギリシアの七賢人よりも前に始まったのである）。かれは実例によって推理した。そして、詩的な時代がなおも続いていたので、その実例を似通った作り話からとっていた。かのメネニウス・アグリッパが反乱を起こしたローマの平民を鎮めるために用いたのも、そうした作り話であった〔424〕。今日でも、そのような実例を挙げて説明するほうが、それが作り話ではなく真実の実例である場合にはなおのこと、さまざまな実践的規範〔格言〕を駆使して打ち負かしがたい理詰めで攻めるよりも、無知な民衆にははるかに説得力をもっているものである。アイソポスのあとには、ソクラテスがやってくる。そして対話法を導入して、問題となっている疑わしいことがらをそれと関係のある多くの確実なことがらからの帰納という方法をとることによって解決していこうとするのだった。またソクラテスよりも前に、ヒッポクラテスは観察からの帰納という方法をとることによって、医学を始めていた。ヒッポクラテスは能力からしても時代からしてもすべての医学者の第一人者であって、〈何者をも欺かず、また何者にも欺かれない〉という不朽の讃辞(1)に値する人であった。数学は、〈総合的〉と称される統合の道をとることによって、プラトンの時代に、『ティマイオス』からうかがえるように、ピュタゴラスのイタリア学派のなかで長足の進歩を遂げていた。こうしてまた、同じく統合の道をとることによって、ソクラテスとプラトンの時代には、詩、雄弁術、歴史から、音楽、鋳造、絵画、彫刻、建築にいたるまで、人間の創意工夫の能力を誇るに足るあらゆる学芸がアテナイには咲き乱れていた。それからアリストテレスがやってきて、三段論法〔演繹的推理〕を教えた。これは個別を統合して普遍をつかみとるよりも、むしろ普遍をそれらの個別のなかで展開していこうとする方法である。また、ゼノンがやってきて、連鎖式〔連鎖的推理〕を教えた。これは近代の哲学者たちの方法に見合ったものであって、人間の創意工夫の能力を鋭利にするよりは精密にするものである。[2]そして、人類の進歩のために註記に値するものはなんらもたらさない。したがって、偉大な哲学者であると同時に政治家でもあるヴェルラム卿〔フランシス・ベーコン〕がかれの『ノーウム・オルガヌム』のなかで帰納法を提唱し、註解し、例示しているのは、きわめて正当なことなのである。そして、今日でもイギリス人によって受け継がれて、実験哲学において大いなる成果を上げているのである。

七

500　この人間的観念の歴史から、古代人がこのうえなく高い知恵をもっていたとする共通の誤った見解にとらわれて、ミノスが諸民族で最初の立法者であり、アテナイ人にはテセウスが、スパルタ人にはリュクルゴスが、ローマ人にはロムルスやその他の王たちが普遍法を制定したというように信じてきたすべての者たちは、自分たちが共通の誤謬に陥っていたことを明白に悟ることとなる。なぜなら、太古の法律は**ただ一人**

の者にたいしてのみ命じるか禁じるというかたちで案出されたものであったことが分かるからである。それがやがて後世になって万人に適用されるようになったのだった（これほどまでに最初の諸民族は普遍的なものを考える能力が欠如していたのである！）。また、かれらは、それらを要求する事態が生じないかぎり、それらを案出することもなかった。たとえば、ホラティウスを告発するさいに制定されたトゥルス・ホスティリウスの法律は、王によってそのために任命された二人委員が光栄ある犯人にたいして命じた刑罰にほかならなかったのである。この法律をリウィウスは〈身の毛もよだつ文言の法〉と叫んでいる。それは、ドラコンが血でもって書き、聖史が〈血の法〉と呼んでいる法律のひとつであったからである。ただ、王はかくも冷酷で民衆に不人気な判決の責任者とならないよう法律の公布を望んでいなかったというリウィウスの省察は、まったくの噴飯ものである。二人委員に弾劾の方式を指令したのは王だった。そのために二人委員はホラティウスが無実だとわかっていてもかれを無罪放免にすることができなかったのである。ここでリウィウスの言っていることが全然意味不明なものになってしまっているのは、のちに明らかにするように〔521〕アリストクラティックなものであった英雄的元老院においては、王たちはただ二人委員を公的な告訴について裁決をくだす委員の資格においてつくりだす権限しかもっていなかったということ、また、英雄的都市の人民は貴族のみで構成されていて、有罪宣告を受けた者たちが提訴していたのもかれら貴族にたいしてであったということ——このことがリウィウスにはわかっていなかったからである。[1]

501　さて、本題に戻って、そのようなトゥルス・ホスティリウスの法律は、実際には、〈見せしめのための懲罰〉という意味で〈エクセンプルム〉exemplum〔範例〕と言われていたもののひとつなのであった。そして、人間の理性が用いた最初の範例であったにちがいないのであった（このことは、わたしたちがさきにアリストテレスから「公理」〔269〕において聞いたこと、すなわち、〈英雄的国家においては私的な損害や侵害行為にかんする法律は存在しなかった〉ということと合致する）。このようにして、まずは実例があり、あとになって論理学と弁論術が利用しているような悟性的に推理された範例が生まれたのだった。しかし、知的な普遍概念が理解されるようになってからは、法律は普遍的なものであらねばならないという、法律の本質的な特性が承認されるようになった。こうして、〈裁決は範例によってではなく、法律によってくだされなければならない〉という法学の格言が確立されるにいたったのである。

〔第3部〕　詩的道徳学

〔全1章〕　詩的道徳学、および宗教によって婚姻とともに教えられた通俗的な徳の起源について

502　哲学者たちの形而上学は、神の観念を媒介として、その最初の仕事をおこなう。人間の知性を明晰にするというのがそれであって、その仕事は明晰判明な観念によって推論を形成するためには論理学を必要とする。哲学者たちの形而上学は、推論を使用することによって人間の心の中に降りていって、それを道徳によって浄化するのである。これと同じように、神への信仰をもたぬまま天に戦いを挑んでいた巨人＝詩人たちの形而上学も、ゼウスの恐怖によってかれらを打ち負かしたのであって、かれらは天が雷光を閃かせるのを知って恐怖したのだった〔377以下〕。そのさい、天はかれら

の身体だけでなく、知性をも地面に打ち倒した。こうしてかれらはゼウスという、かくも恐るべき観念を心に想い描くこととなったのである。ゼウスの観念は、推論によってではなかったが——推論の能力はまだかれらにはなかった——、感覚によって——かれらの感覚は質料においては虚偽であったが、形式においては真実であった（それはそのようなかれらの自然本性的なあり方に合致した論理学であったのだ〔400〕）——、かれらのうちに詩的道徳学を芽生えさせ、かれらを敬虔にするのであった。人間にかんすることがらがこのような自然本性的なあり方〔始まり方〕をしていたことから、つぎのような永遠の特性が出てきたのである。すなわち、人々の知性は、神の認識を善用するためには、自ら怖れおののく必要があるというのがそれである。これとは反対に、人々の知性が驕慢になると、人々は無神論に走ってしまう。そして、無神論者は精神においての巨人族[1]と化して、ホラティウスとともにこう言わざるをえなくなってしまうのだ。〈われらは愚かにも天そのものに達せんと願う[2]〉と。

503　このような敬虔な巨人の存在をたしかにプラトンはホメロスのポリュペモスのうちに見てとっている〔296〕。このことをわたしたちはホメロスがその巨人について語っていることから確証することができる。ホメロスの語っているところによれば、かつて巨人たちといっしょに住んでいたひとりの鳥占いが、ポリュペモスにたいして、やがておまえはオデュッセウスによって不幸に見舞われるだろうと予言したという。このくだりがそれである。[1] というのも、鳥占い師たちはたしかに神への信仰をもたない者たちのあいだでは生きることができないからである。このようなわけで、詩的道徳学は敬虔から始まったのだった。敬虔こそが諸国民の創建の基礎となるよう、神の摂理によって命じられていたのであって、どの国民のもとでも、敬虔は通俗的な知恵の領域においてはすべての道徳的、家政的、政治的な徳の母なのである。そして、それをわたしたちのあいだで徳として作動させるためには、もっぱら宗教のみが有効なのである。哲学のほうはむしろそれについて推理するのに向いているからである。こうして敬虔は宗教から始まったのだった。宗教というのは、本来の意味では、**神性にたいする怖れ**なのであった。その言葉の英雄的起源は、ラティウムの人々のもとでは、〈レリギオー〉religio〔宗教〕という言葉は〈レリガンドー〉religando〔結びつける〕からそう呼ばれるようになったと考えようとした者たちをつうじて保存された。すなわち、ティテュオスとプロメテウスを高い断崖の上に縛りつけた鎖からそう呼ばれるようになったというのであって、そのように断崖の上に鎖で縛りつけられたかれらの心臓と臓腑を鷲、すなわちゼウスの前兆の恐るべき宗教がむさぼり食うのだった〔387〕。ここから、敬虔はなんらかの神性にたいする怖れとともに子供たちの心に浸透していく、という永遠の特性がどの国民のもとでも残ることとなったのである。

504　道徳的な徳は、そうであらねばならなかったように、**努力**から始まった〔340〕。恐るべき雷光の宗教によって山の下に鎖で縛りつけられた巨人たちは、努力によって、地上の大森林を野獣のように彷徨するという野獣的習性を抑制し、その鎖で縛りつけられた地面の下に身を隠してとどまるという、まったく反対の慣習に慣らされていったのだった。そして、さきに触れておいたように〔387–389〕、またのちにもっと詳しく説明するように〔553以下〕、やがて諸国民の創建者となり、最初の諸国家の主人となったのである。これは、天神が前兆の宗教によって地上で君臨していたときに人類にあたえたというように民間伝承がわたしたちに伝えている〔64, 377〕大いなる恩恵のひとつである。ここから、さきに述べたように、ゼウスには〈定着させた者〉ないしは〈停止させた者〉という肩書があたえられることとなったのだった〔379〕。同じくまた努力によって、かれらのあいだには、精神の力〔696〕が発揮され始め、このうえなく大きな恐怖をあたえた天を目の前にしてかれらの野獣的放縦を抑えこむようになった。そして、一人一人がそれぞれの女を洞窟のなかに引きずりこんで、そのなかで生涯の恒久的な伴侶にしておこうとするのだった。こうしてかれらは覆いの下で、人の目につかないように、つまりは恥じらいの念をもって、女たちと人間的な愛をいとなむようになったのだった。そして、ソクラテスが〈徳の色〉であると呼んだ羞恥心[1]を感じはじめたのである。この羞恥心は、諸国民を団結させたままにしておくための、宗教のきずなに続く第二のきずなである。[2]これにたいして、大胆さと無信仰は諸国民を破滅へと導いていくのである。

505 このようにして婚姻は導入されたのだった。**なんらかの神性にたいする怖れのもとでなされる羞恥ある肉体的な結合**である〔333〕。これをわたしたちはこの学の第二の原理として設定したが、じっさいにも、それはわたしたちが第一の原理として設定した神の摂理という原理からやってきたものであった。そして、それが生じるにあたっては、三つの儀式がともなっていた。

506 第一の儀式は、ゼウスの前兆であった。巨人たちは雷光からゼウスの前兆を受けとってはそれを遵守するよう導かれていったのだった。この〔ゼウスの前兆によって予言された〕**運命**から、ローマ人のもとには婚姻を〈一生の運命を共にすること〉omnis vitae consortium と定義する定義の仕方が残ったのであり、夫と妻は〈運命を共にする者〉consortes と呼ばれたのである。そして今日でもイタリアの乙女たちは〈嫁ぐ〉ことを〈運命を引き受ける〉prender sorte というように言っているのである。また、このような世界の最初の時代にあって、このような特定の生まれ方をして以来、妻は夫の属する公的な宗教に移行するという万民の法が今日にいたるまで残ることとなった。というのも、結婚した男たちは、女たちをかれらの洞窟の中に引きずりこむようにさせたのは神性であるという観念にもとづいて、かれらの女たちと最初の人間的な観念を交信しはじめたからである。かくてはこの通俗的な形而上学もまた神のうちに人間の知性を認識しはじめたのだった。そして、人間にかんすることがらすべてのこの最初の時点から、異教の人間たちは古代ローマ法が語っている〈召喚する〉とか〈名指しで呼ぶ〉という意味において神々を讃えはじめたにちがいないのであった。ここから、人間たちがおこなってきたことすべての保証人として神々を召喚することを指して、〈ラウダーレ・アウクトーレース〉laudare auctores〔保証人を引き合い出す・創建者を称賛する〕と言う言い方が残ることとなったのである[1]。人間たちに帰属させられてきた称賛は神々にこそあたえられなければならなかったとでもいうかのようにである。

507　このような婚姻の太古の起源から、女はその妻となった男の家に入って家族となるという習わしが生まれたのだった。そして、この万民の自然的慣習はローマ人によって保存された。ローマ人のもとでは、妻は夫の娘であり、夫の息子たちの姉妹であるという地位をあたえられていたのである。こうしてまた、婚姻はローマ人によって保持されていたように、ただ一人の女性とのあいだで始まっただけでなく（タキトゥスはこのような慣習を古代ゲルマン人のあいだにも見いだして賛嘆している[1]。古代ゲルマン人は、ローマ人と同様、かれらの民族の最初の起源を保持しており、それ以外のすべての民族も始まりにおいては同じであったのではないかと推測する根拠をあたえてくれる）、きわめて多くの民族に慣習として残っているように、生涯をつうじての変わらぬ伴侶となるものとしても始まったにちがいないのであった。このため、ローマ人のもとでは、結婚は、この特性をとらえて、〈生涯にわたって断ち切られることのない同居生活〉individuae vitae consuetudo と定義されていたのである。[2] ローマ人のもとで離婚が導入されたのは、ずっとのちになってからであった。

508　このようにしてゼウスの雷光から受けとられた前兆のうち、ギリシアの神話伝説的な歴史が語っているところによれば、ヘラクレス（かれは、さきに見たように〔82〕、またもっとあとでも考察するように〔514〕、諸国民の創建者の〔詩的〕記号である）はゼウスの雷鳴によってアルクメネから生まれたのだという。また、ギリシアのもうひとりの偉大な英雄ディオニュソスも、同じく雷光に打たれたセメレから生まれたのだという。英雄たちが自分たちのことをゼウスの子であると称していた第一の理由はここにあったのだ。このことをかれらは感覚によって受けとったところをありのまま包み隠さずに、さきに考察したように〔377〕、万物は神々が作ったのだという、かれらも納得した見解にもとづいて言明していたのだった。こうしてまた、ローマ史においてはつぎのような記述に出会うのである。すなわち、英雄的闘争のなかで、〈鳥占いによって得られる前兆は自分たちのものである〉と言っていた貴族たち〔110, 488〕にたいして、平民は、ロムルスが構成した元老院の構成員であり、貴族たちの父祖にあたる家父長たちは〈天から降りてきた者ではない〉と応答したというのだ〔415〕。ということは、かれら家父長たちは英雄ではなかったということであって、そう理解しないかぎり、そのような応答はつじつまが合わなくなってしまうのである。そこで、婚姻、すなわち厳粛な儀式を執りおこなって結婚の契約を結ぶことは――そのうちの最大の儀式はゼウスの前兆を受けとる儀式であったのだが――英雄たちの特権であることを示すために、かれらは高貴な愛神に翼をつけさせ、またその目に目隠しをさせて、彼女が羞恥心をもっていることを示そうとしたのだった〔愛神は〈ヘーロース〉ἥρως〔英雄〕と類似した名前で〈エロース〉Ἔρως と呼ばれた〕[1]。また、〔結婚の行列を先導する神〕ヒュメナイオスにも翼をつけさせた。ヒュメナイオスは、ウラニアの息子であった。そして、ウラニアは、〈ウラノス〉οὐρανός〔天〕に由来するということから〈天の観照者〉と言われた。天から前兆を受けとることを目的としているというのだった。そのウラニアはムーサたちのうちで最初に生まれたムーサであったにちがいなく、さきに見たように〔365, 391〕、ホメロスによって〈善と悪についての知識〉と定義された。また、ウラニアも、他のムーサたちと同様、翼をつけた姿で描かれている[2]。翼をつけているということが、いましがたも説明したように、英雄たちの本来的なあり方だったからである。このことについては、同じくさきに〈ユピテル〔ゼウス〕からムーサは始まった〉というモットーの歴史的意味を説明しておいた〔391〕。ウラニアも他のムーサたちもみなゼウスの娘であると信じられていたのだった[3]（というのも、宗教から文明の諸技術は生まれたからであって、その諸技術の守護神が主要には神占の神であると信じられていたアポロンなのである)。そして、彼女たちはラテン語で〈予言する〉を意味する〈カネレ〉canere もしくは〈カンターレ〉cantare によって歌うのである。

509 第二の儀式は、世界で最初の婚姻をおこなわせた羞恥心のしるしとして、女たちはヴェールを被るよう要請されることになったということである。この慣習はすべての国民によって保持されてきた。そして、ラティウムの人々は結婚そのものに、〈覆う〉を意味する〈ヌーベーンドー〉nubendo に由来する〈ヌープティアエ〉nuptiae という名前をあたえたのだった。また、ふたたび戻ってきた野蛮時代には、**未婚女性**たちはヴェールを被って歩く**既婚女性**たちと区別して、〈頭髪を垂らした処女〉と呼ばれていた。

510 第三の儀式は、(この慣習はローマ人によって守られてきたのだったが) 許嫁を力ずくで掠奪してみせるというものであった。これは巨人たちが最初の女たちを本当に力ずくでかれらの洞窟の中に引きずりこんだところからやってきたものである。そして、巨人たちが最初の土地を物体でさえぎることによって占有するようになって以後は、婚姻によって占有物となった妻たちは〈マヌーカプタエ〉manucaptae〈手によって摑みとられたもの〉と呼ばれたのだった。

511 神学詩人たちは、厳粛な婚姻から、ゼウスにつぐ第二の神的な詩的記号をつくり出した。いわゆる〈大〉氏族の第二の神性、ヘラ〔ユノ〕である〔317〕。ヘラはゼウスの**妹**であり**妻**である。なぜなら、最初の**正しい**、もしくは厳粛な婚姻（それはゼウスの前兆を受けとるための儀式を執りおこなったことから〈正しい〉と言われたのだった）は、兄妹のあいだから始まったにちがいないからである。――またヘラは**人間たちと神々の女王**である。なぜなら、王国はのちにかれらの合法的な婚姻から生まれたからである。――さらにヘラは、彫像やメダルに見られるように、羞恥心を指し示すために、**全身を衣で被っている**。

512　こうして、英雄的アプロディテ〔ウェヌス〕[1]も、彼女もまた厳粛な婚姻の神性で、〈花嫁の介添人〉と呼ばれているところから、恥部を帯で被い隠しているのである（その帯を後世、女性化した柔弱な詩人たちはさまざまな好色の刺激剤で飾り立てることとなったのだった）。ところが、やがて前兆の厳粛な物語が崩れ出すとともに、ゼウスが人間の女たちと交わったように、アプロディテも男どもと床をともにし、アンキセスと通じて、もとはと言えばこの〔英雄的〕アプロディテの前兆によって産み出されたものであったはずのアイネイアスを生んだと信じられるようになってしまったのである。――さらに、この〔英雄的〕アプロディテには白鳥が付き従っているが、これらの白鳥はアポロンとの共有物で、〈ディーウィーナーリー〉ないしは〈予言する〉を意味する〈カネレ〉もしくは〈カンターレ〉を歌うのである〔508〕。また、ゼウスはそれらの白鳥の一羽に姿を変えてレダと交わったと言われているが、この神話はレダがゼウスの前兆によってカストルとポリュデウケスとヘレネとを身籠もって、卵から生み育てたということを言おうとしたものだったのである。

513　彼女、すなわちユノは、厳粛な婚姻が〈コンユギウム〉coniugium と呼ばれ[1]、夫と妻とが〈コンユゲース〉coniuges と呼ばれる由縁となったくびき iugum との関連から〈ユガーリス〉iugalis〔くびきに繋がれた・婚礼の〕と言われたのだった[2]。——彼女はまたルーキーナ Lucina とも呼ばれているが、これは生まれた子たちを光のもとにもたらすからである[3]。それも、自然の光ではなくて〔自然の光であれば、それは奴隷の子として生まれた子にも共通に注がれる〕、文明〔国家生活〕の光のもとにもたらすのであって、ここから貴族たちは〈光り輝く者〉と言われるようになったのである〔533〕。——さらに彼女は政治的に**嫉妬深く**、このため、ローマ人はローマ暦三〇九年まで婚姻を平民には閉ざしつづけたほどであった〔110, 598〕。しかしまた、ギリシア人からは、彼女はヘラと呼ばれた。そして、このヘラから〈ヘーロース〉ἥρως〔英雄〕という言い方がなされるようになったにちがいないのである[4]。なぜなら、英雄たちはユノを守護神とする厳粛な婚姻から生まれたからであって、ひいては**高貴な愛神**（これがエロースの意味である[5]）によって産み出されたものであったからである〔508〕。そして、この愛神がほかならぬヒュメナイオスであったのだ。また、英雄たちは、保護民

（こちらのほうは、のちに見るように〔553〕、奴隷に等しい存在であった）と区別して、〈家族の主人〉という意味でそう呼ばれたものにちがいないのであった。じっさいにも、かれらはこのような意味でラティウムの人々によって〈ヘーレース〉heres〔相続人〕と呼ばれたのであり、ここから相続財産は〈ヘーレーディタース〉hereditasと言われるようになったのだった。[6] そして、この相続財産のことはラテン祖語では〈ファミリア〉familiaと言われていたのである。[7] だから、このような起源からして、〈ヘーレーディタース〉というのは〈専制的な支配権〉のことを指していたにちがいない。じじつ、十二表法においては家父長たちに相続財産処理の主権が〈家父長は自分の動産と不動産の管理にかんして委託される者を指名するようにというのが法の定めるところである〉Uti paterfamilias super pecuniae tutelaeve rei suae legassit, ita ius estoという条項によって認められていた。[8] 相続財産を処理することは一般に〈委託される者を指名する〉legareというように言われていたのだ。これは主権者の専権事項である。こうして、相続人はあくまでも財産を委託された者にとどまるのであって、かれは相続財産において亡くなった家父長を代表するのである。また、息子たちは、奴隷と同じく、〈自分の動産と不動産〉という言い回しのなかに包含されてしまっていたのである。このことはすべて、父たちが自然状態においてかれらの家族にたいして一頭支配的〔君主政治的〕権力をもっていたことをあまりにも雄弁に立証している。この権力をかれらはその後英雄的都市においても保持していたにちがいない（実際に保持していたことはのちに見るとおりである）。また、英雄的都市はアリストクラティックな（貴族政治的＝寡頭支配的な）形態をとって、すなわち主人たちでもって構成された国家として生まれたにちがいないのであった。というのも、かれらはその権力を人民的（民主的）な国家になってからもなお保持していたからである。こういったことについてはすべてのちに十分な推理を展開するつもりである〔582–598〕。

514 女神ヘラは、テーバイの、すなわちギリシア人のヘラクレスに（というのも、さきに「公理」〔196〕において述べたように、古代の異教諸国民はすべて、その国民を創建したそれぞれのヘラクレスをもっていたからである）大いなる難業に立ち向かうよう命じる。なぜなら、婚姻をともなった敬虔こそはすべての偉大な徳の最初の基礎が学ばれる学校であるからである。そしてヘラクレスは、かれがその前兆によって生みだされたゼウスの庇護を得て、それらの難業をすべて克服する。そこから、かれはヘラクレスと呼ばれたのであって、これは〈ヘラス・クレオス〉Ἥρας κλέος、〈ヘラの栄光〉という意味なのである。そして栄光というものが、キケロの定義にあるように[1]、〈人類に向かってなされた功績ゆえに広く行きわたった名声〉という正しい観念によって評価されるとするなら、ヘラクレスたちがかれらの難業に立ち向かうことによって諸国民を創建したということはなんと偉大な栄光であったことか！ ところが、時代とともにこの厳格な意味は曖昧になり、習俗が惰弱になるにつれて、ヘラが子供を孕まないのは自然的な理由によるものであって、嫉妬も姦夫ゼウスにたいする嫉妬であると受けとられるようになる。こうしてまた、ヘラクレスもゼウスが人間とのあいだで生んだ庶子であると解釈されるようになる。その結果、名前は事実とは正反対のものに転化してしまい、ヘラクレスは、ゼウスの庇護を得て、ヘラの意に反して、難業をやりとげたことによって、ヘラにとっては〔栄光どころか〕恥辱以外の何ものでもなくなってしまう。そして、ヘラは徳の致命的な敵にされてしまったのである。また、首に綱をかけ、手も綱で縛られ、足には重い石を二つ着けられて、宙吊りにされているヘラの象形もしくは神話は、(2)もともとは婚姻の神聖さを意味していたのが〈宙吊りにされている〉のは、厳粛な結婚のためには前兆が必要とされたからである。このために、ヘラには虹の女神イリスが侍女としてあたえられているのであり、またイリスに似た虹色の尾羽をもつ孔雀があてがわれているのである。〈首に綱をかけている〉のは、巨人たちが最初の女たちに加えた力を意味している。〈手が綱で縛られている〉のは、夫にたいする妻の服従を意味している。これはのちにどの国民のもとでも上品化されて指輪になった。〈足に重い石を着けている〉のは、結婚の安定性を指し示している。このため、ウェルギリウスは厳粛な婚姻のことを〈コンユギウム・スタビレ〉coniugium stabile と呼んでいるのである)(3)、のちには姦夫ゼウスの残酷な懲罰であると受けとられるようになる。そして、習俗が腐敗してしまったなかで後世がそれらにあたえてきたこのような不適切な意味によって、今日まで神話学者たちを大いに悩ませてきたのだった。

515 まさしくこのような理由から、プラトンは、マネトーがエジプトの神聖文字についておこなったのと同じことをギリシア神話についておこなったのであり、一方では神々がこのような習俗をもっているのは似つかわしくないことを指摘するとともに、他方では神話が自分の観念と適合することを見てとったのだった。そして、ゼウスの神話のうちに、さきに述べたように〔379〕、〈万物はユピテル〔ゼウス〕で満たされている〉という言葉をとらえて、あらゆるところに流れ浸透していくというかれのアイテールの観念を潜りこませたのである。しかし、神学詩人たちのゼウスは、山よりも高いところに住んでいたわけでもなければ、雷光の発生する大気圏よりも高いところに住んでいたわけでもなかったのだ。また、ヘラの神話のうちに呼吸のできる大気という観念を潜りこませたが、アイテールと空気はあらゆるものを産み出すのにひきかえ、ヘラはゼウスから生まれたものではないのである。この〈〈万物はユピテル〔ゼウス〕で満たされている〉という〉モットーによって神学詩人たちが理解していたものは、宇宙にはアイテールが充満していると教える自然学における真理とも、自然神学者たちの言う神の遍在を証明する形而上学における真理とも、こんなにもかけ離れていたのだ！　さらにまたプラトンは、詩人たちの構想した英雄主義に立脚してかれの哲学的英雄主義を樹立した。英雄は獣よりも上位にあるばかりか人間よりも上位にある存在であり（獣は情念の奴隷である。人間は中間に位置していて、情念と闘う。英雄はみずから意志して情念を支配する）、英雄的本性は神的本性と人間的本性の中間にあるというのであった。[1]そして、詩人たちの高貴な愛神――この愛神は英雄が〈ヘーロース〉と言われたのと語源を同じくしたところからエロースと呼ばれた〔508〕――は翼を生やし目隠しをしていて、平民的な愛神は目隠しもしておらず翼も生やしていないのが、神的な愛と獣的な愛という二つの愛を説明するのには適切であることを見いだした。前者は感覚的な事物にたいして目隠しをされており、後者は感覚的な事物に夢中になっている。前者は翼でもって叡智的な事物の観照へと飛翔し、後者は翼がないために感覚的な事物のなかに転落してしまう、云々。[2]また、ゼウスによって天に攫われた鷲のガニュメデスは、それを創作した厳格な詩人たちの意図では**ゼウスの前兆の観照者**を意味していたのが、やがて時代が堕落するとともにゼウスのよこしまな慰みものにされてしまったのだが、プラトンはこのガニュメデスをもののみごとに**形而上学の観照者**に仕立てあげてみせるのだった。ガニュメデスは、かれのいわゆる〈総合〉の道をつうじて至高の存在を観照することによって、ゼウスと合一しようとしたというのである。[3]

516　このようにして、敬虔と宗教とは最初の人間たちをおのずと**賢慮ある**存在にした。かれらはゼウスの前兆から助言を得ていたのである。また、**正しい**存在にした。まずもってはゼウスに向かっての正義という意味において。さきに見たように〔398〕、ゼウスから〈正義〉という名称はやってきたのである。ついでは人間たちに向かっての正義という意味において。シチリアの洞穴に棲んでいる巨人たちについてポリュペモスがオデュッセウスに語っているように、かれらは他人のことにはなんら干渉することがなかったのである[1]（もっとも、これは、見かけは正義のようでいて、実際にはいまだ社交性をもつにいたっていないことの証しでしかなかった）。さらには、**節度ある**存在にした。かれらは生涯をつうじてただ一人の女だけで満足していたのである。また、のちに見るように〔1099〕、**力強く、勤勉で、度量の大きい**存在にした。これらが黄金時代の徳であったのであって、後世文弱に流れた詩人たちが作りあげたような、喜ばしいものはなんでも許すといったたぐいのものではなかったのである。というのも、神学詩人たちの活躍した黄金時代には、人々は胸がむかつくような反省趣味[2]にはまったく鈍感であって（これは今日でも農民たちの習俗のうちに観察されるとおりである）、許されたものにしか喜びを感じることがなく、役に立つものにしか喜びを感じることがなかったからである（ラテン語の〈ユウァート〉iuvat〈援助する・支える〉という語が〈気に入る・喜ばしい〉を意味するのにも用いられていることのうちにそのような英雄的起源の痕跡をうかがうことができる)。また、哲学者たちが作りあげたように、ゼウスの胸のうちに正義の永遠の法を読んだりするようなこともなかった。というのも、かれらはなによりもまず天の顔つきのなかに雷光によってかれらに命じられた法律を読みとっていたからである。結局のところ、そのような最初の時代の徳は、さきに「年表への註記」〔100〕においてスキュタイ人が称賛するのを聞いたようなたぐいのものだったのである。スキュタイ人は大地に剣を突き立て、これを神に見立てて拝んでいたのだった(このことによってつぎには殺戮を正当化したのだった)。すなわち、それらは感覚による徳であったのであって、そこには宗教と残酷さとが混ざり合っていたのだった。かれらのあいだでおこなわれていたそのような習俗は、「公理」〔190〕で見ておいたように、今日でも魔女たちのうちに見ることができる。

517　このような迷信深くて乱暴な異教世界の最初の道徳から、神々に人間の犠牲をささげるという習俗が発生した。たとえば、太古のフェニキア人のもとでは、戦争とか飢饉とか疾病のような大災厄に見舞われたときには、王たちは自分の息子たちを犠牲にささげて、天の怒りを宥めようとした、とビブロスのピロンは語っている。(1)そして、クイントゥス・クルティウスの報告によれば、このように子供をサトゥルヌスに犠牲としてささげることは慣例化していたという。(2)また、この習俗は、ユスティヌスが語っているように、[3]その後カルタゴの人々によって保存されるところとなった。この民族は疑いもなくフェニキアから渡来してきたのである〔このことについては本書でのちに見るとおりである〔660〕〕。そして、かれらによって最後の時代まで実践されていたことは、エンニウスが〈そしてポエニ人〔カルタゴ人〕は自分の子供を犠牲にささげるのを習わしとしていた〉と述べて確認しているとおりである。[4]かれらは、〔シラクサの僭主〕アガトクレスに敗北を喫したとき〔前三〇六年〕には、二百人もの貴族の子弟をかれらの神々に犠牲としてささげて、神々を宥めようとしたという。また、ギリシア人もフェニキア人やカルタゴ人とともにそのような不敬虔にも敬虔な習俗[5]に陥っていたのであり、アガメムノンはその娘イピゲネイアを犠牲としてささげて神に誓ったのであった。このことは、異教世界の最初の家父長たちのキュクロプス的な父権に想いを致すなら、なんら驚くにはあたらない。その父権はギリシア人という最も知識のある国民によってもローマ人という最も賢明な国民によっても実践されていたのであって、両者ともに、かれらの最も文明化された時代においてさえ、かれらの生まれたての赤ん坊を好き勝手に殺していたのだった。この事実に想いを致すなら、ブルートゥスが暴君タルクイニウスをふたたびローマの王に即位させようと画策した二人の息子を打ち首にしたとか、〈インペリオースス〉〔帝王のごとき〕と渾名された執政官のマンリウスがかれの命令に背いて戦って勝利したかれの勇敢な息子の頭を斬り落としたというような話を聞いて、これまでこの文明化した生活状態のなかで生きているわたしたちに引き起こしてきた恐怖も、たしかに和らげられるにちがいない。人間を犠牲として神々にささげることはガリア人によってもなされていた、とカエサルは主張している。(6) またタキトゥスが『年代記』のなかでイギリス人について語っているところによれば、かれらはドルイデス教徒（学者たちのうぬぼれによれば、ドルイデス教徒は深遠な知恵に恵まれていたとのことである）の神占知識によって、人間の犠牲の腸から未来を占っていたという。(7) スエトニウスがクラウディウス帝の伝記のなかで報告しているところによると、この恐ろしい残忍な宗教をアウグストゥス帝はガリア〔フランス〕に住んでいたローマ人にたいして禁止し、クラウディウス帝はガリア人自体にも禁じたとのことである。(8) さらにオリエント諸語の学者たちの説によれば、フェニキア人は生きながらに人間を焼くモロック神——これはサトゥルヌスと同一であった、とモルネ、(9) ドリーシエ、(10) セルデン(11)は指摘している——の犠牲祭を世界の残りの地域にも拡散させていたという。ギリシア人に文字を伝えたフェニキア人は、このうえなく野蛮な異教世界の最初の諸国民になんという文明を教えてまわったことか！同様の非道な習俗からヘラクレスはラティウムの地を浄化したと言われている。すなわち、生きた人間を犠牲としてテーヴェレ河に投げこんでいたのを止めさせて、代わりに葦の人形を投げこませたというのだ。しかし、タキトゥスの語っているところによれば、人身を犠牲として神にささげる儀式は古代ゲルマン人のもとでもおこなわれていたという[12]。そのかれらは、記憶に残っているあらゆる時代をつうじて、たしかにあらゆる外国民に自らを閉ざしていたのであって、このため、ローマ人があらんかぎりの力を尽くしてもかれらのなかに分け入っていくことはできなかったのである。また、スペイン人は二世紀前まで世界の残りの部分から身を隠していたアメリカにも同様の儀式を見いだしたのだった。アメリカでは――レスカルボー『ヌーヴェル・フランス誌』[13]の観察によれば――その地の野蛮人たちは人肉を食べていたというが、この人肉はかれらが殺して犠牲に供した人間たちのものであったにちがいない（こういう犠牲の儀式のことはオビエド『インディアス誌』[14]に語られている）。だから、古代ゲルマン人が地上に神々を見ていたときに、アメリカのインディオも同様のことをしていたのだった（それぞれについてはさきに述べたとおりである〔375〕）。また、太古のスキュタイ人は、さきに多くの著作家たちによって称賛されているのを聞いたほどの〔100〕多くのすばらしい徳に満ちあふれていたという。まさにそのような同じ時代にかれらはかくも非道な文明を実践していたのだ！　これらはすべてプラウトゥスによって〈サトゥルヌスの生贄〉Saturni hostiae と呼ばれたものにほかならなかった〔191〕。著作家たちはこの時代をラティウムの**黄金時代**であったと呼ぼうとしているのである〔73〕。それはなんと穏やかで、恵み深く、慎みがあり、行儀正しく、義務感にあふれた時代であったことか！

518　これらすべてのことから結論されてよいとおもわれるのは、最初の異教諸国民に見られる黄金時代の純真無垢さについての学者たちのうぬぼれがどんなに空疎なものであったかということである。黄金時代というのは、実際には、**迷信のファナティズム**にほかならなかったのであって、これを異教世界の野生的で傲慢で乱暴きわまりない最初の人間たちはかれらの想像した神性にたいする強い恐怖によってなんとか制御していたのである。この迷信に反省をめぐらせて、プルタルコスはつぎのように問題を提起している。このように不敬虔に神々を崇拝するのと、まったく神々を信じないのと、はたしてどちらのほうが害が少なかっただろうか、と[1]。しかし、かれがそのような猖獗をきわめた迷信を無神論に対置しているのは正しくない。というのも、さきに「原理」〔333–335〕において証明しておいたところにしたがって、迷信からはこのうえなく光り輝く諸国民が勃興したが、無神論によってはこの世に国民はひとつとして創建されなかったからである。

519　ここまで述べてきたことは、今日では滅んでしまった人類の最初の人々の**神的な道徳**についてのものである。英雄的な道徳についてはのちに場所をあらためて〔666–668〕論じるだろう。

〔第4部〕 詩的家政学

〔第1章〕 詩的家政学について——ここではまず息子たちからなっていた家族について

520 英雄たちは、人間的感覚をつうじて、全家政学説を構成する二つの真理を感じとっていた。ラテン民族が〈エードゥーケレ〉educere〔引き出す〕と〈エードゥカーレ〉educare〔しつける〕という二つの言葉によって保存していたものであって、正確には、前者は精神の教育にかかわっており、後者は身体の教育にかかわっている。そして前者は、学者的な隠喩作用をつうじて、自然学者たちによって質料から形相を引き出すという意味に転移された。というのも、そのような英雄的教育によって、巨人たちの広大な身体のなかにまったく埋めこまれてしまっていた人間の霊魂の形相が、質料からなんらかの仕方で引き出されはじめたからである。また、度はずれて巨大なかれらの身体から、正常な体格の人間らしい身体の形相が引き出されはじめたからである〔371, 524〕。

521　第一の部分〔精神の教育〕にかんしていえば、英雄＝家父長たちは、「公理」〔250〕で述べておいたように、「自然の」と言われる状態にあっての、前兆の知恵、すなわち通俗的な知恵に秀でた賢者であったにちがいない。そして、そのような知恵に秀でていた結果、祭司であったにちがいない。かれらは、なかんずく崇高な職務として、前兆を獲得するために、もしくはよく理解するために、犠牲をささげるという職務を担っていたのである。また最後には、王であったにちがいない。かれらには、〈レーギスラートル〉legislator という言葉の本来の意味、すなわち〈法律を伝達する者〉という意味において、神々から自分たちの家族に法律を伝達する義務があった。そして、この点では、のちの英雄都市における最初の王たちも同様であった。英雄都市の最初の王たちも統治主体である元老院から人民に法律を伝達していたのである。このことについては、さきに「年表への註記」のなかで〔67〕、ホメロスの挙げている二種類の英雄集会——ひとつは〈ブーレー〉βουλή、いまひとつは〈アゴラ〉ἀγορά——の場合に即して見ておいたとおりである。当時は通俗文字がまだ考案されていなかったので、英雄たちは前者の場で法律を**口頭で**制定し、後者の場でそれを同じく**口頭で**公布していたという。このようなわけで、英雄王たちは法律を制定したさい、それを統治主体である元老院から人民に二人委員をつうじて伝達していたのだった。二人委員の制度を王たちがつくり出したのは、トゥルス・ホスティリウスがホラティウスを弾劾したさいにつくり出した二人委員がそうであったように、法律を伝達するためであった。だから、二人委員はみずから語る生きた法律であることとなる。リウィウスにはこのことがわかっていなかった。そのため、さきに見たように〔500〕、ホラティウス裁判についてのかれの説明は意味不明なものになってしまっているのだ。

522　古代人は到達しがたい知恵をもっていたという誤った見解〔128〕にもとづいたこのような民間伝承は、プラトンを誘惑して、哲学者が統治していたか、王が哲学していたような時代を空しくも夢想させる機縁となった〔253〕。そしてたしかに、「公理」〔256〕で述べておいたように、それらの家父長たちはそれぞれ**家族の一頭支配者的な王**であったにちがいないのだった。かれらは、かれらの家族のなかではだれよりも優位に立ち、神のみに従属していた。また、かれらに授与された支配権は、恐るべき宗教で武装し、非道このうえない刑罰によって聖化されていた。それはプラトンがこの世で最初の家父長たちであったと認めているキュクロプスたちの支配権に等しいものであったにちがいない。ところが、この伝承が誤解されて、すべての政治理論家に共通の誤った見解を生みだす重大な機会をあたえることとなった。この世における国家的な統治の最初の形態は君主制的なものであったと信じるようになったのだ。この結果、かれらは、国家的な統治は**公然たる暴力**ないしはのちに暴力となって勃発することになる**奸策**から生じたのだという、邪悪な政治の不当な原理に屈するにいたった。しかし、その時代には、だれもが野獣的放縦状態（これについてもさきに公理をひとつ提起しておいた〔290〕）から出現したばかりで傲慢かつ乱暴であった。そして、そのようなこのうえなく単純で粗野な生活のなかにあって、天然に自生する果実を食べ、泉の水を飲み、洞窟で眠ることで満足していた。また、どの家父長もそれぞれの家族のなかにあって主権者であるという自然的な平等の状態にあった。そのような状態のもとでは、一人が他のすべての者たちを君主制的統治のもとに服従させることのできるような奸策とか暴力といったものはまったく考えられないのである。このことについては、のちにくわしく立証されるだろう〔585〕。

523　いまはただ、異教世界の人間たちが生来の野獣的放縦状態から、長いキュクロプス的な家族訓練の段階を経て、やがて国家制度化されるにいたった政体のなかでおのずと法律に従うようになるまでには、どれほどの時間が必要であったか、ということを省みておくことが許されるにすぎない。ここから、父たちが宗教しか教えず、息子たちから自分たちの賢者として称賛され、祭司として崇拝され、王として怖れられている国家のほうが、プラトンが理想化した国家よりも幸福である、という永遠の特性が残ることとなった。不恰好で獰猛な巨人たちを人間としての義務の道に引き戻すには、これほどまでの神的な力が必要とされたのだ！　この力をかれらは抽象的に表現することができなかったので、具体的に弦という物体的なかたちで表示した。この弦はギリシア語では〈コルダ〉χορδά と言われており、ラテン語では当初〈フィデース〉fides と言われていたが、その本来の意味は〈フィデース・デーオールム〉fides deorum、すなわち〈神々の力〉という言い回しのなかで表現されていたものであったのだ。そして、この弦から、竪琴が一弦琴から始まったにちがいないように、オルペウスの竪琴が作られたのだった。この竪琴を奏でつつ、前兆に宿る神々の力を歌い讃えることによって、オルペウスはギリシアの野獣どもを人間の道へと引き戻したのである。また、アンピオンは石を動かしてテーバイの城壁を築いたのである。すなわち、デウカリオンとピュラが、テミスの神殿の前で（すなわち、神の裁きにたいする怖れを抱きつつ）、頭をヴェールで被って（婚姻の羞恥心をもって）、足下にあったのを拾い、肩越しに後ろへ投げたら、人間たちが生まれたという、例の石である（これは以前には人間たちは愚鈍であったからであって、ラテン語には〈愚鈍なこと〉を指すのに〈石〉lapis と表現する言い方が残っている）[1]。この神話については、「年表への註記」のなかで説明しておいたとおりである〔79〕。

524　家政学的訓練のいまひとつの部分、すなわち身体の教育にかんしていうなら、家父長たちは、さきに述べたように〔371〕、恐るべき宗教とかれらのキュクロプス的支配権と聖なる浄めとによって、かれらの息子たちの巨人的な体格から正常な人体のかたちを導き出しはじめたのである。ここでも、神の摂理には最大の讃辞がささげられなければならない。それというのも、家政学的教育がおとずれるまでは、神を見失った人間たちはしだいに巨人化していった。そして、このことによって、野獣的放浪を続けていたあいだも、強靭な体格で厳しい天候や季節に耐え抜き、途方もない力をふるって地上の大森林に分け入り、その大森林の中を野獣から逃れ、嫌がる女たちを追いかけ回し、ばらばらになりながら食べ物と水を求めて歩き回っていたのだった〔369〕。ところが、かれらがかれらの女たちといっしょに、最初は洞穴の中で、その後は泉の近くの（その理由についてはまもなく述べる〔526〕）藁葺き小屋で定住しはじめ、土地を耕して、その田畑から生活の糧を得るようになるとともに、いまここで推理している理由からして、今日の人間たちのような正常な体格にまで退化していく。このように神の摂理は取り計らっているからである。

525　そのさい、このようにして家政学を生みだすにあたっては、かれらはそれをその最善の理念において達成した。すなわち、家父長たちが刻苦勉励して息子たちに家産を遺し、たとえ外国との交易が途絶え、いっさいの国家制度上の成果が得られなくなり、都市がなくなってしまった場合でも、生活を容易かつ快適にそして安全に保つことができるようにしておき、こうしてたとえ都市がなくなってしまっても少なくとも家族は保存されていて、そこから諸国民が再興する期待がもてるようにしておくというのが、それである。また、家父長たちが息子たちに遺す家産は、空気が清浄で、近くに永遠に枯れることのない泉があり、また天然の砦をなしていて、都市が絶望状態に陥った場合にはそこに退却できるような場所でなければならず、都市が崩壊した場合に都市から逃げてきた貧しい者たちを農夫として受け入れて、かれらの労働で主人たちの生活を維持していけるだけの広大な封土として利用できるような田畑でなければならなかった。このような秩序を神の摂理は（「公理」〔308〕に引いたディオン・カッシオスの言に従えば）僭主として法律によってではなく、人間にかんすることがらの女王にふさわしく、人々の生活慣習によって、諸家族からなる状態のなかでうち立てたのだった。なぜなら、じっさいにも、強者たちは山の頂きの空気が爽やかで健康的な場所にかれらの地所を設けていたからである。また、そこはもともと堅固であって、この世で最初の〈アルクス〉arx〔砦〕であった。それをその後、軍事建築術がその規則にしたがって要塞化したのである（これは、イタリア語で切り立った険しい山のことを〈ロッチャ〉roccia と言っていたのが、のちにそこから要塞が〈ロッカ〉rocca と呼ばれるようになったのと同じである）。最後には、それらの地所は永遠に枯れることのない泉のそばにあった。泉は大方が山の中で湧き出ている。そして、泉のそばには猛禽類が巣をつくっており、そのため、猟師たちは泉のそばに網を張るのである。古代ラティウムの人々がそれらの猛禽類をそれらがまるで〈アクイレガ〉aquilega〔水の探索者〕であるとでもいうかのように〈アクイラ〉aquila〔鷲〕と総称していたのは、そのためであろう（じじつ、〈水を探索したり集めて回る人〉のことを〈アクイレクス〉aquilexと呼ぶ呼び方がラテン語には残っている〔240〕）。だからこそ、疑いもなく、ロムルスが新都にふさわしい場所を決めるために前兆を受けとろうとした鳥は禿鷹であったと歴史は語っているのであり、それがやがて鷲に転化し、ローマ軍の守り神となったのだった。こうして、単純で粗野な人間たちは、鷲が天高く飛んでいるのでゼウスの鳥だと信じて追いかけているうちに、永遠に枯れることのない泉を見つけ出し、天神が地上で君臨していたときにかれらにあたえたこのもうひとつの大いなる恩恵を尊んだのである。そして、雷光の告知した前兆ののち、最も厳粛な前兆をかれらは鷲の飛翔のうちに観照することとなったのだった。これをメッサラとコルウィヌスは〈より大きな前兆〉あるいは〈公的な前兆〉と呼んでいる。(1) ローマの貴族が英雄的闘争のなかで平民に〈前兆は自分たちのものである〉と答えたときに思い描いていたのも、この前兆のことであった〔110〕。神の摂理によって異教の人間文明に始まりをあたえるために取り計らわれたこれらすべてのことを、プラトンは最初の都市創建者たちの抜け目のない人間的配慮であると評価した。(2) しかし、ふたたび野蛮状態が戻ってきて、いたるところで都市を破壊してしまったところでも、同じようにして家族は救済されたのであり、そこからヨーロッパの新しい諸国民がやってきたのである。また、イタリア語には新たに興った領主たちの権力の所在地をすべて〈城〉castello と呼ぶ呼び方が残っているが、これは一般に太古の都市ならびにほとんどすべての首都は山の頂きに位置しており、逆に村落は平野に散在しているのが見いだされるからである。ここから、〈貴族〉を指すのに〈高い場所に生まれた〉summo loco nati とか〈光り輝く場所に生まれた〉illustri loco nati と言い、〈平民〉を指すのに〈低い場所に生まれた〉imo loco nati とか〈暗い場所に生まれた〉obscuro loco nati と言うラテン語の言い方は出てきたのだった。というのも、のちに見るように〔608〕、英雄たちは都市に住み、被保護民たちは田野に住んでいたからである。

526　しかしまた、他のなにものにもまして、永遠に枯れることのない泉のために、政治学者たちは水の共有こそが家族が近くに寄り集まることになった機会原因であったと言ってきた。[1] ひいては、最初の氏族共同体をギリシア人は〈プラトリア〉φρατρία と呼んでいたのだった。[2] また最初に人々が集落を形成するようになった土地をラティウムの人々は〈パーグス〉pagus と呼んでいたが、これはドリアのギリシア人が泉を〈パガ〉παγά と呼んでいたのに似ている。要するに、水こそは結婚の二つの主要な儀式のうちの第一のものなのだ。結婚の儀式をローマ人は〈水と火によって〉執りおこなっていたが〔371〕、それは、最初の婚姻は自然に水と火を共有し、ひいては同じ家族に属する男と女のあいだで取り結ばれていたからである。こうして、さきに述べたように〔511〕、婚姻は兄弟と姉妹のあいだから始まったにちがいないのだった。――なお、火の神はそれぞれの家の守護神 lar であった。家父長が家の神々〔祖霊〕を祀っていた炉が〈フォクス・ラリース〉focus laris〔ラルの炉〕と言われるようになったのは、これに由来する。家の神々は、十二表法の「父親殺害」の項において、ヤーコプ・レウォードの読みにしたがうなら、〈先祖の神々〉deivei parentum と呼ばれている。[3]また聖史にもしばしばこれと似た表現が出てくる。〈われらが父祖の神〉、もっとあからさまには〈アブラハム神〉〈イサク神〉〈ヤコブ神〉等々。この点にかんしては、キケロの提案した法律にも、つぎのようにある。〈一族の父祖以来の祭儀は守らなければならない〉と。[4]ローマ法にしばしば出てくる、家族の息子は〈父の祭儀のうちに〉あるとか、父権は〈父の祭儀〉であるといった言い回しも、ここに由来する。父権は、本書において論証されるように〔628〕、最初の時代にはすべて神聖なものであると信じられていたのである。そして、付言しておかなければならないが、このような風習はふたたび戻ってきた野蛮時代の人々にも遵守されていたのだった。たとえば、フィレンツェでは、ジョヴァンニ・ボッカッチョの時代に（かれの『神々の系譜』に見られるように）[5]、毎年の初め、一家の長が炉に座して、火のついた薪の頭に香水をかけ、葡萄酒をふりまいていた。また、わがナポリの下層民のあいだでは、クリスマスの前夜、家長は厳かに炉で薪に火をつけることが習わしになっている。そしてナポリ王国では家族の数は炉でかぞえられたと言われている。——それがやがて都市が建設されると、婚姻は都市民同士のあいだで取り結ばれるのが一般的な慣習となる。そして最後には、外国人とのあいだでも婚姻が結ばれるようになるが、その場合でも、少なくとも宗教はたがいに共通したものであるというしきたりが残ることとなったのである。

527　さて、火から水に戻って、神々がそれにかけて誓ったというステュクス河が、もろもろの泉の源であった。ここからも、（さきに述べたように〔449〕）神々が英雄都市の貴族だったにちがいないことがわかる。というのも、この水の共有がかれらを人間たち〔平民〕の上に君臨させてきたからである〔437〕。また、このためにローマ暦三〇九年まで貴族は平民に結婚の儀を許さずにきたのだった。このことについてはすでに少しばかり述べたが〔110〕、のちにもっと立ちいって述べるだろう〔598〕。聖史に〈誓いの井戸〉とか〈井戸の誓い〉という言葉が出てくるのも[1]、このためである。このようなわけで、ポッツオーリという町はその名前のうちにそれがきわめて古くから存在した町であったことの証拠をとどめているのであって、それは多くの小さな井戸が一つにまとまってできたところから〈プテオリー〉Puteoli と呼ばれていたのだった。また、これはさきに述べた知性の内なる語彙集〔162〕にもとづく合理的推測なのだが、このように複数形で呼ばれる都市が古代の諸国民にはたくさん散在しているのは、**実体においては一つ**であったものが、分節語が生まれるとともに、さまざまな呼称で呼ばれるようになったものなのであった。

528　ここから第三の主要な神格、**アルテミス**〔ディアナ〕がつくり出された〔317〕。これは、巨人たちが一定の土地にとどまり、婚姻の儀式を執りおこなって一定の女と結ばれるようになったときに、かれらのあいだで感知された最初の人間的必要〔水〕を表わしたものであった。神学詩人たちは、これらのことがらについての歴史をアルテミスの二つの神話によって描写して、わたしたちに残している。そのうちのひとつは婚姻のさいの羞恥を意味している。すなわち、アルテミスは深い夜の闇の中で、一言も口を利かずに、眠っているエンデュミオンに添い寝するというのである。だから、アルテミスは純潔であったわけで、この純潔さからキケロの提案した法律のひとつは〈神々の前に進むときには清浄〔純潔〕であること〉（すなわち、犠牲をささげるには、まずこれに先立って斎戒沐浴しなければならない）と命じているのである[1]〔469〕。もうひとつは恐るべき泉の宗教について語ったもので、泉に〈聖なる〉という形容詞をいつの世にも変わらず残すこととなった。すなわち、裸で水浴するアルテミス（清らかな泉）を見たアクタイオンは、女神の水しぶきを浴びて（つまりは女神によって大いなる恐怖にうちのめされて）、牡鹿（最も臆病な動物）に変身し、自分の猟犬に嚙み裂かれてしまった〔宗教を侵犯したことによる良心の呵責に悩む〕というのである。だから、〈リュンファートゥス〉lymphatus〔気が狂った者〕（これはもともと〈リュンファ〉lympha すなわち〈泉の水〉を浴びた者という意味であった）というのは、最初は迷信的な恐怖に襲われて正気を失ったアクタイオンのことであったにちがいないのだった。この詩的歴史をラティウムの人々は〈ラテクス〉latex〔液体〕という語（この語は〈ラテンドー〉latendo〔隠れている〕からやってきたにちがいない）のうちに保存している。[2] この語はいつも〈清らかな〉purus という形容詞をともなっており、泉から湧き出る水を意味している。そして、このラティウムの人々の〈ラテクス〉に相当するのが、ギリシア人のもとでは、アルテミスに随伴するニンフ〔妖精〕であったにちがいないのだった。ギリシア人にとっては〈ニュンファ〉は〈リュンファ〉と同義であったのだ。また、〈リュンファ〉すなわち〈泉の水〉がニンフ〔妖精〕と呼ばれたのは、「詩的形而上学」のところで推理しておいたように〔379〕、当時はすべての事物を生命ある実体、それも多くの場合人間であるというようにとらえていたからである。

529　その後〔泉の宗教がつくりあげられたのち〕、山中に居住していた敬虔な巨人たちは、近くの地面の上に放り棄てられて腐っていく亡者たちの死骸の発する悪臭に悩まされるようになったにちがいない。ここから、かれらは死者たちを埋葬するようになったのだった（かれらの大きな頭蓋や骨がこれまで発見されてきたし、今日でも発見されているが〔369〕、それらはたいてい山の頂きにある。このことは、いたるところの平地や谷間に散在していた不敬虔な巨人たちの死骸は埋葬されないままに腐敗し、その頭蓋や骨は激流に流されて海に運ばれるか、雨にたたかれて崩れ去ってしまったということの一大論拠となる）。そして、それらの墓にかくもおびただしい宗教、もしくは神的な恐怖をふりまいたので、墓のつくられた場所のことを〈畏怖すべき神聖な場所〉locus religiosus と呼ぶ呼び方がラテン語には残っているほどである。ここから、わたしたちがさきに「原理」の部〔337〕で立証しておいた普遍的な信仰、すなわち、人間の霊魂は不死であるという信仰が始まったのだった（これはわたしたちが採用したこの学の原理のうちの第三の原理である）。じっさいにも、亡くなった人間の霊魂は〈神の亡霊〉dii manes と言われていた〔12〕。また、十二表法の「父親殺害」の項では、〈先祖の神々〉deivei parentum と称されている〔526〕。――またその一方で、かれらはそれぞれの古墳（古墳は、最初は土を少しばかり盛り上げただけのものでしかありえなかった。たとえば、古代ゲルマン人の事例は同じ習俗が他の最初の諸国民すべてにも存在したことを推測させてくれるのだが、その古代ゲルマン人は、タキトゥスの報告によると、死者たちには土をかけすぎてはならないと考えていたという。(1) ここから、亡くなった者たちへの〈土の汝に軽くあらんことを〉という祈りの言葉は出てきたのだった）の上に、もしくは近くに、埋葬の印しとして、木の切り株を突き立てたにちがいないのだった。それはギリシア人によって〈ピュラクス〉φύλαξ と呼ばれた。〈番人〉の意味である。単純なかれらは、この切り株が死者の番をしてくれるものと信じていたのだ。ちなみに、ラテン語にも〈墓標〉のことを指すのに〈キップス〉cippus と言う言い方が残っている。またイタリア語では〈チェッポ〉ceppo と言えば〈系統樹〉のことである。そして、この〈ピュラクス〉から、ギリシア語で〈部族〉を意味する〈ピュレー〉φυλή という語はやってきたにちがいないのだった。またローマ人はかれらの家系を示すのに先祖の彫像を自分の家の大広間に一列に並べ、これを〈ステンマ〉stemma と呼んでいた（これは〈列〉を意味する〈テーメン〉temen からやってきたにちがいない。[2] ここから、布を織る〈縦糸〉を意味する〈スブテーメン〉subtemen という語は出てきたのである）。この家系の糸はその後法学者たちによって〈リーネア〉linea と言われるようになった。ひいては、〈ステンマ〉も〈貴族の家紋〉を意味するようになったのである。だから、死者を埋葬した最初の土地が家族の最初の盾であったのではないか、と強く推測されることとなる。スパルタの母が戦場に赴こうとする息子に盾を渡して、〈これとともに、さもなければこれのなかに〉と言ったのも、このことから理解されなければならない。すなわち、その意味は〈盾とともに戻ってくるか、さもなければ棺の上に載せられて戻ってこい〉ということだったのである。じっさいにも、今日でもナポリでは棺は〈スクード〉scudo〔盾〕と言われている。また、墓は以前は種を播くために使われていた田畑の地面にあったので、盾は家紋学において〈畑の地面〉と定義されており、それがのちに〈紋章の地《じ》〉と呼ばれるようになったのだった〔487〕。

530　このような起源から〈息子〉filius という言い方も出てきたにちがいない。〈息子〉は父の名もしくは家によって区別され、〈貴族〉を意味していた。さきに見たように〔433〕、ローマの貴族はまさしく〈父の名を称しうる者〉と定義されていたのである。すなわち、ローマの貴族の〈名前〉は最初のギリシア人たちがしばしば用いていた父祖名と同じものであったのだ。こういう事情から、英雄たちはホメロスによって〈アカイア人の息子たち〉と呼ばれているのであり、また聖史では〈イスラエルの息子たち〉という言葉でヘブライ民族の貴族たちを意味させているのである。だから、部族が最初は貴族からなっていたのだとすれば、あとで証明するように〔597〕、都市も最初は必然的に貴族だけで構成されていたことにならざるをえないのである。

531　こうして、巨人たちは、そこに埋葬された者たちの墓があるということをもって、その土地の領主であることを証明していたのだった。そして、このことは、ローマ法において、死者を自分の土地に埋葬して拝むように、という命令となって残ることとなった〔529〕。また、〈わたしたちはこの土地の息子である〉とか〈わたしたちはこれらの樫の木から生まれた〉といった英雄語句は、真実ありのままを語ったものであったのだ。じっさいにも、家族の父祖はラティウムの人々のあいだでは〈スティルプス〉stirps〔幹〕とか〈スティーペス〉stipes〔木の根元〕と言われており、それぞれの子孫は〈プロパーゴー〉propago〔繁茂する樹木〕と呼ばれていた。また家族はイタリア古語で〈レニャッジョ〉legnaggio〔木ぎれ〕と称されていた。そしてヨーロッパの高貴な家柄とほとんどすべての王家はその姓を自分の所有する土地から採っている。このため、ギリシア語でもラテン語でも、〈大地の息子〉と言えば〈貴族〉を意味していたのである。また、ラテン語では〈貴族〉を指すのに〈インゲヌウス〉ingenuusという言い方がなされるが、これはまるで〈インデゲニトゥス〉indegenitus〔そこに生まれた者〕、あるいはそれを約めて〈インゲニトゥス〉ingenitusと言っているかのようなのだった。じっさいにも、ある土地に生まれた者を指して〈インディゲナ〉indigenaと呼ぶ呼び方がたしかに残っており、その土地の神々〔祖神〕は〈ディイー・インディゲテース〉dii indigetesと言われていた。これは、さきに述べたように〔370〕、英雄都市の貴族たちが〈神々〉と呼ばれたもので、この神々の大いなる母が〈大地〉なのであった。こうして、最初から〈インゲヌウス〉ingenuusと〈パトリキウス〉patriciusはともに〈貴族〉を意味していたのだった。それというのも、最初の都市は貴族だけでなっていたからである。また、このような〈インゲヌウス〉は原住民であったにちがいないのであって、この〈原住民〉aborigines という言い方はほとんど〈起源をもたない〉とか〈ひとりでに生まれた〉と言っているに等しく、これにギリシア人のいう〈アウトクトネス〉αὐτόχθονες は相当しているのである。そして原住民というのは巨人たちのことであった。〈巨人たち〉gigantes とはもともと〈大地の息子たち〉のことを指していたのだ。このようなわけで、〈大地〉は巨人たちと神々の母であった、と神話は忠実にわたしたちに語っているのである。

532　これらのことはすべてすでにわたしたちが推理しておいたことであるが〔369–373〕、本来の場所であるここで繰り返してきたのは、森の中の焼き払われた場所に開かれた避難所に逃げこんできた者たちに向かってロムルスがかれの仲間であった家父長たちに〈自分たちはこの地の息子たちである〉と言わせている場所で、リウィウスがこの英雄語句を誤解し、最初の諸民族の創建者たちにおいてはひとつの英雄的真実であったものを臆面もない嘘に転化させてしまっていることを論証するためにほかならない。すなわち、ロムルスはアルバ王の血筋を引くと認められていながら、かれらの母はあまりにも不公平にも男たちしか産まなかったため、かれらはサビーニ族の女性を掠奪して妻にする必要があったというのである。[1] だが、ここはむしろこう言うべきなのだ。最初の諸民族の詩的記号による思考方法からして、ロムルスは都市の創建者の詩的記号であると目されていた。このため、数多く存在したラティウムの都市のなかでやがてローマを創建することになったロムルスには、最初の都市創建者たちにふさわしい特性の付与がなされたのだ、と。リウィウスが避難所についてあたえている定義も、この誤謬と同種のものである。すなわち、リウィウスによると、避難所は〈都市創建者たちの古き計らい〉であったというけれども、[2] 都市の最初の創建者たちの思考様式は単純素朴そのものであって、神の摂理に奉仕することになったのは、かれらの計らいというよりは、ことがらの自然な成り行きであったのだ。

533 ここでいわゆる〈大〉氏族の第四の神格がつくり出されることとなった。人々に国家生活の光をもたらす神であるというようにとらえられた**アポロン**がそれである。ここから、英雄はギリシア語で〈クレイトス〉κλειτος と言われたのだった。これは〈クレオス〉κλέος（〈栄光〉）からやってきた言葉である。またラテン語では〈インクリュトゥス〉inclytus と言われたが、これも〈家紋の輝き〉を意味する〈クルエール〉cluer、ひいてはユノ＝ルーキーナが高貴な生まれの者たちをそこへと導いていった例の光〔513〕に由来する言葉である。だから、ウラニア――これは、さきに見たように〔365, 391〕、ホメロスが〈善と悪についての知識〉、すなわち神占と定義しているムーサであって、これもさきに述べたように〔508〕、その力によってアポロンは詩的知恵ないしは神占の神となったのであるが――、そのウラニアに続いて、第二のムーサとして、英雄たちの歴史を物語るクレイオーがつくり出されたにちがいないのだった。

また、その最初の歴史は英雄たちの系譜を物語ることから始まったにちがいないのである。じっさいにも、聖史は父祖たちの子孫の話から始まっている。そして、この歴史にアポロンはつぎのような行為をなしたことによって始まりをあたえるのである。すなわち、アポロンは森の中を（恥知らずの生活を送りながら）さまよっている放浪少女、ダプネを追いかける。すると、ダプネは神々に援助を乞うて（厳粛な婚姻のためには神々の前兆を受けとる必要があったのだ）、その場に立ち止まり、月桂樹に変身するのである（この樹木は確実な認知された子孫のなかでつねに青々と繁りつづけている。これと同様の意味において、ラティウムの人々は家族の父祖を〈スティーペス〉stipes〔木の根元〕と呼んだのだった〔531〕。ふたたび戻ってきた野蛮時代〔中世〕も同じ英雄語句をわたしたちに報告しており、そこでは家族の子孫は〈樹木〉、創建者たちは〈株〉とか〈根元〉と呼ばれている。また分家は〈枝〉と呼ばれ、その家族は〈木ぎれ〉と呼ばれている）。このようなわけで、アポロンが追いかけるのは神に固有の行為であり、ダプネが逃げるのは野獣に固有の行為なのであった。ところがその後、そのような厳格な歴史の語りが忘れ去られてしまって、アポロンが追いかけるのは淫蕩者のなす行為であり、ダプネが逃げるのは女性らしい行為であると見なされるにいたったのである。

534　さらにアポロンはアルテミスの兄弟である。永遠に枯れることのない泉があったからこそ、最初の諸民族は山の上に創設されることができたからである。それゆえ、アポロンはムーサたち（つまりは文明の諸学芸）の住むパルナソスの山上の、その水を白鳥たち（つまりはラテン語で〈予言する〉という意味の〈カネレ〉canere または〈カンターレ〉cantare〔509〕を歌う鳥）が飲むヒッポクレネの泉の近くに住居をかまえているのである。そして、それらの白鳥たちの一羽〔つまりはゼウス〕の前兆によってレダは二個の卵を孕み、そのうちのひとつからヘレネが、もうひとつからカストルとポリュデウケスがいっしょに生まれ出るのである。

535 またアポロンとアルテミスはともにレト＝ラートーナの子である。レト＝ラートーナは〈ラテーレ〉latere、すなわち〈身を隠していること〉nascondersi からこう呼ばれたのであって、ここから〈民族・王国・都市をcondereする〔創設する〕〉という言い方は出てきているのであり、とくにイタリアでは〈ラティウム〉Latium という地名が生まれたのだった。またレトはさきに述べた永遠に枯れることのない泉の水辺でかれらを生む。そして生まれるとともに人間たちは蛙に変身する。蛙は夏の雨が降るなかで大地から生まれてくるが、その大地は〈巨人たちの母〉と言われていたのであって、〈巨人たち〉というのはもともと〈大地の息子たち〉のことであったのである〔370〕。イダンテュルソスがダレイオスに贈ったのも、それらの蛙の一匹であった〔435〕。また、フランスの王家の紋章になっているのも、このようにして生まれた三匹の（ひきがえるではなくて）蛙であったにちがいない。それがのちに黄金の百合に変えられ、〈三〉という最上級を表わす数〔491〕でもって描かれるようになったのである。フランスには、最大の蛙、すなわち大地の最大の息子、ひいては領主を指すのに、三匹の蛙をもって表現する習わしが今日も残っている。

536　アポロンとアルテミスはともに狩人でもある。かれらは根から引き抜いた木で——その一本がヘラクレスの棍棒となるのだが——野獣をうち殺す。はじめは自分と家族を守るために（無法の生活を送る放浪者のように逃げることによって危険を免れることは、もはや許されていなかったので）、そしてのちには自分たちと家族の食糧にするために。ウェルギリウスはこれらの肉を英雄たちに食させており[1]、またタキトゥスの報告しているところによれば、古代のゲルマン人はこうした目的のために妻をともなって野獣狩りに出かけていたという[2]。

537　またアポロンは文明とその諸学芸、すなわち、いましがた述べたように〔534〕ムーサたちを創始した神でもある。それらの学芸はラテン語で〈貴族の学芸〉という意味で〈自由学芸〉artes liberales と呼ばれている〔370, 556〕。そして、そのうちのひとつが乗馬である。それゆえ、ペガソスが翼をつけてパルナソス山の上を飛翔するのは、かれが貴族の一員であるからなのだ〔488〕。また、ふたたび戻ってきた野蛮時代には、貴族だけが馬に乗って戦うことができたところから、貴族はスペイン人から〈カバリエール〉cavalier〔騎士〕と呼ばれたのだった。またフーマーニタース humanitas〈人間性・文明〉は〈フマーレ〉humare、すなわち〈埋葬すること〉から始まった。これが埋葬をこの学の第三の原理に採用した理由である）。このため、すべての国民のうちで最も文明度の高かったアテナイ人は、キケロの報告によると、最初に死者たちを埋葬した国民でもあったのである[1]。

538 最後に、アポロンはいつまでも青年である（これは月桂樹に変身したダプネの生命がつねに緑色をしているのと同じである）。それというのも、アポロンは家の〈名前〉によって人間たちをその家族において永遠の存在にするからである〔433〕。また、かれは貴族のしるしとして長い髪をしている。ここから、貴族が長髪にする習慣がきわめて多くの国民のあいだに残ることとなったのだった。また、ペルシア人やアメリカ人のもとには、貴族の刑罰のひとつに、その長髪を一本か数本引き抜くという習わしがあるという。ひいては、〈長髪のガリア人〉Gallia comata という言葉も、その国民を創建した貴族によって言われたものであろう。じじつ、たしかにどの国民のもとでも、奴隷は頭を剃らされている。

539 さてしかしながら、英雄たちは限られた土地にとどまって生活し、家族の数が増えてくると、自然がひとりでにあたえる果実だけでは十分ではなくなった。しかしまた、たくさん採集するために境界の外に出るのも恐ろしかった。かれらを限られた土地にとどまらせていたのは、巨人たちを山の下に縛りつけたあの宗教の鎖だったのだ〔387, 503〕。その一方で、この同じ宗教は、天の見通しを良くしてゼウスの前兆を受けとれるようにするために、森に火をつけることをも、徐々にかれらに教えこんでいった〔391〕。そこで、かれらは長期にわたって多くの大変な労苦を重ねて、土地を耕地に変え、そこに麦の種を播くようになった。おそらく麦が人間の栄養に役立つことは茨や棘のなかで焼いてみてわかったのだろう。こうして、かれらは、このうえなく美しい、自然で必然的な譬喩でもって、麦の穂を〈黄金のりんご〉と呼んだのだった。夏になると摘みとられる自然の果実であるりんごの実という観念がまずあって、これを同じく夏になると労働のおかげで収穫される麦の穂に転用したのである。

540　すべての労苦のうちで最も偉大で最も輝かしいものであったこの労苦から、ヘラクレスという〔詩的〕記号は躍り出てきたのだった。そして、ヘラには、家族を養うためにこの労苦をヘラクレスに命じたということで、かくも輝かしい栄光が授与されることとなったのである〔514〕。また、これに劣らず美しく、かつまた必然的な譬喩でもって、かれらは大地を一匹の巨大な**ドラコン**〔竜〕の姿に仕立てあげた。このドラコンは、鱗と針（つまりは竜の茨と棘）で武装しており、翼を生やし（というのも、土地は英雄たちの所領であったからである）、たえず目を覚ましていて（すなわち、いたるところ樹木が密生していて）、ヘスペリデス〔宵の明星神ヘスペルスの四人の娘たち」の庭で黄金のりんごを守っていた。また、大洪水の湿気によって水中で牛まれたものと信じられていた。その一方で、別の相貌のもと、かれらは**ヒュドラ**をつくりあげた（これも同じく〈ヒュドール〉ὕδωρ、すなわち〈水〉からこう呼ばれるようになったのだった）。ヒュドラは、いくら頭を切られても、また別の頭がにょきにょき生え出てくる。また、黒（焼かれた土地）、緑（草木）、黄金（実った麦）の三色に変化する。このように三つの色に変わることによって蛇は脱皮を重ねてきたのであり、年老いるとまたそれを繰り返すのである。最後に、大地は凶暴で平定には多大の努力を要するという面をとらえたところから、**最強の動物**がつくりあげられた。ネメアの獅子である（そのためにそれ以来、動物たちのうちで最強のものには〈獅子〉という名があたえられるようになったのである）。この獅子を文献学者たちは途方もなく大きな蛇ではなかったかとも考えようとしている。また、これらはすべて口から火を吐き出すが、これはヘラクレスが森に放った火であったのだ。

541　これら三つの物語〔神話伝説〕は実体においては同一のことがらを意味していながら、それぞれギリシアの三つの別々の地方で生まれたものであった。また、ギリシアの別の地方では、幼児のときに揺りかごのなかで（すなわち英雄主義の幼年時代に）蛇を殺したというヘラクレスの同じく別の物語が生まれている。さらに別の地方では、ベレロポンが蛇の尻尾と山羊の胸（これは森林地を意味している）、そして同じく火の炎を吐き出す獅子の頭をもった、キマイラと呼ばれる怪物を殺している。[1] テーバイではカドモスが同じく大蛇を殺してその歯を地面にばらまいている（みごとな譬喩によって、鉄器が発明される以前に土地を耕すために使っていたにちがいない固い彎曲した木片をかれらは〈蛇の歯〉と呼んでいたのだった）。そしてカドモス自身も蛇に変身する（古代ローマ人であれば、カドモスは〈土台となった〉〔411〕と言ったことだろう）。このことについてはすでに少しばかり説明したが〔446〕、のちにさらにくわしく説明するだろう〔679〕。そこでは、メドゥーサの頭に巻きついた蛇〔616〕とヘルメスの杖に巻きついた蛇〔604〕がいずれも〈土地の領有〉を意味することが明らかにされるはずである。ここから、〈ヘラクレスの十分の一税〉とも称された借地料を〈オーペレイア〉ὠφέλεια（この語は〈オピス〉ὄφις、すなわち〈蛇〉に由来する）と呼ぶ呼び方が残ることとなったのだった。ホメロスに出てくるカルカスの蛇の予言、すなわち、蛇が八羽の小雀を食べ、さらに母雀までも呑みこんでしまうのを見て、トロイアの地が九年目にはギリシア人に占領されるだろうと予言したのも[2]、またトロイア軍と戦っていたギリシア軍が、鷲に殺された蛇が空から戦場のまっただ中に落ちてきたのを見て、カルカスの予言と一致しているとして、吉兆だと喜んだのも[3]、同じくこのような意味を含んでいる。それゆえにペルセポネは（彼女はケレスと同一の神であった〔716〕）蛇に曳かれた車で強奪されるさまを大理石に彫りこまれているのである。またギリシアの国家のメダルにはしばしば蛇が見いだされるのである。

542　さらに知性の内なる辞書のために言っておくなら（そしてこれは〔知性の内なる辞書の編纂にとって〕省察に値することがらでもあるのだが）、アメリカ〔インディオ〕の王たちは、フラカストロの『シュフィリス』に歌われているところによると、王杖のかわりに、乾燥した蛇の皮を持ち歩いていたという[1]。またシナ〔中国〕人は、王家の紋章に竜を用い、それを国家統治の旗印にしているが、この竜はアテナイ人に血でもって法律を書いたというドラコンのことであったにちがいない〔423〕。そして、さきに述べたように、そのドラコンはペルセウスがかれの盾に釘付けにしたゴルゴンの蛇の一匹であったのだ。その後、ペルセウスの盾は、アテナイ人の守護神で、彼女の顔を見つめる者をすべて石に変えたといわれるアテナのものとなった。こうしたことから、それはアテナイの国家支配権の象形文字であったことがわかるのである。また聖書も、『エゼキエル書』のなかで、エジプトの王に河の真ん中に横たわる「巨大な竜」の称号をあたえているが[2]、これも、竜は水の中で生まれ、ヒュドラは水からその名をとった、とさきに述べたのときっかり符合する。日本の皇帝も竜を紋章にした騎士階級をつくりあげている。また、ふたたび戻ってきた野蛮時代〔中世〕には、その偉大な高貴さによってミラーノ公の称号をあたえられたヴィスコンティ家は、子供を呑みこむ竜を描いた盾をもっていた、と歴史は語っている。これはまさしく、ギリシアの人々を呑みこんでアポロンに殺されたピュトンにほかならない〔449〕。アポロンは、すでに述べたように〔533〕、貴族の神なのであった。こうしたインプレーサのなかにも、驚くべきことにも、第二の野蛮時代の人々の英雄的な考え方と第一の野蛮時代の太古の人々のそれとのあいだに一様性が認められるのである。したがって、この竜は、火打ち石の首輪を吊し、炎を口から吐き出して点火する、二頭の翼の生えた竜であったにちがいなく、金毛の羊皮の番をしていたあの二頭の竜であったにちがいない。その位階勲章の歴史を書いたシフレはこのことを理解することができなかった[3]。そのため、ピエトラサンタはシフレの歴史には不明なところが多いと告白しているのである[4]。

543　ギリシアのある地方ではヘラクレスが蛇や獅子やヒュドラや竜を殺し、また他の地方ではベレロポンがキマイラを殺したように、別の地方ではディオニュソスが虎を飼い馴らしているが、この虎は虎の毛皮のようにさまざまな色合いをした土地のことであったにちがいない。また、こうしてその後、〈虎〉という名前がいちばん強い動物につけられるようになったのだった。それというのも、ディオニュソスが虎をぶどう酒でおとなしくさせたなどという話は、諸国民を創建することになった粗野な英雄たちには知るよしもなかった自然史上の話であるからである。さらにディオニュソスはアフリカやヒュルカニア[1]におもむいて虎を手なずけたと伝えられているが、当時は、

「詩的地理学」で論証するように〔747〕、ギリシア人はこの世にヒュルカニアとかましてやアフリカとかいう土地があるかどうか知るよしもなかったのだった。いわんや、ヒュルカニアの森やアフリカの砂漠に虎がいることも知らなかったのである。

544 さらに、かれらは麦の穂を〈黄金のりんご〉と言っていたが、麦の穂こそはたしかに世界で最初の黄金であったにちがいないのだった〔539〕。当時はまだ金は岩塊のなかに眠っていて、それを岩塊から抽出する技術も磨いて光らせるすべもかれらは知らないでいた。また、人々が泉から水を飲んでいたというのに、そんな時代に金の使用法など尊重されるはずもなかった。それがその後、その金属は当時最も珍重されていた食べ物〔麦〕の色に似ていたため、転喩によって〈黄金〉と呼ばれるようになったのである（このために、プラウトゥスは金の貯蔵庫を〈グラーナーリウム〉granarium〈穀物庫〉から区別するのに、〈テーサウルム・アウリー〉thesaurum auri という言い方をしなければならなかったのだった）[1]。じっさいにも、たしかにヨブは、自分がしたことはけっしてないと述べている贅沢のなかに、麦でつくったパンを食べることを挙げている[2]。また今日でも、都会でなら〈宝石〔真珠〕の粉末を散りばめた秘薬〉を飲むところを、僻地の村では病人は麦のパンを食べる。そして〈病人が麦のパンを食べる〉と言えば、その人が臨終の時を迎えつつあることを意味しているのである。

545 さらにその後、このような珍重と愛着の観念が拡大されて、美しい羊毛も〈黄金の〉と呼ぶようになったにちがいないのだった。こうして、ホメロスのもとではアトレウスはテュエステスに黄金の羊を奪われたと嘆いているのであり、[1]またアルゴの乗組員たちはポントスから金の羊皮を奪ったのである。だからまたホメロスは、王や英雄を呼ぶときにはいつも〈羊でいっぱいの〉という意味の〈ポリュメーロス〉πολύμηλος という言葉を付け添えているのである。[2]同様に、このような観念の一様性によって、古代ラティウムの人々は財産を〈ペクーニア〉pecunia と言っていたのだった。ラテン語の文法学者たちによると、この語は〈ペクス〉pecus〔家畜の群れ〕に由来するという。[3]また、タキトゥスが語っているところによると、古代ゲルマン人にとっては羊や家畜の群れが〈唯一にして最も貴重な財産である〉という。[4]このことは古代ローマ人の場合にも同様であったにちがいない。古代ローマ人も、十二表法が「遺言」の項において証言しているように〔513〕、財産のことを〈ペクーニア〉と呼んでいたからである。さらにまた、ギリシア語の〈メーロン〉μῆλον は〈羊〉とならんで〈りんご〉をも意味している。おそらくは珍重すべき果実ということで、〈メリ〉μέλι、すなわち蜜と言ったのだろう。イタリア人もりんごのことを〈メラ〉mela と言っている。

546　したがって、この麦の穂が黄金のりんごであったにちがいなく、ヘラクレスはなによりもまずこれをヘスペリア〔西国、すなわちイタリアとスペイン〕から採取して持ち帰ったのだった〔540〕。また、ガリアのヘラクレスはこの黄金の鎖を口から吐き出し、これでもって人々の耳を繋ぎ合わせたというが、この伝説が田畑の耕作をめぐっての真実をありのままに語ったひとつの歴史であることはのちに明らかにされるだろう〔560〕。ひいては、ヘラクレスは宝を探すのに幸先のよい神性として後世に残ることとなったのだった。[1]宝の神はディースであったが、このディースはペルセポネを掠奪して冥界に連れていったと詩人たちがわたしたちに語っているプルトン〔冥界の神ハデスの呼称〕と同一の神である。そしてペルセポネはケレス（すなわち麦）と同一であったのだ。ちなみに、詩人たちが語っているところによると、あとでも述べるが〔714以下〕、第一の冥界にはステュクス河、第二の冥界には死者たちの墓場があり、第三の冥界は深い溝になっていたという。富者のことを〈ディーティス〉ditis と呼ぶのは、このディース神に由来している。そして富者は貴族であったのであって、貴族はスペイン人のもとでは〈リコス・ホムブレス〉ricos hombres〔裕福な人々〕と呼ばれており、わたしたちのもとでも昔は〈ベネスタンティ〉benestanti〔裕福な人々〕と呼ばれていたのだった。また、わたしたちが〈国家の主権〉と呼んでいるものがラティウムの人々のもとでは〈ディティオー〉ditio と言われていたが、これは耕された田畑こそが国家にとっての真の富であったからである。こうしてまた、同じくラティウムの人々からは支配権下にある地域は〈アゲル〉ager と言われていたのだった。〈アゲル〉というのは、元来は〈鋤でもって掘り起こされた〉aratro agitur 土地のことだったのである。だから、ナイル河が〈クリュソロアス〉Χρυσορρόας、〈流れる黄金〉と呼ばれたのは、真実そのとおりであったにちがいない。なぜなら、ナイル河は広大なエジプトの田野を水で浸し、その洪水によって豊穣な収穫がもたらされたからである。同様にパクトロス河[2]、ガンジス河、ヒュダスペス河[3]、タグス河[4]も〈黄金の河〉と呼ばれているが、これもそれらの河が麦畑を肥沃にするからである。英雄的古代に通暁していたウェルギリウスは、きっとこれらの黄金のりんごを念頭におきながら、譬喩を拡大して、アエネアス〔アイネイアス〕が黄金の杖を持って冥界におもむく話を作りあげたのだろう[5]。この物語についても、いずれもっと適切な場所で説明することにする〔721〕。そのうえ、英雄時代には金は鉄以上に珍重されてはいなかった。たとえば、エティオピアの王エテアルクスは、カンビュセス〔ペルシア王〕の使者が王の名代としてたくさんの金の瓶を奉呈したとき、使い方もわからず、必要だともおもえないからと答えて、天性の鷹揚さでこれを謝絶したという[6]。タキトゥスも、まさしく同様のことを古代ゲルマン人について語っている（古代ゲルマン人は、かれの時代には、いまわたしたちが論じている太古の英雄たちであったのだ）。〈かれらのあいだでは、使節やその王から贈り物としてあたえられた銀の壺が、土で造られた壺と同等の扱いを受けているのがわかる〉[7]。だから、ホメロスにあっても、英雄たちの武具については、それが金製であろうと鉄製であろうと、無頓着にあつかわれているのである。[8] なぜなら、最初の世界には金銀のような鉱石はふんだんに存在していたにちがいないからであって（アメリカが発見されたときそうであったように）、それがのちになって人間の貪欲さによって費消されてしまったのだった。

547 これらすべてのことからつぎの重大な系が出てくる。すなわち、金、銀、銅、鉄というあの世界の四時代区分は頽廃した時代の詩人たちが作りあげたものだということである。なぜなら、最初のギリシア人のもとで黄金の時代にその名をあたえているのは、麦というこの詩的な黄金であったからである。そして、そのかれらの無知さといったら、このうえなく野生的なキュクロプスたちのそれにほかならなかったのだ（すでにたびたび述べたように〔296, 338, 503〕、プラトンはこのキュクロプスたちが最初の家父長たちであったと認めている）。キュクロプスたちは、各自ばらばらのまま、妻や息子たちといっしょに洞窟の中に住んでおり、ホメロスのなかでポリュペモスがオデュッセウスに語っているように、たがいに他人のことにはいっさい干渉しなかったのである。[1]

548 ここでこれまで詩的黄金について述べてきたことを確証するためには、今日でもおこなわれている二つの慣習に言及しておくのが役立つ。この二つの慣習はいずれも、ここで述べてきた原理に立脚しなければ、原因を説明することができないのだ。ひとつは、荘厳な戴冠式の最中に黄金の球が王の手に置かれるというものである〔602〕。この戴冠式のさいに王が手にする球は王の紋章のなかで王が王冠の頂きにつけている球と同じものであるにちがいないのだが、この慣習の起源は黄金のりんご、わたしたちに言わせてもらうなら麦の穂以外には考えられないのであって、この黄金のりんごは、ここでもまた、英雄たちが有していた土地支配権の象形文字であったことが見いだされるのである（同じことをおそらくはエジプトの神官たちもかれらの神クネフが口にくわえているりんご、または卵によって意味させようとしていたのだろう。このことについてはまたのちに述べる〔605〕）。そして、この象形文字はローマの支配権のもとに服属していた諸国民に侵入した蛮族たちによってもたらされたものであったのだ。もうひとつの慣習は、婚姻の儀式の最中に王が婚約者である王妃に金貨をあたえるというものである。この慣習も、ここで述べている詩的な黄金ないしは麦に由来するものにちがいない。金貨はまさしく古代ローマ人が〈模擬売買と麦製菓子とによって〉coëmptione et farre 執りおこなっていた英雄的結婚〔671〕を意味している。[1] そして、この慣習は、英雄たちは結納金によって妻を買っていた、とホメロスが語っていることとも合致する。[2] じっさい、ゼウスは黄金の雨に変身して、塔（これは穀物庫であったにちがいない）に閉じこめられたダナエのもとに現われるのであり、こうしてこの結婚の儀式が稔り豊かなものであることを示そうとしているのである。〈そしてあなたの城郭のうちに豊かな稔りがあるように〉というヘブライ人の表現[3]も、驚くべきことにも、これとの一致を示している。また古代ブリトン人の慣習も同様の推測に確証をあたえてくれる。かれらのもとでは、花婿は結婚式のあいだに花嫁に焼き菓子を贈るのが習わしになっていたのだった。

549　これらの人間にかんすることがらが生まれるとともに、ギリシア人の空想のなかでは、事物の順序に対応した観念の順序にしたがって、さらに三つの大氏族の神々が生み出された。第一には**ヘパイストス**〔ウルカヌス（火の神）〕、ついで**クロノス**〔サトゥルヌス〕（サトゥルヌスは〈サトゥス〉satus、すなわち〈種播かれた〉からこう呼ばれるようになった。したがって、ラティウムの人々のサトゥルヌスの時代はギリシア人の黄金の時代に対応する〔73〕）、そして第三には**キュベレ**、もしくは**ベレキュンテイア**、すなわち耕された土地であった。それゆえ、キュベレは獅子の背に坐った姿で描かれているのである（さきに説明したように〔402, 540〕、獅子は森林と化した大地を指しており、これを英雄たちは耕して畑としたのだった）。またキュベレは〈神々の偉大なる母〉であると言われ、さらには〈巨人たちの母〉であるとも言われた（さきに推理したように〔531〕、巨人たちはもともと〈大地の息子たち〉という意味でそう呼ばれていたのだった）。このようなわけで、キュベレは神々の、すなわち巨人たちの母であるのであって、これもさきに述べたように〔377〕、最初の都市の時代には、巨人たちは〈神々〉の名を僭称していたのだった。また彼女には松が奉納される（松は最初の土地に定着して都市を建設した諸国民の創建者たちの安定性の象徴である〔379〕。そしてこれらの都市の守護神がキュベレなのだ）。さらにキュベレはローマ人のもとでは**ウェスタ**と呼ばれた。すなわち祭儀の女神であるが、これは（「詩的地理学」のなかで見るように〔775-776〕）その時代には耕された土地が世界で最初の祭壇であったからである。その祭壇で女神ウェスタは猛々しい宗教で武装して火と古代ローマ人の穀物であった麦とを見張っていたのだった。このため、ローマ人のもとでは、結婚は〈水と火〉とさらには麦製菓子によって執りおこなわれていた（うち、〈麦製菓子による婚姻〉nuptiae confarreatae のほうは、のちには祭司にのみ残ることとなった。最初の家族はすべて祭司からなっていたからである〔254〕。似た状況は東インド地域の僧侶たちの王国[1]にも見られる）。このように水と火と麦製菓子とがローマの祭儀を構成する要素なのであった。そして、この最初の土地の上で、ウェスタは、最初の祭壇（この祭壇が最初の麦畑であったということは、さきにも述べたとおりであるが、のちにも説明する〔776〕）を侵犯した、破廉恥にも女と物を共有する不敬虔な者どもを、生贄としてユピテルにささげたのだった。かれらは異教の宗教の最初の生贄、最初の犠牲であった。すなわち、さきに述べたように〔191〕、プラウトゥスが〈サトゥルヌスの生贄〉Saturni hostia と呼んだものがそれである。ちなみに、かれらが〈ウイクティマ〉victima〔犠牲〕と呼ばれたのは、〈ウィークトゥス〉victus、すなわち〈孤独なために弱い者〉ということからそう呼ばれたのだった（ラテン語の〈ウィークトゥス〉victus〔敗れた〕にはこの〈弱い〉という意味がいまも残っている）。また、かれらが〈ホスティス〉hostis〔敵〕と呼ばれたのは[2]、そのような不敬虔な者どもは、正当にも、全人類の敵と見なされたからである。さらにはまた、ローマ人には、犠牲や生贄にされる獣の額と角を小麦粉でまぶす風習が残っている。この女神ウェスタから名をとってローマ人はまた永遠の火の番をする者たちを〈ウェスタの乙女〉と呼んでいた。もし運悪くこの火が消えるようなことがあれば、太陽によってふたたび点火する必要があった。なぜなら、のちに見るように〔713〕、プロメテウスは太陽から最初の火を奪って、これを地上に運んできた。そして、ギリシア人はこの火を森に放つことによって地面を耕作しはじめたからである。こうしてまたウェスタがローマ人にとって祭儀の神であるのは、異教の世界に生まれた最初の〈コレレ〉colere〔祭る行為〕は土地を耕すことであったからなのであった。また、最初になされた信仰の行為は、そのような祭壇を設置して、そこに最初の火を点け、いまも述べたように、不敬虔な者どもを犠牲としてささげることなのであった。

550　このような仕方で田畑には境界が設定され守られたのだった〔486〕。田畑の分割は、法学者ヘルモゲニアヌスが語っているところによると、まだ軍隊という公的力も存在せず、その結果法律によるなんらの国家的命令権も存在しなかった時代にあって、人々の思慮深い取り決めによって案出され、かくも多くの公正さを発揮して実行され、同じく多くの善意によって遵守されてきたのだという。[1]しかし、それはこのうえなく凶暴な人々のあいだでなんらかの恐るべき宗教が遵守されることをとおしてなされたとしか考えられないのであって、この宗教こそがかれらを立ち止まらせて一定の土地の内部に押しとどめることとなったのだった。そして、かれらはそのようにして最初に占拠した土地の境界を血なまぐさい儀式によって守護していたのである。文献学者たちも言っているように、[2]それらの境界は都市の創建者たちによって鋤でもって描かれたのだった。鋤の彎曲した部分は、さきに発見した言語の起源〔428, 429〕によれば、最初は〈ウルブス〉urbsと言われていたにちがいないのであって、そこから〈彎曲した〉を意味する古語〈ウルブム〉urbumは出てきたのである〔16〕。〈オルビス〉orbis〔円形の場所〕という言葉もおそらく同じ起源から生じたのだろう〔778〕。だから、〔のちには〈地球〉の意味で用いられるようになる〕〈オルビス・テルラエ〉orbis terraeというのも、もともとはこうして囲われた土地のことであったにちがいない。この囲いはとても低かった。そのために、レムスはこれを一跳びで越えて、ロムルスに殺された。そして、ラテンの歴史家たちが語っているところによると、ローマの最初の周壁はレムスの血でもって浄められたという。だから、この囲いは〈サエペース〉saepes〔生け垣〕であったにちがいない（ちなみに、ギリシア語〈セープス〉σήψ は〈蛇〉という意味だが、英雄語では〈耕された土地〉を指していた〔452, 549〕）。また、同じ語源から〈ムーニーレ・ウィアム〉munire viam〔道をつくる〕という言い方は出てきたにちがいないのであって、道は田畑の生け垣を強化することによってつくられるのである。さらにそこから都市を取り囲む周壁は〈モエニア〉moenia と言われるようになったのだった。これはまるで〈ムーニア〉munia と言っているに等しい[3]。そして、〈ムーニーレ〉munire にはたしかに〈保塁で強化する〉という意味が残っているのである。また、それらの生け垣はラティウムの人々が〈サグミナ〉sagmina と呼んでいた樹木を植えてつくられたにちがいないのであった。すなわち、血瘤樹、ニワトコのことで、使用法も名前も今日まで残っている[4]。また、その〈サグミナ〉という言葉には祭壇を祀るための草木という意味もあって、この意味も今日まで残っている。そして、これはレムスのようにこの垣根を乗りこえて殺された者たちの〈血〉からこう呼ばれるようになったにちがいないのであった。この血によって、都市を取り囲む周壁は神聖化されたのである[5]。同様に、軍使も、この草でつくった冠をつけることによって神聖化された。じっさいにも、昔はローマの使者たちはカピトリウムの丘でこの草を摘みとって冠をつくっていたのである。最後には、軍使の伝達する開戦や和平の法令も、これによって神聖化された。ここから、侵犯者に罰を科す条款は〈サンクティオー〉sanctio と呼ばれるようになったのである。[6] そして、ひいてはここに、わたしたちがこの著作において検証したいとおもうことが始まるのである。すなわち、万民の自然法は神の摂理によってそれぞれの民族のあいだで個々別々に命じられていたのが、かれらが互いに知り合うようになって、万民に共通のものであると承認されるにいたったというのが、それである〔146〕。それというのも、この草を冠に戴いたローマの軍使がラティウムの他の民族のもとに出向いていっても神聖を侵されるようなことがないためには、ラティウムの他の民族のほうも、ローマ人のことはなんら知らないまま、同じことをするのが風習になっていた必要があるからである。

551　かくて家父長たちは宗教によって英雄的家族の存続を図ってきたのであって、家族を維持するためには宗教によらなければならなかったのである。それゆえに、ジュリオ・チェーザレ・スカリージェロが『詩学』において述べているように[1]、宗教的であるということが貴族の変わらぬ習俗となったのだった。だから、貴族が自分たちの祖国の宗教をないがしろにしているところでは、それはその国民が終末へと近づきつつあることの大いなる徴候であるにちがいないのである。[2]

552　〈自然の〉と言われる状態における家族は息子たちからなる家族以外のものではなかったというのが、文献学者からも哲学者からも共通に支持されている意見である。しかし、実際には、それらは**奴僕たち** famuli からなる家族でもあったのであって、このことから主として〈家族〉familia と言われるようになったのだった〔257〕。そのため、このような不備な家政学からは偽りの政治学が確立される（このことはすでに示唆しておいたところであるが〔522〕、のちに十分な論証がなされるだろう〔585, 662 以下、1009 以下〕）。したがって、わたしたちは政治について推理するのにまずは家政学固有のトピックであるこの奴僕の問題から始めようとおもう。

［第２章］　都市に先立って存在していた奴僕たちからなる家族について——この家族がなくては都市が誕生することはまったくありえなかったのだ

553　不敬虔な巨人たちは物と女の破廉恥な共有状態を続けていた。そして、その共有が生み出すいさかいを繰り返していた〔503〕。しかし、そうこうしているうちに長い時が流れ、法学者たちも述べているように、ついにそのうちのグロティウスの単純な者たち〔338〕、プーフェンドルフのこの世に見棄てられた者たち〔338〕は、ホッブズの暴力的な者たち〔179〕から身を護ろうとして、強者たちの祭壇〔549〕に逃れこんできた（これは、野獣が極度の寒さに追い立てられて、身を護るべく、しばしば人里にやってくるのと同じである）。そこで、強者たちは、すでに団結して家族社会を構成していたので、暴力をふるって自分たちの土地を侵害した者たちは殺し、その暴力から逃れてきた哀れな者たちは受けいれて保護してやった。こうしてかれらのうちには、自分たちはゼウスから生まれた、あるいはゼウスの前兆によって生み出されたのだという、生まれの英雄主義を超えたところに、**徳の英雄主義**[1]が主要なものとして立ち現われることとなった。この徳の英雄主義にかけてはローマ民族が地上の他のすべての民族に卓越していた。そして、それはまさしく〈服従する者は寛大にあつかい、傲慢な輩は圧伏する〉[2]という二つの実践的原則にもとづいて行使されたのであった。

554　野獣状態の人間たちは凶暴でなにものによっても馴らされることがなかった。そのかれらがどのようにして野獣的放浪から脱して人間的な社交関係を取り結ぶにいたったのだろうか。この点を理解するうえで省察に値することがらがここには提供されている。すなわち、巨人たちのうちの第一の者たち〔強者たち〕が婚姻という最初の人間的な社交関係に到達するにあたっては、まずかれらをそこに入りこませるためには野獣的欲望のこのうえなく強烈な刺激が必要とされたのであり、ついでかれらをそこにとどめておくためには、さきに論証しておいたように〔505〕、恐ろしい宗教によるこのうえなく強力な抑制が必要とされたというのが、それである。ここから婚姻がやってきた。婚姻というのはこの世に生まれた最初の友愛関係にほかならなかった。このため、ホメロスは、ゼウスとヘラが臥床をともにしたことを指すのに、荘重な英雄語で、かれらは互いに〈友愛関係を取り結んだ〉と述べているのである[1]。ここで用いられている〈友愛関係〉という意味のギリシア語〈ピリア〉φιλία は〈ピレオー〉φιλέω、〈愛する〉と語源を同じくしている。そして、ここから〈フィーリウス〉filius〔息子〕というラテン語はやってきたのだった。またイオニア・ギリシア語では〈ピリオス〉φίλιος と言えば〈友人〉のことであるが、これが同じくギリシア人のもとで音価の似た文字の転換が生じて〈ピュレー〉φυλή、〈部族〉となった。こうしてまた、ここから、法学者たちによって〈リーネア〉linea と呼ばれている〈家系図〉も、さきに見たように〔529〕、古いラテン語で〈ステンマ〉stemma と言われていたのである。人間にかんすることがらのこのような本性から、婚姻こそは真の自然的な友愛関係であって、そこでは誠実、有益、快楽という善の三つの目的がすべて自然に交通しあっている、という永遠の特性が残ることとなったのだった。夫と妻は、自然本性によって、人生の苦楽において同じ運命をたどるのである（これはまさしく、選択意志によって〈友は万事を共有する〉[2]というのと同じである）。このため、婚姻はモデスティヌスによって〈一生の運命を共にすること〉と定義されたのだった〔110〕。

555　巨人たちのうちの第二の者たち〔弱者たち〕がいみじくも〈ソキエタース〉societasと名づけられた第二の〔英雄たちと利益関係によって結ばれた〕社交的関係に到達したのは、少しさきに解明するように〔558〕、差し迫った生活の必要のためでしかなかった。これもまた省察に値することがらである。第一の者たちは宗教と人間の種を広めようという自然的な本能とから（すなわち、**敬虔と、氏族にかかわることがら**〔種の存続〕とが原因となって）人間的な社交関係を結ぶにいたったのであり、高貴で主人的な友愛に始まりをあたえた。これにたいして、第二の者たちは自分たちの生命を救済する必要上社交関係を結ぶにいたったのであって、主として利益の共有を目的とした、本来の意味での〈ソキエタース〉〔同盟関係〕[(1)]に始まりをあたえることとなった。ひいては、そこで取り結ばれた社交関係は卑賤で隷属的なものであった。このようなわけで、逃げこんできた者たちは英雄たちから正しい保護の法にもとづいて受けいれられた。そして、英雄たちに日雇い農夫として奉仕するという義務を負うことによって、自分たちの自然的な生命を支えようとしたのだった。ここで、英雄たちの〈ファーマ〉fama〔名声〕（これは、主として、いましがた述べた徳の英雄主義が用いる二つの部分〔553〕を実践することによって獲得される）から、またその世人のあいだでの評判、すなわちギリシア人の言う〈クレオス〉κλέος（栄光）〔533〕——これはラティウムの人々のもとでは〈ファーマ〉fama と言われるようになる（またギリシア人からも〈ペーメー〉φήμη と言われている）——から、逃げこんできて奴僕となった者たちは〈ファムルス／ファムリー〉famulus/famuli と名づけられたのであり、ここから主としては〈ファミリア〉familia〔家族〕という言い方は出てきたのである〔257〕。聖史が大洪水以前に存在していた巨人たちのことを語ったさい、かれらを〈名高い有力者たち〉と定義したのは〔372〕、きっとこのような名声によっているのであった。また、ウェルギリウスも、女神ファーマを、高い塔の上に坐り（強者たちは高いところに住んでいた）、頭を天に聳えさせ（天の高さは、最初は山頂と等しいところにあった）、翼を生やし（これが英雄たちには似つかわしかったからである。このため、トロイアの戦場で〈噂〉φάμα はギリシアの英雄たちの陣営のなかを飛び回り、平民の軍勢には加わらないのである[2]）、らっぱを吹いて（これは英雄史を物語るムーサ、クレイオーのらっぱであったにちがいない〔533〕）偉大な名前（つまりは諸国民の創建者たちの名前）を高らかに祝福している姿として描写している[3]。

556　さて、都市が成立する以前のこのような家族のなかでは、奴僕たちは奴隷状態のもとで生活していた（かれらがその後都市の成立後に生じた戦争のなかで捕らえられた者たちからなる奴隷の祖型であった。またかれらはラティウムの人々から〈ウェルナエ〉vernae〔家で生まれた奴隷〕と呼ばれていた。さきに推理しておいたように〔443〕、同じくラティウムの人々によって〈ウェルナークラ〉vernacula と呼ばれた言語〔俗語〕は、かれらからやってきたのだった)。そこで、英雄の息子たちは、奴僕の息子たちから自分たちを区別しようとして、自分たちのことを〈リーベリ〉liberi〔自由な者たち〕と称した。しかし、実際には、かれらは奴僕の息子たちと全然変わるところがなかった。たとえば、古代ゲルマン人の習俗からわたしたちは最初の野蛮な民族がすべて同じ習俗をもっていたと推測することができるのだが、その古代ゲルマン人についてタキトゥスが語っているところによると、〈主人と奴隷とを育て方の柔弱さによって見分けることはけっしてできないだろう〉という。[1] また、たしかに古代ローマ人のあいだでも、家父長たちは自分たちの息子たちにたいする生殺与奪の絶対的な権利と自分たちの獲得したものにたいする専制的な所有権を有していた。そのため、ローマの帝政期までは、〈ペクーリウム〉peculium〔家父長から家族に、また主人から奴隷にあたえられる、特有財産〕の面で息子たちと奴隷とのあいだにはなんらの違いもなかったのである。しかし、この〈リーベル〉liber という言葉は元来〈高貴な・貴族の〉という意味でもあった。[2] このため、〈アルテース・リーベラーレース〉artes liberales と言えば〈高貴な学芸・貴族のたしなむ学芸〉のことであり、〈リーベラーリス〉liberalis には〈高貴な〉という意味、〈リーベラーリタース〉liberalitas には〈高貴さ〉という意味が残ることとなったのである。そして、これはラティウムの人々によって〈高貴な家柄・貴族〉が〈ゲーンス〉gens〔氏族〕と呼ばれたのと語源を同じくしている。なぜなら、あとで見るように〔597〕、最初の氏族は貴族だけで構成されていたからであり、貴族だけが最初の都市においては自由な身分であったからである。その一方で、奴僕は〈クリエンテース〉clientes と呼ばれていた。また当初は〈クルエンテース〉cluentes と呼ばれていたが、これは〈クルエレ〉cluere、〈武具の光で照り映える〉という古い動詞に由来する言葉で〔武具の輝きが〈クルエール〉cluer と言われた〕、かれらの英雄たちが使っていた武具の輝きで照り映えていたことからこう呼ばれたのである。英雄たちは同じ語源から〈インクルティー〉incluti〔名を知られた者たち〕、そしてのちには〈インクリュティー〉inclyti と呼ばれた。もし武具の光を映して輝いていなかったとしたなら、のちに説明するように〔559〕、かれらはまるで人間たちのあいだには存在しなかったかのように、その存在に気づかれることもなかったのだった。

557　そしてここにクリエンテーラ〔ローマの貴族と平民とのあいだの保護＝被保護関係〕および封土の最初の粗型が始まりをもつこととなったのだった（これについてはのちに推理すべきことが多くある〔599 以下、1057 以下〕）。また、「公理」〔263〕で提示しておいたように、古代史を読んでみれば、このような保護＝被保護関係や被保護民は〔ローマ人だけでなく〕諸国民すべてにあまねく拡がっていたことがわかる。トゥキュディデスの語っているところによると、エジプトでは、かれの時代になっても、タニス王朝は家父長たち、すなわち牧者としてそれぞれの家族の面倒を見る王たちによって分割支配されていたという。[1] またホメロスもかれの歌う英雄たちをそれぞれ「王」と呼び、「民の牧者」と定義している。[2] のちに見るように〔607, 1058〕、この「民の牧者」は羊の群れの牧者よりも以前に出現していたにちがいないのだった。さらにアラビアでは、かつてエジプトにおいてそうであったように、今日でもそのような「民の牧者」が多数存在している。また西インド地域でも、大部分が、そうした自然状態のもとにあって、多数の奴隷に取り囲まれて成り立つ家族によって統治されていることが判明した。[3] これを見て、スペイン王でもあった神聖ローマ帝国の皇帝カール五世はそのような統治のあり方に規制をくわえようと考えるようになったのだった。[4] さらにはまた、アブラハムが異教徒の王たちと戦ったさいにかれを手助けしたのも、これらの家族〔主人の家で生まれた奴隷たち〕のうちのひとつであったにちがいないのだった。じっさいにも、かれを手助けした奴隷たちのことを聖書学者たちは——わたしたちの意図にぴったり合致することにも——〈ウェルナークロス〉vernaculos と訳している。[5] これは、いましがたわたしたちがかれらは〈ウェルナエ〉であるというように説明したところと一致している。

558　これらの人間にかんすることがらの誕生とともに、あの有名な**ヘラクレスの紐帯**[1]が真に始まったのであって、この紐帯によって被保護民たちはかれらが貴族のために耕作する義務を負っていた土地に〈縛られている〉と言われたのだった。また、それはその後、十二表法のなかで擬制的な紐帯に移行する。この紐帯が都市の所有する財産権に形式をあたえ、ローマ人のあらゆる厳正法上の行為(2)を認可することとなったのである。さて、富をふんだんに所有している者の側からすれば、これ以上に制約された同盟は考えられず、また富を欠いている者の側からすれば、これ以上に必要とされる同盟も考えられない。ここにおいて世界で最初の同盟者 socius が生まれたにちがいないのである。「公理」〔258〕で述べておいたように、英雄たちの同盟者がそれであって、かれらは英雄たちに生命を保護してもらった見返りに、その生命を英雄たちの裁量に委ねたのだった。このようなわけで、オデュッセウスは、かれの同盟者の首領であったアンティノス(3)の頭を、その発した一言が善意からのものであったにもかかわらず気に入らなかったために、斬り落とそうとしたのである。また、敬虔なアエネアス〔アイネイアス〕は、犠牲をささげるために必要であるという理由で、同盟者のミセノスを殺害するのである。この逸話については民間伝承も語り伝えている。ところが、敬虔であったことで有名なアエネアスがこのような殺害行為を犯したという話はおとなしいローマの民衆の耳にはあまりにも残酷に響くということで、賢明な詩人のウェルギリウスは話を偽って、ミセノスがあえてらっぱ吹きの技をトリトンと競い合おうとしたためにトリトンによって殺されたということにしてしまっている。しかし、同時にウェルギリウスは、巫女がアエネアスにあたえた神託のなかでミセノスの死について語らせることによって、かれの死の原因がなんであったか、はっきりわかるようにしている。巫女の神託のひとつはアエネアスが冥界に降りていくためにはそれに先立ってミセノスを埋葬しておく必要があるというものであった。つまり、ウェルギリウスは巫女がアエネアスにミセノスの死を予言していたことを公然と認めているのである。[4]

559　だから、かれらは同盟者であったと言っても、たんに労働だけの同盟者であったにすぎず、獲得物の同盟者ではなかった。いわんや、栄光の同盟者ではなかった。栄光で照り映えたのは英雄たちだけであって、英雄たちはギリシア人から〈クレイトイ〉κλειτοί と呼ばれ、ラティウムの人々からは〈インクリュティー〉inclyti と呼ばれていたのだった〔いずれも〈輝く者たち〉の意味〕〔533〕。ローマ人によって属州が〈同盟者〉socius と呼ばれるようになったのも、このことに由来している。こうしてアイソポスは、さきに述べたように、寓話のなかで、ライオンとの同盟関係のことを嘆いているのである〔425〕。また古代ゲルマン人はわたしたちが他のすべての野蛮な民族の場合にもそうであったにちがいないとの推測をおこなうのをゆるしてくれるのだが、その古代ゲルマン人についてタキトゥスが語っているところによると、奴僕や被保護民、あるいは家来たちは〈王を守り庇い、みずからの勇敢な功績をさえ、王の栄光に帰するのが、その第一の誓いである〉とのことであった。[1] これはわたしたちの封建制の最もよく耳にする特性のひとつである。ひいてはここから、そしてこれ以外のどの理由からでもなく、ローマの家父長の〈ペルソーナ〉persona もしくは〈頭部〉caput（これは、のちに見るように〔1033〕、〈仮面〉と同じものを意味していた）のもとで、またく〈名前〉nomen（今日なら〈徽章〉とでも呼ばれたであろうもの）のもとで、法的には、息子たちと奴隷たちの全員が含まれるというようなことが生じることとなったにちがいないのである。またここから、ローマ人のもとでは、中庭の側壁に彫られた円形の額縁の中に安置された、祖先の像をかたどった半身像を〈クリュペウム〉clypeum と呼ぶ言い方が残ることとなったのだった。[2] それらの円形の額縁に彫りこまれた肖像画は、本書でメダルの起源について述べられていること〔487〕とみごとに符合しており、近代建築では〈メダイヨン〉médaillon と呼ばれている。このようなわけで、〈ギリシア軍の塔〉アイアスはただひとりでトロイアの全軍と戦ったとホメロスが語っているのも、[3] それがギリシア人の英雄時代のことであってみれば、真実そのとおりであったにちがいないのだった。同じくラティウムの人々のあいだでも、ホラティウスはただひとりでエトルリア人の軍勢を橋の上で支えたという話が残っているが、[4] これもかれらの英雄時代の話であってみれば、真実そのとおりであったにちがいないのである。すなわち、アイアスもホラティウスも**自分の家来を率いて**ということだったのだ。まったく同様に、ふたたび戻ってきた野蛮時代〔中世〕においても、聖地から引き返してきた四十人のノルマンの英雄たちが、サレルノを包囲していたサラセンの軍勢を追いはらっている。したがって、英雄たちがかれらの土地に逃げこんできた者たちを受けいれたこの最初のきわめて古い保護の制度から、この世における封建制は始まったにちがいない、と言う必要があるのである。それは、最初は農園での人格的な関係であった。そして、そこでは、従者〔家来〕たちは、英雄たちが自分たちの畑を耕しに出かけるところではどこでも英雄たちに付き従っていく義務を人格的に負っていた、最初の〈ウァデス〉vades〔担保物〕であったにちがいなかったのである（のちには、裁判で原告に服従する義務を負わされた被告も、こう呼ばれるようになった）。ここから、〈従者〔家来〕〉を指すのに、ラティウムの人々によって〈ウァス〉vas という言い方がなされ、ギリシア人によって〈バス〉βάς という言い方がなされたように、ふたたび戻ってきた野蛮時代における封建法の著作家たちの場合にも〈ヴァス〉was〔奴僕〕とか〈ヴァッスス〉wassus〔被保護者〕という言い方が残ることとなったのだった〔1064〕。そして、この人格的な〔動産的な〕関係のあとに農園での物財で結ばれた〔不動産的な〕関係はやってきたにちがいないのであって、そこでは、従者〔家来〕は最初の〈プラエス〉praes〔捕獲物〕もしくは〈マンケプス〉manceps〔握取物〕、つまりは不動産で納税する義務を負わされた存在であったにちがいないのだった〔486〕。ちなみに、〈マンケプス〉という言い方は納税義務を負った者を指す呼び方として残ることとなった。この件については、あとでも立ちいって論じることにする〔1065〕。

560　ここからは同様にまた最初の英雄的植民も始まったのにちがいない。この植民たちをわたしたちは〈内陸〉植民と呼んで、あとにやってきた渡海植民と区別する（後者は、「公理」〔300〕で触れておいたように、海を渡って他の土地で生命を救われた逃亡者の一群である）。〈コローニー〉coloniという名前は、元来、〈日々の糧のために田畑を耕していた（今日でもそうであるが）日雇い農夫の群れ〉を指すものでしかなかったからである。この二種類の植民については、その来歴を二つの物語が語っている。すなわち、内陸植民のそれは有名なガリアのヘラクレスの話である。かれは、詩的黄金（すなわち麦）の鎖を口から吐き出して、その鎖でもって大勢の人間たちの耳を繋ぎ合わせ、好きなところへ引き連れていくのである〔1064〕。この話はこれまで雄弁のシンボルであると受けとられてきた。[1] しかし、この物語が生まれたのは、さきにも述べたように〔546〕、英雄たちがまだ言葉を分節化するすべを知らなかった時代のことなのであった。他方、渡海植民のそれは、英雄的なヘパイストスが平民的なアプロディテとアレスを網でもって海から引き上げたという話である[2]（英雄的と平民的の区別についてはのちに一般的な説明をおこなうつもりである〔579–581〕）。この二人は素裸で（すなわち、英雄たちがその光に照り映えていた高貴さの光〔533〕をまとうことなく）太陽神のもとにさらされたため、神々（すなわち、さきに説明したように〔437〕、英雄都市の貴族たち）に嘲り笑われたという（これは古代ローマの貴族たちが哀れな平民を嘲り笑っていたのと事情を同じくしている）。

561　そして最後に、避難所もここにその最初の起源をもっていたのだった。こうしてカドモスは避難所としてギリシアの最も古い都市であるテーバイを創設したのである。またテセウスは〈不幸な者たちの祭壇〉tempulm misericordiae の上にアテナイを創設したのである。[1] ちなみに、〈不幸な者たち〉というのは不敬虔な放浪者たちのことを指したものであって、適切な表現である。かれらには、人間社会が敬虔な者たちのために産出したいっさいの神的および人間的な財宝が欠けていたからである。さらに、ロムルスは森の中の焼き払われた場所に開かれた避難所としてローマを創建したのである。というよりはむしろ、新しい都市の創建者として、かれは、かれの仲間とともに、ラティウムの古代都市の発生基盤となっていた避難所を基礎にして、ローマを創建したのだった。この点にかんして、リウィウスは避難所を一般的に〈都市創建者たちの古き計らい〉であったと定義している。それゆえ、リウィウスは、自分と仲間たちはこの地の息子たちである、というロムルスの言をまちがって避難所に結びつけて考えているわけである〔106, 160, 532〕。それでも、避難所が都市の起源であったことを論証しているかぎりでは、リウィウスの言はわたしたちの目的に適っている。都市の永遠の特性はなにかと言えば、それは人間たちがそこでは暴力から安全に生命を守られて生活するということなのだ。このようにして、いたるところで敬虔な強者たちの土地に逃れてきて救われた不敬虔な放浪者たちから、ゼウス＝ユピテルには〈ホスピターリス〉hospitalis〔歓待者〕という感謝をこめた称号があたえられた。(2) こうしてできた避難所は世界の最初の〈ホスピティウム〉hospitium〔宿〕であり、そこに〈受けいれられた者〉は、のちに見るように、最初の都市の最初の〈ホスペス〉hospes〔客〕もしくは〈ホスピトゥス〉hospitus〔外来者〕であったのだ。このことについて、詩的ギリシア史はヘラクレスの多くの功業のうちでもとりわけつぎの二つを記録に残している。かれは怪物たち、外貌は人間であるが習性は獣であるような者たちを殺害しながら、世界中を歩いて回ったこと、アウゲイアス〔エリスの王〕の汚れきった厩舎を清掃したことが、(3) それである。

562　こうしてまた、詩的氏族(1)はさらに二つの神性をつくり出した。**アレス**〔マルス〕と**アプロディテ**〔ウェヌス〕である〔317〕。うち、アレスは、なによりもまずもっては〈祭壇と炉のために〉戦っていた英雄たちの詩的記号として。この戦いの運命はつねに英雄的なものであった。それは自然の援助に絶望した人類にとっての頼みの綱である自分の宗教のための戦いなのであった。ここから宗教上の戦争はこのうえなく血なまぐさいものとなるのである〔958〕。また、神の存在を信じない自由思想の持ち主たちでも、年をとると、自然の援助に不足を感じて、信心深くなるものである。このためにわたしたちはさきに宗教をこの学の第一の原理に採用したのだった〔333〕。つぎにはまたアレス〔マルス〕は、本物の戦場で本物の盾のもとで戦った。そして、その盾はローマ人によって〈クルエール〉cluer〔光り輝いている〕ということから最初は〈クルペウス〉clupeus と呼ばれ、のちには〈クリュペウス〉clypeus と呼ばれるようになったのだった〔533, 556〕。これはふたたび戻ってきた野蛮時代に牧場や立ち入り禁止の森が〈ディフェンサ〉difensa〔防護柵で囲まれた場所〕と呼ばれた(2)のと同じである。また、これらの盾には本物の武器が装填されていた。その武器は、当初はまだ鉄製の武器が存在しなかったので、木の先端を焼いただけの棒であったが、やがて傷つけるのに適したように先を丸くしたり尖らせたりする工夫がなされた。すなわち、〈単純槍〉hastae purae あるいは鉄を使っていない槍であって、これがローマの兵士たちには褒賞としてあたえられ、かれらはこれを携えて勇んで戦場に出かけていったのだった(3)。こうして、ギリシア人のもとでも、アテナやベロナやパラスは槍で武装しているのである〔590〕。またラティウムの人々のもとでは、〈クイリース〉quiris、〈槍〉からユノは〈ユーノー・クイリーナ〉Juno quirina、マルスは〈マルス・クイリーヌス〉Mars quirinus と呼ばれたのであり、ロムルスは生前槍の技に長けていたので、死後

〈クイリーヌス〉Quirinus と称されたのだった。そして〈ギリシアの英雄的国民であったスパルタ人も槍で武装していたように〉投げ槍で武装していたローマ人民は[4]、集会の場では、〈クイリーテース〉quirites と呼ばれたのである。しかしまた、ローマ史がわたしたちに語っているところによると、蛮族たちはいましがたわたしたちが述べたような原始的な槍で戦っていたとのことで、かれらのことを〈プラエウースタース・ステース〉praeustas sudes、〈先端を焼いた槍〉というように描写している[5]。アメリカの原住民たちもこれと同様の武装をしていたことが判明している）。また今日でも、貴族たちは、かつて戦場で実際に使っていた槍で武装して騎馬試合をおこなっている。こういった種類の武器は、柄を長くして、体と体のあいだの間隔をひろげ、できるだけ傷を負うことがないようにしようという、正しい防御観念から考案されたものであった。武器は、それが体に近ければ近いほど、それだけ野獣の使う武器に近いのだ。

563　死者を埋葬した田畑の土地が世界の最初の盾であったことをさきにわたしたちは見いだした〔529〕。こうして紋章学では今日においても盾が紋地でありつづけているのである。盾の色も、実物をありのままに表現した色であった。すなわち、黒はヘラクレスが火を放って焼いた土の色である〔540〕。——緑は葉っぱのころの麦の色である。——黄金色は誤って金属の金の色だと受けとられてきたが、実際には麦が乾いて黄色くなった穀物の色であった。そして、さきに述べたように〔544〕、これが第三の土の色だったのである。また、ローマ人は、戦闘で手柄をたてた兵士の盾に穀物を載せて、英雄的な軍功の褒賞とし、かれらの〈軍事的栄誉〉のことを〈アドーレア〉adorea と言っていたが、[1]これは〈アドル〉ador、すなわち、かれらの最初の食べ物であった〈焼いた小麦〉に由来する言葉であって、[2]古代ラティウムの人々は〈ウーロー〉uro、〈焼く〉から、〈アドゥール〉adur という言い方をしていたのである。だから、宗教的な時代の最初の〈アドラーレ〉adorare〔崇拝行為〕はおそらく穀物を焼くことだったのではないだろうか。――青はかれらの森の中の焼き払われた土地を覆う空の色であった（これが、さきに述べたように〔482〕、フランス人が〈青〉のことを〈ブルー〉bleu と言って、〈天〉と〈神〉を意味させていた理由である）。――赤は、英雄たちが自分たちの田畑に侵入してきたのを見つけて殺した不敬虔な盗賊たちの血の色であった〔549, 553〕。ふたたび戻ってきた野蛮時代に出現した貴族の紋章には、黒、緑、金、青、そして最後には赤の獅子が彫られていた。これらは、種播かれた田畑がのちに紋地に移行していったことから推察して、このことについてもさきに推理しておいたように〔540〕、ヘラクレスに打ち負かされた獅子の相貌のもとで見られた、そしていましがた列挙したような色合いをした、耕作された土地であるにちがいないのである。――そのうちのあるものは青と銀の二色模様をしているが、これは殺した大蛇の歯を溝に播いたら、そこから武装した人間が生まれてきたという、カドモスの溝にちがいない〔679〕。――またあるものには杭が彫られているが、これは最初の英雄たちがそれで武装した槍であるにちがいない。――また最後には熊手が彫られたものもあるが、これはまちがいなく村で使われていた道具である。これらのことからは、第一の野蛮時代についてはローマ人がわたしたちに確認させてくれるが、その第一の野蛮時代と同様に第二の野蛮時代にも、諸国民の最初の貴族たちは農業を営んでいた、と結論される。

564 古代人の盾は皮革で被われていた[1]。また、詩人たちによると、年老いた英雄たちも皮革を身にまとっていたという。すなわち、かれらが狩りで殺した野獣の皮である。これについてはパウサニアスにみごとな一節がある。ペラスゴスが〈革衣を考案した〉というのだ[2]（ちなみに、ペラスゴスはギリシアの太古の英雄で、この民族に〈ペラスゴイ〉という最初の名前をあたえた。このため、アポロドロスは、『神々の起源』のなかで、かれのことを〈アウトクトーン〉αὐτόχθων、〈大地の息子〉と呼んでいる[3]。一言で言えば、〈巨人〉である〔370〕）。また、第二の野蛮時代にも第一の野蛮時代と驚くべき対応関係が見られることにも、ダンテは昔の偉人について語って、かれらは〈革と骨とを〉身に着けていたと述べており[4]、ボッカッチョも、かれらは革でくるまれていた、と述べている[5]。貴族の紋章が革で被われていたのはこのことからやってきたのにちがいないのであって、貴族の紋章には頭と脚の皮を巻いて筒状にしたものを飾りに使うのがふさわしいのである。盾は丸く削られていたが、これはさきに述べたように〔550〕、森林を切り拓いて耕された土地が最初の〈オルビス・テルラエ〉orbis terrae〔地球・地領〉だったからである。ここから、ラティウムの人々の〈クリュペウス〉clypeus〔盾〉は、四角い〈スクートゥム〉scutum〔長い槍〉とは異なって、円形であったという特性が残ることとなったのだった。[6] 森の中の切り拓かれた場所・神苑が〈ルークス〉lucus と呼ばれたのには〈目〉という意味があったのも、同じ理由による。これは今日でも光が家の中に射しこんでくる窓が〈目〉と呼ばれているのと同じである。これが〈巨人はそれぞれ自分のルークスをもっていた〉という英雄語句の真の意味であった。ところが、その真の意味はやがて忘れ去られ、転意し、ついには堕落してしまった。こうして、ホメロスのところにその語句が届いたときには、それは偽りのものに転化してしまい、巨人はそれぞれ額に一眼をもつというように受けとられていたのである。これらの一眼の巨人たちとともにヘパイストス〔ウルカヌス〕が登場して、最初の鍛冶場――すなわち、ヘパイストスが火を放って、そこで最初の武器である先端を焼いて尖らせた棒杭を製造した森――で働くのである。そして、その武器の着想を押し広げて、ゼウスのために雷光を製造するのである。それというのも、ヘパイストスは森に火を放って天を見渡せるようにした。そして、その天からゼウスによって雷光が送られてくるようにしたからである。

565　人間にかんするこれら太古のことがらのあいだで生じたもうひとつの神性が**アプロディテ**という神性、すなわち、政治的な美を象徴した詩的記号であった。こうして〈ホネスタース〉honestasという言葉には〈高貴さ〉と〈美麗さ〉と〈徳〉という三つの意味がいまに残ることとなったのである。それというのも、これらの順序にしたがって、つぎのような三つの観念が生まれたにちがいないからである。すなわち、それは最初、英雄たちのものであった政治的な美しさのことであった。——その後、それは人間的な感覚のもとに落ちこんでくる自然的な美しさの意味になった。しかしまた、それは利発で理解力のある知性をもった人間に限られていた。そうした人間だけがある物体の部分を識別して全体へとうまく結合するすべを知っているからである。美とは本質的にこのように部分をうまく全体へと結合することによって成り立っているものなのだ。このため、農夫や汚らしい平民たちには美というものがほとんどまったくと言ってよいほど理解できないのである（文献学者たちの言うところによると、いまわたしたちが推理しているこの単純素朴で愚かな時代にあって、王はかれらの身体の見た目の良さによって選出されていたとのことであるが、このような文献学者たちの見解がまちがっていることをこのことは証明している）。——そして最後に、〈ホネスタース〉と呼ばれる徳の美しさを意味するようになったのだった。これは哲学者によってのみ理解される美である。したがって、政治的な美しさをこそアポロンやディオニュソスやガニュメデスやベレロポンやテセウスは他の英雄たちとともに所有していたにちがいないのであって、こうしてまたおそらくアプロディテは男性であると想像されていたのだった[1]。

566　政治的な美の観念が神学詩人たちの頭の中に生まれたのは、かれらの土地に逃げこんできた不敬虔な者たちが外貌は人間だが習性は野獣であるのを見たからにちがいない〔688〕。ギリシアの英雄であったスパルタ人は、醜い不恰好な嬰児たち、すなわち、貴族の女性から生まれたが厳粛な婚姻の儀式を挙げることなく孕まれた嬰児たちをタイゲトス山から投げ落としたという。そのときかれらが願望していたのは、このような美にほかならなかったのである。また、十二表法がテーヴェレ河に投げこむよう命じていた〈怪物〉というのも、そのようにして生まれた嬰児のことであったにちがいないのだった〔410〕。なぜなら、最初の国家にはまだ法律がごくわずかしか存在しなかったなかにあって、十人委員たちが自然界の怪物のことを考えていたなどということはおよそありそうもないからである。自然界の怪物はごくまれにしか存在しない。このため、自然界においてまれにしか存在しないものは〈怪物〉と言われているほどなのだ。それに、わずらわしいほど法律がふんだんに存在している今日にあっても、立法者たちは、まれにしか発生しない訴件は裁判官たちの自由裁量に任せている。だから、ここで言われている怪物というのは、なによりもまず本来的には、〈政治的〉怪物のことであったにちがいないのだった（若い娘フィルメーナが妊娠したのではないかと疑ったパンフィルスが〈……どこかの怪物が仕込みおったか〉と言ったとき[1]、かれが考えていたのもこの種の〈政治的〉怪物であった）。そして、ローマ法のなかではそのように〈怪物〉と呼ばれつづけているのであって、アントワーヌ・ファーヴルが『パピニアヌス法学の知識』のなかで指摘しているように[2]、ローマ法の表現の仕方は事物の本質をありのままに語って適切このうえないものであったのだ。このことについては、別の目的からであるが、さきにも指摘しておいたとおりである〔410〕。

567 リウィウスが、善意からではあるが、その善意におとらず、自分の書いているローマの古代についての無知でもって、つぎのように述べるとき、かれが心に想い浮かべていたのは、きっとこういうことであったにちがいない。すなわち、貴族が平民と結婚したなら、〈自己矛盾した〉子、いいかえれば〈二つの性質が混ざり合った怪物〉が生まれるだろう、というのである[1]。一方は、貴族の英雄的な性質であり、他方は〈野獣の仕方で結婚をおこなう〉平民の野獣的な性質である。この〈野獣の仕方で結婚をおこなう〉という句をリウィウスは古代のさる年代記作家から採ってきているのだが、これを〈もし貴族が平民と姻戚関係を結んだならば〉そうなるだろうという意味にとっているところをみると、本当の意味がわからずに用いたもののようである。

なぜなら、平民は、当時は奴隷さながらの惨めな状態にあって、貴族と結婚するなどというようなことは毛頭要求できなかったからである。平民が求めていたのは、厳粛な式を執りおこなって婚姻関係を結ぶ権利であった（これが〈コンヌービウム〉の意味なのだ）。この権利は、当時は貴族のみのものであった〔598〕。しかし、野獣でも、他の種と交合するものはいない。だから、こう言わねばならない。〈野獣の仕方で結婚をおこなう〉という句は、英雄的闘争のなかで貴族が平民を嘲ろうとして用いたものであった、と。平民には厳粛な儀式によって結婚を正当化する公的な前兆を受けとることが許されていなかったので、だれひとりとして父であると確認されることがなかった（こうしてまたローマ法では〈婚姻が父親を証明する〉という周知の定義[2]が残ることとなったのだった）。そこで、このような不確かさをとらえて、平民は貴族から、母親や娘と野獣のように交わる、と言われたのだった。

568　ところで、平民的アプロディテには鳩が付き従っていた。これは情熱的な愛を指し示すためではなくて、ホラティウスが定義しているように[1]、鳩は鷲と比較して〈賤しきもの〉degeneres、低俗な鳥であるからである（ホラティウスは鷲を〈猛きもの〉feroces と定義している）。こうしてまた、平民の受けとる前兆は私的ないしは小さな前兆であって、鷲と雷光のあたえる前兆とは異なるということを指し示そうとしていたのである。鷲と雷光のあたえる前兆は貴族のものであって、これをウァッロとメッサラは〈より大きな前兆〉または〈公的な前兆〉と言っていた。[2] ローマ史がはっきりと確証しているように、貴族の英雄法はすべて後者の前兆に依拠していたのだった。その一方で、〈花嫁の介添人〉pronuba である英雄的アプロディテには白鳥が付き従っていた。白鳥はまた、さきに貴族の神であることを見たアポロン〔533〕の鳥でもあって、さきに説明しておいたように〔512〕、そのうちの一羽の前兆によってレダはゼウスの卵を懐胎するのである。

569　さきに述べたように〔512〕、花嫁の介添人〔英雄的アプロディテ〕のほうは帯で覆われていたのにたいして、平民的アプロディテは裸体で描かれていた。このことからも、これら詩的古代のことどもについての後世の観念がどれほど歪曲されてしまったものであるかがわかろうというものである。本当を言えば自然的な羞恥心、あるいは平民のあいだで自然的な義務が遵守されていたさいの手立てとなっていた律儀な信仰心を指し示すために考案されたものが、のちには欲情を刺激するためにつくり出されたものと信じられるようになってしまったのだ。というのも、すこしあとで「詩的政治学」のなかでも見るように〔597〕、英雄都市においては、平民はなんら市民権にあずかることはなかったのであり、遂行を必要とされるようななんらかの市民法のきずなによって結ばれた義務関係を互いのあいだで契約してもいなかったからである。こうしてまた平民的アプロディテには同じく裸のカリス（グラーティア）たち〔優美の三女神〕が付き従わされたのだった。[1]そしてラテン語では〈カウサ〉causaと〈グラーティア〉gratiaとは同じものを意味している。[2]だから、詩人たちにとっては、カリスは自然的な義務のみを生み出す〈裸の約束〉を意味していたにちがいないのである。またのちに中世の註釈者たちによって〈着衣の約束〉と言われるようになった約束を[3]ローマの法学者たちは〈パクター・スティプラーター〉pacta stipulata〔問答行為による約束によって〕と言っていた。なぜなら、裸の約束は問答行為によらない約束であると考えられるからであって、それゆえ、〈スティプラーティオー〉stipulatio〔問答行為〕という語は〈約束を守るように〉という強制的な意味をもつ〈スティーペス〉stipes〔棒杭〕から出てきたものではなくて（これが語源なら、〈スティパーティオー〉stipatioと言われてしかるべきだったはずである）、〈スティプラ〉stipula〔葉鞘〕から出てきたものであったにちがいないのである。[4]こちらはラティウムの農民たちに〈穀物を包んでいる衣〉という意味でそう呼ばれていたのだった。一方、〈着衣の約束〉というのは、当初封建法学者たちによって、封土の〈インウェスティートゥーラ〉investitura〔授与。〈衣を着せる〉の意〕という言い方が出てきたのと語源を同じくしたところからそう言われていたのだった。また同じ語源から〈地位を剝奪する〉という意味の〈エクスフェストゥカーレ〉exfestucareという言葉も生じたのだった〔〈フェーストゥーカ〉festucaは〈藁〉の意〕。[5]以上のことからして、英雄都市の平民によって結ばれていた契約をめぐっての〈カウサ〉〔訴訟〕と〈グラーティア〉とはラティウムの詩人たちからは同じものであると理解されていたものと考えられるのである。同様に、その後、ウルピアヌスが〈人間的な〉という語を付け加えている〈氏族の自然法〉〔990〕の契約が導入されると、そこでは〈カウサ〉〔訴訟〕と〈ネゴーティウム〉negotium〔金銭取引〕とは同じものを意味するようになった。というのも、こういう種類の契約にあっては、金銭取引というのはほとんどつねに〈カウサ〉〔訴訟ないしは法律問題〕であり、あるいはまた約束を担保する約定として役立つ〈カウィッサ〉ないしは〈カウテーラ〉〔保証〕であるからである〔1072〕。

［第3章］　たんなる合意によってのみ成立する契約についての系

570　英雄的諸民族は生きていくのに必要なものだけにしか心を使わなかった。また、かれらが採集していたものといえば、天然の果実だけで、いまだ貨幣が有益であることを理解するにいたっていなかった。そして、言ってみれば、すべてが肉体の塊であった。したがって、このような英雄的諸民族の太古の法には、今日合意のみによって成立すると言われている契約のことなど知られるよしもなかった。さらにはまた、かれらはこのうえなく粗野であったので、なにごとにも疑い深かった。というのも、粗野は無知から生まれるからであり、無知な者はつねに疑うというのが人間的な自然本性の特性であるからである。このようなわけで、かれらは誠意を信用するということを知らず、債権債務関係についてはすべて実際の手で、もしくは手に見立てたものでもって確かめていた。そのうえ、この手による引き渡しは、取引行為においては、厳粛な契約を締結することによって確かなものにされた。ここから、十二表法のなかの〈もし拘束行為 nexum および握取行為 mancipatio をなす者が言葉でおごそかに言明したならば、それはそのまま法としての拘束力を有するものとなるようにすべし〉という有名な条項ができあがったのである〔433, 1031〕。人間にかんする政治的なことがらのこのようなあり方から、以下の真理が出てくる。(1)

一

571　太古の売買は物々交換であったと言われている。しかしながら、不動産の場合には、その交換はふたたび戻ってきた野蛮時代に〈リベルス〉libellus〔借地契約〕と呼ばれていたような種類のものであったにちがいない。このような交換のあり方が有益なものであったことは、ある者の領地では果物がいっぱいとれるが、他の者の領地ではわずかしかとれなかったりする、等々のことからわかる〔1071〕。

二

572　家の貸借は、都市が小さくて住民の数が限られていたときには、おこなうことができなかった。だから、地主は他人に土地をあたえて家が建てられるようにしなければならなかった。こうして、ありえた唯一の賃料は地代でしかなかった。

三

573　土地貸借は、ラティウムの人々が〈クリエンテーラ〉と呼んでいた永代借地契約によるものであったにちがいない。このため、文法学者たちは〈クリエンテース〉clientes〔被保護民〕というのは〈コレンテース〉colentes〔耕作者〕とほぼ同義であったのではないかと推測したのだった[1]。

四

574 だから、このことが、ふたたび戻ってきた野蛮時代の古文書には、家や所領地の永代もしくは一時的な賃料以外の契約が見あたらない理由であるにちがいない。

五

575 このことがおそらくはまた、永代借地契約が〈市民法〉上の契約であることの理由なのだ。そして、この〈市民法〉は、本学の原理によって、〈ローマ英雄法〉と同じものであることが見いだされるだろう。これにウルピアヌスは〈人間的な氏族の自然法〉を対置させたのだったが〔569〕、その場合かれが〈人間的な〉と称したのはかつて存在していた野蛮的な氏族の法との対比においてであった。もっとも、その野蛮的な氏族の法というのはかれの時代にローマ帝国領の外に存在していた野蛮な民族〔蛮族〕の法のことではなかった。そのような領外の者たちの法はローマの法学者たちにとってなんらの重要性ももたなかったのである。

六

576 ホメロスが、ポリュペモスがオデュッセウスにした話のなかでわたしたちに聞かせているように〔516〕、それぞれの家父長がただ自分のことだけに気を配って、他人のことにはまったく無関心であったキュクロプス的習俗のもとでは、同盟関係は知られていなかった。

七

577 また同じ理由で委任権も知られていなかった。このため、古い市民法には〈なんぴとも本人以外の者から受けとることはできない〉という規則が残っているのである[1]。

八

578 しかし、英雄的な氏族の法が人間的な氏族の法とウルピアヌスの定義するものに継承されていくとともに、事態には一大変化が生じた。たとえば売買は、昔なら契約を締結するさいに〈ドゥプラ〉dupla〔倍額補償〕の取り決めがなければ追奪〔追い立て〕は成立しなかったものが、今日では〈誠意にもとづく〉bona fide と呼ばれる契約が契約の女王であって[1]、あらかじめの取り決めがなくても当然追奪されてしかるべきであると見なされるようになっているのである[2]。

［第4章］　神話学の規準

579　さて、ヘパイストス、アレス、アプロディテという三つの詩的記号に戻るとして、ここで注意すべきなのは、これら三つの記号は英雄を指し示す神的な記号であったと同時に、他方では平民を指し示す記号でもあったということである（そしてこの注意事項はわたしたちの神話学のひとつの重要な規準であると考えられなければならない）。じっさいにも、ヘパイストスは、ゼウスの頭を斧でたたき割って、そこからアテナが生まれるのである[1]。また、ゼウスとヘラの争いの仲裁に入ろうとして、ゼウスに足をつかまれて空から投げ落とされ、そのためにびっこになってしまっている。[2]――アレスは、ホメロスによると、ゼウスから〈神々のうちで一番の卑怯者〉と激しく非難されたという。[3] またアテナは、同じくホメロスによると、神々の争いの最中に、アレスを石でなぐって傷つけたという[4]（このことはヘパイストスやアレスが戦争で英雄たちの下僕をつとめる平民であったことを指し示している）。――そして（平民の自然の妻であったにちがいない）アプロディテは、やはり平民的なアレスと、二人して英雄的ヘパイストスに網で掬いとられ、裸のまま太陽神の前に曝されて、他の神々から嘲笑されている〔560〕。こうしてまたアプロディテは、後世誤ってヘパイストスの妻であると信じられるようになったのだった。しかし、さきに見たように、天上で正式に結婚したのはゼウスとヘラ以外にはいなかったのであり、しかも、そのかれらには子供は生まれなかった〔80, 511〕。また、アレスはアプロディテの〈姦夫〉ではなくて〈コンクビーヌス〉concubinus〔妾もち・内縁の夫〕であったと言われている。[5] というのも、平民同士のあいだには自然婚しか存在しなかったからである〔597〕。のちに明らかにするように〔683〕、これをラティウムの人々は〈コンクビウム〉concubium〔内縁関係〕と称していたのだった。[6]

580　ここで説明したこれら三つの詩的記号と同じように、他の詩的記号についても、のちにそれぞれの場所で説明されるだろう。たとえば、背伸びしてもりんごに届かず、身をかがめても水に触れることのできない平民的タンタロス〔583〕。触るものはすべて金に変わってしまうので飢えて死んでしまう平民的ミダス〔649〕。アポロンと歌を競って敗れ、殺されてしまう平民的リノス〔647〕。

581　これらの二重の物語、あるいは二重の詩的記号も、さきに述べたように〔559〕、平民が名前をもたず、英雄たちの名前を借りていた英雄国家においては、必然的なものであったにちがいないのだった。そのうえ、太古の時代には、言葉も極端に貧困であったにちがいない。言葉が氾濫している今日でさえ、同一の語彙がしばしば互いに異なった、そして時には正反対の二つのことがらを表わすこともあるのだから。

〔訳註〕

＊この訳註の作成にあたっては、とくに人名や出典の表記にかんして、Fausto Nicolini, *Commento storico alla Seconda Scienza Nuova*（Ristampa anastatica dell'edizione 1949: Roma, Edizioni di Storia e Letteratura, 1978）およびGiambattista Vico, *Opere*, a cura di Andrea Battistini（Milano, Mondadori, 1990）の註記から得るところがあった。

＊今回の翻訳で底本として併用したファウスト・ニコリーニの校訂になる *La Scienza nuova seconda*（Quarta edizione riveduta e arricchita di postille inedite d'un discepolo: Bari, Gius. Laterza & figli, 1953）には、一七三〇年、一七三一年、一七三三年に準備されながら、一七四四年に出版された最終版では削除されるか実質的に変更された原稿が付録として収められている。うち、内容上とくに重要と判断されたものにかんしては、以下の訳註のなかで紹介してある。

1（1）テーバイのケベスは、紀元前四世紀の哲学者で、ピュタゴラス派のピロラオスの弟子。プラトンの対話篇『パイドン』に、ソクラテスの対話者として登場する。その人物のものであるとされてきた（ただし、今日では、別人のものであると判定されている）著作『ピナクス』では、クロノスの神殿の門前にかかげられていたという、人間の生涯を寓意的に表現した図板（ピナクス）をめぐって、ソクラテスふうの対話が展開されている。同著については、一六二七年、サルザーナのイエズス会士、アゴスティーノ・マスカルディ Agostino Mascardi（一五九〇—一六四〇）がギリシア語からのイタリア語訳に詳しい註解を付して、『テーバイのケベスの図板にかんする道徳論議』*Discorsi morali su la Tavola di Cebete tebano* という題で出版している。

2（1）「摂理の顔をした神」の原語は Iddio con l'aspetto della sua provvedenza である。「摂理」は「先見・先を見通す」の意。

（2）「人間の知性たちの世界」の原語は il mondo delle menti umane である。

（3）「国家制度的世界または諸国民の世界」の原語は il mondo civile, o sia il mondo delle nazioni である。

（4）「人間の精神たちの世界」の原語は il mondo degli animi umani である。「精神（animo）」は「意志力（volontà）」の意。〔364〕を見られたい。

（5）「神の摂理についての悟性的に推理された国家神学」の原語は una teologia civile ragionata della provvedenza divina である。

3（1）「政治の英雄たちを象徴する〔詩的〕記号」の原語は il carattere degli eroi politici である。「詩的記号（il carattere poetico）」については、〔34〕および〔209〕を見られたい。

4（1）「物語〔神話伝説〕」の原語は favola である。

6（1）「分別力」の原語は ragione である。

（2）「詩的知恵」の原語は sapienza poetica である。ヴィーコにおいては、この語は、一方では、悟性的判断力以前のところで感覚と想像力によって営まれる認識の行為を指していわれ、他方では、いまだ文明が開化する以前の段階にある野蛮な原始の社会の心性を指していわれる。しかし、両者の意味はしばしば融合ないし混同されて用いられている。

（3）「神学詩人たち」の原語は poeti teologi である。この言葉の使用例はアウグスティヌス『神の国』一八・一四にまでさかのぼる。

（4）『新しい学』一七二五年版の第三巻第二一章「ホメロスの知恵と神的な技法について」を見られたい。「ホメロスには、かれの生きていた英雄時代の気風にふさわしい、国家的知恵以外の知恵は認められない。〔中略〕また、ギリシアの英雄語の時代において活動していたという幸運と結びついた、生まれつきの良さ以外の技法も認められない。それというのも、この点でもプラトンにならってプルタルコスがかれのうちに見ている深遠な知恵なるものも、批評家たちがかれのうちに見いだしている詩の技法なるものも、〔中略〕両者ともに、人間的な観念のたどる流れとも、哲学者たちと詩人たちのたどってきた確実な歴史とも、矛盾していることが明らかになるからである」。

（5）「物語〔神話伝説〕時代」の原語は il tempo favoloso である。

（6）「暗闇時代」の原語は il tempo oscuro である。

（7）「歴史時代」の原語は il tempo storico である。

（8）マルクス・テレンティウス・ウァッロ（前一一六―前二七）は古代ローマの学者。諸民族とその習俗や宗教にかんする知識を集成した『神と人間にかんすることがら〔の古事記〕』全四一巻をはじめ、かれの著した膨大な量の著作の大半は失われてしまって、現在は残っていないが、同書についてはアウグスティヌスの『神の国』などをつうじて消息をうかがうことができる。

7（1）「新しい批判術」の原語は una nuova arte critica である。

（2）「文献学」の原語は filologia である。

（3）「人間の選択意志」の原語は umano arbitrio である。

（4）「永遠の理念的な歴史」の原語は una storia ideal eterna である。

（5）「知識の形式」の原語は forma di scienza である。ちなみに、ヴィーコが〈新しい学〉という言葉を最初に口にしたのは、『普遍法』の第二巻『法律家の一貫性』のなかで、文献学の改革を提唱したときであった。同書の後半部「文献学の一貫性」には第一章の見出しに「新しい学がこころみられる（Nova scientia tentatur）」とあったうえで、「文献学を知識の形式にまで引き戻すこと（redigere philologiam in scientiae formam）」がキリスト教哲学者の任務であると主張されている。

（6）「権威の哲学」の原語は una filosofia dell'autorità である。

12（1）「D.M.」という文字は、口絵による著作の観念の表示という工夫が最初になされた一七三〇年版ではたしかに刻まれていたが、一七四四年版の口絵では落ちてしまっている。

13（1）「野獣的放浪」の原語は un errore o sia divagamento ferino である。

14（1）「哲学者たちの深遠な知恵」の原語は sapienza riposta de' filosofi である。

（2）「立法者たちの通俗的な知恵」の原語は sapienza volgare de' legislatori である。

17（1）リウィウス『ローマ史』一・八・五。

18（1）原稿段階では、このパラグラフにはつぎのような文章が続いていた。「この秩序は、一部の人々には、永遠のものではないと見えるかもしれない。知性が永遠のものであるのはそれが道理と正義と真理を使用するときであるが、国家においてはしばしば欺瞞とわがままと暴力が支配しているからである。そうだとすれば、これにたいしてわたしたちはつぎのように答えよう。指揮する者たちがこの自然的秩序の永遠の必要によって余儀なくされて知性に背き、統治を賢者と強者の手にゆだねてしまっているような、動揺し混乱した国家がどうなるかを実験してみよう。そうすれば、そのような国家は、原理〔起源〕を見るすべがなかったり、ふたたび見つけだすことができなかったりした場合には、かならずやより優れた知性をもっているような民族と国民に隷属するにいたるだろう、と。したがって、世界はつねにより強い知性（つまりは真理）とより多くの政治的徳をもっている民族のものであったというのが真実なのである。じっさいにも、ローマ世界は蛮族によって解体され蹂躙されたときにはすでに卑劣な行為のかずかずに満ち、ありとあらゆる欺瞞的な悪徳によって汚されていたのであって、世界がつねにより強い肉体と武器をもっている者たちのものであったというのは虚偽であって、蛮族のほうが比較にならないほど高邁であったのだ。蛮族のほうがローマ人よりも純真さと真実性において勝っていたからである」。

19（1）「自然的英雄主義」の原語は natural eroismo である。〔553〕等に出てくる「生まれの英雄主義」eroismo di natura に同じ。

20（1）「ピエル・クネオ」とあるのは、オランダ人ペーテル・ファン・デア・クーン Peter van der Kuhn（一五八六―一六三八）のラテン名ペトルス・クナエウス Petrus Cunaeus のこと。かれの『ヘブライ人の国家』*De republica hebraeorum* は一六七四年に出版されている。

（2）「英雄法に起因する渡海植民」の原語は colonie eroiche oltramarine である。

21（1）タキトゥス『年代記』一一・一四・四。

24（1）口絵は、ヴィーコ自身の指示にもとづいて、画家のドメニコ・アントニオ・ヴァッカーロ Domenico Antonio Vaccaro（一六七八―一七四五）が描いている。

25（1）「卓越的所有権」の原語は dominio eminente である。

（2）「最近の野蛮時代」とあるのは、中世のことである。

（3）セルウィウス・トゥリウスは、ローマの第六代目の王（在位は前五七八—五三五年）であったと伝えられる人物。

26（1）「英雄法に起因する内陸植民」の原語は colonie eroiche mediterranee である。mediterraneo は「内陸の」の意。

（2）タルクイニウス・スペルブスは、ローマの第七代目にして最後の王（在位前五三四—前五〇九）であったと伝えられている。

（3）ルキウス・ユニウス・ブルートゥスは、タルクイニウス・スペルブスの従兄弟。紀元前五〇九年、王のタルクイニウス・スペルブスをローマから追放して、王の甥にあたるルキウス・タルクイニウス・コラティヌスの妻ルクレティアが王の息子セストゥスによって凌辱された事件に復讐。共和政体を樹立して、コラティヌスとともに最初の執政官になったと伝えられている。

（4）「ルクレティアの事件」については、前註を見られたい。

（5）プブリリウス法については〔104〕を見られたい。

（6）ポエテリウス法については〔115〕を見られたい。

（7）『普遍法』第二巻『法律家の一貫性』の後半部「文献学の一貫性」第三六章「十二表法にはアッティカ法からなにが輸入されたのか」および第三七章「十二表法ではなにがなされたのか」を見られたい。

27（1）「外的正義」とは、ことがらの道理ないしは真理にもとづく「内的正義」とは区別されて、権威のあたえる確実性（certezza）に依拠した正義のあり方をいう。〔137〕を見られたい。

28（1）『新しい学』一七二五年版の第三巻第二九—三〇章を見られたい。

29（1）「人間たちの政治」の原語は governi umani である。

（2）「自然的な王法」の原語は legge regia naturale である。

（3）『普遍法』第一巻『普遍法の単一の原理と単一の目的』第一六〇章「王法について」を見られたい。

（4） タキトゥス『年代記』四・三三・一。

30（1） 「ふたたび戻ってきた野蛮時代」の原語は tempi barbari ritornati である。これは、さきにも見たように「最近の野蛮時代」とも称されており、中世を指す。

32（1） 「象形語」の原語は lingua geroglifica である。

（2） 「象徴語」の原語は lingua simbolica である。

（3） 「書簡語」の原語は lingua pistolare である。

33（1） 『新しい学』一七二五年版の第三巻第三八章「ラテン語およびそれを手本にした他のすべての言語の真の原因の発見」を見られたい。

34（1） 「想像的な類」の原語は genere fantastico である。

（2） 「叡智的な類」の原語は genere intelligibile である。

（3） イアンボス詩については〔233〕の註（1）を見られたい。

35（1） 「知性の内なる語彙集」の原語は vocabolario mentale である。「知性の内なる辞書」dizionario mentale とも呼ばれる。

（2） 『新しい学』一七二五年版の第三巻第四三章「諸国民すべてに共通の知性の内なる語の辞書という観念」を見られたい。

38（1） リウィウス『ローマ史』九・一六・一九。

（2） アウグスティヌスの『神の国』には、明示的には、この種の記述はない。第二巻第一八章に言及したものか。〔668〕には、同個所でアウグスティヌスが引いているサルスティウスの述言に依拠した旨の記述がある。

39（1） 「自然的衡平」の原語は equità naturale である。〔324-326〕を参照。

（2） 法務官（praetor）によって発布される告示（edictum）は、訴訟方式にかんして、現実の要請に対応した、新たな、つまりは十二表法の規定の変更を意味する一般的規定を含んでいる場合が多かった。

（3） サルウィウス・ユリアヌス（一〇〇頃―一六九）はローマの法学者。一三〇年、ハドリアヌス帝の命で、それまでに発布されてきた法務官らによる告示を整理しなおして、『永久告示録』に固定化する。以来、それは皇帝によってのみ変更可能なものとなった。

42（1）原稿段階では、このパラグラフには、「読者よ、この神的な口絵の美しさは、いまここで提供するまったく正反対の口絵の醜さがあなたに引き起こすにちがいない恐怖から容易に理解されるだろう」として、頭の翼を地球儀に釘付けにし、左手に財嚢、右手に秤をもった形而上学像や、ひっくり返った祭壇等が描かれたうえで、「情け深い読者」に「情け深さをもって判断してほしい」として、つぎのような文章が続いていた。「きっとご存じのこととおもうが、すべての人々から批評家の第一人者として崇められていたディオニュシオス・ロンギノスは、崇高な演説をおこなうためには、名声が永遠であることを期する必要があるという、このうえなく有益な忠告を弁論家たちにあたえた。そして、そのための二つの実践法を提示した。この実践法をわたしたちは雄弁の領域からあらゆる学の領域にまで高めあげて、この著作を思索するにあたっては、つねに目の前に置いてきた。第一の実践法は、わたしが思索しているこれらのことがらをプラトンやウァッロやクイントゥス・ムキウス・スカエウォッラならどう受けとめるだろうか、ということであった。第二の実践法は、わたしが書いているこれらのことがらを後世の人たちはどう受けとめるだろうか、ということであった。さらには、わたしはあなたのことを評価しなければならないので、そのわたしの評価が正しいかどうかを判定してくれる裁判官として、時代、国民、言語、習俗、知の様式と趣味がどれほど変化してもまったく信用が失墜することのないような人々をあらかじめ指定しておいた。第一は神的な哲学者、第二はローマ人のうちでも最も学識ゆたかな文献学者、第三はこのうえなく賢明な法学者である。〔……〕」。

そして、最後に、「この学から利益を得たいと欲している何人かの若者たち」への忠告であるとして、つぎの七点が提示されていた。

「一――まずもって、この学がおこなう作業はまったく形而上学的で観念において抽象的なものである。したがって、あなたがこの学を読むさいには、いっさいの肉体的なもの、およびそれからわたしたちの純粋知性にやってくるいっさいのものをぬぐい去る必要がある。ひいては、しばらくのあいだ、想像力を眠らせ、記憶力をまどろませておく必要がある。なぜなら、もしこれらの能力が目覚めていたなら、知性はいっさいの個別的な形式をもたない純粋な理解力の状態に引き戻されることはできないからである。こうして、あなたはこの学の形式にまで導かれることはついになく、〔この学の言おうとしていることが〕わからない、と誤って判断してしまうだろう」。

「二――この学の推理は厳密な幾何学的方法をとってなされる。そして、真理から直接それに続く真理へと順次移行していき、このような手続きを経て結論へといたる。したがって、あなたには、幾何学的推理の習性を身につけている必要がある。そして、これらの諸巻を行きあたりばったりに開いて読んだり、途中を飛ばして読んだりしてはならないのであって、最初から最後まで順を追って読んでいかなければならない。また、前提が真実でよく整序されているかどうかに注意を払うべきであって、ほとんどすべての結論が驚くべきものであっても驚いてはならない（これは幾何学においてはしばしば起こることである。たとえば、無限に接近はしていくが、けっして触れあうことはない、二本の平行線の場合がそうである）。なぜなら、結果は想像力によって混乱させられていても、前提は純粋な抽象的理性にしっかりと繋留されているからである」。

「三――この学は、博学という偉大で多彩なひとつの学説からすでにあなたによって知られているもろもろの真理が採られているものと想定する。そして、これをこの学の命題をつくるための条件として利用する。だから、もしあなたがこれらのことすべてについて十分な知識をそなえていないなら、この学を受けいれようとする最終的な意向があってもそのための原理を欠いていることに注意されたい」。

「四――このような装備一式以外にも、あなたには包括的な知性が必要となる。なぜなら、この学によって推理されることがらのうちで、それがあつかう他の種類の他の無数のことがらと合致せず、個々別々にそのそれぞれと、また全体としてその総体と適合することのないようなものはないからである。そして、もっぱらこのことのうちに完成された学の美しさのすべては存在しているのである。それゆえ、もしあなたがこの著作を読むにあたってこれやさきに述べた援助、さらにはその両者を欠いているなら、あなたには、難聴者がクラヴィチェンバロのよく聞こえる一つか二つの不快な弦の音だけを聞いて、音楽の名人の手によって触れられると甘美で心地よい調和をつくりだす他の弦の音を聞くことができないでいるのと同じことが起きるだろう」。

「五――この学が含んでいるすべての発見は、ここで論じられていることがらについてこれまでにもたれてきた意見とは大部分が相違しており、多くはまったく正反対のものである。だから、あなたには、知性を鋭敏にして、この学がいたるところでふりまく多量の新しい光によって目をくらませることのないようにする必要がある」。

「六――さらに、この学はまったく新しい種類の観念を展開している。そこで、あなたにはお願いだから、この著作を少なくとも三回読むことによってそれらの観念に馴染むよう心がけていただきたい」。

「七――最後に、拡大するにつれて弱まっていくもろもろの証明の活力の源をあなたに感じとってもらうために、ここでは少ししか述べることはしておらず、多くをあなたの思考にゆだねている。だから、あなたには、ことがらをさらに深く分け入って思索し、また、順次結び合わせて、いっそう広い拡がりのもとで眺めてみることが必要とされる。あなたはそれだけの能力を獲得しているものともうからである」。

ちなみに、「ディオニュシオス・ロンギノス」というのは『崇高論』を著したことで知られる修辞学者である。『崇高論』の著者については、十九世紀になってから、紀元前一世紀のハリカルナッソスのディオニュシオスなのか、それとも紀元三世紀のカッシオス・ロンギノスなのかという議論が持ちあがった。そして、ながらく後者であろうとされてきたが、今日では紀元一世紀の別の氏名不詳の修辞学者であったことが判明している。しかし、その写本を発見したイタリアの文献学者フランチェスコ・ロボルテッロ Francesco Robortello（一五一六―一五六七）によって一五五四年に出版されたときには、それは「ディオニュシオス・ロンギノス」なる著者名を付して出版されていた。そして、ヴィーコの時代にはなおもその名で通っていたようである。

44（1） ジョン・マーシャム John Marsham（一六〇二―一六八三）はイギリスの騎士。『エジプト、ヘブライ、ギリシア年代記の規準ならびにもろもろの吟味』*Canon chronicus aegyptiacus, hebraicus, graecus et disquisitiones* は、一六七二年、ロンドンで出版された。
（2） ジョン・スペンサー John Spencer（一六三〇―一六九五）はイギリスの神学者。『ウリムとトゥミムにかんする論考』*Dissertatio de Urim et Tummim* は、一六七〇年（つまりは、ヴィーコが指摘しているようにマーシャムの著書のあとではなく、それよりもさきに）、ケンブリッジで出版された。
（3） オットー・ファン・ヘールン Otto van Heurn（一五七七―一六四八）はオランダの神学者。『野蛮哲学の古事記』*Antiquitatem philosophiae barbaricae libri duo* は、これまたヴィーコが想定しているのとは異なって、マーシャムの著書よりもさらに古く、一六〇〇年にライデンで出版されている。
（4） ヘルマン・ウィッツ Hermann Wits（一六三六―一七〇八）はオランダの神学者。『エジプト学、もしくはヘブライ人のそれとの比較におけるエジプト人の神事について』*Aegyptiaca, sive de aegyptiacorum sacrorum cum hebraicis collatione* は、一六八三年、アムステルダムで出版されている。
（5） ディオン・カッシオス（一五五頃―二三〇頃）はギリシアの歴史家。アイネイアスのイタリア到着から二二九年までの『ローマ史』全八〇巻がある。
（6） タキトゥス『年代記』二・六〇。
45（1） アレクサンドレイアのクレメンス『雑纂』四・四。アレクサンドレイアのクレメンス（一五〇頃―二一五頃）はギリシアの著作家。キリスト教会の教父の一人で、プラトン哲学およびストア哲学とキリスト教との融合をこころみた。
（2） ストラボン『地誌』一七・一・二九。ストラボン（前六〇―後二〇）はギリシアの歴史家・地理学者。
（3） ガレノスには『ヘルメス医学』と題された著作は存在しない。ただし、『混合論』の第六巻の序文には、エジプトの錬金術的医学についての皮肉めいた言及がみられる。
46（1） キュノサルゲスはアテナイの郊外に生粋のアテナイ人以外の者たち用に設置されていたギムナジウ

ム。

（2）マネトー（前三世紀頃）はエジプトの著作家。ギリシア語で起源から前三二三年までの『エジプト誌』を書いた。

47（1）タキトゥスには該当個所は見あたらない。

（2）タキトゥス『年代記』二・六〇・三。ただし、「エジプトのゼウス、アンモン」についての言及はない。

（3）ディオドロス・シクルス（前八〇—二〇）はシチリアに生まれたギリシアの歴史家。かれの遺した『ビブリオテケ』一・二三では、ヴィーコが主張しているのとは反対に、エジプト人に二万三千年にまでさかのぼる古さがあたえられている。

（4）ジャック・カペル Jacques Cappel（一五七〇—一六二四）はフランスのヘブライ学者・神学者。『アダムからアウグストゥスまでの神聖かつエキゾティックな歴史』*Historia sacra et exotica ab Adamo usque ad Augustum* は、一六一三年、セダンで出版された。

（5）クセノポン（前四三〇頃—前三五四頃）はギリシアの歴史家。ペルシアの王、大キュロス（前六〇〇頃—前五二九）についての物語的伝記『キュロペディア』などがある。

（6）イザーク・カゾーボン Isaac Casaubon（一五五九—一六一四）はフランスの文献学者。一六一五年にフランクフルトで出版された『聖書ならびに教会にかんすることども』*De rebus sacris et ecclesiasticis* のなかで、十五世紀末にマリシリオ・フィチーノによってラテン語に翻訳されて広く読まれてきた『ポイマンドロス』をはじめ、ヘルメス・トリスメギストゥスの著とされてきた錬金術の聖典『ヘルメス文書』が、実際にはヘレニズム時代にプラトン主義者たちによって作成されたものであることを明らかにした。

（7）クロード・ド・ソメーズ Claude de Saumaise（一五八八—一六五三）はフランスの文献学者。紀元前三世紀から紀元後六世紀までのギリシア語のエピグラム（寸鉄詩）を集成したパラティン版『ギリシア詞華集』を一六〇六年にハイデルベルクで発見したことで知られる。ヴィーコが言及しているのは、

『プリニウス練習』*Plinianae exercitationes*（パリ、一六二九年）。

48（1）マルクス・ユスティヌスは三世紀のローマの歴史家。その著『ピリッポスの歴史ならびに全世界の起源』*Historiarum Philippicarum et totius mundi originum* は、一四七〇年に出版された。

（2）「実物語」の原語は parole reali である。音声とか所作、あるいは象形的な記号ではなくて、じかに触知することのできる「もの」そのものからなる表現様式をいう。ベーコン『学問の尊厳と増進』六・一をも見られたい。そこでは、象形文字のことが characteres reales と規定されている。

49（1）フラウィウス・ヨセフス『ユダヤ古事記』一・二・三。フラウィウス・ヨセフス（三七—一〇〇頃）はユダヤの歴史家。

（2）「軽信の博物館」の原語は museo della credulità である。

50（1）ミケーレ・ルッジェーロ Michele Ruggiero（一五四三—一六〇七）はナポリ出身のイエズス会宣教師。ヴィーコが言及しているのは、一五八六年にヴェネツィアで出版された『日本についての新情報——付・シナについての若干の新情報』*Nuovi avvisi del Giappone con alcuni altri della Cina* に収載されているルッジエーロの中国からの手紙である。

（2）マルティーノ・マルティーニ Martino Martini（一六一四—一六六一）はトレント出身のイエズス会宣教師。『シナ史』*Sinicae historiae deca prima* は、一六五八年、ミュンヘンで出版された。

（3）マルティン・スホーク Martin Schoock（一六一四—一六六九）はオランダの著作家。『ノアの大洪水』*Diluvium Noachi universale* は、一六九二年、『ハム一族の物語』*Fabula Hamelensis* 第二版の付録として出版された。

（4）イザーク・ド・ラ・ペレール Isaac de la Peyrère（一五九四—一六七三）はフランスの著作家。『アダム前人』*Praeadamitae* は、一六五六年、匿名で出版され、一大センセーションを巻き起こした。

（5）ニコラ・トリゴー Nicolas Trigault（一五七七—一六二八）はドゥワイ出身のイエズス会宣教師。『キリスト教のシナ遠征』*De cristiana expeditione apud Sinas suscepta a Societate Iesu* は、一六一五年、アウグスブルクで出版された。

52（1）ヘロドトス『歴史』二・三六。
（2）ヨハンネス・シェファー Johannes Scheffer（一六二一―一六七〇）はドイツの著作家。『イタリア哲学もしくはピュタゴラス哲学の性質と構成』*De natura et constitutione philosophiae italicae seu pythagoricae* は、一六四四年、ウプサラで出版された。
（3）キケロ『ブルートゥス』五六、クインティリアヌス『弁論家の教育』一〇・一・九五ほか。
53（1）ディオドロス・シクルス『ビブリオテケ』一・九。

54（1）ラクタンティウス・フィルミアヌス（二五〇―三二四頃）はアフリカ出身の著作家。キリスト教の教義をラテン語で陳述しようとした最初のこころみである『神学綱要』などの著作がある。
（2）アレクサンドレイアのピロン（前二五頃―後五〇頃）はアレクサンドレイア生まれのユダヤ人哲学者。モーセ五書を註解した『世界の創造』『アブラハム』ほかの著作がある。世界が創造された年を紀元前三七六一年であると計算した。
（3）エウセビオス（二六五頃―三三九頃）はパレスティナで生まれ、ギリシア語で著述した教父。アブラハムの誕生以後の世界史を年代記的に記述した『年代記』ほかの著作がある。世界が創造された年を紀元前五二〇二年と計算した。
55（1）「地理学」というのは、本書でのちに詳述される「詩的地理学」のことを指すとおもわれる。しかし、アッシリア帝国についてヴィーコが再度言及しているのは、実際には「詩的年代学」においてである。〔736〕を見られたい。

62（1）サミュエル・ボシャール Samuel Bochart（一五九九―一六六七）の『聖なる地誌』*Geographia sacra seu Phaleg et Chanaan*（リエージュ版、一六九二年）を見られたい。

63（1）〔33〕註（1）参照。

66（1）キケロ『神々の本性について』一・三。
（2）マーシャム、前掲書。
（3）エフエラルド・フェイト Everardo Feith（一五九七―一六二五）はオランダの博識家。『ホメロス古

（4）写本』*Antiquitatum homericarum libri sex* は、一六七九年、ライデンで出版された。

68（1）イアムブリコス『エジプト人の秘儀』一・一。ちなみに、同書は偽書であるとされている。

70（1）ジャック・ル・ポーミエ Jacques Le Paulmier（一五八七―一六七〇）はフランスの著作家。『古代ギリシアについての記述』*Graeciae antiquae descriptio* は、著者没後の一六七八年、ライデンで出版された。

71（1）ストラボン『地誌』九・一・八。

76（1）トゥキュディデス『歴史』一・五。

77（1）ドニ・ペトー Denis Petau（一五八三―一六五二）の『時間論』*De doctrina temporum*（ヴェネツィア、一六二七年）を見られたい。

79（1）アンドロティオンは、前三世紀のギリシアの、哲学者というよりは歴史家である。

（2）キケロ『神々の本性について』一・三八。

80（1）アウグスティヌス『神の国』二・七。

（2）テレンティウス『宦官』五八四―五九一行。

81（1）盲目のアッピウス・クラウディウス（前四―三世紀）のこと。ローマの政治家で、アッピア街道の建設を開始したことで知られる。

83（1）アレクサンドレイアのクレメンスの『雑纂』には、この種の記述は見あたらない。ニコリーニは、エウセビオス『福音の準備』の思い違いではないかと推測している。

84（1）「目配りのよく利いた批評家たち」というのは、フランチェスコ・ビアンキーニ Francesco Bianchini（一六六二―一七二九）らのことか。かれの『世界史』*Istoria universale provata con monumenti e figurata con simboli degli antichi*（ローマ、一六九七年）を参照のこと。それによると、「トロイア戦争」と呼ばれているものは、たんにエーゲ海と黒海の航行権をめぐる闘争を象徴したものであったという。

（2）そうしたなかで、カトリックの批評家ダミアーノ・ロマーノ Damiano Romano は、『G・B・ヴィーコ氏の新説に反対してのローマ法学の起源』*L'origine della giurisprudenza romana contro alla moderna opinione del sig.*

don G. B. Vico（ナポリ、一七四四年）において、ダレースの『歴史』は真正のものであると主張している。ダレースにかんしては、『イリアス』五・九にホメロス自身による言及がある。なお、「くわせものの図書館」の原語は libraria dell'impostura である。

85（1）タキトゥス『年代記』二・六〇。

86（1）リウィウス『ローマ史』二三・三〇・六。

88（1）アウグスティヌス『神の国』三・一五。

89（1）ホメロス『オデュッセイア』四・三五五―三五七。ただし、ウァッロの言として引用されているのではない。

（2）同右、五・四三―四四。ヴィーコは、カリュプソが棲むというオーギュギア島はフェニキアの海上にある、と信じていたようである。

（3）ホメロス『イリアス』一・一八。

90（1）ヘロドトス『歴史』二・一五四。

93（1）リウィウス『ローマ史』一・一八二―三。

94（1）ラクタンティウス『神学綱要』四・二。

（2）正確には、ヨセフスの『アピオン論駁』一・一二。

（3）〔20〕註（1）を見られたい。

（4）〔47〕註（6）で言及したカゾーボン『聖書ならびに教会にかんすることども』（フランクフルト、一六一五年）のこと。

（5）ヨハンネス・ブクストルフ Johannes Buxtorf（一五六四―一六二九）はウェストファリアのヘブライ学者。『ユダヤ教のシナゴーグ』*Synagoga iudaica* は、一七一二年、バーゼルで出版された。

（6）ヨーハン・ハインリヒ・ホッティンガー Johann Heinrich Hottinger（一六二〇―一六六七）はチューリヒのヘブライ学者。『文献学宝典』*Thesaurus philologicus* は、一六六九年、チューリヒで出版された。

95（1）こういった記述は、『創世記』だけでなく、『出エジプト記』にも見あたらない。

96（1）伝承によれば、タルクイニウス・プリスクスはローマの五代目の王（在位前六一六―前五七九）であったという。

97 (1) ポンポニウス・ポルピュリオンは三世紀頃の文法学者・註釈家。ホラティウス註釈等で知られる。ホメロスについては、『ホメロスについて』という著作がある。ただし、ニコリーニが確認したところによれば、『スイダス』(十世紀にビザンティンで編まれた古代地中海世界についてのギリシア語百科事典。『スーダ』とも)の該当個所には、ホメロスは第一回オリュンピア競技の百三十二年前に生存していた、とあるにすぎないという。ガイウス・ウェレイウス・パテルクルス(前一九頃—後三〇頃)はラテンの歴史家。かれの『マルクス・ウィニキウスまでの歴史』一・七には、ヘシオドスは「ホメロスから年齢にして百二十年ほど隔たっていた」とある。

(2) ゲリウス『アッティカの夜』三・一一・三。

99 (1) ヘロドトス『歴史』四・一三一。

(2) アレクサンドレイアのクレメンスの間違いか。『雑纂』五・八を見られたい。

(3) 十八世紀初めごろのナポリでは、あたかも一七二四年、宣教師マッテーオ・リーパ Matteo Ripa (一六八二—一七四六)が中国での十四年間の使徒活動を終え、何人かの中国人を連れ立って帰ってきたこともあって、中国の美術品が一躍人々の耳目を集めていたようである。

100 (1) ここでは、ソロンの時代にギリシアにやってきた哲学者のアナカルシスと、トロイア戦争以前に生存していたといわれる神託作者のアバリスとが混同されている。

(2) ヘロドトス『歴史』四・三三。

(3) ピンダロス『オリュンピケ』三・二八—二九。

(4) ペレニコス『ピンダロス註釈』二・九六。

(5) キケロ『神々の本性について』三・二三。

(6) ディオドロス・シクルス『ビブリオテケ』三・四三—四四。

(7) ユスティヌス『歴史』三・五—七。

(8) プリニウス『博物誌』四・一三。

(9) ホラティウス『頌歌』三・二四・九―二四。
(10) 実際にはアナカルシス。
(11) 実際には『ティマイオス』二二B。
101 (1) トゥキュディデス『歴史』一・一。
102 (1) 『普遍法』第二巻『法律家の一貫性』の後半部「文献学の一貫性」第三六章「十二表法にはアッティカ法からなにが輸入されたのか」および第三七章「十二表法ではなにがなされたのか」。〔2C〕註(7)参照。
103 (1) ヒエロニュムス『預言者ダニエルにかんする註解』五。
(2) アリストテレスにこういう記述は見あたらない。
104 (1) 「政体」の原語は Stato である。ヴィーコは Stato を governo (統治主体) と峻別している。〔663, 1004-1006〕を見られたい。
(2) リウィウス『ローマ史』八・一二・一四参照。ただし、そこには、プブリリウス・フィロの独裁は「人民的なものであった」とあるだけで、かれが「人民的な独裁執政官」であったとは言われていない。
107 (1) 「委付的所有権」の原語は dominio bonitario である。ローマ市民法にもとづく所有権(「市民的所有権」dominio quiritario) とは別に、ある客体についてこれを市民法上の所有者でない他の者が財産中に有する (in bonis habere) ことによって発生する所有権をいう。
108 (1) キケロ『法律について』三・三――「王の命令権をもつ者を二名置くこと」。
(2) マキャヴェッリ『ローマ史論』をも参照のこと。――「こうして、ローマでは国王という名称は抹殺されたが、その実権は保持された」(一・二)。ローマ人がタルクイニウスを追放したときには、「終身制の国王の代わりに、一年交替の二人の執政官を置くことにしただけで、そのほかは、旧来の制度をなにも改めるようなことはなかった」(一・九)。
(3) グナエウス・マルキウス・コリオラヌスは、前五世紀にローマに存在したといわれる伝説上の人物。

(4) リウィウス『ローマ史』二・三四を見られたい。

109 (1) 『普遍法』第二巻『法律家の一貫性』の後半部「文献学の一貫性」第三七章「十二表法ではなにがなされたか」を見られたい。

110 (1) 『学説彙纂』一三・二・一。

112 (1) 前四四九年、十人委員会の失墜を引き起こした革命後に公布されたウァレリウス＝ホラティウス法のこと（リウィウス『ローマ史』三・五五参照）。ただし、その信憑性については、今日では疑問視されている。

(2) 前二八七年に公布される。平民会議決が貴族と平民の双方にたいして拘束力を有することを確認。

113 (1) リウィウス『ローマ史』一・一七・九。

(2) リウィウス『ローマ史』一・一七・一〇。

115 (1) 「〈最終的〉な元老院議決」というのは、国家存亡の危機的状況のなかでなされる議決をいう。

(2) キケロ『カティリーナ弾劾』一・二。ティベリウス・センプロニウス・グラックスは、前一三三年に護民官となり、貧民に有利な農地改革法案を元老院の承認なしに民会で通過させたため、元老院の保守派を率いるプブリウス・コルネリウス・スキピオ・ナシカによって殺された。〔276〕の註（1）も見られたい。

116 (1) フロルス『七百年全戦役略記もしくはティトゥス・リウィウス摘要』一・一三・五。ルキウス・アンナエウス・フロルスは二世紀のローマの歴史家。

117 (1) リウィウス『ローマ史』二一・一・一。

(2) リウィウス『ローマ史』二一・一五・三―四。

119 (1) 「公理」の原語は assioma o degnità である。degnità (dignitas) を「公理 (axioma)」の意味で使用する例は、中世の神学・哲学用語のなかにも見られる。しかし、ここでは、ヴィーコはむしろ、スピノザが『エチカ』を「幾何学的様式にしたがって」論証しようとこころみたのにならって、幾何学を念頭においてこの語を使用しているものとみられる。このことは、つづいて「要請 (domande)」ならびに

「定義（diffinizione）」という語が登場することからも確認されるとおりである。ちなみに、この第二部の「要素について」という見出しは、原稿段階では、「この文明の学の要素となるべき哲学的および文献学的な公理、定義、そしていくつかの理に適った要請」となっていた。この言い回しからも、ヴィーコが意図していたのが幾何学的論証様式であったことが見てとれる。

120（1）ベーコン『学問の尊厳と増進』五・四（「人間はあたかも自然の規範および鏡になる」）参照。ホッブズ『リヴァイアサン』第一部第二章（「人間は、他の人間だけでなく、他のすべての物を、自分自身によって推し量る」）をも見られたい。なお、ヴィーコが一七三〇年、一七三一年、一七三三年頃の三度にわたって準備していた「訂正、改善、追加」の原稿では、このパラグラフには、「すべての公理のうちでも最初の主要な公理は、つぎのような偉大な形而上学的真理であった」という文章が前置されていた。そして、その「偉大な形而上学的真理」について、「その真理をわたしたちは諸国民および疑いもなくそれらの諸国民によって見いだされてきた諸学の起源に到達するためにこの著作全体において用いてきた。しかし、このもうひとつの版〔一七三〇年版〕までは、それと気づかずにいた」という説明が付加されることになっていた。

121（1）ウェルギリウス『アエネイス』四・一七四―一七五。
（2）クラウディアヌス『ギルドの反逆について』三八五。
（3）タキトゥス『アグリコラ』三〇。

123（1）原稿段階では、このパラグラフのあとにつぎのようにあった。「この同じ公理は、うぬぼれが無知と自分たちのことを誇大に思いたがる自己愛〔自尊心〕の娘であることを論証している。わたしたちのうちにはわたしたち自身およびわたしたちに属するものについてもっている観念があまりにも大きく支配しており、わたしたちは、それらの観念によって、まるで狂人のように、わたしたちに理解できない事物を眺めるのだ」。

128（1）ピュタゴラスのものとされる『黄金の詩』については、四二〇年頃アレクサンドレイアでプラトン哲学を講じていたヒエロクレスによる註釈がある。

(2)原稿段階では、このパラグラフのあとにつぎのようにあった。「この二つの公理は、この学から利益を得たいと願う読者に、――これら二つのうぬぼれはいずれも無知からやってきているのだから――文明の起源についてすでにすべてを知っていると自負するよりは、すなおになにひとつ知らないでいる状態に身をおくよう、忠告することにならざるをえない」。

130(1)「政治的哲学者たち」の原語は filosofi politici である。

131(1)「プラトンの国家」と「ロムルスの汚水溜め」の対比については、キケロ『アッティクス宛て書簡』二・一を見られたい。

133(1)「ある神的な立法者的知性」の原語は una divina mente legislatrice である。

135(1)グロティウス Hugo Grotius(一五八三―一六四五)の『戦争と平和の法』*De iure belli et pacis*「序論」五以下を見られたい。そこでは、この問題をめぐってのエピクロスとカルネアデスの説が陳述されるとともに論駁されている。

137(1)「真実なるもの」と「確実なるもの」の原語は、それぞれ、il vero と il certo である。また、「知識」の原語は scienza であり、「意識」の原語は coscienza である。

138(1)「道理〔理性〕」と「権威」の原語は、それぞれ、ragione と autorità である。

141(1)「共通感覚」の原語は il senso comune である。

143(1)「新しい批判術」の原語は una nuova arte critica である。

148(1)「基体〔実体〕と不可分のものである特性」の原語は propietà inseparabili da' subbietti である。

(2)「事物が生じるさいの様態または様式」の原語は modificazione o guisa con che le cose son nate である。

155(1)『普遍法』第二巻『法律家の一貫性』の後半部「文献学の一貫性」第三七章「十二表法ではなにがなされたのか」を見られたい。

158(1)「歴史神話学の反復版」の原語は una perpetua mitologia storica である。「歴史神話学」というのは、〔69〕で議論された「自然神統記」のことを指している。

159(1)「パリの学校」というのは、ソルボンヌ大学のこと。ただし、ソルボンヌ大学が開設されたのは、十二世紀ではなくて、十三世紀半ばである。

（2）ピエール・ロンバルド Pier Lombardo（一〇九五頃―一一六四）は神学者。『警句集』*Libri quatuor Sententiarum*（一一五〇年頃）がある。

（3）テュルパンは八世紀にカール大帝（シャルル・マーニュ）によって、ただし、パリのではなくて、フランスの大司教に任命された人物で、『ロランの歌』に登場する。『シャルル・マーニュとロランの歴史』の作者とされるが、同書は一一五〇年頃に書かれたものであって、十八世紀の初めには、この伝説の信憑性にすでに疑義が提出されていた。フランスの哲学者ピエール・ベール Pierre Bayle（一六四七―一七〇六）が著した『歴史批評事典』*Dictionnaire historique et critique*（一六九六年）の「テュルパン」の項を見られたい。

（4）同様の趣旨の指摘は、すでに『われらの時代の学問方法について』（一七〇九年）でもなされている。

161（1）「知性の内なる言語」の原語は lingua mentale である。

162（1）「さまざまな分節言語のすべてに共通するひとつの知性の内なる語彙集」の原語は un vocabolario mentale comune a tutte le lingue articolate diverse である。

（2）『新しい学』一七二五年版の第三巻第四三章「諸国民すべてに共通の知性の内なる言語の辞書という観念」を見られたい。

163（1）フランシス・ベーコンの『思索と観察』（一六〇九年）は、フルタイトルが『自然解釈のための、もしくは事物と事蹟の発見のための、思索と観察』*Cogitata et visa de interpretatione naturae, sive de inventione rerum et operum* となっていることからもわかるように、自然界の諸事象の解釈を目的としたものであった。

169（1）〔50〕の註（3）を参照。

（2）ピエール・ダイイ Pierre d'Ailly（一三五〇―一四二〇）の『天文学と神学との一致および天文学と歴史との一致』*Concordantia astronomiae cum theologia et concordantia astronomiae cum historia*（ウィーン、一四九〇年）ならびにジョヴァンニ・ピコ・デッラ・ミランドラ Giovanni Pico della Mirandola（一四六三―一四九四）の『占星術論』*Disputationum in astrologiam*（バーゼル版著作集、一五七二年所収）を見られたい。

（3）『アルフォンソ表』というのは、カスティーリャの王、アルフォンソ十世（一二二六―一二八四）によって編まれた占星術表のことである。

（4）ベーダ Beda（六七三頃―七三五）はイギリスの神学者・歴史家。世界の創造された年を紀元前三九五二年と計算した。エウセビオスとピロンの計算については、〔54〕の註（2）（3）を見られたい。

170（1）ヨハンネス・カッサニョン Johannes Chassagnon（一五三一―一五九八）の『巨人論〔巨人とその遺骨について〕』*De gigantibus eorumque reliquiis*（シュペイヤー、一五八七年）を見られたい。

（2）カエサル『ガリア戦記』四・一およびタキトゥス『ゲルマニア』二〇。

177（1）マキャヴェッリ『ローマ史論』一・一一参照。そこには、ヌマ・ポンピリウスは、「人民がきわめて獰猛なのを見てとって、平和な手段で国家制度のもとに服従させようとして、宗教に注目した。かれは宗教を、社会を維持していくためには必要欠くべからざるものと考え、宗教を基礎として国家を築いたのであった」とある。ヴィーコは、このマキャヴェッリの考察を深化させようとしている。

179（1）ホッブズのいわゆる「獰猛で暴力的な者たち」というのは、自然状態にあって「万人の万人にたいする戦争」を繰りひろげることを余儀なくされている人間たちを指して言われている。『市民論』一・一三および『リヴァイアサン』第一三章を見られたい。

（2）ゲオルク・パッシュ Georg Pasch von Donzich（一六六一―一七〇七）はキール大学の倫理学・論理学・形而上学教授。『今世紀の学問上の新発見』*De novis inventis, quorum accuratiori cultui facem praetulit antiquitas* は、一七〇〇年、ライプツィヒで出版された。

（3）ポリュビオス『歴史』六・五六・一〇―一一参照。ただし、直接の源泉はピエール・ベールの『彗星にかんする雑考』*Pensées diverses écrites à un docteur de Sorbonne à l'occasion de la comète qui parut au moins de décembre 1680*（一六八二年）である。

180（1）スピノザ『エチカ』第一部付録をも参照。そこでは、「一般に人々は、すべての自然物が自分たちと同じく目的のために働いている、と想定していること」が偏見中の第一の偏見として指摘されている。

182（1）　この点についても、スピノザ『エチカ』第一部付録にも、機械的原因の探求を中断して「神の意志」に訴えようとする者は「無知の避難所に逃げこむ」者である、と断じた個所が出てくる。

183（1）　タキトゥス『年代記』一・二八。

188（1）　ラクタンティウス『神学綱要』一・一五。

189（1）　好奇心とは「原因を知ろうとする意欲」であるという定義は、ホッブズ『リヴァイアサン』第六章でもなされている。

191（1）　プラウトゥス『アンフィトリュオン』の近代版にはこの言い回しは出てこない。第三幕と第四幕のあいだにあった三〇〇行の欠落個所についてルネサンス期イタリアの人文主義者エルモラオ・バルバロ Ermolao Barbaro（一四五四―一四九三）が作成した補足のうちに出てくる。この補足は十九世紀まではプラウトゥスの諸版のなかで取りいれられていた。

（2）　スタティウス『テーバイ人』三・六六一。プブリウス・パピニウス・スタティウス（四〇頃―九六）はラテン詩人。

（3）　ルクレティウス『事物の本性』一・一〇一。

205（1）　「理念上の真理」の原語は verità d'idea である。

（2）　トルクアート・タッソ Torquato Tasso（一五四四―一五九五）の『解放されたイェルサレム』*Gerusalemme liberata*（一五八〇年）を見られたい。

209（1）　「詩的記号の原理」については、『新しい学』一七二五年版の第三巻第五章「異教諸国民の語彙であった詩的記号の原理の発見」をも見られたい。そこでは、つぎのような説明がなされている。「もしある国民が知性がなおもきわめて不足しているためにある特性を言い表わすのに抽象的ないしは類的な言い方をするすべを知らず、また〔その一方で〕ある人間を呼ぶのに最初に目にとまった特性に応じて種的な（in ispecie）呼び方をし、その人間が最初にその相貌のもとに見られたところの特性によって呼んでいるとしよう。たとえば、ある大仕事を家族の必要から命じられてなしとげ、その仕事によってかれの家または氏族そしてかれに割り当てられた部分にかんして人類を守ったということで栄光に輝く存在となった人物のことをまさしくこの相貌のもとでとらえて、婚姻または家族の女神であるヘラのクレオス〔栄光〕ということからヘラクレスと呼んだとしよう。すると、そのような国民はうたがいもなく、その後ほかにもさまざまな人間がさまざまなときにその仕事と同じ特性をもつ行為をなしとげていたことに気づいた場合には、まずはそれらの行為に目をとめて、それらの人間にその当の特性によって最初に名づけた人物の名前をあたえることだろう。そして、いまの例でいえば、それらのだれをもヘラクレスと呼ぶだろう。しかも、そのように未開で無教養と想定される国民は同時に愚鈍でもあって、きわめて強烈な印象をあたえる行為にしか目をとめないにちがいないので、さまざまな人間によってさまざまなときに同一の特性においてなされる行動のその最も強く感じとられる部分――いまの例でいえば家族の必要の命じるところにしたがって果たされる大仕事――にもっぱら目をとめて、それらのすべてを最初にその特性によって名づけた人物の名前に結びつけることだろう。そして、いまの例でいえば、そのような人間の全員をヘラクレスという名前でもって呼ぶだろう」。

210（1）『新しい学』一七二五年版の第三巻第六章「真の詩的アレゴリーの発見」をも見られたい。

211（1）記憶力と想像力の関係については、『イタリア人の太古の知恵』第一巻『形而上学篇』第七章三「記憶力と想像力」をも見られたい。

217（1）同様の趣旨のことは、ナポリ大学での一七三二年の開講講演「英雄的知性について」においても主張されている。

（2）「実物的な詩」の原語は poesia reale である。言葉ではなくて実在の事物によって構成された詩をいう。

222（1）エウセビオス『福音の準備』第二巻への序言からの自由引用。

226（1）同様の見解はフランシス・ベーコンによっても『学問の尊厳と増進』六・一などにおいて主張されている。

227（1）「自然話法」の原語は parlar naturale（favella naturale）である。「沈黙語」ないしは仕草による語りをいう。プラトン『クラテュロス』四二三C―Eおよび偽イアムブリコス『エジプト人の秘儀』七・四参照。

(2) オリゲネス(一八五頃―二五四頃)の『ケルススに反対する』*Contra Celsum* 一・二四および五・四。

(3) アリストテレス『命題論』一六a一九以下。ガレノス『ヒッポクラテスとプラトンの学説』二・二一三。

(4) ゲリウス『アッティカの夜』一〇・四・一―三。

232 (1) 「スポンディオス格」というのは、古典詩の韻律で長長格からなるものをいう。アリストテレス『詩学』の第二六章(一四五九b三四)を参照。

233 (1) 「イアンボス詩」というのは、短長格で書かれた詩のこと。

(2) ホラティウス『詩論』二五二。

238 (1) 同様の規定は、すでにスピノザ『エチカ』第二部定理七にも出てくる――「観念の順序および連結は事物の順序および連結と同一である」。

246 (1) 「統治〔政府〕」の原語は governo である。ヴィーコはこの語を Stato(政体)と区別している。〔104〕註(1)を見られたい。

248 (1) 「無法の世界の忌まわしい状態」の原語は stato nefario del mondo eslege である。ヴィーコが他の個所〔179, 369 以下〕で「野獣的放浪(erramento ferino)」と呼んでいるものに同じ。

250 (1) 「神の掟」の原語は divine leggi である。ここでは、雷やその他の自然現象、鳥の飛び方、惑星の動きなどをつうじて表明される、神の意志を指して言われている。

253 (1) プラトン『国家』四七三C－D。このプラトンのいわゆる「哲学者王」のテーゼにたいしては、ヴィーコはすでに一七一三年の『アントニオ・カラファの功績について』以来一貫して反対の立場を貫いている。

256 (1) 十二表法のなかには、この文面どおりの規定は見られない。とくに、ロムルスが家父長たちに認めていたという「息子への生殺与奪の権」にかんしては、十二表法を作成した十人委員たちによって第四表において拒否されていたという（ハリカルナッソスのディオニュシオス『ローマ古代史』二・二六―二七参照。ハリカルナッソスのディオニュシオスについては、後出〔284〕註（2）を見られたい）。ただし、後者については、同趣旨のウルピアヌスの言が『学説彙纂』四一・二・四に見える。

262（1）フランスの人文主義者ギヨーム・ビュデ Guillaume Budé（一四六七―一五四〇）の『学説彙纂註解』*Annotationes in Pandectas*（パリ、一五〇八年）を見られたい。

263（1）この点についても、ビュデを見られたい。なお、ヴィーコが若いころ親しく接していたナポリの法律家フランチェスコ・ダンドレーア Francesco d'Andrea（一六二五―一六九八）が晩年にしたためた手稿『甥たちにあたえる忠告』*Avvertimenti ai nipoti* のなかにも、古代ローマ人のもとでのクリエンテーラは一種の封臣＝封土関係を意味していたことに言及した個所がある。ニコリーニは、ヴィーコの直接的典拠はこのダンドレーアの手稿ではなかったか、と推測している。ダンドレーアの手稿については、当時多くのコピーが出回っていたといわれる。ただし、刊本化されたのは、二十世紀になってからのことである。Francesco d'Andrea, *I ricordi di un avvocato del Seicento*, a cura di Nino Cortese（Napoli, 1923）を見られたい。

266（1）「委付的所有権」および「市民的所有権」については〔107〕註（1）、「卓越的所有権」については〔25〕註（1）を見られたい。

267（1）アリストテレス『政治学』一二八五b九―一〇。ただし、そこでは、「宗教の長であった」とは言われておらず、「神官にかかわるもの以外の犠牲奉献の権利をもっていた」というように述べられている。

268（1）プルタルコス『対比列伝』「テセウスの生涯」の章を見られたい。

（2）トゥルス・ホスティリウスは前六七三年から前六四二年までローマ第三代目の王として君臨したといわれる人物。ホラティウス裁判のさいに王が制定した法にかんしては、リウィウス『ローマ史』一・二六・五のほか、〔500〕およびそれへの註（1）を見られたい。

269（1）アリストテレス『政治学』一二六八b三九―四〇――「昔の法律はあまりにも単純で野蛮であった」。

一二六九a一一—一二——「法律は一般的に書かれなければならないのにたいし、行為は個々別々のものに関係している」。

271（1）アリストテレス『政治学』一三一〇a八。ただし、アリストテレスが言及しているのは、「古代の国家」一般ではなくて、かれの時代の二、三の寡頭制の場合である。

276（1）グラックス兄弟——兄はティベリウス・センプロニウス・グラックス（前一六二—前一三三）、弟はガイウス・センプロニウス・グラックス（前一五三—前一二一）——は、それぞれ護民官として改革運動をおこなったことで知られる。兄のティベリウスのほうは、前一三三年、大土地所有の制限と土地の再分配を定めた土地法案を通している。また、その兄が元老院の保守派の反対にあって、市街戦の末、暗殺されたのち、兄の遺志を受け継いで前一二三年および前一二二年に護民官になった弟のガイウスのほうは、低廉な価格で穀物を提供する穀物法案や、ローマ市民植民市を設置する土地法案、さらにはイタリアの同盟市の人にローマ市民権をあたえる市民権法案のほかにも、元老院勢力に対抗する騎士勢力の権限の強化を図った属州アジアの徴税請負関係法案などを通過させた。しかし、元老院の力を抑えることに失敗し、騒乱をひきおこして、騒乱のさなかで自殺している。

284（1）『学説彙纂』一・二・二、三および六参照。

（2）ハリカルナッソスのディオニュシオス（前六〇—前七）は、ギリシア生まれのローマの著作家・弁論家。歴史的著作に起源から前二六四年までの『ローマ古代史』全二〇巻がある（最初の一一巻のみ現存）。

（3）キケロ『弁論家について』一・四四。なお、ドラコンは前六四一年に最初の成文法典を発布したと伝えられるアテナイの立法家である。

（4）キケロ『弁論家について』一・四四。

（5）『学説彙纂』一・二・二・四三。

285（1）ヤコブ・グロノフ Jakob Gronov（一六四五—一七一六）の校訂になるポリュビオスのギリシア語・ラテン語対照版 *Historiarum libri qui supersunt*（アムステルダム、一六七〇年）を参照。ローマ共和政が讃美されているが、ただし、比較の対象に選ばれているのはスパルタとカルタゴであって、アテナイではない。

286（1）ルキニウス・コルネリウス・スッラ（前一三八―前七八）は、ローマ共和政末期の将軍・政治家。もともとは将軍・政治家ガイウス・マリウス（前一五六―前八六）の武将であったが、前八八年、ミトリダテス戦争の指揮権をめぐってマリウスと対立。ギリシア・小アジアでミトリダテスを破ったのち、前八三年、イタリアに帰還して、マリウス派を掃討。前八二年、ディクタトル（独裁官）の地位に就き、護民官および民会の力を削減して元老院支配の回復をめざす一連の改革をおこなった。ただし、「恒常的な審問」の制度というのは、実際には前一四九年に設置された法務官（プラエトル）が議長を務める常設の法廷であって、個々の犯罪にかんする審議をおこなっていた。キケロ『ブルートゥス』二七・一〇六参照。

288（1）同趣旨の指摘はマキャヴェッリ『ローマ史論』一・三七「農地法がローマでどのような問題を引き起こしたか、また旧来の慣習に拘泥したり、逆らったりする法律の制定がどれほど悪いことか」にも見られる。

292（1）タキトゥス『年代記』一・一・一。ただし、そこでは、「内戦」ではなく、「政治的不和（discordia civilis）」となっている。

（2）「自然王法」の原語は legge regia naturale である。詳しくは〔1007, 1008〕を見られたい。

（3）「訂正、改善、追加」には、つづいてつぎのようにあった。「この公理は、つぎの公理とともに、公理八八〔275〕と結合して、つぎのようなきわめて重要な真理を明らかにしてくれるだろう。一、政治学説のこれまで埋もれていた諸原理。二、国家の自然的な継起。三、そして最後に、庶民たちからつねにあらゆる政体の変更はやってくるということ」。

296（1）ストラボン『地誌』一三・一・二五。

（2）プラトン『法律』六七八C―六八一Eを参照のこと。

298（1）このくだりには、伝承や史実と合わない部分が多い。『創世記』八・四によれば、ノアの箱舟が止まったのは「アララト山の上」であるとされており、メソポタミアではない。また、おなじく『創世記』の記述から推測するかぎり、ヘブライの民の創建者はノアではなく、せいぜい、アブラム（のちのアブラハム）であるということになろう。そして、アブラムは生地ウア、すなわちメソポタミアから、主の命で、パレスティナに移住しているのであった（『創世記』一二・七）。さらに、「カルデア人」が出現したのはバビロニアであって、メソポタミアではない。

300（1）神聖ローマ皇帝フェルディナント一世の侍医で修史官であったヴォルフガング・ラティウス Wolfgang Latius（一五一四―一五六五）の『二、三の民族移動について』*De aliquot gentium migrationibus*（バーゼル、一五五七年）を参照。

（2）「ローマの最後に知られるところとなった植民」というのは、ローマ時代におこなわれた遠方の地の征服による植民のことを指す。〔595〕を見られたい。

305（1）ピエル・フランチェスコ・ジャンブッラーリ Pier Francesco Giambullari（一四九五―一五五五）の『フィレンツェ語の起源、別名ジェッロ』*Origini della lingua fiorentina, altrimente il Gello*（一五四九年）を見られたい。

308（1）この言の出所は、ディオン・カッシオスではなくて、ディオン・クリュソストモスである。ジャン・ボダン Jean Bodin（一五三〇―一五九六）の『国家論』*De la république*（リヨン、一五九七年）一・一〇を見られたい。また、マキャヴェッリ『ローマ史論』一・三も参照のこと――「ものごとがそれだけでうまく行っているところでは、法律は必要ない。しかし、その良き慣習が欠けた場合には、ただちに法律が必要になる」。

310（1）ヴィーコが近代において自然法について論じた「三人の大御所」と名指す人々。フーゴ・グロティウスは、オランダの法学者。『戦争と平和の法』（一六二五年）によって国際法の基礎を据えたことで知られる。ジョン・セルデン John Selden（一五八四―一六五四）は、イギリスの法学者。『ヘブライ学にもとづく自然法および万民法について』*De iure naturali et gentium iuxta disciplinam Ebraeorum*（一六四〇年）などの著作がある。ザムエル・フォン・プーフェンドルフ Samuel von Pufendorf（一六三二―一六九四）は、ドイツの法学者。『自然法および万民法について』*De iure naturali et gentium*（一六七二年）および『自然法にもとづく人間および市民の義務について』*De officiis hominis et civis iuxta legem naturalem*（一六七三年）などの著作がある。ヴィーコは、〔394-398〕において、これら三人の法学者を近代において自然法について論じた「三人の大御所」と呼ぶとともに、その学説について立ちいった批判を展開している。『新しい学』一七二五年版の第一巻第五章「グロティウス、セルデン、プーフェンドルフの学説にはそのような学〔諸国民の共通の自然本性についての新しい学〕が欠落していること」をも見られたい。

（2）「訂正、改善、追加」には、このパラグラフのあとに、公理一〇四への追加として、「すべての人間的行動の源泉をなしているのは、誠実、利益、必要の三つである」とあったうえで、つぎのような文章が続いていた。「この公理は、哲学者たちの自然法と万民の自然法との相違の原理を提供してくれる。前者は誠実を命法としており、人間たちは道理によって正義の最も厳密な責務を果たすにちがいないものと想定されている。後者は堕落した人間の自然本性から獲得されるものであって、人間たちは生活の利益と必要とによって人間社会を保存していくさいの支えとなる分だけの正しさを顕彰するものとされている。これすなわち、ローマの法学者たちが〈利益が要求し人間の必要が要請するところにしたがって〉と定義することによって言おうとしていることなのである」。ここで引かれているローマの法学者たちの定義については、『ユスティニアヌス帝法学提要』一・二・二を参照のこと。

315（1）「万民の自然法」の原語は、diritto naturale delle genti である。ただし、genti という語は、ここでは、「万民」ないしは「異教諸国民」の意味を保持しながらも、より特殊には、「ゲンテース・マーヨーレース」gentes maiores（大氏族）を指して用いられている。

316（1）リウィウス『ローマ史』二・一・一〇によれば、前五〇九年、ルキウス・ユニウス・ブルートゥスは、ローマ第七代目の王タルクイニウス・スペルブスを追放して、王政に終止符を打ったのち、共和政を開いて、その初代執政官になるとともに、元老院議員に新しいメンバーを百六十四名登録させて、議員の数を三百名にまで増やしたという。

317（1）『普遍法』第二巻『法律家の一貫性』の後半部「文献学の一貫性」第二〇章を参照。そこでは、ラテン詩人ルキリウス（前一六八頃―前一〇二）の『諷刺詩』第一巻から、二行連句ではなくて、三行詩が引かれている。十二大神を二行連句で枚挙しているのは、おなじくラテン詩人エンニウス（前二三九―前一六九）の『年代記』のほうである。

320（1）ウルピアヌスには、該当する定義は見あたらない。『普遍法』第一巻『普遍法の単一の原理と単一の目的』第一七九章「政治的衡平の定義」では、ユスティニアヌスの『ノヴェッラエ』の名が挙げられているが、こちらにも該当する定義は出てこない。ただし、広い意味にとった場合には、ほぼ該当するとおもわれる個所が『学説彙纂』四七・四・一・一に出てくる。

322（1）正しくは「以下の二つの定義」ではなくて、「以上の二つの定義」、すなわち、公理一〇九と公理一一〇である。

（2）「厳格な法律解釈法」の原語は ragion stretta である。法律を文面どおりに解釈する仕方をいう。

（3）ウルピアヌスの言は姦通にかんするユリウス法（前一八年制定）について述べられたものであって、正確な文言は「たしかに過度なまでに苛酷ではあるが、そのように法律に書かれている」である。『学説彙纂』四〇・九・一二・一参照。

324（1）『イタリア人の太古の知恵』第一巻『形而上学篇』の第二章「類あるいはイデアについて」にも、古代のイタリアの哲学者たちにとっては「真なるもの（verum）」と「衡平なもの（aequum）」とは同義であった、という述言がみえる。しかし、「真実である（verum est）」という言い回しは、たしかにローマ法学者たちのあいだで頻繁におこなわれた（『学説彙纂』一六・二・四、一七・二・六二、三七・一一・三、三八・三・八、四〇・一四・五八、四七・二・二五、五〇・一六・二二六、五〇・一七・三二、等々）が、いずれの場合にも、「衡平である（aequum est）」を意味するものではなかった。

326（1）「全面的に展開された人間的道理〔理性〕」の原語は ragione umana tutta spiegata である。〔324〕で言われている「自然的理性〔道理〕」と同義で、文明が開化した時代の心性を指す。

327（1）「温和な法律解釈法」の原語は ragion benigna である。ローマ法学者たちのいう「法律の温和な解釈

(legum benigna interpretatio)」に該当する。『学説彙纂』一・三・二〇および二一におけるケルススの言を参照。

330（1）新しい学の諸原理を文献学者からも哲学者からも採ってくることの「絶望」については、『新しい学』一七二五年版の第一巻「新しい学を見いだすことの目的の必要性と手段の困難性」第八―一〇章「この学の進歩ないしは永続性を哲学者たちからも文献学者たちからも見いだすことの絶望」においていっそう詳しく論じられている。

（2）『新しい学』一七三〇年版では、このパラグラフのあとにつぎのような文章が続いていた。「また、もしわたしたちの探究の過程で神の摂理の導きがなかったなら、わたしたちはこの学を見いだすことがなかっただろう。わたしたちにはわたしたちを導く師がいなかったものだから、わたしたちはいかなる学派的な情熱に規定されることもなかったからである。そして、このようにして、異教の文明の起源に深く分け入りはじめた最初の瞬間から、それについてこれまでに書かれたことにはますます満足できなくなって、ついには、優に二十年前から、もはや書物はいっさい読むまいと決心したのだった。最近、イギリス人トマス・ホッブズが、高邁な努力でもって、しかしながら不成功裡に、そう決心したことを知ったからである。そして、友人の学者たちに、ホッブズは、この部分においてギリシア哲学を増進させたものと信じていた。そして、もし自分があなたがたと同じように著作家たちの書いたものを読みつづけていたなら、あなたがたのだれよりも先に進むことはなかっただろう、と自慢していたのである」。ちなみに、ここでヴィーコはデカルトとホッブズを取り違えているのではないか、との推測をニコリーニはおこなっている。

331（1）「国家制度的世界」の原語は il mondo civile である。しばしば「諸国民の世界」と等置して用いられる。〔2〕註（3）を見られたい。

（2）「わたしたちの人間の知性自体の諸様態」の原語は modificazioni della nostra medesima mente umana である。なお、この言い回しについては、マルブランシュの『真理の探究』の第一巻第一章第一節を見られたい。そこでは、物質が受けとる形状にたんに外面的な形状（figure）――一塊の蜜蠟の呈している丸さ——と内面的な形状（configuration）——その蜜蠟を構成している小部分のそれぞれに固有の形状——の二種類が識別されうるのと同様、精神が事物の観念についてもつ知覚にも純粋知覚（perception pure）と感性的知覚（perception sensible）の二種類があるとして、つぎのような説明と定義があたえられている。「純粋知覚と呼ばれる第一のものは、いってみれば、精神にとっては表面的なものである。それらは精神の内部に浸透することもなければ、精神を感性的なかたちで変化させることもない。〔これにたいして〕感性的と呼ばれる第二のものは、精神の内部に多かれ少なかれ生き生きと浸透する。快楽と苦痛、光と熱、味、匂い、等々。なぜなら、感覚というのは精神の存在様式以外のなにものでもないことがひきつづいて明らかにされるからである。したがって、わたしはそれらを精神の様態（modifications）と呼ぶことにする」。

（3）この冒頭のくだりは、『新しい学』一七二五年版ではつぎのようになっていた。「これらの疑いがすべて寄ってたかっても、この学の第一真理となるべきつぎの真理だけはいかにしても疑いに付すことができない。じじつ、かくも長くて濃い闇の夜にあって、ただひとつ、つぎの光だけがほのかに輝いている。すなわち、異教諸国民の世界はそれでもなおたしかに人間たちによって作られてきたのだ、というのがそれである。そして、この結果、そのような無限の疑わしさの大洋のなかに、ただひとつ足を踏まえることのできる、つぎのような小さな陸地が立ちあらわれる。すなわち、それ〔異教諸国民の世界〕の諸原理〔起源〕はわたしたち人間の知性の自然本性的なあり方のうちに、ひいてはわたしたちの理解の能力のうちに、見いだされるのでなければならない、というのがそれである。このことを見いだすためには、これまで人間の知性の形而上学は個別的な人間についてその知性を観照し、永遠の真理としての神に導いていこうと努めてきたが、神的な哲学の最も普遍的な理論である当の形而上学をして、諸国民の一種の人間の知性である人類の共通感覚を観照するところにまで高めあげる必要がある。この諸国民の知性を永遠の摂理としての神に導いていかんがためにであって、このような形而上学は神的な哲学の最も普遍的な実践法であることになるだろう。このようにして、形而上学は、なんらの仮説も立てることなく——およそいっさいの仮説は形而上学の排斥するところであるから——、それらの諸原理〔起源〕を大洪水以前のカインの末裔、そして大洪水以後のハムとヤフェトの末裔における、わたしたち人間の思考力の様態のうちに実際に発見しにおもむかなければならないのである」（第一巻第一一章「諸国民の共通の自然本性を万民のある種の共通の知性を観照するところまで高めあげられた形而上学でもって探究することの必要性」）。

334（1） アントワーヌ・アルノー Antoine Arnauld（一六一二―一六九四）の『哲学罪なる新しい異端説の告発・第四』*Quatrième dénonciation de la nouvelle hérésie du péché philosophique*（『著作集』第三一巻、パリ、一七八〇年所収）を参照。

（2） ピエール・ベール『彗星にかんする雑考』を参照。

（3） アンドレアス・リューディガー Andreas Rüdiger（一六七三―一七三一）はスイスの著作家。『神聖な自然学』*Physica divina: recta via, eademque inter superstitionem et atheismum media, hominum felicitatem, naturalem et moralem, ducens* は、一七一六年、フランクフルト・アム・マインで出版された。

（4） 検閲をおこなったのは、ジュネーヴ大学ではなくてライプツィヒ大学の検閲官たちであった。また、「過度の確信をもって言明している」という批判は、同書に付されている検閲官たちの意見には見あたらない。

335（1） スピノザ『神学・政治論』（一六七〇年）の第一六章「国家の諸基礎について、各人の自然権および国民権について、また最高権力の権利について」を見られたい。スピノザによれば、人間は自然状態にあっては自己の力量のゆるすかぎりのあらゆることをおこなう権利をもっている。この権利がいわゆる自然権である。しかし、自然権は、理性によってではなく、盲目的感情によって規定されている。したがって、各人がその自然権にもとづいて自己の利益を肯定し、自己の権利を主張しようとすれば、勢い他人の利益を否定し、他人の権利を侵害することにならざるをえない。このため、人々は必然的に激しい争闘に巻き込まれる。そして、この争闘状態から脱するには、人々はまず自己の自然権をひたむきに主張することをやめ、各人互いに力を合わせて協調のうちに生活しなければならない。こうして人々の社会契約によって形成されたのが国家であるという。「スピノザは、国家をまるで商人たちからなる社会であるかのように語っている」というヴィーコの評言は、このようなスピノサの国家概念をとらえたものとおもわれる。

(2) キケロ『法律について』一・七を見られたい。ただし、そこでキケロが法律を論じるにあたって前提となるものとして強調しているのは、「不死の神々の力」その他によって自然のすべてが支配されているということであって、ヴィーコが言う意味での「神の摂理」(provvedenza divina) についてではない。それどころか、『神々の本性について』一・八では、キケロはストア派の言う「プロノイアー」πρόνοια をラテン語では「プローウィデンティア」providentia と称しうるとしたうえで、この種の問題(「運命を語る老婆の戯言」)について論じることにアカデメイア派の懐疑主義の立場から疑問を呈している。

336 (1) たとえば、ヴィーコと同じ時代に同じくナポリで生まれたピエトロ・ジャンノーネ Pietro Giannone (一六七六―一七四八)は、その『ナポリ王国政治史』*Istoria civile del Regno di Napoli* (一七二三年)第五巻第五章や一七二三年以降手稿本のかたちでナポリに出回っていた同書のいくつかの主張にかんする『弁明』(この『弁明』はその後、一七六〇年に出版された『没後著作集』に収録された)において、男女が正式に婚姻の儀式を挙げることなく肉体的関係を結ぶことは、古代世界においては広くおこなわれており、法律的にも禁止されていなかったと主張している。このジャンノーネの主張のことが意識されていたのではないかと推測される。

337 (1) フロルス『七百年全戦役略記もしくはティトゥス・リウィウス摘要』一・四一一。同様の表現はリウィウス『ローマ史』四・一九・三にも出てくる。

(2) タキトゥス『年代記』六・一九には、"humanitatis commercia" ではなくて、"sortis humanae commercium"(人間の運命(=死)の交際)というようにある。

(3) フーゴ・ファン・リンスホーテン Hugo van Linschoten (一五六三―一六一一)は、オランダ人。ヴィーコが言及しているのは、一五九九年にハーグで出版されたかれの『インド旅行記』*Itinerarium indicum* に付録として収められている「ギニアの描写」*Descriptio totius Guineae* のことであろうが、ニコリーニによると、そこにはこの種の記述は見られないという。ニコリーニは、実際にヴィーコが参照したのは版刻師テオドール・ド・ブリ Theodor de Bry（一五二八―一五九八）と息子のイズラエル・ド・ブリ Israel de Bry（一五六五―一六〇九）によって編集された『東方インドの描写』*Indiae orientalis descriptio*（フランクフルト・アム・マイン、一六〇四年）ではなかったか、と推測している。同書には、デンマーク生まれの司教ゴットハルト・フラクスビンダー Gotthard Flachsbinder（一四八五―一五四八）の「黄金の王国ギニアの真実にして歴史的な描写」*Vera et historica descriptio auriferi regni Guineae* が収録されており、そこに関連した記述がある。同書をヴィーコは若いころ頻繁にそのサロンに通っていたジュゼッペ・ヴァッレッタ Giuseppe Valletta（一六三六―一七一四）の書庫で閲覧している（ド・ヴィトリ神父宛て一七二六年一月二〇日付書簡を参照）。

（4）ホセ・デ・アコスタ José de Acosta（一五三九―一六〇〇）はイエズス会の宣教師。ニコリーニは、ヴィーコが参照したのは『インディオの自然・道徳誌』*Historia natural y moral de las Indias*（一五九一年）のジョヴァン・パオロ・ガッルッチ Giovan Paolo Gallucci（一五三八―一六二一）によるイタリア語訳（ヴェネツィア、一五九六年）ではなかったか、と推測している。

（5）トーマス・ハリオット Thomas Harriot（一五六〇頃―一六二一）はイギリスの数学者・天文学者。ヴァージニアの発見に随行して、一五八八年、ロンドンで、『新たに発見されたヴァージニアの土地についての簡潔にして真実の報告』を出版している。その後、一五九〇年にテオドール・ド・ブリの校訂になるラテン語訳 *Admiranda narratio, fida tamen, de commodis et incolarum ritibus Virginiae* がフランクフルト・アム・マインで出ている。

（6）リチャード・ウィットボーン Richard Whitbourne（一五七九―一六二六）はニューファンドランド島（カナダ東部）を発見し、それについての『論考』*Discourse* を一六二〇年、ロンドンで出版したことで知られるイギリス人。

（7）ヨースト・スホウテン Joost Schouten（一六〇〇頃―一六五三）はシャム王国のオランダ領事。一六三六年に『シャム王国についての描写』*Beschrijvinge van des Conigricks Siam* を著している。同書は、メルキセデック・テヴノ Melchisédech Thévenot（一六二〇頃—一六九二）によってフランス語に訳されて、『さまざまな珍しい旅行の報告』*Relation de divers voyages curieux*（パリ、一六六三年）に収録された。

（8）　セネカ『書簡集』一一七・五—六。

338（1）　ウェルギリウス『アエネイス』八・三一五。

（2）　ホッブズは、『市民論』八・一において、原始の人間たちを「蟬」ではなく、地中から顔を出すと同時に大きくなっていく「きのこ」にたとえている。

（3）　グロティウスは、『戦争と平和の法』二・二・二・一—二において、『創世記』の物語にしたがって、神が人間を創ったときには、人間は「単純さ（simplicitas）」の状態、すなわち、いまだ善悪について知らない状態におかれていたということを強調している。「グロティウスの単純な者たち」というのは、この個所の叙述を受けたものとおもわれる。

（4）　プーフェンドルフ『自然法および万民法について』二・二・二。

（5）　この〔338〕節は『新しい学』一七三〇年版のままであり、そこでも「二十年」となっている。したがって、この計算で行くと、一七一〇年、つまりは『イタリア人の太古の知恵』が出版された時期以来、ということになる。ただし、『新しい学』一七二五年版には「絶えざる厳しい省察のいまや二十五年の経過ののち」という言い回しが出てくる。こちらのほうの証言を採用した場合には、「省察」の開始された時期は一六九九—一七〇〇年ごろ、すなわち、ヴィーコがナポリ大学で最初の二つの開講講演をおこなった時期にまでさかのぼることになる。しかし、『自伝』にもあるように、ヴィーコが『新しい学』において展開されることになる問題のいくつかをめぐって「かれの人生の最良の過程のすべて」を費やしたというのは真実であるにしても、それがヴィーコ自身のなかで万民法の新しい原理の模索というかたちをとって具体化するのは一七一五年から一七一九年にかけての時期、すなわち、グロティウスの『戦争と平和の法』を読んだことがひとつの契機となって、やがて『普遍法』（一七二〇—二二年）において明らかになる〈新しい学〉の構想に思索を集中させた時期であるという事実に変わりはない。

（6）　原稿段階では、このパラグラフにはつぎのような文章が続いていた。「すなわち、この学を究めることに関心のある者たちは、想像力と記憶力を心の中から追い払って、純粋な理解力のみに自由に活動する場を残しておくという、面倒な苦労をなさねばならないのである。このような仕方をとることによってはじめて、そのような最初の人間的な思考から、国家制度的世界と諸科学の世界の双方を構成し飾り立てていることどもの、これまでは埋もれていた起源を見つけだすことができるようになるのである（その起源を発見するために、国家制度的世界についてはマルクス・テレンティウス・ウァッロが『神と人間にかんすることがら〔の古事記〕』において、また諸科学の世界についてはヴェルラムのベーコンが、かくも栄えある労苦を重ねてきたのであった）。そして、あらゆるうぬぼれ――国家制度的世界にかんしての諸国民のうぬぼれと、諸科学の世界にかんしての学者たちのうぬぼれ――が吹き払われたなら、すべてのことどもが真理の価値と正義の道理をたずさえて――（公理集において提起しておいた人間的な事物および人間的な観念の系列からして）万物の起源はそうしたものであるにちがいないのである――、単純素朴にして粗野なまま、まるで子宮のうちに潜んでいるかのように、異教世界の最初の賢者たちであった神学詩人たちの知恵の内部に潜んでいるのが、ここでは確認されるだろう」。

339（1）　同様の趣旨のことは、すでに『新しい学』一七二五年版の第一巻第一章「この著作を構想した動機」でも述べられている。

340（1）　「努力《コーナートゥス》」の原語は conato である。この概念＝用語については、『イタリア人の太古の知恵』第一巻「形而上学篇」の第四章「本質あるいは作用力について」を参照されたい。そこでは、デカルト的な「延長するもの」（物体）の背後には、そうした物体の延長と運動を引き起こす、それ自体は静止していて分割されていない何ものかが存在しなければならないとの見地に立って、その何ものかを「コーナートゥス」と称している。ただし、『新しい学』では、この文節からもうかがえるように、この概念は自然学と形而上学の領域から倫理学の領域に移されている。〔502–504〕をも参照のこと。

（2）　「自然のうちにあって働いている必然的な作用原因」の原語は agenti necessari in natura である。

（3）「〈力〉」の原語は«potenze», «forze», «conati»である。

341（1）このくだりにはホッブズ『リヴァイアサン』第一三—一五章からの明らかな影響が見られる。

342（1）アウグスティヌス『神の国』六・五以下を参照のこと。そこには、ウァッロが神々にかんする教理（神学）を「神話的」「自然的」「政治的」の三つに区分したとあったうえで、それらのうちウァッロが唯一神学に値するものと認めた「自然神学」について批判的考究がなされている。

（2）これはヴィーコのたんなる臆測ではないかとかんがえられる。

（3）『学説彙纂』一・一・一〇および『ユスティニアヌス帝法学提要』一・一・一における「神と人間にかんすることがらの知識（rerum divinarum et humanarum notitia）」としての法学というウルピアヌスの定義を参照のこと。

（4）「摂理のいわば歴史的事蹟を論証しようとするもの」の原語は una dimostrazione, per così dire, di fatto istorico della provvedenza である。

344（1）ホラティウス『詩論』四二—四五——「配列の強みと魅力は、今言うべきことを今言い、多くを後回しにして、さしあたっては省くことによって発揮される」。

346（1）この点については、ホッブズ『リヴァイアサン』第一五章にも同趣旨の言明が見える——「ある効果が生じるのを見て、それからそのつぎの直接の原因を推理し、そこからまた、その原因の原因を推理し、こうして諸原因の追求に深く身を投じる者は、ついには、異教の哲学者たちでさえ告白していたように、ひとつの第一起動者が存在するにちがいないということに達するであろう。それはすべてのものごとの最初にして永遠の原因であり、人々が神という名称でもって表そうとしているところのものなのである」。

347（1）一七二三年にアウグスブルクにおいて匿名で出版されたヨーハン・ヤーコプ・ブルッカー Johann Jakob Brucker（一六九六—一七七〇）の『観念の学説の哲学的歴史』*Historia philosophica doctrinae de ideis* のこと。同書については、ヴィーコがムツィオ・ガエータに宛てて一七三七年一〇月一日または二日に出した書簡にも言及がある。

349（1） 幾何学の学的特徴については、『イタリア人の太古の知恵』第一巻『形而上学篇』第一章「真なるものと作られたものについて」第一節「諸学の起源と真理について」を参照のこと。

（2） 「訂正・改善・追加」によって見ると、このパラグラフのあとには、「このことについては、わたしたちの『学問的生涯』〔『自伝』〕のなかで、わたしたちがわたしたちの心の働きのなかで日々実験しているひとつの形而上学的証明によって、つぎのような論証を引き出しておいた」という繋ぎの言葉を挿んだうえで、つぎのような文章が追加される手筈になっていた。「わたしたちの知性のなかにはいくつかの永遠の真理が存在している。そして、これらについては、わたしたちは認めないわけにも否定するわけにもいかない。それというのも、それらはわたしたち〔の意志〕によって存在しているのではないからである。残余のものについては、わたしたちは、身体に依存するすべての事物を、そこに理解をはたらかせつつ、作りだす自由がわたしたちのうちにはあると感じている。それゆえ、わたしたちは、それらを時間のなかで、すなわち、そうしたいと欲するときに、作りだす。しかも、そこに理解をはたらかせつつ、作りだす。想像力によって像を、記憶力によって記憶を、欲求によって情念を、感覚によって匂い、味、色、音を。そして、これらすべてのものをわたしたちはわたしたちの内部に含みもっている。それらのうちのどれひとつとしてわたしたちの外部にあっては存立を得ることはできないのであって、それらが存続しえているのはそこにわたしたちがわたしたちの知性をはたらかせているかぎりにおいてであるからである。しかし、永遠の真理についていうなら、それらは身体によってわたしたちのうちに存在しているのではないのだから、あるひとつの永遠の理念こそが原理であると理解せざるをえない。そして、この永遠の理念は、これはこれでまた、それの認識作用のなかで、そうしたいときにいつでも、すべての事物を時間のなかで創造しているのであり、それらを自身の内部に含みもっているのである。そして、そこに意を用いることによって、それらを保持しているのである」。

これは、繋ぎの言葉にもあるように、もともとは『自伝』にあった文章を一部手直ししたうえでそのまま引いてきたものである。なお、『自伝』では、この文章は「わたしたちの人間の知性の形式そのものから出発して、なんらの仮説も立てることなく、わたしたちがわたしたち自身についてもっている知識と意識にもとづいて、永遠の理念をすべての事物の原理として確立している」「プラトンの教説」の卓越性を顕彰することを目的として綴られている。しかし、この文章には、プラトンもさることながら、それ以上に『真理の探究』のマルブランシュを想起させるものがあると言ってよいだろう。

じっさいにも、『真理の探究』の「観念の本性」について論じられている第三巻第二部には、「精神の内部にあるものを知覚するためには、わたしたちの精神は観念を必要としない。なぜなら、これらは精神の内側にあるからである。というよりはむしろ、なんらかの仕方における精神自身にほかならないからである。〔……〕しかし、精神の外部にあるものについては、わたしたちは観念の媒介がなくてはそれらを知覚することができない」というようにある。そして、観念の媒介を得て精神が外部にある事物を認識するさいの様式として、(一)それらの観念は外部にある物体または対象自体からやってくる、(二)精神にそれらの観念を産出する力がある、(三)神が精神を創造したときにそれらの観念も産出した、または人がなんらかの対象を思惟するたびごとに神がそれらの観念を産出する、(四)精神はそれがそれらの物体のうちに認識する完全態のすべてを自分自身のうちに有している、(五)精神が「被造物の叡智的完全態または観念のいっさいをあまねく包含しているあるひとつの存在」つまりは神と結合する、という五つの場合が想定されうることが指摘されるとともに、それぞれについて検討がくわえられたのち、第五番目の様式のみが唯一道理にかなっているようにおもわれるとの結論がくだされている。

なお、当初予定されていた追加文には、さらには、「この論証はつぎの四つの偉大な真理を一気に証明する。すなわち、一、あるひとつの永遠の理念が死すべき運命にあるすべての事物の原理であること、二、神が外部への生産活動の自由な原理であること、三、世界は時間のなかにあって創造されたこと、四、神の摂理が存在しており、それが理解をはたらかせることによってすべての被造物を保持していること」とあったうえで、つぎのように続けられていた。「これらすべてのことからして、その〈なければならなかった、なければならない、なければならないだろう〉は、ひとつの元型的でほとんど創造的な様式なのであって、神の永遠の理念のうちにあってしか生じえないものなのだ。なぜなら、〈なければならなかった〉は〈作られた〉に等しく、〈なければならない〉は〈作られる〉に等しく、〈なければならないだろう〉は〈作られるだろう〉に等しいからである。このようなわけで、ある意味では、人間の知性はこの学とともに、神の知性が自然の世界を産出するさいにとるのと同じような手続きをとって、この諸国民の世界をみずから産出していくのである。その至上の製作者は、その始まり、そのことば、その永遠の理念のうちにあって、時間のなかで〈あれ〉と言った。すると、そのようになった。これと同じようにして、この学は、公理〔163〕のなかでアリストテレスがわたしたちに注意をうながしたように、〈永遠にして不変のものについての〉学であることになるのである」。

350（1）「内的正義」およびそれと「外的正義」との区別については、たとえば、ヨーハン・ゴットリープ・ハイネッキウス Iohann Gottlieb Heineccius（一六八一―一七四一）の『自然法・万民法綱要』*Elementa iuris naturae et gentium*（一七三七年）に、前者は「その者のものはなんであれその者に帰属させようとする永続的にして不変の意志」であり、後者は「外的な行為と法律との合致」であるというようにある。

（2）神がモーセに告げた十戒のうちには「隣人のものや隣人の妻を欲してはならない」とある（『出エジプト記』二〇・一七）。

（3）グロティウス、セルデン、プーフェンドルフの三人を指す。

352（1）「国家制度的なことがらの歴史」の原語は istorie civili である。

359（1）原稿段階では、このパラグラフのあとにつぎのような文章が続いていた。「しかし、これらはすべて、わたしたちの理解力を満足させる証明であるというよりは、わたしたちの記憶力の犯す誤謬とわたしたちの想像力のつくりだす不整合さにたいしてなされる補正措置である。まさにこのために、それらを受けいれるのには多くの暴力が必要となるが、それらを受けいれてしまったのちには、それだけ喜びも大きいのである。また、もし著作家たちが全然いなかったなら、そのような証明はまったく必要とされなかっただろう。そして、それらがなくとも、理解力はわたしたちが理念において論じたことだけで十分満足していただろう。それどころか、かくも古くて月並みで強靭な先入見から自由になって、わたしたちはいっそう従順にこの学を受けいれていたことだろう」。

362（1）第三から第五までの原因に関連しては、『新しい学』一七二五年版の第三巻第二二章「どのようにしてもろもろの深遠な学の諸原理はホメロスの物語のうちに見いだされるのか」をも見られたい。そこではまず、人類は最初に物体＝身体の諸様態を感覚し、それから続いて精神の諸様態の反省へと向かっていき、最後に抽象的な知性の諸様態について反省をくわえるにいたったことが指摘されている。そして、哲学者たちにかれらの深遠な学を構想し展開する機会をあたえたのは神学詩人たちのつくりあげた物語〔神話伝説〕であったとされるとともに、「もしこの世に宗教がなかったならば、この世に哲学者たちはいなかっただろう」という文言でもって締めくくられている。

363（1）アリストテレス『霊魂論』四三二a七―八を見られたい。

（2）「今日の形而上学者たち」というのは、とりわけ、機会原因論を唱えたマルブランシュのことを指している。

（3）『イタリア人の太古の知恵』第一巻『形而上学篇』の第一章を参照。ラティウムの人々のもとでは、「〈レゲレ〉legere（読む）というのが言葉を拾い集める者の行為であるのと同じく、〈インテルレゲレ〉intellegere, intelligere（理解する）というのは事物の全要素を拾い集め、それらによって事物の最も完全な観念を表出することであるとされていた」。

（4）「訂正、改善、追加」によれば、これのあとにつぎの文章が追加されることになっていた。「ひいては、つぎのような大いなる系が出てくる。すなわち、完全な、あるいは普遍的な知恵の素材で、哲学者たちの深遠な知恵が詩人たちの通俗的な知恵から機会を得ていないものはない、ということである。したがって、無神論は知恵ではなく愚鈍と狂気によって生じてくるのである。それというのも、あとで論証するように、最初の諸国民は創造されたすべての事物のうちに神を見ていたのであり、ついでは最良の形而上学者たち――つまりはプラトン主義者たちがそうであって、かれらは哲学のこの部分において他のすべての哲学者以上に秀でていたのであった――が、創造されたすべての事物のうちに神が働いていることを理解したからである」。

364（1）プラトン『アルキビアデス　一』一二四B―一三〇Eを参照。
（2）「知性」と「精神」の原語は、それぞれ、mente と animo である。

365（1）ホメロス『オデュッセイア』八・六三。
（2）正しくは、「方法」の部〔342〕である。
（3）「知恵の教授（sapientiae professor）」という表現はアウルス・コルネリウス・ケルスス（前二五頃―後五〇頃）の『医学論』序・七に出てくるが、そこではピュタゴラス、エンペドクレス、デモクリトスを指してそう呼ばれている。一方、裁判占星術師については、ルキウス・ユニウス・モデラトゥス・コルメッラ（四―七〇頃）の『農事について』一・一・四に占星術師ヒッパルコスを指して「天文学の教授（astrologiae professor）」と呼んだくだりがある。
（4）フランシス・ベーコンは『学問の尊厳と増進』の第三巻第二章で自然神学のことを「神的な哲学（philosophia divina）」と称している。このベーコンのいう自然神学をヴィーコは形而上学と同視している。
（5）マルブランシュの観念の神起源説への言及である。
（6）ここでいわれている「最初の語彙集」というのは、たぶん、『クルスカのアカデミー会員たちの語彙集』*Vocabolario degli accademici della Crusca* のことだろうが、そこには、「神性にかんする知識（scienza in divinita）」ではなくて、「神性に通じている者たち（maestro in divinita）」というように出てくる。

366（1）じっさいには、ウァッロもまた、ヴィーコと同様、「詩的神学」を第三ではなくて第一に置いている。アウグスティヌス『神の国』六・五・一を見られたい。

369（1）プロコピウス（五〇〇頃―五六五頃）はビザンティンの歴史家。ユスティニアヌス帝が軍を起こした東ゴート戦争などに従軍して、直接目撃したことにもとづく歴史を著したことで知られる。ただ、プロコピウスの『ゴート戦役について』*De bello gothico* はルドヴィーコ・アントニオ・ムラトーリ Ludovico

Antonio Muratori（一六七二—一七五〇）の編纂した資料集『イタリア史関係著作家選』*Rerum Italicarum Scriptores* 第一巻（ミラーノ、一七二三年）に収録されているが、そこにはゴート人が「巨大な体軀」をしていたという記述は出てこない。同じ巻に収録されているゴート出身のヨルダネス（六世紀）の『ゲタイもしくはゴート人の起源と事蹟についての歴史』*Historia de Getarum sive Gothorum origine et rebus gestis* と取り違えたものとおもわれる。そこにはゴート人の巨大な体軀についての言及がある。

370（1）セルウィウス『ウェルギリウス「アエネイス」註解』八・三一四参照。ただし、そこではラテン語の「アボリーギネース」はギリシア語の「アウトクトネス」に当たるとあるだけで、それが「大地の息子たち」のことであるとも「貴族」を意味していたとも指摘されているわけではない。なお、マウルス・セルウィウス・ホノラトゥスは四世紀の文法学者。ウェルギリウス註解は一四七一年、フィレンツェで版刻師ベルナルド・チェンニーニ Bernardo Cennini（一四一五—一四九八頃）によって刊本化されている。

（2）『十二表法』一・二。ヴィーコが参照している『十二表法』は、ジュネーヴの法学者ジャック・ゴドフロア Jacques Godefroy（ラテン名イアクブス・ゴトフレドゥス Iacubus Gothofredus）（一五八七—一六五二）の編纂になる『四つの市民法原典集成』*Fontes quatuor iuris civilis in unum collecti*（ジュネーヴ、一六五三年）に収録されているテクストである。

371（1）『創世記』一四・五および『申命記』二・一〇、二〇—二一。

（2）『創世記』六・四。

372（1）スエトニウス『ローマ皇帝伝』二（アウグストゥス）・七二。

374（1）ブールデュック Jacques Boulduc（一五七五頃—一六四六）は、パリのカプチン修道会士。『律法以前の教会』*De Ecclesia ante Legem* は一六二六年刊。

375（1）タキトゥス『ゲルマニア』四五。

376（1）タキトゥス『年代記』五・一〇。

（2）原稿段階では、これのあとにつぎのような文章が続くことになっていた。「さらに、『公理』〔204〕

において見たように、人間は自然に一様なものを好む方向へと導かれていく。また、人間の知性は自然にそれの起源であり唯一の真なるものである神と結合することを熱望する。そして、それら最初の人間たちは、あまりにも肉感的なあり方をしているため、基体から特性と形式を抽象して、それらにかれらが感覚し想像した個々の事物を適合させる能力を行使することができない(その能力はかれらのあまりにも旺盛な感覚のもとで埋没してしまっていたのだ)。そこで、それら個々の事物を統一するために、物語〔神話伝説〕をつくり出したのであった。また、かれらは自然に、実際には想像的な類、すなわち、仮構されたモデルでしかないものを、一般的な真理として捕まえ、かれらが感覚し想像した、あるいはかれら自身がつくり出したすべての個別的な事物を――それぞれを類似するモデルに呼び戻しつつ――それらに還元したのであった。このことの痕跡は、このうえなく正確なラテン語で、〈形式〉とか〈様態〉とか〈様式〉とか〈モデル〉という意味の〈ゲヌス〉genusという言い方と〈見かけ〉とか〈類似するもの〉という意味の〈スペキエース〉speciesという言い方となって現在も残っている。そして、このように作られた事物がそれらのイデアないしはモデルにそっくり似ていることも、〈美〉という意味で〈スペキエース〉と言われたのである」。

379 (1) ウェルギリウス『牧歌』三・六〇。アウグスティヌス『神の国』四・九にも引かれている。

(2) プラトン『クラテュロス』四一二D。

(3) リウィウス『ローマ史』一・一二・六を参照。

381 (1) ホラティウス『詩論』三九一。

382 (1) ここで言及されているのは公理三八のことであるが、その公理三八で引用されているのはエウセビオスではなくて、ラクタンティウス・フィルミアヌスの金言である。また、そこでは、「恐怖」ではなく、「驚嘆」とある。

384 (1) フランチェスコ・パトリーツィ Francesco Patrizi(一五二九―一五九七)はイタリアの哲学者・文学者。『詩学』*Della poetica* は一五八六年刊。

(2) ジュリオ・チェーザレ・スカリージェロ Giulio Cesare Scaligero(一四八四―一五五八)はイタリア

の医師・文学者。『詩学』*Poetices libri septem* は一五六一年刊。アリストテレスの『詩学』についての合理主義的解釈をくわだてて、フランス古典主義に影響をあたえた。

（3）ロドヴィーコ・カステルヴェトロ Lodovico Castelvetro（一五〇五—一五七一）はイタリアの文学者。『アリストテレスの詩学通解』*Poetica d'Aristotile vulgarizzata ed esposta* は一五七〇年刊。

386（1）『十二表法』三・七を参照。

387（1）タキトゥス『年代記』一三・五・一一。ただし、そこでは〈テルローレ・デーフィークシー〉terrore defixi ではなく、〈パウォーレ・デーフィークシー〉pavore defixi となっている。意味は同じ。

（2）ホメロス『イリアス』八・一八—二七。ただし、偽ロンギノスの『崇高論』のなかにはホメロスの詩へのこのような言及は出てこない。

388（1）テレンティウス『アンドロスから来た女』九六〇行。

（2）ホラティウス『頌歌』二・二・二一—二四。

（3）カエサル『内乱記』三・七〇・二。

（4）ニコリーニによると、「ディオニュシウス・ペトー（Dionigi Petavio）」とあるのは、オランダの文献学者ディオニュシウス・フォシウス Dionysius Vossius（一六一二—一六三三）とカエサル『ガリア戦記』ペトー版の所有者ポール・ペトー Paul Péau（一五六八—一六一四）とを誤って合成したものだろうという。後者のペトー版には、〈プロプリアム・エクスペーディタム・ウィクトーリアム〉propriam expeditam victoriam という表現が出てくるとあったうえで、この〈プロプリアム〉という言い回しは（「ラテン的な言い回しではない」からではなく）〈エクスペーディタム〉という形容詞と合致しないので耳障りであると述べられている。

389（1）ウェルギリウス『アエネイス』六・一二九—一三〇。

（2）〈隠れ場所〉nascondigli と〈コンデレ〉condere〔建設する〕、〈地底〉fondi と〈フンダーレ〉fundare〔基礎を築く／創建する〕が語源的に類似していることへの示唆である。

391（1）古典文献によれば、〈テンプルム〉templum は「前兆がやってきたり吉凶が観察されたりする天の部分」ではなく、天を観測することができるように鳥卜占官たちが卜杖でもって地面に描いた区域(鳥占展望所)のことであったという。

(2) ウェルギリウス『牧歌』三・六〇。

(3) ヘシオドス『神統記』七七―七九によれば、ウラニアは「最初のムーサ」ではなく、第八番目のムーサであったという。

395 (1) グロティウス『戦争と平和の法』序・一一。

396 (1) セルデン『ヘブライ学にもとづく自然法および万民法について』参照。

397 (1) プーフェンドルフ『自然法および万民法について』二・二・二。

(2) 一六七二年にロンドンでヨシュア・シュヴァルツによって出版された論難書に答えてプーフェンドルフが発表した『弁明』*Apologia pro se et suo libro, adversus autorem libelli famosi*(ゲルマノポリス、一六七四年)を指す。

398 (1) プラトン『クラテュロス』四一二D―E。

399 (1) 言及がなされているのは、実際には、「公理」においてではなく、「年表への註記」〔64〕においてである。

(2) ヘシオドス『神統記』七一三以下が念頭におかれている。

(3) ホメロス『オデュッセイア』一一・三一三以下を参照。

(4) 「訂正・改善・追加」によると、この章のあとに、「いかにしてこの形而上学から他のすべての学は始まるべきであるか」という見出しの付いた章が追加されることになっていた。

そこには、「わたしたちがこの人類の形而上学のうちに見いだしてきた異教の神と人間にかんするすべてのことどもの始まりそのものから、この学は他のすべての従属的な学の始まりをも提供するだろう」とあったうえで、論理学、道徳学、家政学、政治学、自然学、宇宙学、天文学、年代学、地理学の九つの学について、それぞれがこの形而上学からどのようにして始まりを受けとるのかが簡単に説明されている。そして、「これら九つの学は詩人たちがいずれもゼウスの娘であると歌ってきた九人のムーサであったにちがいない。このことからして、いまや、〈ユピテル〔ゼウス〕からムーサは始まった〉というモットーにその本来の歴史的意味が取り戻されることになる」とある。

さらには、「ルネ・デカルトとベネディクトゥス・スピノザとジョン・ロックの形而上学の誤謬を指摘する」という見出しのもと、つぎのような文章が続いている。

「それゆえ、〈万人にとってゼウスであるところの神〉から始めないかぎり、知識についても徳についても、人はどのような観念ももつことはできないのである。もしこの世に哲学者たちがいさえしたなら宗教は必要ないだろうと述べているポリュビオスの想定は、こうしてなんなくご退場とあいなるのだ！　なぜなら、哲学者たちの形而上学は、世界を文明の諸技芸で富ませてきたすべての知識はある神性についての観念からやってきたのだという、このきわめて重要な点において、詩人たちの形而上学と見解をともにするのでなければならないからである。すなわち、〔詩人たちの〕通俗的な形而上学が野獣状態のなかに迷いこんでいた人間たちに最初の人間的な思考をゼウスについての思考から形成するよう教えたのと同じように、学者たちも、神という真の存在者から始まっていないどのような真理をも形而上学においては認めてはならないのである」。

「そしてルネ・デカルトは、もしかれがかれの遂行する自分の存在についての懐疑自体のなかでそうした存在者の存在に気づいていたなら、たしかにこのことを承認していたことだろう。それというのも、もしわたしが自分が存在するのかどうかについて疑うとすれば、そのときにはわたしはわたしの真の存在（il mio esser vero）について疑うのであるが、このわたしの真の存在はそもそも真の存在なるもの（il vero Essere）が存在しないなら探究しようにもしようがないのである。それについてなんらの観念ももつことのできないことがらを探究することは不可能だからである。ところで、わたしがわたしの存在を疑いながら真の存在を疑うのでないとすれば、このことによって、真の存在は現実にわたしの存在から区別されていることになる。わたしの存在のほうは物体と時間とによって限界づけられており、これらはわたしにとって必然的なものである。したがって、真の存在のほうは物体から解き放たれており、それゆえ物体を超越している。ひいては時間を超越している。時間というのは前と後とに準拠した物体の尺度なのだ。あるいはより正確にいえば物体の運動によって測定されるものなのである。これらのことすべてからして、真の存在者は永遠で、無限で、自由であることになる。こうしてルネは、良き哲学者にふさわしく、存在者という、このうえなく単純で、なんらの合成をも混在させていない観念から始めていたことであろう。プラトンが形而上学のことを重々しくもオントロギア、〈存在者の学〉と呼んだのも、ここからなのであった。ところがルネはその当の存在者を見さだめ損なって、事物を実体（sostanza）から認識することを始めてしまっている。しかし、実体というのは二つのものから合成された観念である。すなわち、ひとつは下にあって支えているものと、もうひとつはそれの上にあって支えられているものとである」。

「このような哲学の仕方はベネディクトゥス・スピノザにとっても躓きの石となった。この人物は公的な宗教をもっておらず、その結果、すべての国家から拒否されてしまった。そして、すべての国家にたいする憎悪から、すべての宗教にたいして公然と宣戦布告したのであった。また、かれは実体しかあたえない。そして、実体は知性であるか物体であるかのいずれかである。しかも、物体が知性を限界づけることもなければ、知性が物体を限界づけることもない。そこで、これらのことすべてからして、無限の物体に内在して無限の知性を有する神、それゆえ、必然によって作用する神を確立するにいたったのである」。

「このスピノザにたいして正反対の側に立ってきたのがジョン・ロックである。こちらのほうは、デカルトと同じ躓き方をして、エピクロスの形而上学を美化しており、すべての観念はわたしのうちに仮定によって（per supposizione）存在しているのであり、それらはいずれも物体の投影であると考えようとしている。そして、かくては全体が物体で、偶然によって作用する神を提示することを余儀なくされるにいたっている。しかし、ロックは、真の存在の観念がはたして仮定によって存在しているものなのかどうか、よく考えてみるべきである。真の存在の観念をわたしはわたしの存在の観念に先立ってもっているのを見いだすが、これはとりもなおさず、わたしが仮定するのに先立ってということである。また、その観念は真の善についてのものであるので、真の存在者についてのものであるのだから、わたしをしてわたしの存在をそれの存在のうちに探究しにおもむかせる。だからして、それはわたしの身体からわたしにやってくるのではない。わたしの身体については、わたしはなおもわたしの存在を疑うなかで疑っているのだ。物体からは時間が生まれる。そして、物体と、物体の運動によって測定される時間とからは、――ここでは知性が物体の運動を規制するとは想定されていないことからして――偶然が出てくるのである」。

「以上のような根拠理由によって、もしわたしたちが誤っていなければ、わたしたちはプラトン形而上学とは異なった道をとっているもろもろの形而上学の誤謬推理を白日の下に暴き出したのであった。それというのも、残るアリストテレスの形而上学についていうなら、このほうはプラトンの形而上学が対話からディダスカリア的な方法――この方法のことをわたしたちは〈教育的〉方法と言ってもよいだろう――へと移し換えられたものにほかならないからである。このことは、偉大な数学者にしてプラトン哲学者であるプロクロスが、ある黄金の書のなかで、アリストテレスの自然学的諸原理――これらはプラトンの形而上学的諸原理とほとんど同じものである――を幾何学的な方法によって証明したことからも裏づけられる」。

そして、「それでは下級の詩的諸学について個別に論じることにしよう」と述べて、つぎの段落へと移っていっている。

401（1） ストラボン『地誌』一・二・六。

（2） 「メンタルな言語」の原語は lingua mentale である。仕草や合図によって表示される「知性の内なる言語」のこと。

（3） 『ヨハネによる福音書』一・三――「万物はことばによって成った。成ったもので、ことばによらずに成ったものはなにひとつなかった」。

（4） トマス・ガタカー Thomas Gataker（一五七四―一六五四）はイギリスの神学者。『新約聖書の文体について』*De Novi Instrumenti stylo* は一六九八年に出た著者の『批評集』*Opera critica* のなかに収められている。ただし、〈ロゴス〉が〈もの〉をも意味していたと主張しているのは、ドイツの聖書文献学者セバスティアン・プフォヘニウス Sebastian Pfochenius（一六〇〇—一六九九）の『新約聖書のギリシア語純正論』*Diatribe de linguae graecae Novi Testamenti puritate*（アムステルダム、一六二九年）である。ガタカー自身は『文体』のなかでこの主張に反対している。

（5）ダミアーノ・ロマーノの『ジョヴァン・バッティスタ・ヴィーコ氏の『新しい学』の第三の原理にかんする弁明』*Apologia sopra il terzo principio della «Scienza nuova» del signor don Giovan Battista Vico*（ナポリ、一七四九年）によれば、〈ミュートス〉を「真実の語り」と定義した例はギリシアの著作家たちのあいだには見あたらないという。ロマーノにかんしては、〔84〕註（2）も参照されたい。

（6）『創世記』二・一九参照——「主なる神は、野のあらゆる獣、空のあらゆる鳥を土で形づくり、人〔アダム〕のところへ持ってきて、人がそれぞれをどう呼ぶか見ておられた。人が呼ぶと、それはすべて、生き物の名となった」。

407（1）ウェルギリウス『牧歌』一・六九。

（2）ヴィーコが講義用に準備していたノート『弁論術教程』の「喩の性状」の項を参照。そこでは、ウェルギリウスの『牧歌』のこのくだりが「複数の喩が連結したもの」としての〈メタレプシス〉のみごとな例として引かれている。

410（1）アントワーヌ・ファーヴル Antoine Favre（一五五七—一六二四）はサヴォイアの法学者。しかし、ニコリーニによると、かれが若いころに書いた『パピニアヌス法学の知識』*Iurisprudentiae papinianeae scientia*（ジュネーヴ版、一六二四年）そのもののなかには、ヴィーコが述べているような記述はないという。ヴィーコの『普遍法』への『註解』「論弁四」を参照。そこには、ヴィーコの知人であったナポリの弁護士ドメニコ・カラヴィータ Domenico Caravita（一六六〇頃—一七七〇）がある訴件にかんする証拠提示のなかでファーヴルの同書から引いてその旨を述べている、とある。

415（1）リウィウス『ローマ史』一〇・八・一〇。

（2）ウェルギリウス『アエネイス』一〇・一一二。

420（1）タキトゥス『年代記』三・二六・七。

422（1）『普遍法』第二巻『法律家の一貫性』の後半部「文献学の一貫性」第三六章「十二表法にはアッティカ法からなにが輸入されたか」および第三七章「十二表法ではなにがなされたか」を参照。

（2）キケロ『法律について』二・二五——「やがて、多大な出費と大げさな哀悼をともなう葬儀がおこなわれるようになりはじめたとき、それはソロンの法律によって禁止された。わたしたちの十人委員は、この法律をほとんど同じ言葉で第十表のなかに取りいれた」。

424（1）メネニウス・アグリッパは前六—五世紀のローマの執政官。からだ全体が損なわれないようにするためには四肢（平民）が胃（貴族層）に協力する必要があると説いて、聖山（アヴェンティーノの丘）に引きこもった平民を都市に立ち戻らせたといわれる。

425（1）『寓話』の「あるプロローグ」とあるのは、具体的には、第三巻の冒頭に前置されているパイドロスのエウテュコス宛て書簡のことである。ちなみに、「この小径を拓いたのはアイソポスである」というくだりは、パイドロスの『寓話』では、「この小径でしかなかった道をわたしは拡げるのだ」となっている。

（2）「ライオンとその仲間についての寓話」というのは、パイドロスの『寓話』第一巻の第五話「雌牛と子ヤギと羊とライオン」のことである。そこでは、「強者と仲間でいるというのはいつの場合にも頼りにならない」ことを証明するとして、何をまちがえたのか、森林地でライオンと仲間を組んでいた雌牛と子ヤギと羊が、大きな肥ったカラスを捕まえて、いざ分け前をどうするかという段になったところ、ライオンは「最初の部分はおれのものだ。おれはライオンだからだ。二番目もおれのものだ。おれも仲間だからだ。また、おまえたちよりおれのほうが力があるのだから、三番目もおれのものになる」と言い張り、さらに「もしだれか四番目の部分に触れようものなら、そのときにはその者は背後から襲われることになるだろう」と脅しをかけたという話が開陳されている。

（3）ホメロス『イリアス』二・二一一—二七七。「テルシテス」は「厚顔な男」というほどの意味。

（4）アウグスティヌス『神の国』二・一八・一。

（5）ポルキウス法は前一九八年に公布された。リウィウス『ローマ史』一〇・九・六参照。

426（1） この「言い伝え」の典拠は不明。パイドロスの『寓話』がイアンボス格を採用しているという事実にもとづいた推測か。

427（1） ポリュビオス『歴史』二・三九。

（2） シェファー『イタリア哲学もしくはピュタゴラス哲学の性質と構成』、二一四頁参照。ピロラオス（前四七〇頃—前三九〇頃）はクロトンのピュタゴラス主義者のなかでも今日まで残されている真正な著作断片の最も多い人物。

428（1） ゲルハルト・ヤン・フォス Gerhard Jan Voss（一五七七—一六四九）はオランダの人文主義者。『アリスタルクスもしくは文法術について』*Aristarchus sive de arte grammatica* は一六三五年に出ている。

（2） ヘルマン・フーゴ Herman Hugo（一五八八—一六二九）はベルギーのイエズス会士。『書記の起源』*De prima scribendi origine et universae rei literariae antiquitate* は一六一八年に出ている。

（3） ベルナルト・フォン・マリンクロット Bernard von Mallinckrodt（一五九一—一六六四）はドイツの文献学者。『印刷術の起源と進歩』*De ortu et progressu artis typographicae* は一六四〇年にケルンで出ている。ただし、ヴィーコが引用しているくだりは同書にはなく、同じ著者の『文字の本性と使用について』*De natura et usu litterarum*（ミュンスター、一六三八年）に出てくる。

（4） インゲヴァルト・エーリング（エリンギウス）Lorenz Ingewald Eling (Elingius)（？—一六八一）はスウェーデンの文献学者。『ギリシア語の歴史』*Historia graecae linguae* は一六九一年刊。

429（1） アリストテレス『トピカ』一四二b三一。ただし、アリストテレス自身は「文法」を「口述されるものを書き取る知識」と定義するのでは不十分で、「読みあげる知識」でもあることを付け加えておくべきだとしている。

430（1） 〔369〕註（1）で紹介した『ゲタイもしくはゴート人の起源と事績についての歴史』四を参照。

（2） ヨハンネス・マグヌス Johannes Magnus（一四八八—一五四四）とオラウス・マグヌス Olaus Magnus（一四九〇—一五五八）の兄弟はノルウェー人学者。ヴィーコが「学者たちのうぬぼれ」の例として引いている主張は、それぞれ、『ゴート族ならびにスエービ族の歴史』*Historia de omnibus Gothorum Sueonu-*

mque regibus（ローマ、一五四四年）と『北方諸民族のさまざまな状態について』*De gentium septentrionalium variis conditionibus*（バーゼル、一五六七年）においてなされている。

（3） ヤン・ファン・ゴルプ・ファン・デル・ベーケ Jan van Gorp van der Beke、ラテン名ヨハンネス ゴロピウス・ベカヌス Johannes Goropius Becanus（一五一九―一五七三）は、オランダの文献学者。ヴィーコが指摘している汎ゴート主義的主張は、『アントウェルペンの起源』*Origines antwerpianae*（アントウェルペン、一五六九年）等に出てくる。

（4） ジュゼッペ・ジュスト・スカリージェロ Giuseppe Giusto Scaligero、フランス名ジョゼフ＝ジュスト・スカリゲル Joseph-Juste Scaliger（一五四〇―一六〇九）はフランス生まれのイタリア人古代研究者。医師・文学者であったG・C・スカリージェロ（〔384〕参照）の息子。ヴィーコのいう「作り話」はかれが知人に宛てた一六〇〇年一月三〇日付書簡のなかでなされている。『書簡集』*Epistolae*（ライデン、一六二七年）参照。

（5） フィリップ・カメラリウス Philipp Camerarius（一五三七―一六二四）はニュルンベルク出身の法学者。『時の残余』*Operae horae subsecivae, sive meditationes historicae*（一六一〇年）参照。

（6） クリスティアン・ベックマン Christian Becmann（一五八〇―一六四八）の『ラテン語への手引き』*Manuductio ad latinam linguam*（一六一一年）参照。

（7） マルティン・スホークの『ハム一族の物語』参照（〔50〕註（3）を見られたい）。

（8） オローフ・ルードベック Olof Rudbeck（一六三〇―一七〇二）はデンマークの博識家。『アトランティカあるいはマンハイム』*Atlantica sive Mannheim* は一六九六年にウプサラで出版されている。

（9） 「ルーン文字」とは古ゲルマン語の表記に使われた文字体系をいう。起源にかんしては諸説があるが、現在では北イタリア文字説が有力である。

（10） ヴィーコは「メルクロウマン Mercurouman」としているが、正しくは「メルキスマン Merkißman」である。

432（1） アレクサンドレイアのクレメンス『雑纂』五・四参照。

（2）ホメロス『イリアス』一・二五〇—二五二。
（3）ホメロス『イリアス』二〇・二一六—二一八。

433（1）ギリシア語辞典には〈オノマ〉ὄνομα〔名前〕を「記号（カラクテール）」の意味で用いた例は出てこない。しかし、偽ディオニュシオス・アレオパギテース（六世紀？）は、『神名論』において聖書に出てくる神のさまざまな名前を論じつつ、神の本性と属性を例示している。ヴィーコはこの点に着目したものとおもわれる。偽ディオニュシオス・アレオパギテースの『神名論』については、ナポリ大学での同僚ジョヴァンニ・キアイエーゼ Giovanni Chiaese が『普遍法』を称賛してヴィーコに宛てた一七二一年八月の手紙のなかに言及がある。
（2）『イタリア人の太古の知恵』第一巻『形而上学篇』第一章「真なるものと作られたものについて」参照。
（3）リウィウス『ローマ史』一〇・八・一〇。
（4）『学説彙纂』五〇・一六・四および六。
（5）アリストテレス『ニコマコス倫理学』一一三三 a三〇。
（6）フォス『ラテン語の語源』*Etymologicon linguae latinae*（アムステルダム、一六九五年）等を参照。
（7）『出エジプト記』二九・一三、『レビ記』三・二—一六、八・一四—一五、九・八—二〇参照。
（8）ローマ法においては、〈プラエディウム・ウルバーヌム〉praedium urbanum とは「居住や安楽のための建造物と場所」のことであり、〈プラエディウム・ルースティクム〉praedium rusticum とは「収穫物を集めるための場所」のことであった。『学説彙纂』五〇・一六・一九八および二一一参照。
（9）セビーリャのイシドルス『ラテン語の起源』一五・一三参照。
（10）ローマ法には〈テルラ・マヌーカプタ〉terra manucapta という文言は見られない。これと類似する〈マンキピウム〉〈マンケプス〉等々の語源と言い伝えられてきたものにもとづくヴィーコの推測にすぎない。
（11）『学説彙纂』八・一・一。そこでは、正確には〈セルウィトゥーテース・プラエディオールム〉

servitutes praediorum とある。

(12) スペイン語の〈プレンダ〉は「冒険的な事業」ではなくて、「担保物件」の意。

(13) ホメロス『イリアス』六・一六八以下。「エウレイア」という人物名は『イリアス』には出てこない。形容詞の「エウレイエース」(「広大な」の意)を手紙の宛先人でプロイトスの義父を指す固有名詞と取り違えたものとおもわれる。

435 (1) ヘリオドロス『エティオピア物語』四・八・一。ヘリオドロスは三世紀ないし四世紀のギリシアの著作家。

(2) 実際にはキュリロスではなくて、アレクサンドレイアのクレメンスの『雑纂』五・八である。

(3) タキトゥス『ゲルマニア』一九。

(4) 「ピカルディーの判じ物」rébus de Picardie というのは、十六世紀フランスのピカルディーで、祭司や法律家たちによってカーニヴァルのどんちゃん騒ぎを諷刺してつくられた判じ絵付きの詩のことで、"De rebus quae geruntur"(起こりつつある事物について)という言葉でもって始まっていた。

(5) ヘクトル・ボイス Hector Boyce(一四六五—一五三六)はスコットランドの著作家。『スコットランド史』*Scotorum historiae a prima gentis origine* は一五二六年刊。

(6) ヨハンネス・デ・ラート Johannes de Laet(一五八一—一六四九)はオランダの地理学者。『新世界もしくは西インドの記述』*Novus orbis seu descriptio Indiae occidentalis* は一六三三年刊。

437 (1) ホメロス『イリアス』一・四〇三—四〇四。

(2) 同右、一四・二九一。

(3) 同右、二〇・七四。

(4) ホメロス『オデュッセイア』一二・三二七—三二八。

(5) 同右、一〇・三〇五。

(6) プラトン『クラテュロス』三九一D—三九二E。

(7) ディオン・クリュソストモス『演説集』一一・二三。

（8） フランソワ・オトマン François Hotman（一五二四—一五九〇）の『封土についての註解』*De feudis commentatio tripertita*（リヨン、一五七三年）に収録されている『封建法論』*Disputatio de jure feudali* 参照。しかし、ヴィーコが述べているような趣旨の言及が見られるのは、オトマンではなくて、オトマンと同世代の同じフランスの法学者ジャック・キュジャス Jacques Cujas（一五二二—一五九〇）の『考察と訂正』*Observationes et emendationes* 八・一四（『著作集』*Opera omnia*、パリ、一六五八年所収）においてである——「〈人間〉という呼称には従者・家臣も含まれる」。

438（1）『カルメン・サリアーレ〔サリィー歌〕』*Carmen saliare* は、古代ローマで軍神マルスの祭司サリィーが歌った讃歌集。

（2） ルキウス・リウィウス・アンドロニクス（前二九〇頃—前二〇五頃）は、タラント生まれのラテン詩人。奴隷としてローマに連れてこられたのち、リウィウス家によって解放される。『オデュッセイア』をサトゥルヌス詩体（ギリシア詩の韻律を採用する以前の初期ラテン詩形）に翻訳したことで知られる。この翻訳『オドゥシア』はラテン語で書かれた最初の叙事詩作品である。

（3） 古スペイン語は〈エル・ロマンセ〉と呼ばれていた。ただし、それは「ロマンセ（長編叙事詩）の言語」という意味ではなかった。

（4） アルナウト・ダニエル Arnaut Daniel はたしかにプロヴァンス派吟遊詩人の代表格であるが、十二世紀から十三世紀にかけての人であって、十一世紀の人ではない。またヴィーコはこの人物のことを"Arnaldo Daniel Pacca"と表記しているが、これは十六世紀ナポリの歴史家であったニコーラ・アニエッロ・パッカ Nicola Aniello Pacca と混同したのではないか、とニコリーニは推測している。ちなみに、このパッカのより正確な表記は Cola Anello Pacca（一五三四—一五八七）である。

439（1） スエトニウス『ローマ皇帝伝』五（クラウディウス）・四二。

（2） ジャン・ジョルジョ・トリッシーノ Gian Giorgio Trissino（一四七八—一五五〇）はイタリアの文学者・詩人。『イタリア語に新たに付加される文字についてのテッシーノの書簡』*Epistola del Tessino de le lettere nuovamente aggiunte ne la lingua italiana*（一五二四年）においてイタリア語の音素をより完璧に識別できるようにするための独特の正字法を提案した。

440（1）タキトゥス『年代記』一一・一四・一。

（2）同右。

（3）同右。ただし、タキトゥスによれば、ギリシア文字をデマラトスが教えたのはラティウム人ではなくてエトルリア人であったという。また、エウアンドロスの妻ではなくて、エウアンドロス自身であったとのことである。

442（1）タキトゥス『年代記』一一・一四・一参照。

（2）「イギリスの無名の著者」というのは、トマス・ベイカー Thomas Baker（一六五六―一七四〇）のことである。かれの著作『学問の不確実性』こと *Reflections upon learning, wherein is shown the insufficiency thereof in its several particulars, in order to evince the usefulness and necessity of revelation* は、一六九九年にケンブリッジで刊行されている。ヴィーコが読んだのは、一七二一年にリヨンで出版されたフランス語訳 *Traité de l'incertitude des sciences* であるとおもわれる。ベイカーの引用している「用意周到な批評家たち」というのは、G・C・スカリージェロ（〔384〕の註（2）を見られたい）とアイルランドの学者ヘンリー・ドドウェル Henry Dodwell（一六四一―一七一一）である。ただし、かれらが疑ったのは、サンクニアトンの実在性ではなくて、古さであった。

444（1）「約定による」の原語は a placito である。

445（1）「短縮されたかたちで」in accorcio というのは「隠喩や直喩のかたちで」の意。

（2）『新しい学』一七二五年版の第三巻第一八章「すべての国民に共通の知性の内なる辞書という観念」を参照。

（3）正確には、右の註にあるように、第三巻である。

（4）トマス・ヘイン Thomas Hayne（一五八二―一六四五）はイギリスの学者。ただし、かれが言語について論じているのは、三冊ではなくて、『言語の知識、もしくは言語一般および多種多様な言語の調和について』*Linguarum cognatio, seu de linguis in genere et de variarum linguarum harmonia* というタイトルで一六三九年にロンドンで出版された単一の論考である。

（5）「短縮された英雄語」というのは、隠喩や直喩など、総じて自然的なかたちでできあがっている語のこと。

（6）「起源の明らかでない語」というのは、約定によって作りあげられた抽象的な語のことを指すものとおもわれる。

447（1）デキムス・マグヌス・アウソニウス（三一〇—三九五頃）はラテン詩人。かれの『テクノパエニオン』一四・一七を参照。

（2）アウソニウス『エピグラム集』五二（三三）。

（3）偽ロンギノス『崇高について』第八部参照。そこでは、擬声語が崇高さの源泉のひとつであるというような記述は見られない。また、ホメロスの『オデュッセイア』九・三九四にかんしても、ヴィーコが言うような意味での言及はロンギノスには見あたらない。

448（1）キケロ『神々の本性について』二・二にエンニウスの言葉として引かれている。エンニウスについては〔317〕註（1）参照。

（2）『普遍法』第二巻『法律家の一貫性』の後半部「文献学の一貫性」第二〇章。ただし、そこでは、たしかにルキリウスの詩が引用されているが、男神や女神がすべて「父」とか「母」と呼ばれていたという趣旨の言述は見られない。ルキリウスについても〔317〕註（1）を参照。

（3）セビーリャのイシドルス『ラテン語の起源』九・五参照。

（4）『創世記』二・二。

（5）“interpatratio”というような語はラテン語にはない。

449（1）プラウトゥス『小箱の話』四四六行。

（2）正しくはobvagulatum ito（証人として出廷するよう大声で召喚されて出かける）である。

450（1）キケロ『神々の本性について』二・二、二・二五、三・四、三・一六に引かれている。エンニウスの悲劇『テュエステース』からの引用と推測される。

（2）プラウトゥス『アンフィトリオン』五四三行。

452（1）『新しい学』一七二五年版の第三巻第三八章「ラテン語およびそれを手本にした他のすべての言語の真の原因の発見」を参照。

（2）「学芸共和国」の原語は repubblica letteraria である。ラテン語では、res publica literaria という。十八世紀にいたるまでの近世ヨーロッパで著作家と読者たちからなる学問・芸術の国際的な共同体を指して言われた。十九世紀における「公論」の形成とともに、この言葉は使われなくなる。

455（1）G・C・スカリージェロの『ラテン語の起源について』*De causis linguae latinae*（リヨン、一五四〇年）およびフランシスコ・サンチェス・デ・ラス・ブロサス Francisco Sánchez de las Brozas（一五二三―一六〇一）の『ミネルウァ、もしくはラテン語の起源について』*Minerva sive de causis linguae latinae*（サラマンサ、一五八七年）参照。

459（1）レオンティーニのゴルギアス（前四八〇頃―前三八三頃）は古代人によってレトリックの発明者とみなされていたギリシアの哲学者・修辞学者。

（2）キケロ『弁論家について』三・四四。

462（1）『新しい学』一七二五年版の第三巻第三八章「ラテン語およびそれを手本にした他のすべての言語の真の原因の発見」のこと。

（2）アラビア語では、al は限定冠詞である。

（3）ヨーハン・ヤーコプ・ホフマン Johann Jacob Hofmann（一六三五―一七〇六）『万有辞典』*Lexicon universale*（ライデン、一六九八年）二・四五九参照。

463（1）festinans は「急ぎつつ」という意味であって、「怖れて」の意味はない。また、sollicitus も「怖れて」というよりは「不安げに」の意味である。

464（1）神託と巫女に言及されているのは、「公理」においてでなく、「詩的形而上学」の部〔381〕においてである。

（2）民間で流布していたのは、「それは『詩篇』よりも古い」という諺である。しかしまた、『詩篇』はしばしば巫女の神託に近いものと見られていたことも事実である。
（3） セクストゥス・ポンペイウス・フェストゥスは二世紀末に活躍したローマの文法学者。同じくローマの文法学者ウァッリウス・フラックスの『言葉の意味について』全二〇巻の『梗概』を作成したことで知られる。この『梗概』は、さらなる縮約版 Paulus Diaconus（七二〇頃—七九九）によって作成されている。そのディアコヌス編、フェストゥス『梗概』の «Saturnus» の項参照。*Excerpta ex libris Pompeii Festi de significatione verborum* が八世紀にイタリアの文法学者パウルス・ディアコヌス
（4） 実際には、フェストゥスではなくて、キケロである（『ブルートゥス』一〇、『弁論家』五一）。
465（1） ヒエロニュムス『ヨブ記序文』参照。

466（1） 〔442〕の註（2）を参照されたい。

467（1） オウィディウス『変身物語』一・六九〇—六九一。

469（1） リウィウス『ローマ史』四〇・五二参照。ルキウス・アエミリウス・レギルスは前一九〇年、アンティオコス三世のシリア艦隊と戦って勝利したことで知られるローマの提督。
（2） カエシウス・バッスス『韻律論断片』（『ラテン文法家集』*Gramatici latini*, ed. Keil 六・二六五）に引かれている。カエシウス・バッスス（？—七九）はラテン抒情詩人。マニウス・アキリウス・グラブリオは前一九一年に執政官に選出され、アンティオコス三世のシリア軍との戦いを勝利に導いたローマの政治家。
（3） 『アドニス讃歌』は前五世紀ギリシアの女流詩人プラクシッラによって作詞された讃歌。ダクテュロス（長短短格）にスポンディオス（長長格）もしくはトロカイオス（長短格）の続く韻律によって構成されている。
（4） キケロ『法律について』二・八。
（5） キケロ『法律について』二・二三。ただし、キケロ自身は「歌いながら歩き回った」とは述べておらず、「暗誦していた」と言っている。
（6） アエリアヌス『さまざまな物語』二・三九。クラウディウス・アエリアヌス（一七〇—二三五頃）

はローマの文人・哲学者。

（7）　弁論家の散文においては詩的韻律をうかがわせないようにすべきであるという趣旨の言明はキケロ『弁論家について』三・四七に見られる。

（8）　プラトン『法律』六五七A。

（9）　プルタルコス『対比列伝』（リュクルゴス）四・二―三。

（10）　テュロスのマクシモス『演説集』六・七、三八・二。テュロスのマクシモスは前二世紀のギリシアの弁論家・哲学者。

（11）　『スイダス』は、〔97〕の註（1）でも述べておいたように、十世紀にビザンティンで編まれたギリシア語の百科事典。「ドラコン」の項参照。

470（1）　タキトゥス『ゲルマニア』二。

（2）　ユストゥス・リプシウス編『コルネリウス・タキトゥス著作集』*Cornelii Taciti opera*（アントウェルペン、一六六八年）、四三四頁、注2。ユストゥス・リプシウス Justus Lipsius（一五四七―一六〇六）はネーデルラント生まれの人文主義者。

471（1）　グナエウス・ナエウィウス（前二七〇頃―前二〇一頃）の『ポエニ戦争』はサトゥルヌス詩体で書かれている。ディアコヌス編、フェストゥス『梗概』の《Saturnus》の項参照。これをヴィーコは英雄詩と同一視しているが、この考え方は今日では否定されている。

（2）　アンドロニクスについては〔438〕の註（2）を参照。かれがローマの武勲詩『ロマニダエ』を書いたという説は今日では否定されているが、十六、十七世紀の博識家たちのあいだでは広く信じられていた。

（3）　グンテルス Guntherus（一一五〇頃―一二二〇頃）はドイツ生まれのシトー会修道士。フリードリヒ・バルバロッサの事蹟を謳った叙事詩『リグリヌス』*Ligurinus, sive de gestis divi Friderici I libri X*（一五〇七年）の作者。プーリアのグリエルモ Guglielmo di Puglia は十一世紀末から十二世紀初めの時期に活躍した年代記作家。『シチリア、プーリア、カラブリアにおけるノルマン人の事蹟を謳った歴史詩』

Historicum poema de rebus Normannorum in Sicilia, Appulia et Calabria gestis, usque ad mortem Roberti Guiscardi Ducis はムラトーリ編『イタリア史関係著作家選』第五巻（ミラーノ、一七二四年）に収録されている。

（4）〔428〕で言及されているインゲヴァルト・エーリング（エリンギウス）『ギリシア語の歴史』への序文を参照。アダム・レヒェンベルク Adam Rechenberg（一六四二―一七二一）はドイツのルター派の神学者。

（5）マッティアス・ベルネッガー Matthias Bernegger（一五八二―一六四〇）『コルネリウス・タキトゥスの「ゲルマニア」と「アグリコラ」より』*Ex C. Taciti «Germania» et «Agricola» quaestiones miscellaneae*（一六四〇年）「問題一一」参照。

（6）ゲオルク・クリストフ・パイスカー Georg Christoph Peisker『ギリシア語とゲルマン語の類似語索引』*Index de vernaculae et rerum germanicarum significatione pro graecae et germanicae linguae analogia*（ライプツィヒ、一六八五年）。

（7）「手つかずの語」の原語は voce intera である。名詞のことか。

（8）ゲオルク・ダニエル・モルホーフ Georg Daniel Morhof（一六三九―一六九一）『ドイツの言語と詩についてのレッスン』*Unterricht von der teutschen Sprache und Poesie*（キール、一六八二年）。

474（1）『テオドシウス帝勅法集』九・一六・四、『ユスティニアヌス帝勅法集』九・一八・五参照。

475（1）ヘロドトス『歴史』一・一三一・二。ストラボン『地誌』一五・三・一三。ただし、ヴィーコの直接の典拠はトマス・スタンレー Thomas Stanley（一六二五―一六七八）の『哲学史』*Historia philosophiae*（ラテン語訳――ライプツィヒ、一七一一年）である。

（2）ギリシアの神殿をうち壊したのはキュロス二世（前五五九―前五二九）ではなく、クセルクセス一世（前四八六―前四六五）である（キケロ『法律について』二・一〇参照）。

476（1）この節で典拠にされているのは、ジョン・マーシャムの『エジプト、ヘブライ、ギリシア年代記の規準ならびにもろもろの吟味』である（〔44〕の註（1）参照）。また、「一種の通俗的な神占術」というのは、いわゆるジプシー（「エジプト人」）たちの占い術のことを念頭においた発言であろう。

477（1）ユリウス・パウルス『センテンティアエ〔所見集〕』五・二五参照。ユリウス・パウルス（二世紀末―三世紀初め）は、ウルピアヌスとともに、『学説彙纂』に収められているテクストの大部分の著者として知られるローマの法学者。

478（1）ディアコヌス編、フェストゥス『梗概』の«contemplari»の項を参照。

（2）ウァッロ『ラテン語について』七・一三。

（3）ウェルギリウス『アエネイス』八・六九五では、正確には、〈ネプトゥーヌスの新しい広野〉arva nova neptunia とある。むしろ、プラウトゥス『ほら吹き兵士』四一三を参照されたい。

479（1）タキトゥス『ゲルマニア』九。

（2）ウォルムスの司教ブルカルドゥス Burchardus（九六五頃―一〇二六）の『勅令集』*Decretorum libri XX*（ケルン版、一五四八年）参照。

480（1）〔337〕の註（4）において言及しておいたアコスタ『インディオの自然・道徳誌』（一五九一年）のイタリア語訳（ヴェネツィア、一五九六年）を参照。

（2）パウサニアス『ギリシア案内記』一〇・一九・三。一・二四・五も参照。

（3）カエサル『ガリア戦記』七・七二、ウェルギリウス『アエネイス』七・一五二、等々。

（4）タキトゥス『歴史』三・七一。

481（1）「幕屋」というのは、ヘブライ人（ユダヤ人）がパレスティナに最後の住居を定めるまで荒野を放浪していたあいだ、契約の箱をそのなかに納めて歩いた移動神殿のこと。

（2）『出エジプト記』四〇・一、『申命記』七・五、一二・三、一六・二一参照。

482（1）正確には、morbleu! である。

484（1）「これらのインプレーサは判じ絵の絵解きをするようなところがあって、このために〈英雄的〉と言われた」とあるのは、具体的には、イタリアの綺想主義文学者エンマヌエーレ・テザウロ Emmanuele Tesauro（一五九二―一六七五）の『アリストテレスの望遠鏡』*Il cannocchiale aristotelico*（一六五四年）におけるインプレーサについての定義――インプレーサは「見かけにいろいろと彩色することによって自分たちの崇高な思念を俗衆に隠しておきたい」という英雄たちの願望から生じたという定義――を標的にしたものとおもわれる。テザウロはまた、最も完全なインプレーサはモットーのついていない古来の英雄的インプレーサではなくて、図案以外に「鋭くて簡潔なモットー」をともなったインプレーサであるとも語っている。

485 (1) メナージュ Gilles Ménage（一六一三―一六九二）『フランス語語源辞典』*Dictionnaire étymologique de la langue françoise*（一六九四年）の «clergie» の項参照。そこには、デッラ・カーサ Giovanni Della Casa（一五〇三―一五五六）の『ガラテーオ』*Galateo*（一五八八年）の一〇六節から、ダンテは「優雅さを顕し損なった哲学者ふうに、ライコたち（laici）と会話するようなことはできなかった」という古い年代記の一節が転写されている。

(2) ジャン・マビヨン Jean Mabillon（一六三二―一七〇七）『古文書論』*De re diplomatica*（一六八一年）参照。

490 (1) キケロ『腸卜占者の返答について』七・一四。

(2) 「自然的所有権」と「都市的＝国家的所有権」の原語はそれぞれ dominio naturale と dominio civile である。「土地の占有にもとづく権利」と「それの象徴的占有（マンキパーティオー）によって獲得される権利」を指して言われている。〔433〕参照。

491 (1) フーベルト・ゴルツィウス Hubert Goltzius（一五二六―一五八三）『シチリアとマグナ・グラエキア』*Sicilia et Magna Graecia*（アントウェルペン、一六一六年）参照。

(2) 「卓越的所有権」については〔266〕参照。

(3) 「高い程度」を表わすフランス語の絶対最上級 "très" がギリシア語の "τρίς"〔三倍の〕に由来するということを言おうとしたものか。メナージュ『語源辞典』の «très» の項を参照。

492 (1) 『新しい学』一七二五年版の第三巻第三〇章「貴族の紋章の起源についての新しい発見」を見られたい。

495 (1) 「感覚的トピカ」の原語は topica sensibile である。なんらの悟性的判断をも介在させることなく、もっぱら感覚と想像力のみにもとづいて、個や種を類にまとめあげていく、発見術的な操作を言う。

496（1）「人間の知性の第一の操作」の原語は prima operazione della mente umana である。ヴィーコにおいては、「トピカ」topica（発見術）は、知性の第二の操作である「クリティカ」critica（判断術）にたいして、知性の第一の操作と位置づけられている。

497（1）『われらの時代の学問方法について』三「新しいクリティカの不都合」をも参照——「トピカの訓練を受けた者たちは、論述にさいして、すでに論点のあらゆるトポス〔在り場所〕を知っているので、どんな問題に当面しても、そのなかにある説得可能などんなことをも、あたかもアルファベットにざっと目を通すかのようにして、即座に見てとる能力をすでにもっている」。

498（1）『われらの時代の学問方法について』三「新しいクリティカの不都合」——「論点の発見が、ことがらの本性からして、その真理性の判断に先立つように、トピカは教授においてクリティカに先立たねばならない」。

499（1）マクロビウス『「スキピオの夢」註解』一・八参照。マクロビウスは四—五世紀のラテン著作家。

（2）『イタリア人の太古の知恵』第一巻『形而上学篇』第七章「能力について」四「確実に知る能力について」参照——「連鎖推理を用いる人は、原因のひとつひとつにそれに最も近接した原因を結び合わせていっている。〔中略〕そして、ストア派の連鎖推理にデカルトの幾何学的方法は対応しているのである」。

500（1）リウィウス『ローマ史』一・二六・六参照。ローマとアルバの戦いのさい、両軍にはそれぞれ、たまたま、年齢といい、力といい、異なるところのない三つ子の兄弟がいた。そこで、そのホラティウス家の三兄弟（ローマ軍側）とクリアティウス家の三兄弟（アルバ軍側）との決闘で勝敗を決めようということになった。決闘の結果、ホラティウス三兄弟のうちの一人だけが生き残って、ローマに凱旋する。ところが、クリアティウス三兄弟が亡くなったのを知って、そのうちの一人の婚約者であったホラティウスの妹ホラティアは髪を振り乱して嘆き悲しむ。これに激怒したホラティウスは妹を刺し殺し、裁判のため、ローマ第三代目の王トゥルス・ホスティリウスの前に連行される。これにたいして、王は「これほど冷酷で、民衆に不評な裁判を自分が担当せずにすみ、裁判による処罰も自分が執行せずにすむよう」、人民の集会を呼集し、ホラティウスに叛逆罪を宣告すべき委員を二名指名するよう命じたという。このリウィウスの記述への言及である。なお、そのさい、王はホラティウスに人民提訴 provocatio の権利をあたえている。

502 (1)「精神においての巨人族」の原語は giganti di spirito である。

(2) ホラティウス『頌歌』一・三・三八。

503 (1) ホメロス『オデュッセイア』九・五〇七—五一二。

504 (1) プラトン『エウテュプロン』一二C—D参照。

(2) 詳しくは、『普遍法』第二巻『法律家の一貫性』の前半部「哲学の一貫性」第三章「文明の原理・その一——羞恥」参照。

506 (1) ゲリウス『アッティカの夜』二・六・一六。

507 (1) タキトゥス『ゲルマニア』一八。

(2)『ユスティニアヌス帝法学提要』一・九・一。

508 (1) プラトン『クラテュロス』三九八C—D参照。

(2) 実際には、ウラニアも他のムーサたちも翼はつけていない。

(3) ヘシオドス『神統記』七六参照。

512 (1)「英雄的アプロディテ」の原語は Venere eroica である。プラトン『饗宴』一八〇D—E参照。そこでソクラテスが説明しているところによれば、アプロディテには、ウラノスを父とし、母なしで生まれ、ウラニアと呼ばれているアプロディテと、ゼウスとディオネとのあいだに生まれたパンデモス(万人向きの・低俗な)・アプロディテの二種類が存在するという。ヴィーコのいう「英雄的アプロディテ」は、この二種類のアプロディテのうち、ウラニア・アプロディテに該当する。

513 (1) セビーリャのイシドルス『ラテン語の起源』九・七参照。

(2) セルウィウス『ウェルギリウス「アエネイス」註解』四・一六ほか。

(3) キケロ『神々の本性について』二・二七。
(4) アウグスティヌス『神の国』一〇・二一、セビーリャのイシドルス『ラテン語の起源』八・九参照。
(5) 「高貴な愛神」の原語は Amor nobile である。プラトン『饗宴』一八〇D—E参照。
(6) 『ユスティニアヌス帝法学提要』一・一九・七参照。
(7) 『学説彙纂』五〇・一六・一九五・一（ウルピアヌス）参照。
(8) 『十二表法』五。

514 (1) キケロ『マルケルスス弁護』八。
(2) ホメロス『イリアス』一五・一八—二〇参照。
(3) ウェルギリウス『アエネイス』一・七三および四・一二六。そこでは、正確には、coniugium stabile ではなくて、connubium stabile となっている。

515 (1) プラトン『国家』三九一D参照。
(2) プラトン『饗宴』一八〇D—一八一C参照。
(3) クセノポン『饗宴』八・三〇参照。

516 (1) 「かれら〔洞穴に住むキュクロプスたち〕は他人のことにはなんら干渉することがなかった」という文言は、ポリュペモスとオデュッセウスの会話のくだりではなくて、その少し前のくだりに出てくる（ホメロス『オデュッセイア』九・一一二）。
(2) 「胸がむかつくような反省趣味」の原語は gusto di nauseante riflessione である。

517 (1) ビブロスのピロンは前四二年に生まれたギリシアの文法学者。エウセビオス『福音の準備』一・一〇・四四参照。
(2) クイントゥス・クルティウス『アレクサンダー大王物語』四・三・二三。クイントゥス・クルティウスはクラウディウス帝の治世（四一—五四）中に活躍したと伝えられるローマの歴史家。
(3) ユスティヌス『歴史』一八・六・一二、一九・一・一〇。『歴史』はローマ共和政末期の前四二年にオクタウィアヌスとマルクス・アントニウスがブルートゥスを相手に戦って勝利した戦地として知られる古代トラキアの都市ピリッポスの歴史を記したものである。〔48〕の註（1）も参照。

（4）エンニウス『年代記』二三七。

（5）「不敬虔にも敬虔な習俗」の原語は costume empiamente pio である。

（6）カエサル『ガリア戦記』六・一六。

（7）タキトゥス『年代記』一四・三〇。

（8）スエトニウス『ローマ皇帝伝』五（クラウディウス）・二五。

（9）フィリップ・ド・モルネ Philippe de Mornay（一五四九―一六二三）は「ユグノー教徒の教皇」と称されたフランスの政治家。『キリスト教の真実性について』*De veritate religionis christianae*（一五八〇年）参照。

（10）ヨハンネス・ファン・デン・ドリーシェ Johannes van den Driesche（一五五〇―一六一六）はオランダのヘブライ学者。『新約聖書のヘブライ語への評注』*Ad voces ebraicas Novi Testamenti commentarius duplex*（一六一六年）参照。

（11）セルデン『シリアの神々について』*De diis Syriis*（一六一七年）参照。

（12）タキトゥス『ゲルマニア』九。

（13）レスカルボー Marc Lescarbot（一五七〇頃―一六四二）『ヌーヴェル・フランス誌』*Histoire de la Nouvelle-France*（一六〇九年）。

（14）オビエド Gonzalo Fernándes de Oviedo y Valdés（一四七八―一五五七）『インディアスの自然・一般誌』*Historia natural y general de las Indias*（一五三五年）。同書は一五五六年にイタリア語に翻訳され、ジョヴァンニ・バッティスタ・ラムージオ Giovanni Battista Ramusio（一四八五―一五五七）の『航海と旅行』*Delle Navigationi et viaggi*（一五五〇―一六〇六年）の第三巻に収録されている。

518（1）プルタルコス『迷信論』一〇参照。

523（1）テレンティウス『われとわが身を傷つける者』八三一行、九一七行参照。

525（1）ゲリウス『アッティカの夜』九・一一、一三・一四―一六参照。メッサラとコルウィヌスというのは、それぞれローマの政治家マルクス・ウァレリウス・メッサラ（前五三年執政官）とその息子で将軍・弁論家であったマルクス・ウァレリウス・メッサラ・コルウィヌス（前六四—後八）のこと。

（2）プラトン『法律』七三八B—C。

526（1）このように主張したのは、「政治理論家」よりはむしろ文法学者たちであった。たとえば、セルウィウスの『ウェルギリウス「農耕詩」について』二・三九二を参照。

（2）「プラトリア」φρατρία（氏族）という語が「プレアル」φρέαρ ないしは「プレアティア」φρεατία（井戸、貯水池）に派生することを言おうとしているのである。

（3）ヤーコプ・レウォード Jacob Raewaerd（一五三四—一五六八）はネーデルラントの法学者。かれの『十二表法について』*Ad leges XII Tabularum*（一五六三年）参照。

（4）キケロ『法律について』二・九。

（5）ボッカッチョ『神々の系譜』一二・六五。

527（1）『創世記』二一・二二—三二参照。

528（1）キケロ『法律について』二・八。

（2）セルウィウス『ウェルギリウス「アエネイス」註解』一・四九〇参照。

529（1）タキトゥス『ゲルマニア』二七参照。

（2）〈テーメン〉temen という言葉は辞典には出てこない。〈スターメン〉stamen〔列・糸〕の思い違いか。

532（1）リウィウス『ローマ史』一・八・五。

（2）同右。

536（1）ウェルギリウス『アエネイス』一・一八四—一九三。

（2）タキトゥス『ゲルマニア』四六。

537（1）キケロ『法律について』二・二五。

541（1）ホメロス『イリアス』六・一八一参照。

(2) 同右、二・三〇八—三三〇。
(3) 同右、一二・二〇〇—二三〇。
542 (1) ジロラモ・フラカストロ Girolamo Fracastro（一四七八—一五五三）『シュフィリス』*Syphilis sive morbus gallicus*（一五三〇年）二・二二—二三。
(2)『エゼキエル書』二九・三。
(3) ジャン＝ジャック・シフレ Jean-Jacques Chifflet（一五八八—一六六〇）はフランスの医師・考古学者。『騎士階級の〈金毛の羊皮〉の紋章』*Insignia gentilitia equitum ordinis Velleris aurei fecialium verbis enuntiata* はアントウェルペンで一六三二年に刊行されている。
(4) シルヴェストロ・ピエトラサンタ Silvestro Pietrasanta（一五九〇—一六四七）はローマのイエズス会士。ヴィーコが言及しているのは、一六三八年にアントウェルペンで出版された『英雄的シンボル論』*De symbolis heroicis* である。
543 (1) ヒュルカニアは、現在のトゥルクメニスタンとイランにまたがるカスピ海沿岸地域にあったと伝えられる古代の王国。ギリシア人はカスピ海を「ヒュルカニアの海」と呼んでいた。
544 (1) プラウトゥス『小箱の話』七。
(2)『ヨブ記』三一・四〇。
545 (1) ホメロス『イリアス』二・一〇六。
(2) ホメロス『イリアス』二・六〇五、二・七〇五、一四・四九〇。
(3) ウァッロ『農事について』二・一。
(4) タキトゥス『ゲルマニア』五。
546 (1) ホラティウス『諷刺詩』二・六・一一—一三。
(2) 黄金の砂を運んだと伝えられるリディアの川。
(3) インダス河の支流。
(4) 同じく黄金の砂を運んだことで有名なルシタニアの川。現在のタホ川。

（5）ウェルギリウス『アエネイス』六・一三六―一三九。
（6）ヘロドトス『歴史』二・三八参照。
（7）タキトゥス『ゲルマニア』五。
（8）ホメロス『イリアス』六・二三五以下のディオメデスとグラウコスのあいだでの武具交換の個所を参照。

547（1）ホメロス『オデュッセイア』九・一一二以下。

548（1）古代ローマにおける正式の婚姻の方式としては、神官、証人、当事者がユピテルに献じられた麦製菓子をいっしょに食べて宣誓する「麦製菓子による婚姻」と、売買契約に見立てた儀式による「模擬売買による婚姻」とがあった。
（2）ホメロス『イリアス』一一・一四六参照。
（3）『詩篇』一二一・七。

549（1）「東インド地域の僧侶たちの王国」というのは、日本のことをいう。イタリアのイエズス会士ダニエッロ・バルトリ Daniello Bartoli（一六〇八―一六八五）の『日本』*Il Giappone*（一六六〇年）が典拠にされている。
（2）「敵」hostis が「生贄」hostia に由来するという記述はオウィディウス『祭暦』一・三〇に見られる。

550（1）『学説彙纂』一・一・五参照。ただし、ここでヴィーコが引き合いに出しているような主張をしたのは、ヘルモゲニアヌスをはじめとするローマの法学者たちであったというよりも、近世の自然法学者たちであった。なかでも、プーフェンドルフ『自然・万民法』四・四・六参照。
（2）セルウィウス『ウェルギリウス「アエネイス」註解』五・七五五、セビーリャのイシドルス『ラテン語の起源』一三・二・四参照。
（3）ウァッロ『ラテン語について』五・一四一参照。
（4）正確には「サグミナ」はニワトコではなくて、ヴィーコ自身『普遍法』第二巻『法律家の一貫性』の後半部「文献学の一貫性」第二一章「暗闇時代の第二期」のなかの「サグミナの来歴」で説明しているように、バーベナである。
（5）『学説彙纂』一・八・九・三―四（ウルピアヌス）等。
（6）『学説彙纂』同右（ウルピアヌス）。
551（1）スカリージェロの『詩学』には該当する個所は見あたらない。ただし、バッティスティーニは、同書には、当時ローマで流行っていたゲームについて論じられた個所に「しかしながら、神々の名を呼び出すことなしにおこなうことはけっしてなかった」という一節があると指摘している。
（2）マキャヴェッリ『ローマ史論』一・一一参照。そこには、「神への畏れのないところでは、その国家は破滅のほかはないだろう」とある。
553（1）「徳の英雄主義」の原語は eroismo della virtù である。
（2）ウェルギリウス『アエネイス』六・八五四。
554（1）ホメロス『イリアス』一四・三一四。
（2）ギリシアの諺。プラトン『パイドロス』二七九Cなどに引用されている。
555（1）キケロ『善と悪の究極について』五・二三参照――「人間相互の連帯といわばある種の同盟（societas）、そして利益の共有」。
（2）ホメロス『イリアス』二・九三参照。
（3）ウェルギリウス『アエネイス』四・一八四―一八八。
556（1）タキトゥス『ゲルマニア』二〇。
（2）これは“liber”が「隷属していない・自由な」を意味するところからのヴィーコの推測である。
557（1）トゥキュディデスの『歴史』には、この種の記述は出てこない。
（2）ホメロスが王を「民の牧者」と定義していたという見解は、〔336〕の註（1）で言及したヴィーコと同郷の同時代人ピエトロ・ジャンノーネの『ナポリ王国政治史』の第一巻第一一章の序文でも提示されている。
（3）「発見」以前のアメリカ（「西インド地域」）が族長に支配された個々ばらばらの部族からなる一種

の「自然状態」にあったことは事実であるが、それらの部族が「奴隷に取り囲まれる」ようになったのは、スペインのコンキスタドルたちが原住民のうち虐殺されずに生き残った者たちを奴隷として使役するようになって以後のことであった。

（4）カール五世（一五〇〇—一五五八）がくわえようとした「規制」というのは、ヴィーコが想像しているのとは異なって、アフリカの黒人奴隷を毎年四千人、プエルトリコ、ハイチ、キューバ、ジャマイカに運んでくるというものであった。つまりは奴隷売買を開始したのである。

（5）『創世記』一四・一四参照。

558（1）ほどくのがむずかしい紐帯・結び目のこと。ヘラクレスが考案したと伝えられる。プリニウス『博物誌』二八・六・一七参照。

（2）「厳正法上の行為」の原語は actus legitimi である。ある契約を適法なものにするために必要とされる所定の法的儀式のことをいう。これについては『学説彙纂』五〇・一七・一七（パピニアヌス）に情報がある。

（3）正しくは「エウリュロコス」である。ホメロス『オデュッセイア』一〇・四三八以下参照。

（4）ウェルギリウス『アエネイス』六・一四九—一八九。ただし、ここでヴィーコが提出している解釈＝推測は原文の記述を大きく逸脱している。

559（1）タキトゥス『ゲルマニア』一四。

（2）プリニウス『博物誌』三五・二—三参照。

（3）ホメロス『オデュッセイア』一一・五五五。

（4）ジャンノーネ『ナポリ王国政治史』第九巻序文参照。

560（1）ルキアノス『ヘラクレス序論』三・六参照。ルキアノス（一二〇頃—一八〇頃）は、シリアのサモサタ出身のローマの弁論家・諷刺作家。

（2）ホメロス『オデュッセイア』八・二六七以下参照。

561（1）セルウィウス『ウェルギリウス「アエネイス」註解』八・三四二。

（2）キケロ『善と悪の究極について』三・二〇。
（3）セルウィウス『ウェルギリウス「アエネイス」註解』八・三〇〇。
562（1）「詩的氏族」の原語は genti poetiche である。「大氏族」gentes maiores、すなわち「敬虔な巨人たち」によって創建された家族を指す〔316–317〕。
（2）デュ・カンジュ Charles du Fresne du Cange（一六一〇—一六八八）『中後期ラテン著作家用語辞典』*Glossarium ad scriptores mediae et infimae latinitatis*（一六七八年）の «difensa» の項目を参照。
（3）リプシウス『ローマの軍隊について』*De militia romana*（一五九五年）五・一七参照。
（4）タキトゥス『年代記』一二・三五、リプシウス『ローマの軍隊について』三・四参照。
（5）タキトゥス『年代記』二・一四。
563（1）プリニウス『博物誌』一八・三参照。
（2）ディアコヌス編、フェストゥス『梗概』の «ador» と «adorea» の項を参照。
564（1）リプシウス『ローマの軍隊について』三・二参照。
（2）パウサニアス『ギリシア案内記』八・一・五。
（3）アポロドロス『神々の起源』三・八・一。
（4）ダンテ『神曲』「天国篇」一五・一二二—一二三。
（5）ボッカッチョ『デカメロン』四・一—一二二。
（6）「クリュペウス」と「スクートゥム」の違いについては、リプシウス『ローマの軍隊について』三・二に詳しい。
565（1）ヴィーコがここで「アプロディテは男性である」と言っているのは、キュプロスの住民たちが「体型と身につけている衣裳は女性のもの」であるが、「王の錫をもっており、男性的な性質をしている」と描いていたという、いわゆる「両性具有のアプロディテ」のことである（セルウィウス『ウェルギリウス「アエネイス」註解』二・六三二）。

566（1）テレンティウス『アンドロスから来た女』二五〇行。

（2）〔410〕註（1）参照。

567（1）リウィウス『ローマ史』四・二・六。

（2）『学説彙纂』二・一・五（パウルス）参照。

568（1）ホラティウス『頌歌』四・四・三一以下。

（2）「より大きな前兆」については〔525〕にも言及があるが、そこではメッサラとコルウィヌスとあって、ウァッロの名は出てこない。ただし、メッサラには前兆にかんする著作があるものの、コルウィヌスには前兆にかんする著作がない。そのため、前兆についてしばしば論じているウァッロに取り替えたものと推察される。

569（1）ホラティウス『頌歌』四・七・五―六。

（2）causa にも gratia にも奪格で「～のために」の意味がある。

（3）デュ・カンジュ『用語辞典』の «vestire» の項目を参照。

（4）stipulatio が stipes に由来すると解釈している例としてはウァッロ『ラテン語について』五・一八二、stipula に由来すると解釈している例としてはセビーリャのイシドルス『ラテン語の起源』五・二四および一六・一八がある。

（5）オトマン『封土について』に収録されている『封建用語集』*Dictionarium verborum feudalium* の «infestucare» の項目を参照。またデュ・カンジュ『用語辞典』の «festuca» の項目も参照。

570（1）この〔570〕以下の第3章は『新しい学』一七三〇年版にはなかった。一七三一年に作成された「訂正・改善・追加」第三稿において追加されたものである。

573（1）セビーリャのイシドルス『ラテン語の起源』一〇・一三参照。

577（1）『学説彙纂』五〇・一七（「古い法のさまざまな規則について」）の一一（「わたしたちのものはわたしたちがおこなうことなしに他人に譲渡することはできない」）と一二三（「なんぴとも他人の名前で訴訟を起こすことはできない」）を合体したものか。

578（1）『学説彙纂』一八・一・一・二（パウルス）参照。

(2)『学説彙纂』二二・二・二（パウルス）参照。

579 (1) ヘシオドス『神統記』八八六および九二四、ピンダロス『オリュンピケ』七・六五ほか。
(2) ホメロス『イリアス』一・五九二以下、一五・一八。
(3) ホメロス『イリアス』五・五九〇。
(4) ホメロス『イリアス』一〇・四〇三。
(5) ホフマン『万有辞典』三・七六参照。
(6)『学説彙纂』二四・七参照。

中公文庫

新《あたら》しい学《がく》（上《じょう》）

2018年5月25日　初版発行

著　者　ジャンバッティスタ・ヴィーコ

訳　者　上《うえ》村《むら》 忠《ただ》男《お》

発行者　大橋 善光

発行所　中央公論新社

〒100-8152　東京都千代田区大手町1-7-1
電話　販売 03-5299-1730　編集 03-5299-1890
URL http://www.chuko.co.jp/

印　刷　三晃印刷
製　本　小泉製本

Published by CHUOKORON-SHINSHA, INC.
Printed in Japan　ISBN978-4-12-206591-8 C1110

各書目の下段の数字はISBNコードです。978-4-12が省略してあります。

中公文庫既刊より

ア-8-1
告白 I
アウグスティヌス
山田 晶 訳
幼年期の影響、青年期の放埒、習慣の強固さ……、不安におののく魂が光を見出すまで。初期キリスト教最大の教父による心揺さぶる自伝。〈解説〉松崎一平
205928-3

ア-8-2
告白 II
アウグスティヌス
山田 晶 訳
衝動、肉欲、厳然たる原罪。今にのみ生きる人間の悲惨と悲哀。「とれ、よめ」の声をきっかけとして、劇的な回心を遂げる。西洋世界はこの書の上に築かれた。
205929-0

ア-8-3
告白 III
アウグスティヌス
山田 晶 訳
アウグスティヌスは聖書をいかに読んだのか――西洋世界最大の愛読書を、最高の訳者が心血を注いだ名訳で送る。訳者解説および、人名・地名・事項索引収録。
205930-6

タ-9-1
帝政論
ダンテ
小林 公 訳
人間に平和、正義、自由をもたらす政体とは何か。教皇派、皇帝派入り乱れ抗争する状況の中、哲学、論理学を駆使して、霊的統治と世俗的統治の分離を行う。
206528-4

エ-5-1
痴愚神礼讃 ラテン語原典訳
エラスムス
沓掛良彦 訳
痴愚女神の自慢話から無惨にも浮かび上がる人間の愚行と狂気。それは現代人にも無縁ではない。エラスムスの奇跡的な明晰さを新鮮なラテン語原典訳で堪能されたい。
205876-7

モ-1-2
ユートピア
トマス・モア
澤田昭夫 訳
十六世紀の大ヒューマニストが人間の幸福な生き方と平和な社会のあり方を省察し、理想を求め続ける全ての人々に訴えかける古典の原典からの完訳。
201991-1

テ-2-1
方法序説・情念論
デカルト
野田又夫 訳
私は考える、ゆえに私はある――デカルトの学問的自叙伝ともいうべき「方法序説」に、欲望などの情念制御の道について考察した「情念論」を加える。
200076-6

フ-10-1
ヨーロッパ諸学の危機と超越論的現象学
E・フッサール
細谷恒夫
木田元 訳
著者がその最晩年、ナチス非合理主義の嵐が吹きすさぶなか、近代ヨーロッパ文化形成の歴史全体への批判として秘かに書き継いだ現象学的哲学の総決算。
202339-0

ア-9-1
わが思索のあと
アラン
森有正 訳
『幸福論』で知られるフランスの哲学者は、いかにその健全な精神を形成したのか。円熟期に綴られた稀有な思想的自伝全34章。〈解説〉長谷川宏
206547-5

ウ-10-1
精神の政治学
ポール・ヴァレリー
吉田健一 訳
表題作ほか「知性に就て」「地中海の感興」「レオナルドと哲学者達」の全四篇を収める。巻末に吉田健一の単行本未収録エッセイを併録。〈解説〉四方田犬彦
206505-5

の-12-1
哲学・航海日誌Ⅰ
野矢茂樹
可能なかぎり哲学用語を排し、あくまでも等身大の言葉で、現代哲学の難問に挑んだ記念碑的著作の前篇。心とはどこにあるのだろうか。他者とは誰だろうか。
205299-4

の-12-2
哲学・航海日誌Ⅱ
野矢茂樹
新たな意味はどのように生まれるか――現代日本哲学の旗手が、「行為の意味」「言語の意味」に迫った画期的論考。ここには哲学そのものがある。
205300-7

の-12-3
心と他者
野矢茂樹
他者がいなければ心はない。哲学の最難関「心」にどのように挑むか。文庫化にあたり大森荘蔵が遺した書き込みとメモを収録した。挑戦的で挑発的な書。
205725-8

の-12-4
ここにないもの 新哲学対話
野矢茂樹 文
植田真 絵
いろんなことを考えてはお喋りしあっているエプシロンとミュー。二人の会話に哲学の原風景が見える。川上弘美「『ここにないもの』に寄せて」を冠した決定版。
205943-6

さ-48-1
プチ哲学
佐藤雅彦
ちょっとだけ深く考えてみる――それがプチ哲学。書き下ろし「プチ哲学的日々」を加えた決定版。考えることは楽しいと思える、題名も形も小さな小さな一冊。
204344-2

各書目の下段の数字はＩＳＢＮコードです。978－4－12が省略してあります。

い-25-4
東洋哲学覚書 意識の形而上学 『大乗起信論』の哲学
井筒俊彦
六世紀以後の仏教思想史の流れをかえた『起信論』を東洋的哲学全体の共時論的構造化の為のテクストとして現代的視座から捉え直す。〈解説〉池田晶子
203902-5

い-25-5
イスラーム思想史
井筒俊彦
何がコーランの思想を生んだのか——思弁神学、神秘主義、スコラ神学と、三大思想潮流とわかれて発展していく初期イスラム思想を解明する。〈解説〉牧野信也
204479-1

ク-6-1
戦争論（上）
クラウゼヴィッツ
清水多吉 訳
プロイセンの名参謀としてナポレオンを撃破した比類なき戦略家クラウゼヴィッツ。その思想の精華たる本書は、戦略・組織論の永遠のバイブルである。
203939-1

ク-6-2
戦争論（下）
クラウゼヴィッツ
清水多吉 訳
フリードリッヒ大王とナポレオンという二人の名将の戦史研究から戦争の本質を解明し体系的な理論化をなしとげた近代戦略思想の聖典。〈解説〉是本信義
203954-4

ス-4-1
国富論 I
アダム・スミス
大河内一男 監訳
古典経済学と近代自由主義思想の不滅の原典を平明的確な訳文で甦らせ、精細な訳注、豊富な図版を配し研究の手引を付す。本巻では先駆的労働価値論を展開する。
200533-4

ス-4-2
国富論 II
アダム・スミス
大河内一男 監訳
古典経済学と近代自由主義思想の不滅の原典。本巻では資本投下の「自然な順序」を逆転させた国家による経済活動への政策的介入の歴史を究明する。
200541-9

ス-4-3
国富論 III
アダム・スミス
大河内一男 監訳
古典経済学と近代自由主義思想の不滅の原典。本巻では国家義務たる国防・司法・公共施設、また租税・公債のあり方を述べ独自の国家観を披瀝しこの大著を結ぶ。
200549-5

S-22-10
世界の歴史10 西ヨーロッパ世界の形成
佐藤彰一
池上俊一
ヨーロッパ社会が形成された中世は暗黒時代ではなかった。民族大移動、権威をたかめるキリスト教、そして十字軍遠征、百年戦争と、千年の歴史を活写。
205098-3

ハ-12-1
改訂版 ヨーロッパ史における戦争
マイケル・ハワード
奥村房夫
奥村大作 訳
中世から現代にいたるまでのヨーロッパの戦争を、社会・経済・技術の発展との相関関係においても概観した名著の増補改訂版。〈解説〉石津朋之
205318-2

ホ-1-3
中世の秋（上）
ホイジンガ
堀越孝一 訳
二十世紀最高の歴史家が、中世人の意識をいろどる絶望と歓喜、残虐と敬虔との対極的な激情をとらえ中世文化の熟しきった華麗な全体像を精細に描く。
200372-9

ホ-1-4
中世の秋（下）
ホイジンガ
堀越孝一 訳
二十世紀最高の歴史家が、中世文化の熟しきった華麗な全体像を精細に描く。本巻では「信仰の感受性と想像力」「生活のなかの芸術」「美の感覚」などを収録。
200382-8

フ-3-1
イタリア・ルネサンスの文化（上）
ブルクハルト
柴田治三郎 訳
歴史における人間個々人の価値を確信する文化史家ブルクハルトが、人間個性を謳い上げたイタリア・ルネサンスの血なまぐさい実相を精細に描きだす。
200101-5

フ-3-2
イタリア・ルネサンスの文化（下）
ブルクハルト
柴田治三郎 訳
本書はルネサンス文化の最初の総括的な叙述であり、同時代のイタリアにおける国家・社会・芸術などの全貌を精細に描き、二十世紀文明を鋭く透察している。
200110-7

た-3-3
ルネッサンスの光と闇（上）
芸術と精神風土
高階 秀爾
傑作を輩出したまばゆい光の時代を支えた不穏な精神とは。文芸、思想、美術作品を縦横に考察しながらルネッサンス期の精神の明暗を明快に解き明かす。
206563-5

た-3-4
ルネッサンスの光と闇（下）
芸術と精神風土
高階 秀爾
世界の終わりに対する怖れ、破壊へのひそかな憧れ……。傑作を生み出したルネッサンスの輝かしい光の裏にうごめく不穏な精神を描き出す。刷新した図版多数収録。
206564-2

モ-5-4
ローマの歴史
I・モンタネッリ
藤沢道郎 訳
古代ローマの起源から終焉までを、キケロ、カエサル、ネロら多彩な人物像が人間臭い魅力を発揮するドラマとして描き切った、無類に面白い歴史読物。
202601-8